U0498810

商务印书馆（上海）有限公司 出品
The Commercial Press（Shanghai）Co.Ltd

孟子本原

黄瑞云　评注

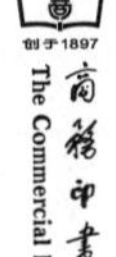

图书在版编目（CIP）数据

孟子本原 / 黄瑞云评注. — 北京：商务印书馆, 2023
ISBN 978 - 7 - 100 - 20707 - 2

Ⅰ. ①孟… Ⅱ. ①黄… Ⅲ. ①儒家②《孟子》— 研究 Ⅳ. ①B222.55

中国版本图书馆 CIP 数据核字（2022）第025857号

孟 子 本 原

黄瑞云 评注

商 务 印 书 馆 出 版
（北京王府井大街36号 邮政编码 100710）
商 务 印 书 馆 发 行
山东韵杰文化科技有限公司印刷
ISBN 978 - 7 - 100 - 20707 - 2

2023年7月第1版　　开本 670×970 1/16
2023年7月第1次印刷　　印张 24¾ 插页4

定价：124.00元

作者简介

黄瑞云，1932 年生，别号黄黄山，湖南娄底人，教授。1958 年毕业于武汉大学中国语言文学系；先后在湖北工农中学、湖北教育学院、华中师范大学、湖北师范大学任教。从事中国古代文学教学与研究，业余进行文学创作。著有《老子本原》《论语本原》《孟子本原》《庄子本原》《诗苑英华》《词苑英华》《历代抒情小赋选》《历代绝妙词三百首》《中国历代寓言选》等；参与主编《历代辞赋总汇》；文学创作有《黄瑞云散文选》《长梦潇湘夜雨楼诗词集》《新诗集》《溪流集》《黄瑞云寓言》《快活的答里·坎曼尔》等。

孟轲半身像

序

张树声 *

（一）

黄瑞云先生约我为他的《孟子本原》作序。年轻时候虽读过《孟子》，平时也偶尔翻阅，但谈不上研究，写序可没有资格。黄先生说，他的每一本书，都请一位老朋友写序，为的是让我们经历了时代风云的情谊在他的著作里留下永久的纪念，我也就义不容辞。然而我还是踌躇不安。后来我想就读黄先生本人的书稿，重新学习，再写点体会。黄先生的文章，深入浅出，很便于读者学习。

黄瑞云对孟子的仁政作了认真的归纳。曰，“仁义而已”，“保民而王”，仁政的核心是爱护人民。曰，“制民之产”，使人民的生活有基本的保障。曰，“取于民有制”，征徭纳税有一定的节制。曰，“设庠序学校以教之”，对民众进行文化道德教育。曰，“与民同乐”，以了解人民的生活，取得民心。曰，“民为贵”，“君为轻”，国君的力量原于人民。曰，“春秋无义战”，极力反对残暴的战争。曰，天下“定于一”，认为经历周室东迁以来几百年的战争，需要统一天下才能安定。孟子并按照他的仁政理论，绘制了理想社会的蓝图。——孟子大概没有想到，在他离开这个世界两千多年以后，有一位学者为他的仁政理论作了总结并给予很高的评价。特别是认为孟子“民贵君轻”的论述，任用人才必须听取“国人”意见的见解，甚至超越了一般的民本思想而具有罕见的民主精神。孟子地下有知，应感到极其欣慰。

黄瑞云对孟子的另一面，对他那些脱离实际的唯心理论，对他那种唯我独尊的处世风格，进行了深入的解剖。当滕宋等小国受到齐楚的威胁向孟子问计时，孟子总是反复拿出上距他一千多年甚至两千多年大王回避狄人，商汤征讨葛伯那些早已隐入历史云雾的传闻故事来搪塞，完全脱离战国时代兵戈扰攘互相攻伐的形势。孟子回答滕文公时曾说“是谋非吾所能及也”，这句推托之辞，恰好说明孟子没有解决实际问题的能力。但孟子却极端自负，目空一切。他只崇拜上距他一千多年甚至两千多年的尧舜禹汤文武周公那些早已隐入历史云雾的“圣贤”，他标榜自己敬服的人只有一个孔子，对春秋时代那些杰出的思想家政治家全都不放在眼里。说管仲“曾西之所不为也，而子为我愿之乎？”谓子产“惠而不知为政”。他毫无道理地谩骂杨朱墨翟“无父无君，是禽兽也”。他解释自己之所以“不得已”而“好辩”，是为了“正人心，息邪说”，竟然是上继禹平洪水、周公相武王、孔子作《春秋》的伟大事业！他甚至隐然以尧舜自比，并认为自己“齿德”俱尊，连国君也不得“与之为友”而应是“事我者也”。孟子没有在任何诸侯国有过执政一天的经验，竟然说“王如用我，则岂徒齐民安，天下之民举安”，甚至放出“当今之世，舍我其谁”的狂言。——孟子大概想不到在他离开这个世界两千多年以后，有一位学者对他进行如此尖锐的批判。孟子地下有知，会感到何等汗颜！

黄瑞云的论证方式也很独特。一是评论孟子的仁政理论，就请孟子自行“宣讲”；批判孟子的处世风格，也要孟子亲自“交代”。将《孟子》书中有关内容一一揭出，进行分析，自然得到结论。二是将孔子请出来作为标杆。孟子自己说“乃所愿，则学孔子也”，故黄瑞云评论孟子的仁政，便引证孔子的言论显示其传承关系。而批判孟子的为人风格，也用孔子作为榜样。因此即使能言善辩的孟子从地下爬出来也无可奈何，因为孔夫子就站在他的面前。黄瑞云遵循伟大领袖毛泽东主席关于对我国古代辉煌灿烂的文化遗产必须批判继承的教导，取其精华，弃其糟粕。“修学好古，实事求是”，黄瑞云对老庄论孟的研究都是相当成功的典范。

（二）

本人不研究古代典籍，由于工作关系，可以说每天都同书打交道。发现近几十年来注释出版的古代著作，特别是选注，大多只是将古人的注疏“现代化”，用现代汉语加以诠释。黄瑞云先生则大不相同，不仅对文本精心研读，对前人的注解也认真考索。在其《论语本原》“凡例”中说：“没有前人的指引，后人会寸步难行。但古代注疏受时代局限，大多重视文字训诂，有些注释忽视书中前后有关章次的联系，忽视语言的特定环境，忽视文章内在的深层含义，以致有些内容不无误解。本书充分尊重前人注疏，不轻疑；但也不轻信，一切按实事求是的原则处理。凡提出新的解释，词义则需有训诂来原，内容则需有事实根据，务使文辞更为顺畅，并尽可能提供旁证。”这是黄瑞云注解古典文献的经验总结，简直可以作为注释古书必须遵循的原则。李正宇先生、储庭焕先生、曾世竹先生，先后为黄先生的《老子本原》《庄子本原》《论语本原》写的序文中，无例外都赞赏黄先生的训诂功底，所有他评注的书中都提出了不少新的解释，纠正了不少古注的错误，并都举了精彩的例证。在《孟子本原》中自然也不例外。

《孟子·梁惠王上》“孟子见梁惠王，王曰：‘叟不远千里而来，亦将有以利吾国乎？’孟子对曰：‘王何必曰利，亦有仁义而已矣。’”如此孟子大讲了一通“仁义而已”的道理。最后，“王亦曰：‘仁义而已矣，何必曰利。’”赵岐注：“孟子复申此理。”朱熹也说：“（孟子）重言之，以结上文两节之意。”自古至今，注释家都说最后这两句仍是孟子之言。黄瑞云却认为这是梁惠王面对刚刚到来的孟子的宏论作应付性的回应。注家之所以注作孟子“重申”之言，是认为“仁义而已”只能是孟子的思想，梁惠王未必同意。但原文明明是“王亦曰”。梁惠王只是应付，并不表明他真正接受。《史记·孟子荀卿列传》谓“梁惠王不果所言”。《论语·子路》“行必果”，朱熹注：“果，必行也。”正可以解释梁惠王的话只是应付，不“必行也”。开篇第一章即纠正了古代权威注释家的错误。

《告子下》，孟子曰："舜发于畎亩之中，傅说举于版筑之间，胶鬲举于鱼盐之中，管夷吾举于士，孙叔敖举于海，百里奚举于市。故天将降大任于是人也，必先苦其心志，劳其筋骨，饿其体肤，空乏其身，行拂乱其所为；所以动心忍性，曾益其所不能。人恒过，然后能改；困于心，衡于虑，而后作；征于色，发于声，而后喻。入则无法家拂士，出则无敌国外患者，国恒亡。然后知生于忧患死于安乐也。"（12.15）黄瑞云认为本章在《孟子》书中无论思想内容还是语言艺术都是极其精彩的一章，而且颇具辩证思维，对处于艰难困苦甚或蒙冤负屈者都是深切的教育和鼓励。——但其中"入则无法家拂士"句中之"法家拂士"，赵岐注作"法度大臣之家、辅弼之士"；朱熹则说，"法家，法度之世臣也；拂士，辅弼之贤士"，并特别注明，"拂与弼同"。现代的古典文学专家也无一例外赞同赵岐、朱熹的解释。黄瑞云认为这些注解全都错误。并引《荀子·性恶》"则兄弟相拂夺"杨倞注："拂，违逆也。"《庄子·人间世》"以下拂其上"成玄英疏："拂，逆戾也。"拂士，即违逆之士，犹今言捣乱分子。孟子将"法家"同"拂士"连在一起，都以之为捣乱违逆之人。"入则无法家拂士，出则无敌国外患"，两者平列，"入则无""出则无"后面的"法家拂士"与"敌国外患"都是忧患。正因为有这种内外的忧患，才可能引起警惕，加强治理，发愤图强，使国家稳固，得以生存发展。反之，如果"无"这种内忧外患，丧失警惕，甚至安于现状，醉生梦死，则非常危险，乃至"国恒亡"。如此理解才符合原文的中心思想与逻辑结构。倘若照赵岐、朱熹的注解，则原文必须是内无"法度大臣，辅弼之士"，而外"有""敌国外患"，才成为忧患；如果内虽无"法度大臣，辅弼之士"，但外也"无""敌国外患"，则太平无事，怎么会成为导致国"亡"的忧患呢？如此解释真可谓天衣无缝，无隙可击。

《公孙丑上》"仁则荣"章（3.4）引《诗·鸱鸮》"今此下民，或敢侮予"，朱熹集注："今此在下之人，或敢有侮予者乎？"杨伯峻先生则曰："民犹人也。诗句作鸱鸮口吻，故称人为'下民'。"自古至今，注家都以"下民”为小鸟巢下之人。《鸱鸮》前两章云：“鸱鸮鸱鸮，既取我子，无毁我室。恩斯勤斯，鬻子之闵斯！”“迨天之未阴雨，彻彼桑土，绸缪牖户。今女下民，或敢侮予！”黄瑞云用充分的理由说明这篇禽言诗全诗都是将鸟人格化，都是一只受鸱鸮（猫头鹰）威胁的小鸟的语气。“下”是卑下之意，非指鸟巢之下。“下民”犹言下贱的家伙，即指那只可恨的鸱鸮。前后章都是那小鸟痛斥鸱鸮的恶行，两章控诉的对象前后一致。前人将“下民”注作“巢下之人”，忽视了诗的修辞艺术，分散了那只小鸟控诉的对象，也就分散了作品的内容。并认为杨伯峻先生说“诗句作鸱鸮的口吻”，把欺凌他人者当作被他人欺凌者，将诗的主角完全弄错了。

举这么三个极为独特的例子，很能说明问题。在黄瑞云的“本原”系列、“英华”系列等书中，对某些词语、句子，甚至全章，纠正前人的注释多不胜举。两千多年来，不少似乎早已成为定论的“权威”注释，黄瑞云却作了大不相同的理解，充分显示其深厚的学术功底和敢于独立思考的勇气。当然，他所修正的许多例子，也有可能引发学术界的争议。但这并无害处，真理会愈辩愈明。我相信黄瑞云先生治学严谨，是经得起考验的。

上举《鸱鸮》诗中一例，黄先生犀利的笔锋已进入了对《诗经》的探讨。黄瑞云对《诗经》下了很大的功夫，三十多年来在百忙中见缝插针，一有所得即写成短文，每则几百字上千字不等，在各种报刊中分散发表了两百多则，总名之曰《诗义索原》。他本想将《诗经》三百五篇全部“索原”之后，写一部《诗经》专著，袭用清人方玉润的书名，命曰《诗经原始》，将“索原”短文内容全部融入书中。但他工作实在太多，“索原”未能写完。作为黄先生的挚友，我真希望他能完成这部大著，其流惠人间的学术价值，自不在《老》《庄》《论》《孟》四部“本原”之下。

（三）

一九六〇年我在湖北工农中学工作。随后学校并入华中农学院，改称华中农学院工农中学。黄瑞云从武汉大学毕业，在农村劳动一年之后也来到这所学校。其时他处境不佳，沉默寡言，我和他不在一个部门，交往不是很多。但他坦诚率直的为人风格，认真负责的工作精神，给人留下了深刻的印象，当时发生的一件事至今记忆犹新。学校负责教学的领导特出新招，将工农中学各个班成绩较好的学员抽了出来，并成一个试验班，单科独进，开头一年专学语文。领导要这么做，大家都随声附和，却遭到一个年轻人激烈反对，此人正是黄瑞云。他的理由是教学任何知识，必须循序渐进，不能硬灌，语文尤其如此。辛亥革命以后，新型的学校学习西方，几个学科交互排课，是有道理的，现在不应倒行逆施。你反对，好极了，就由你来主持。试验班六十多名学员，交黄瑞云一个人负责。一天要上六节课，一周要学生做两篇作文，还每天要布置作业；其时"大跃进"馀风尚在，每天晚上都有活动，黄瑞云只能深夜备课，批改作业。工农中学的学员都是工农干部，有半数学员年龄比他要大，但对这位年轻老师都非常尊敬。一年过后，全国大灾荒日益严重，工农中学解散。又过了一年，我和黄瑞云都离开了华农，走上了各自坎坷不平的人生路。等到我们重逢，已是二十年之后。

一九八〇年我在黄石，黄瑞云为解决妻儿子女的户口，放弃华中师范学院相对优越的学术环境来到这座城市。我立即去看他，故友重逢，倍感亲切。当时他经济上非常困难，一家六口，挤在两个小房间里，"家徒四壁"。几次倾谈，才了解到他过往二十年的经历，令人感叹不已。他原是武汉大学中文系的高材生，他所在的班过于活跃，一九五七年一场"反右"差不多全军覆灭，"创造"了全国第一，作为班长的黄瑞云"责无旁贷"，为此受到牵连，未能留在武大；这是当年他分到湖北工农中学也只能下乡劳动的原因。二十年间，饥饿夺走了他两个心爱的女儿，夫妻三十多年不得团聚，自己先后"下放"四次为时五载，"文革"中在"牛棚"羁押多年。但他的生活中却出现了非常独特的现象，每有"运动"他都受到牵累，工作单位却不断提升，由工农中学进入湖北教育学院，由教育学院转入华中师范大学，"复课闹革命"即率先登上主讲古典文学的讲台。但他现在不能不系念结缡三十多年不得相聚的妻子，不能不顾及劫后馀生的儿女。他说上帝后来又恩赐了他一个女儿，自然十分钟爱。一九七九年女儿快十四岁了，按照当时的政策，过了十四岁户口就不能进城，华师人事部门不予关照，无法解决，这是他一九八〇年转来黄石的原因。他的大儿子就因超过了十四岁仍然留在老家当农民。

黄瑞云到黄石后不久，我却离开了黄石。当时他家里仍非常困难，我去告别时，看到他家床上连席子都没有，就把新买的席子送给了他。

到了黄石，黄瑞云已年近半百，却开始了他人生第二度青春。他可以正常工作了，但担负的工作实在太多。他是教学骨干，课程任务很重，却先后担任了学报主编，学术委员会主任，副院长。不久又卷入了社会，担任了不少社会职务。与此同时，他还在从全国到省内多个学术团体任职，不过这对他大有好处，得以了解他所涉学科国内的研究动态和学术水平。如此繁忙的工作，倒反而促进了他的写作，发表了不少的论文和文学作品，出版了十几种学术和文学著作，也获得多种荣誉。一九八九年被评为全国教育系统劳动模范，获得“人民教师奖章”，一九九一年开始享受中华人民共和国国务院“政府特殊津贴”。

一九九〇年，黄瑞云向中国赋学会会长马积高先生提议，整理中国历代辞赋。马先生接受后即邀请黄瑞云担任副主编，同另一副主编湖南师范大学叶幼明先生合作，在马先生的领导下，具体负责普查、审校并编辑历代辞赋。他们率领整个团队，奋战了整整五年。之后又耗费了将近一年的时间同马先生叶先生审定全稿。书由湖南文艺出版社出版，约定交稿后两三年内出书。讵料事有颇仄，一九九七年，马先生不幸去世，一九九八年出版社领导换届，一九九九年叶先生旅居美国；用黄瑞云自己的话说，留下他这个“最无能的人在国内，除了不断叫喊以外毫无办法”。该书到二〇一四年才出来，从开始工作到出书历时二十四年。书名《历代辞赋总汇》，二十六大卷，近三千万字，填补了中国古籍整理的一方空白。

我离开黄石以后，和黄瑞云书信往返，从未中断。他工作如此繁重，而生活却极其简朴。我牵挂他的身体，给他提过不少建议，经常给他寄些保健资料。我知道他太忙，叫他不必回信。

二〇〇一年，黄瑞云的夫人不幸去世。夫人是位农村妇女，他们少年时代由家庭包办成婚。婚后黄瑞云一直在外工作或读书，他们千里暌离，长期不能相聚。由于夫人没有文化，无法书信联系，她独自在家辛勤劳动，抚育儿女，中间经受了三年饥荒的煎熬，两个女儿夭折的惨痛。来到黄石后，经济上仍相当困难，夫人用做临时工得到一点收入来补贴家用。然而不幸总不放过这个历尽苦难的家庭，一九八八年七月七日，他们最有希望的小儿子在长江游泳遇难，从此这位可怜的母亲便在无限伤悲中度过后来的岁月。夫人去世后，黄先生写了怀念妻子的长篇散文《杜鹃花依旧开放》。文章在《长江文艺》发表后，被朋友们放到网上，黄瑞云收到天南地北许多读者来信慰问。大西北一位女士在信中说，“读《杜鹃花》而不下泪者，天下之无情人也”，代表了天下读者的心声。《杜鹃花》无疑会成为文学史上的悼亡名作。

二〇〇二年黄瑞云先生以古稀之年退休。其时女儿已经成家，他单独居住，虽说得到爱女的精心照料，生活主要还得自理。他辞掉各种社会职务，时间可以自由支配了，他如此废寝忘餐，夜以继日，全身心投入了整理几十年积累的学术资料。没有科研项目经费，没有助手，没有保姆，孤军奋战。十八年间先后出版了集两千年间诗史诗选诗注诗评于一书的五卷本《诗苑英华》，出版了集一千二百年间词史词选词注词评于一书的两卷本《词苑英华》，出版了《老子本原》，出版了《庄子本原》，出版了《论语本原》，现在我为之序的《孟子本原》也即将问世。如前所述，还尽力呼喊，促成了《历代辞赋总汇》的问世。文学创作方面，《黄瑞云寓言》从1981年到现在近四十年间出了九种版本；他是中国当代杰出的寓言家。此外还出版了《黄瑞云散文选》《黄瑞云诗词选》，重新修订的幽默故事集《快活的答里·坎曼尔》也即将在江苏人民出版社出版。谁能想象，一位耄耋老人，一直受脑梗痛风的折磨，退休之后，竟能取得如此辉煌的成就！而且他计划中的《文苑英华》《赋苑英华》的资料和部分初稿都在电脑上，他很想争取完成。此刻我在写这些文字之时，仍非常牵挂黄瑞云的身体，心情也很矛盾，既愿他完成所有大著，又希望他适可而止，他而今已是八十八岁的高龄，任何人力量总是有限的。夕阳红处，青山好在，祈望瑞云先生也过几年安舒的日子，长寿百龄！

黄瑞云先生喜爱爬山，登临过天下许多名山。武汉东湖岸畔的珞珈山不大，六十多年前黄瑞云在那儿学习时，天天在山上散步，绕山走过好几百回。我常想，珞珈山青林绿树簇拥的山峰如果亦有思想，不知道对六十年前她未曾留下黄瑞云是否也感到遗憾?

二〇一九年六月六日于宁波

---

*张树声（1938—　），湖北汉川人，宁波市图书馆研究辅导部主任，《甬图通讯》主编。

目录

凡　例

（一）本书原文采用一九七九年中华书局影印本《十三经注疏·孟子注疏》，个别词句采自他书者，在注中加以说明。

（二）本书使用简化汉字。但有几个字词义甚为复杂，使用频率特高，仍保留繁体。以“適”字为例：“去鲁適卫”“適可而止”之“適”，音室，施隻切（shì）；“无適也，无莫也”之“適”，通“敌”，徒历切（dí）；“杀適立庶”之“適”，通“嫡”，都历切（dí）；“適戍之卒”之“適”通“谪”，陟格切（zhé）。如果都用简化“适”字，很难理清其中的通假关系，词义容易混淆。又，古人既有名“適”（shì）者，又有名“适”（kuò）者，如果都用“适”，两者就无法区分。故保留繁体“適”字。出于同样的原因，书中“餘”字（饶也，多也，众也，久也，剩也，残也）、“穀”字（粟也，五穀也，百穀总名也，食也，养也，生也，乳也，仕也，禄也，善也，续也，作炊用餐，穀梁复姓），也保留繁体。又，“髮”与“发”常在同一篇韵文中押韵，为避免重韵，故也保留“髮”字。

人名地名，概用原字，笔画已简化者照简。

数词除括号中公元纪年与纯统计数量用阿拉伯数字外，概用汉字，以保持文字纯一。

（三）书中僻难字以汉语拼音注音。联绵词注音以表示其双声叠韵关系。由于语音演变，拼音未能表出其双声抑或叠韵者，加注反切。

（四）注释力求训释准确而文字简明。凡遵用前人注解皆原文引用，必要时加以疏解。凡注者自己理解，必要时引用前人相近解释以为佐证。

（五）没有前人指引，后人会寸步难行。但前代注疏受时代局限，大多重视文字训诂，有些注释忽视前后有关章次的联系，忽视语言的特定环境，忽视文章内在的深层含义，亦有不当甚或错误者。本书充分尊重前人注释，不轻疑；但也不轻信，一切按实事求是的原则处理。凡提出新的解释，词语则需有训诂来原，内容则需有事实根据，务使文辞更为顺畅，并尽可能提供旁证。

（六）为辩正影响较大的误解，或辨析古人突出的分歧，或考证有关的史实，或解说特殊的疑难，于一般注解之处，另用以★为标识的“星评”形式予以表述。根据内容需要，文字不拘一格。

前　言

“孟轲，邹人也，受业子思之门人”

孟子生平，除《孟子》本书记有游梁游齐之类的活动外，史籍上仅有《史记·孟子荀卿列传》上一百三十七个字的小传：

> 孟轲，邹人也，受业子思之门人。道既通，游事齐宣王，宣王不能用。适梁，梁惠王不果所言，则见以为迂远而阔于事情。当此之时，秦用商鞅，富国强兵；楚魏用吴起，战胜弱敌；齐威王宣王用孙子田忌之徒，而诸侯东面朝齐。天下方务于合纵连横，以攻伐为贤，而孟轲乃述唐虞三代之德，是以所如者不合。退而与万章之徒，序诗书，述仲尼之意，作《孟子》七篇。

邹，诸侯国名，字又作“驺”。赵岐《孟子题辞》：“邹本春秋邾子之国，至孟子之时改曰邹矣。国近鲁，后为鲁所并；又言邾为楚所并，非鲁也。今邹县是也。”段玉裁《说文解字注》：“周时或云邹，或云邾娄者，语言缓急之殊也。周时作邹，汉时作驺，古今字之异也。《左传》作邾，《公羊》作邾娄，邾娄之合声即为邹。《国语》《孟子》作邹，三者邹为正。邾则省文。”《左传》有多次鲁与邾发生战争的记录。地在今山东曲阜东南；春秋鲁文公十一年（前 616）迁都于绎，今山东邹县。

赵岐题辞谓孟子名轲，“字则未闻也”。王应麟《困学纪闻》曰：“孟子字未闻。《孔丛子》云‘子车’，注‘一作子居。居贫坎轲，故名轲，字子居，亦称子舆’。《圣证论》云：‘子思书、《孔丛子》有孟子居，即是轲也。’《傅子》云‘孟子舆’。疑皆附会。”按，王应麟之说甚是。《孔丛子》旧题陈胜博士孔鲋撰，然不著于《汉书·艺文志》，三国魏王肃《圣证论》始见引用。王肃是历史上作伪的大师，《圣证论》也是王肃伪造。《傅子》为西晋傅玄所作。孟子之字，自司马迁、班固、赵岐皆所不知，王肃傅玄何从得知，其为附会无疑。

孟子祖上家世不详。赵岐《题辞》谓“孟子鲁公族孟孙之后”，但赵氏没有提供任何先秦的记录，《孟子》书中也没有透露出与鲁公族有任何瓜葛，仅仅因姓孟氏便认为是孟孙之后，没有足够的根据。

孟子的父母，史籍上也没有他们的名字。清林春溥《孟子列传纂》引《风俗通》、任兆麟《孟子时事略》引《春秋演孔图》、施彦士《读孟质疑》引《阙里志》，都谓孟子“父名激，字公宜，母仉（zhǎng）氏”。诸如此类的说法，周广业《孟子出处时地考》、罗根泽《孟子传论》都进行了驳斥，认定都是无稽之谈。

又，任兆麟《孟子时事略》、施彦士《读孟质疑》、魏源《孟子年表》，都引《列女传》，谓“孟子三岁丧父”。《列女传》本来就不可信，而且《列女传》并没有孟子三岁丧父之说。《孟子·梁惠王下》“鲁平公将出”章（2.16），鲁平公提到或告寡人曰“孟子之后丧逾前丧”，乐正子问：“君所谓逾者，前以士，后以大夫，前以三鼎而后以五鼎与？”所谓后丧指孟子之母丧，前丧指孟子之父丧。孟子其父丧之时已为士，祭祀用三鼎，可知早已成年，而决不是三岁小儿。

但孟子父丧较早，而后由慈母教养成长，或是事实。《列女传·母仪篇》载：“邹孟轲之母，其舍近墓。孟子之少也，嬉游为墓间之事，踊跃筑埋。孟母曰：‘此非所以居子也。’乃去，舍市旁。其嬉游为贾人衒卖之事。孟母又曰：‘此非所以居子也。’乃徙舍学宫之旁，其嬉游乃设俎豆，揖让进退。孟母曰：‘此真可以居吾子矣。’遂居之。及孟子长，学六艺，卒成大儒之名。

君子谓孟母善以渐化。”此即所谓孟母三迁。《韩诗外传》载：“孟子少时诵，其母方织。孟子辍然中止，其母引裂其织，以此诫之。孟子问其母曰：‘东家杀豚何为？’母曰：‘欲啖汝。’其母自悔，乃买东家豚肉以食。”孟母断机故事，又见于《列女传》，文辞较长。传为西汉人作品，学者们或信以为实，或力辩其无；反正是故事传闻，无可无不可。

孟子生卒的时间，先秦典籍与司马迁《史记》都无记载，元明以来许多学者进行过考证。如元程复心《孟子年谱》(《四库全书提要》疑此书为谭贞默《孟子编年略》）谓“孟子生于周烈王四年（前372），卒于赧王二十六年（前289），寿八十四”。明陈士元《孟子杂记》“疑孟子生于安王初年，卒于赧王初年，未可知也”。清周广业《孟子出处时地考》谓“周安王十七年丙申（前385）孟子生”，“赧王十三年（前302），孟子八十四岁（卒）”。魏源《孟子年表》谓“周安王十七年（前385）孟子生，赧王二十六年（前289）孟子卒，九十有七岁，卒于邹”。今人钱穆《先秦诸子系年》“定孟子生年最早当在安王之十三年（前389），最晚当在安王二十年（前382）”。众说纷纭，莫衷一是。罗根泽《孟子传论》曰：“羌无古证，终属臆测，确定年月，实不可能。”罗氏自己又说：“约略言之，盖生于烈王初年，卒于赧王二、三十年间。上距孔子之卒，约及百年，下与荀子并世几二十年。”杨伯峻先生《孟子译注》则说：“孟子生于周安王十七年（前385）前后一说比较合理”，“卒年当在赧王十一年（前304）前后”。——将罗杨两说加以协调，定孟子生于周安王二十三年（前379）前后，上距孔子之卒约及百年；卒于周赧王二十一年（前294）前后，寿八十四岁左右。如此推定，生卒都在罗杨两家推测范围之内，“约略言之”而已。

《史记·孟子荀卿列传》谓孟子“受业子思之门人”。《汉书·艺文志》著录《孟子》十一篇，班固注孟子为“子思门人，有列传”，所注孟子之师却与《列传》不同。赵岐用班固注，说孟子“长师孔子之孙子思”。按，孔子之子伯鱼于鲁哀公十三年（前482）五十岁去世[①]，其时子思应已二十岁左右。到孟子于周安王二十三年（前379）前后出生，子思已一百多岁，孟子不可能是子思弟子。故《史记》谓孟子“受业子思之门人”，应是正确的。子思为曾子弟子，《孟子》书中提及孔子弟子，连第一高足颜回也仅有六次，其中只有三次称颜子，馀外三次直呼其名曰颜回或颜渊；而曾子出现达二十二次之多，全称之为曾子，没有一次称为曾参，或许与他的师传有关。但子思这位门人孟子从不提及，而感叹自己“予未得为孔子徒也，予私淑诸人也”。

有关孟子的家世生卒师传之类的情况，经过元明以来许多学者的考证论辩，结果仍然只有司马迁所说“孟轲，邹人也，受业子思之门人”是准确的，此外有关孟子成长的过程，早年的经历，都不清楚。《列传》所述“游事齐宣王，宣王不能用；适梁，梁惠王不果所言”，对照《孟子》本书，实际情况应该是“游事梁惠王，梁惠王不果所言；惠王死；適齐，齐宣王不能用”。结果是，“则见以为迂远而阔于事情”，“是以所如者不合。退而与万章之徒，序诗书，述仲尼之意，作《孟子》七篇”。赵岐计为“二百六十一章，三万四千六百八十五字”。（朱熹将赵本《尽心章句上》“孟子自范之齐望见齐王之子”章与“王子宫室车马”章合为一章，故为二百六十章。按，合为一章正确。）《汉书·艺文志》著录《孟子》十一篇。赵岐《孟子题辞》曰：“又有外书四篇：《性善》《辩文》《说孝经》《为政》。其文不能宏深，不与内篇相似，似非《孟子》本真，后世依放而托之者也。”四篇之名，或断作《性善辩》《文说》《孝经》《为政》。四篇已失传，篇名同异无关重要。

“仁义而已”，“保民而王”

仁义，作为中华民族的道德观念，早在殷周时代即已形成。先秦典籍《国语》《左传》等书中有不少关于“仁义”的论述[②]，至孔子而集其大成。《礼记·中庸》引孔子曰：“仁者，人也”，“义者，宜也”。人与人应该相互关爱，是之曰“仁”；按仁的原则合理地对待社会人生，是之曰“义”。《荀子·议兵篇》曰：“仁者，爱人”；“义者，循理”。与《中庸》所述一致。

按“仁者，爱人”的理念为政治国，便是“仁政”。

在《论语》中孔子对答如何“为政”，往往将为政者的道德修养即“仁德”与为政的具体措施即“仁政”融合论述，纯粹论政相对较少，但仍有极为精辟的章次。《为政》篇，子曰：“道之以政，齐之以刑，民免而无耻。道之以德，齐之以礼，有耻且格。”《学而》篇，子曰：“道千乘之国，敬事而信，节用而爱人。”《颜渊》篇，子贡问政，子曰：“足食，足兵，使民信之。”《子路》篇，子适卫，冉有仆。子曰：“庶矣哉！”冉有曰：“既庶矣，又何加焉？”曰：“富之。”“既富矣，又何加焉？”曰：“教之。”《子路》篇，子曰：“善人教民七年，亦可以即戎矣。”“以不教民战，是谓弃之。”《颜渊》篇，子曰：“听讼吾犹人矣，必也使无讼乎！”举此数章，寥寥数语，即可窥见孔子仁政的概貌。《论语》是孔子弟子们所记孔子的语录，不是系统的篇章。孟子上距孔子已过百年，其时诸子蜂起，著书立说风气甚为普遍，故孟子关于仁政的理论，较之孔子更为充实，也更为系统。

《孟子·梁惠王上》第一章，孟子见梁惠王，王曰：“叟不远千里而来，亦将有以利吾国乎？”孟子对曰：“王何必曰利，亦有仁义而已矣。”开宗明义，孟子即高举“仁义”的大旗，为他的政治理论，为他一生的政治活动，定下基调。

仁政的核心是爱护人民。《梁惠王上》，齐宣王问曰：“德何如则可以王矣？”孟子对曰：“保民而王，莫之能御也。”（1.7）朱熹集注：“保，爱护也。”爱护人民，才能得到民心。《离娄上》，孟子曰：“三代之得天下也以仁，其失天下也以不仁。国之所以兴废存亡者亦然。”（7.3）“桀纣之失天下也，失其民也。失其民者，失其心也。”（7.9）仁者，爱人。要像爱护自己的家人一样爱护人民。《梁惠王上》，孟子曰：“老吾老以及人之老，幼吾幼以及人之幼。天下可运于掌。”（1.7）要特别关心那些最穷困的人。《梁惠王下》，孟子曰：“老而无妻曰鳏，老而无夫曰寡，老而无子曰独，幼而无父曰孤。此四者，天下之穷民而无告者。文王发政施仁，必先斯四者。”（2.5）要像周文王那样对鳏寡孤独要特别关照。

如何才能得到民心，关键在于保障他们的生活。孟子提出两个方面的政策：一曰“制民之产”，使人民的生活有一定的物资基础；一曰“取于民有制”，即征徭纳税有一定的节制，不过分加重人民的负担。

《梁惠王上》“齐宣王问”章（1.7），孟子曰：“无恒产而有恒心者，惟士为能。若民，则无恒产，因无恒心。苟无恒心，放辟邪侈，无不为已。及陷于罪，然后从而刑之，是罔民也。焉有仁人在位罔民而可为也？是故明君制民之产，必使仰足以事父母，俯足以畜妻子，乐岁终身饱，凶年免于死亡；然后驱而之善，故民之从之也轻。今也制民之产，仰不足以事父母，俯不足以畜妻子，乐岁终身苦，凶年不免于死亡。此惟救死而恐不赡，奚暇治礼义哉？”《滕文公上》“滕文公问为国”章（5.3），孟子反复强调上述道理，曰：“民之为道也，有恒产者有恒心，无恒产者无恒心。苟无恒心，放辟邪侈，无不为已。及陷乎罪，然后从而刑之，是罔民也。焉有仁人在位罔民而可为也？”制民之产，近似后世所谓“耕者有其田”。在“使毕战问井地”一节中，孟子对井田制有概括的叙述。历史上是否真有过井田制，具体情况并不清楚。但孟子“制民之产”的主张无疑是正确的。分给人民一定的土地，使他们能够维持生活，上可以供养父母，下可以抚育妻儿子女；丰收年成可以吃饱，凶年饥岁得免于死亡。孟子这种主张影响深远。历史上的政治改革家，无有不重视土地政策者，让农民有一定的土地，使之能够生存，社会就相对安定。反之如果土地都被豪强官府霸占，人民无法生存，社会就一定出现混乱；这便是孟子主张“制民之产”的价值所在。

《滕文公上》，孟子曰：“贤君必恭俭礼下，取于民有制。”征徭纳税要有一定的节制，孟子以夏殷周三代的为例，曰：“夏后氏五十而贡，殷人七十而助，周人百亩而彻，其实皆什一也。”按十分抽一的标准纳税，让民众能够承受，使他们生活安定。“死徙无出乡，乡田同井，出入相友，守望相助，疾病相扶持，则百姓亲睦。”（5.3）《论语・颜渊》，哀公问于有若曰：“年饥，用不足，如之何？”有若对曰：“盍彻乎？”曰：“二，吾犹不足，如之何其彻也？”对曰：“百姓足，君孰与不足？百姓不足，君孰与足？”有若的对答，无疑原于孔子。可知税用彻法，即十分抽一，是孔子以至孟子一贯的主张。由鲁哀公“二，吾犹不足”的话，可见当时的统治者远远地超过彻法。《梁惠王上》，孟子揭露梁惠王朝的情况是：“庖有肥肉，厩有肥马，民有饥色，野有饿莩，此率兽而食人也。”孟子曰：“兽相食，且人恶之；为民父母行政，不免于率兽而食人，恶在其为民父母也？”“如之何其使斯民饥而死也？”（1.4）由此可见当时人民的生活何等困苦，也由此可知孟子主张“取于民有制”的重要意义。

孟子的仁政，要求保证人民生活的条件下，主张兴办学校，进行教育。《论语·子路》篇，孔子提出对民众“富之”而后“教之”，孔子身体力行，聚徒讲学，“以诗书礼乐教，弟子盖三千焉，身通六艺者七十有二人”。他培养的这支学术大军分布在中原大地上，改变了整个社会的教育风尚，培养了大批来自社会各阶层的人才。战国时代诸子蜂起，直接间接都与孔子的影响有关。孟子继承了这一传统。《梁惠王上》，孟子曰：“省刑罚，薄税敛，深耕易耨；壮者以暇日修其孝悌忠信，入以事其父兄，出以事其长上。”（1.5）《滕文公上》，孟子曰：“设为庠序学校以教之。夏曰校，殷曰序，周曰庠；学则三代共之，皆所以明人伦也。”（5.3）这些论述在历史上产生了重大影响。《礼记·学记》曰：“君子如欲化民成俗，其必由学乎。”“是故古之王者建国君民，教学为先。”据郭沫若考证，《学记》可能是孟子之弟子乐正克所作③。郭氏之说如可信，则中国历史上第一部教育学即出自孟氏。《学记》谓“古之教者，家有塾，党有庠，术有序，国有学”，与孟子所述相近。即使《学记》不出于孟门，《学记》表现的教育思想原于孔孟则毫无疑义。尽管战国之世，教育不大可能普及到下层民众，但孟子说“壮者以暇日修其孝悌忠信，入以事其父兄，出以事其长上”，主张是面向整个社会的。《学记》所谓“建国君民，教学成俗”，目的非常明确。中国自孔孟以来两千多年的封建社会，治乱相寻，存亡相续，历史总在曲折地发展前进，传统的文化教育发挥了不可替代的作用。中国幅员广阔，民族众多，历史上建立过不少各自独立的政权，最终融合成为伟大的中华民族，传统的文化教育同样发挥了不可替代的作用。

将孔孟关于文化教育的主张同道法两家进行比较，更能显示出儒家重视文化教育的重大意义。道家老子的社会政治思想是落后的，主张所谓归真反朴，回到原始的自然状态。《老子》第三章曰："不尚贤，使民不争；不贵难得之货，使民不为盗；不见可欲，使民心不乱。是以圣人之治，虚其心，实其腹；弱其志，强其骨。常使民无知无欲，使夫智者不敢为也。"第六十五章更明确地说："古之善为道者，非以明民，将以愚之。民之难治，以其智多。故以智治国国之贼，不以智治国国之福。"这种社会思想，严重地脱离实际，理论既不合理，实行也不可能。高延第《老子证义》曰："(老子所谓)'愚之'，谓归朴反淳，革除浇离之习，即'为天下浑其心'之义，与秦人燔诗书愚黔首者不同。"老子与嬴秦的"愚民"政策，其出发点和目的确实不同。老子是要人民回到原始的蒙昧状态，使天下"返朴还淳"，秦室愚民，是要使人民成为愚昧的奴隶，使他们丧失觉悟反抗的能力；但在"愚"这一点上却并无区别。秦始皇帝和李斯是法家政策的执行者。《史记·秦始皇本纪》记始皇三十四年(前213)廷议咸阳宫。丞相李斯曰："今天下已定，法令出一。百姓当家则力农工，士则学习法令辟禁。""臣请史官非秦记皆烧之。非博士官所职，天下敢有藏诗书百家语者，悉诣守尉杂烧之。有敢偶语诗书者弃市，以古非今者族。吏见知不举者与同罪。令下三十日不烧，黥为城旦。所不去者，医药卜筮种树之书。若欲有学法令，以吏为师。"制曰："可。"秦始皇这一声"可"，便"可"断了春秋战国以来辉煌灿烂的百家争鸣，也"可"掉了先秦世世代代盼望天下统一、盼望安宁生活的民心，秦王朝也因此昙花一现地灭亡了。如果秦王朝的残暴统治持续较长的时间，先秦诸子的后学全都去世，先秦的典籍消失无遗，中华民族的发展便会是另一种过程，另一番景象，其艰难惨烈之状不堪设想。

孟子要求"为民上者"应"与民同乐"。

《梁惠王上》"王立于沼上"章(1.2)，"王立于沼上，顾鸿雁麋鹿，曰：

‘贤者亦乐此乎？’孟子对曰：‘贤者而后乐此，不贤者虽有此不乐也。’”并引《诗·灵台》与《书·汤誓》所反映的周文王与夏桀王两个相反的例证说明能否与民同乐的不同后果。“古之人与民偕乐，故能乐也。”如果像夏桀那样，“民欲与之偕亡”，那就灭亡无日，而不是乐不乐的问题。在《梁惠王下》“庄暴见孟子”章（2.1），孟子对国君能不能与民同乐，民众的不同反应作了精彩的描述。不能与民同乐，不关心民众的生死，情况是，“今王鼓乐于此，百姓闻王钟鼓之声，管籥之音，举疾首蹙頞而相告曰：‘吾王之好鼓乐，夫何使我至于此极也？父子不相见，兄弟妻子离散。’今王田猎于此，百姓闻王车马之音，见羽旄之美，举疾首蹙頞而相告曰：‘吾王之好田猎，夫何使我至于此极也？父子不相见，兄弟妻子离散。’此无他，不与民同乐也”。反之如果与民同乐，情况是，“今王鼓乐于此，百姓闻王钟鼓之声，管籥之音，举欣欣然有喜色而相告曰：‘吾王庶几无疾病与，何以能鼓乐也？’今王田猎于此，百姓闻王车马之音，见羽旄之美，举欣欣然有喜色而相告曰：‘吾王庶几无疾病与，何以能田猎也？’此无他，与民同乐也。今王与百姓同乐，则王矣”。《梁惠王下》“齐宣王见孟子于雪宫”章（2.4），齐宣王提出了同样的问题：“贤者亦有此乐乎？”孟子同样告知，在民上者必须与民同乐。曰：“乐民之乐者，民亦乐其乐；忧民之忧者，民亦忧其忧。”可知所谓“与民同乐”的实质，在于关注人民的生活，取得民心，得到人民的拥护，社会才能安定。为此，与民同乐，也成为仁政的重要内容。

孟子主张仁政，祈望百姓能安定地生活，因而极力反对战争。

《尽心下》，孟子曰：“春秋无义战，彼善于此则有之矣。”（14.2）“有人曰：‘我善为陈，我善为战。’大罪也。”（14.4）《离娄上》，孟子揭露战争的惨象是，“争地以战，杀人盈野；争城以战，杀人盈城。此所谓率土地而食人肉，罪不容于死”（7.14）。《梁惠王上》，梁襄王问曰：“天下恶乎定？”孟子对曰：“定于一。”“孰能一之？”对曰：“不嗜杀人者能一之。”“孰能与之？”对曰：“天下莫不与也。……今夫天下之人牧，未有不嗜杀人者也。如有不嗜杀人者，则天下之民皆引领而望之矣。”（1.6）“定于一”，是孟子对历史进程的祈望与判断。但怎样才能“定于一”，则不是“不嗜杀人者”所能决定。故对孟子反对战争的论述必须一分为二。自春秋至于战国，绵延不断的战争，给世世代代的人民带来无穷无尽的苦难，人民期盼一个安定的社会早日到来。故孟子反对战争，符合人民的愿望。但孟子的主张脱离了时代的实际。《韩非子·五蠹》谓“上古竞于道德，中世逐于智谋，当今争于气力”；所谓“上古、中世”如何，只是作为陪衬，“当今争于气力”确符合当时客观的形势；通过战争来统一天下已成为不可避免的事实。司马迁《孟子荀卿列传》谓孟子之言“则见以为迂远而阔于事情。当此之时，秦用商鞅，富国强兵；楚魏用吴起，战胜弱敌；齐威王宣王用孙子田忌之徒，而诸侯东面朝齐。天下方务于合纵连横，以攻伐为贤，而孟轲乃述唐虞三代之德，是以所如者不合”。就在孟子大声谴责天下之人牧“率土地而食人肉，罪不容于死”的时候，战争却进行得愈来愈激烈，弱势的诸侯国一个接一个地灭亡，半个多世纪以后天下归于统一。

《公孙丑上》，孟子曰：“尊贤使能，俊杰在位，则天下之士皆悦而愿立于其朝矣；市，廛而不征，法而不廛，则天下之商皆悦而愿藏于其市矣。关，讥而不征，则天下之旅皆悦而愿出于其路矣。耕者，助而不税，则天下之农皆悦而愿耕于其野矣。廛，无夫里之布，则天下之民皆悦而愿为之氓矣。信能行此五者，则邻国之民仰之若父母矣。”（3.5）本章是孟子仁政体现在人事与经济政策方面的归纳，是孟子的社会理想。

《梁惠王上》，孟子曰：“不违农时，穀不可胜食也；数罟不入洿池，鱼鳖不可胜食也；斧斤以时入山林，材木不可胜用也。穀与鱼鳖不可胜食，材木不可胜用，是使民养生丧死无憾也。养生丧死无憾，王道之始也。五亩之宅，树之以桑，五十者可以衣帛矣。鸡豚狗彘之畜，无失其时，七十者可以食肉矣。百亩之田，勿夺其时，数口之家，可以无饥矣。谨庠序之教，申之以孝悌之义，颁白者不负戴于道路矣。七十者衣帛食肉，黎民不饥不寒，然而不王者，未之有也。”（1.3）这是孟子向梁惠王、齐宣王描绘的仁政社会的蓝图，或者说是孟子设想的“桃花源”。在这个社会里，统治者关注民生，维护生态，不违农时，发展生产，保证人民的基本生活，使之养生送死无憾。

“民为贵”，“君为轻”

“保民而王”，爱护百姓，得到民心，才能为政治国。这是孟子仁政的核心，也是目的。《书·五子之歌》曰：“民为邦本，本固邦宁。”《五子之歌》是伪古文《尚书》，书是伪作，并不等于内容都“伪”。“民为邦本，本固邦宁”，绝对是真理名言，与孟子的仁政思想完全一致，仁政追求的正是“本固邦宁”。

“民为邦本”，民是邦的根本，没有“民”的拥护，“君”就无法存在。《尽心下》，孟子曰：“民为贵，社稷次之，君为轻。是故得乎丘民而为天子，得乎天子为诸侯，得乎诸侯为大夫。诸侯危社稷，则变置。牺牲既成，粢盛既絜，祭祀以时，然而旱干水溢，则变置社稷。”（14.14）丘民，朱熹注，“田野之民”。古代的统治者，总用“天命”来欺蒙民众。“先王有服，恪谨天命”，这是《书·盘庚》有名的语句。恪谨天命，君权原于天命，君也就至高无上。《书·西伯戡黎》，商纣王自称“我生不有命在天[④]”。谓我命在天，老百姓微不足道，对我无可奈何。孟子却用无比洪亮的声音喊出“民为贵”“君为轻”：君决不比民高，“得乎丘民”才可“为天子”。

“民”是“君”的权力源头，孟子认为如果统治者残害人民，他就不再是君。《梁惠王下》，齐宣王问曰：“汤放桀，武王伐纣，有诸？”孟子曰：“于传有之。”曰：“臣弑其君可乎？”曰：“贼仁者谓之贼，贼义者谓之残，残贼之人，谓之一夫。闻诛一夫纣矣，未闻弑君也。”（2.8）一，独也。一夫，亦即独夫。既是独夫民贼，诛杀便是正确的。孟子的这种言论颇有超前的革命精神。《周易·革》彖曰：“汤武革命，顺乎天而应乎人。”彖辞肯定放桀诛纣的合理性，必原于孟子之言[⑤]。“革命”一词沿用至于今日。

《论语·颜渊》，齐景公问政于孔子。孔子对曰：“君君，臣臣，父父，子子。”《八佾》，定公问：“君使臣，臣事君，如之何？”孔子对曰：“君使臣以礼，臣事君以忠。”孔子的对答，看似相当简略，联系当时的背景，内涵实甚丰富。这种君臣关系的原则，孟子继承而论述则更为具体，语言尤为严厉。《孟子·离娄上》，孟子曰：“欲为君，尽君道；欲为臣，尽臣道。”（7.2）内涵同孔子的“君君，臣臣”“君使臣以礼，臣事君以忠”完全一致。《离娄下》，孟子谓齐宣王曰：“君之视臣如手足，则臣视君如腹心；君之视臣如犬马，则臣视君如国人；君之视臣如土芥，则臣视君如寇雠。”（8.3）又曰：“无罪而杀士，则大夫可以去；无罪而戮民，则士可以徙。”（8.4）孟子诸如此类的言论，对后世有为的君主可以引起警惕，庙堂之上会相对和谐，国家如此比较安宁；而暴虐之君则不能容忍，历代所谓谏官拾遗之类都不敢提及，以致一个一个的王朝，往往不得几日太平安定，祸乱衰亡便接踵而来。

自西周以至春秋，周天子与各诸侯国的朝廷大臣基本上都是贵族。周室衰微，大国诸侯崛起，兼并战争连年不断，许多小国灭亡了，由于军事与外交的需要，来自下层的人才得以跻身各国朝廷。先秦诸子策士谋臣之所以蜂起，便是时代变迁的产物。《梁惠王下》，孟子曰：“国君进贤，如不得已，将使卑踰尊，疏踰戚，可不慎与？”“如不得已”一句，很耐人寻味，四个字反映时代人才风气的变化。如何“进贤”，孟子曰：“左右皆曰贤，未可也；诸大夫皆曰贤，未可也；国人皆曰贤，然后察之；见贤焉，然后用之。左右皆曰不可，勿听；诸大夫皆曰不可，勿听；国人皆曰不可，然后察之；见不可焉，然后去之。左右皆曰可杀，勿听；诸大夫皆曰可杀，勿听；国人皆曰可杀，然后察之；见可杀焉，然后杀之。”“如此，然后可以为民父母。”（2.7）所谓“国人”未必是“非君子莫治野人，非野人莫养君子”之野人，但总归是庶人了。对文中词句必经从语气上领会其中含义。如“未可也”“勿听”，不能理解为绝对不可、绝对不听，而要理解为听了他们的意见还不可、还不够之意。全章内容也须从整体上领会，无非是说必须广泛听取各阶层人士的意见，决不是说所有事务似乎都要“全民公决”。孟子这段对待人才的理论甚为精辟。特别说明，即使是通过了“国人”，还要“然后察之”，不能因此放弃自己的责任。在两千多年前孟子能提出如此卓越的见解，在诸子中无与伦比，是孟子政治思想中极其宝贵的内容；不只是通常所谓的民本思想，而且萌发出罕见的民主精神，是先秦典籍中最为闪光的文字。

遗憾的是，孟子这段非同一般的理论却很不完美。社稷，即土神和穀神。古代以土地和粮食为国家的根本，故每个王朝建立必建社稷坛墠。通常即以“社稷”代指国家。本章“诸侯危社稷”之“社稷”指国家，而“变置社稷”之“社稷”却指土穀之神，所指不一。严重的问题还在最后一节：“牺牲即成，粢盛既絜，祭祀以时，然而旱干水溢，则变置社稷。”国家出了严重问题，该“变置”的不是由老百姓供养的君主，而是冥冥中的土穀之神，实际指社稷坛墠。本是相当卓越的一章，最后这一节却陷入了荒诞的迷信。——尽管如此，“民为贵”“君为轻”的名言还是在历史的天空上放射出灿烂的光辉。

“孟子道性善”

《论语·公冶长》，子贡曰：“夫子之言性与天道，不可得而闻也。”孔子的学说紧扣社会现实，对于“性与天道”之类深微莫测的问题很少谈论；偶尔涉及也只是泛泛地提到。《阳货》子曰：“性相近也，习相远也。”持论甚为平稳。战国时代“性善、性恶”的议论风盛一时。孟子道“性善”，荀子论“性恶”，告子谓“性无善无不善也”，世子（周人世硕）以为“人性有善有恶”，亦即“有性善有性不善”。这是先秦四家人性论。

《滕文公上》：“孟子道性善。”意即人之本性生来就是善的。

《公孙丑上》，孟子曰：“人皆有不忍人之心。先王有不忍人之心，斯有不忍人之政矣。以不忍人之心，行不忍人之政，治天下可运之掌上。所以谓人皆有不忍人之心者，今人乍见孺子将入于井，皆有怵惕恻隐之心，非所以内交于孺子之父母也，非所以要誉于乡党朋友也，非恶其声而然也。由是观之，无恻隐之心，非人也；无羞恶之心，非人也；无辞让之心，非人也；无是非之心，非人也。恻隐之心，仁之端也；羞恶之心，义之端也；辞让之心，礼之端也；是非之心，智之端也。人之有是四端也，犹其有四体也。有是四端而自谓不能者，自贼者也；谓其君不能者，贼其君者也。凡有四端于我者，知皆扩而充之矣，若火之始然，泉之始达。苟能充之，足以保四海；苟不充之，不足以事父母。”（3.6）本章没有出现“性善”一词，却是孟子“性善论”具有代表性的一章。“不忍人之心”，即不忍心看到他人受苦受难之心，亦即同情心。孟子认为这是人与生俱来的本性。孟子举例说明，任何人如果看到无知的孩子将掉入井中，会立即产生“怵惕恻隐之心”，这是人的本性。这种本性是人高尚道德的萌发，仁义礼智的起点。人最重要的是扩充这种善良本性。“苟能充之，足以保四海；苟不充之，不足以事父母。”

孟子认为人本性都是善的；何以现实社会的人并不都善，且不善之人并不少。孟子的解答是社会环境影响的结果。《告子上》，孟子曰：“富岁子弟多赖，凶岁子弟多暴；非天之降才尔殊也，其所以陷溺其心者然也。”（11.7）谓人本性之善并无不同，是客观环境“陷溺其心”使其败坏。故孟子强调修身养性，保持其善良本性。孟子认为所有人的本性都是善的。这种观念也许能给人以鼓励，使人有尊严之感。然而却是一种主观的设想，孟子并未能提出使人信服的证明。仅仅举一个“今人乍见孺子将入于井，皆有怵惕恻隐之心”的例子，并不足以证明人性皆善。所谓“是非之心、恻隐之心、羞恶之心、辞让之心”，“人皆有之”，其实所有这些，没有一定的人生经历、没有一定的道德修养，是不可能有的，决不是生来就有。

《告子上》“牛山之木”章（11.8），孟子曰：“牛山之木尝美矣，以其郊于大国也，斧斤伐之，可以为美乎？是其日夜之所息，雨露之所润，非无萌蘖之生焉，牛羊又从而牧之，是以若彼濯濯也。人见其濯濯也，以为未尝有材焉，此岂山之性也哉？虽存乎人者，岂无仁义之心哉？其所以放其良心者，亦犹斧斤之于木也，旦旦而伐之，可以为美乎？其日夜之所息，平旦之气，其好恶与人相近也者几希，则其旦昼之所为，有梏亡之矣。梏之反复，则其夜气不足以存；夜气不足以存，则其违禽兽不远矣。人见其禽兽也，而以为未尝有才焉者，是岂人之情也哉？”本章同样没有出现“性善”一词，却也是“性善论”重要的一章。孟子提出，生长是牛山之木的本性，如果不断受到斧斤的砍伐、牛羊的啮龁，就不再“有材”。仁义之心也是人的本性，本性如果不加保养，“放其良心”，“亦犹斧斤之于木”，“则其违禽兽不远”。这种比拟不伦不类。生长是树木的本性，是植物的生理现象；照孟子的说法，仁义是人的本性，则属于人的心理现象。前者是无知的，后者是有知的，两者没有任何可比性，这种比喻不能成立。

在《孟子》书中，有许多章直接间接宣扬其性善论。如《尽心上》，孟子曰：“人之所不学而能者，其良能也；所不虑而知者，其良知也。孩提之童无不知爱其亲者，及其长也，无不知敬其兄也。亲亲，仁也；敬长，义也；无他，达之天下也。”（13.15）本章便是性善论的体现。全章内容是一种主观制造的观念。孩提之童爱其亲，敬其兄，属于自然情感，“仁、义”属于道德修养。自然情感不学就有，道德修养不可能不学就会，两者性质不同，不能混为一谈。

孟子的性善论，在当时并不为人们所认可，荀子更提出了与之完全相反的性恶论。

《荀子·性恶》曰：“人之性恶，其善者伪也。今人之性，生而有好利焉，顺是，故争夺生而辞让亡焉；生而有疾恶焉，顺是，故残贼生而忠信亡焉；生而有耳目之欲，有好声色焉，顺是，故淫乱生而礼义文理亡焉。然则，从人之性，顺人之情，必出于争夺，合于犯分乱理，而归于暴。故必将有师法之化，礼义之道，然后出于辞让，合于文理，而归于治。用此观之，人之性恶明矣，其善者伪也。”伪者，人为也。谓人性恶，其善是“人为”的结果。荀子认为人生而有欲，有欲就必然发生“争夺”，发生“残贼”，发生“淫乱”；所以人必要“师法之化，礼义之道”，即需要教育熏陶，需要管理约束。荀子的理论，比孟子论述的要明确得多。但荀子是从人生而有“欲”得出的结论，问题在于所有的人生而有“欲”并不等于所有的人生而有“恶”。“食色，性也”，是主要的人生之欲，决不能说“食色，恶也”。社会是需要管束的，一旦失去制约，成为无政府状态，便会混乱不堪，盗贼蜂起，但决非所有的人都是盗贼；因此也不能说明人本性皆恶。

告子则认为不存在所谓“性善”或“性恶”，谓“性无善无不善也”。

《告子上》“性犹湍水”章（11.2），告子曰：“性犹湍水也，决诸东方则东流，决诸西方则西流。人性之无分于善不善也，犹水之无分于东西也。”“公都子曰”章（11.6），公都子引告子曰：“性无善无不善也。”并引“或曰”（该章前一“或曰”）加以解释：因为“性”无善无不善也，所以“性可以为善，可以为不善。是故文武兴则民好善，幽厉兴则民好暴”。为善还是为不善，都是社会客观环境造成的。

孟子把“人性善”绝对化，荀子把“人性恶”绝对化，告子同样把“性无善无不善”绝对化，都不如世子“人性有善有恶”更合于实际。

世子认为“人性有善有恶”，亦即“有善有不善”。

《汉书·艺文志》著录“《世子》二十一篇”，班固注：“名硕，陈人也，七十子之弟子。”《世子》书已佚，赖王充《论衡·本性篇》得以保存其基本内容。《本性篇》曰：“周人世硕以为人性有善有恶。举人之善性，养而致之则善长；性恶，养而致之则恶长。”“善恶在所养焉。故世子作《养书》一篇。宓子贱、漆雕开、公孙尼子之徒亦论情性，与世子相出入，皆言性有善有恶。”谓“人性有善有恶”，与《告子上》“公都子曰”章（11.6），公都子所引“或曰”（该章后一“或曰”）“有性善有性不善”完全相同，“有恶”与“有不善”是一个意思，可知后一“或曰”者即世子也。此说阵容强大。世子与公孙尼子为“七十子弟子”，而宓子贱、漆雕开还是孔子弟子，年辈都远早于孟子。所谓“有善有恶”或者叫“有善有不善”，应理解为各种不同的本性。《左传》襄公三十一年，子产曰“人心之不同如其面焉”，可以说“人性之不同亦如其面焉”。故世子之说最符合人性的客观实际。——《本性篇》在分析自战国至西汉诸家人性论之后说：“自孟子以下至刘子政⑥，鸿儒博生，闻见多矣。然而论情性，竟无定是。唯世硕、公孙尼子之徒颇得其正。”到此，王充为自战国至西汉关于人性的争论作了总结。

但南宋以后，随着朱熹《四书集注》的流传，“性善说”又重新为人所知。传为王应麟编撰的《三字经》[7]，开篇便是“人之初，性本善。性相近，习相远；苟不教，性乃迁”。将孟子的“人性善”，同孔子的“性相近也，习相远也”联系起来，作为蒙童课本，灌输到每一个有点文化的人。好在《三字经》的目的在于劝人行善，对社会人生还是有益的。

“当今之世，舍我其谁”

《梁惠王上》全篇七章与《梁惠王下》前九章，记述孟子对梁惠王、齐宣王论说仁政。孟子仁政学说的精华集中体现在这十六章中。这十六章中展现孟子的形象，雍容大度，不亢不卑，不失高贤风范。统观《孟子》全书，却会发现一个在实践能力上与为人品格上迥不同于前者的孟子。

《梁惠王下》，滕文公问曰：“滕，小国也，间于齐楚，事齐乎？事楚乎？”孟子对曰：“是谋非吾所能及也。无已，则有一焉，凿斯池也，筑斯城也，与民守之，效死而民弗去，则是可为也。”（2.13）

由于滕国弱小，无论怎样凿池筑城，对齐楚的威胁都难以抗拒，滕文公问的是外交事务，对敌策略。他没有得到回答，又重新提出：“滕，小国也，竭力以事大国，则不得免焉，如之何则可？”孟子对曰：“昔者大王居邠，狄人侵之。事之以皮革，不得免焉；事之以犬马，不得免焉；事之以珠玉，不得免焉。乃属其耆老而告之曰：‘狄人之所欲者，吾土地也。吾闻之也，君子不以其所以养人者害人。二三子何患乎无君？我将去之。’去邠，逾梁山，邑于岐山之下居焉。邠人曰：‘仁人也，不可失也。’从之者如归市。或曰：‘世守也，非身之所能为也。效死勿去。’君请择于斯二者。”（2.14）滕文公希望孟子提供解决危难的办法，孟子却拉出上千年前大王逃避狄人的故事，叫滕文公要么“去之”，要么“效死勿去”。这样的回答无异于说，你要么逃跑，要么死去，而且还说，“君请择于斯二者”！

滕文公又提到另一面临的威胁：“齐人将筑薛，吾甚恐，如之何则可？”

孟子还是拉出大王居邠那一套："昔者大王居邠，狄人侵之，去之岐山之下居焉。非择而取之，不得已也。苟为善，后世子孙必有王者矣。君子创业垂统，为可继也。若夫成功，则天也。君如彼何哉？强为善而已矣。"（2.15）假定大王故事确是历史事实，同滕文公面临的形势完全不同。在战国后期大国纷争奔亡相继的时代，滕文公能带领他的子民逃到哪儿去？他怎么可能做"创业垂统"，"后世子孙必有王者"的美梦！

《滕文公下》，万章问曰："宋，小国也，今将行王政，齐楚闻而伐之，则如之何？"这又是一个小国，面临的同样是齐楚的威胁。孟子又拉出一个更为遥远的商汤征葛伯的故事来搪塞。孟子曰："汤居亳，与葛为邻。葛伯放而不祀。汤使人问之曰：'何为不祀？'曰：'无以供牺牲也。'汤使遗之牛羊。葛伯食之，又不以祀。汤又使人问之曰：'何为不祀？'曰：'无以供粢盛也。'汤使亳众往为之耕，老弱馈食。葛伯率其民，要其有酒食黍稻者夺之，不授者杀之。"（6.5）如此汤征伐葛伯，"十一征而无敌于天下"。假定商汤征葛确是历史事实，与宋国防范齐楚的威胁哪有一丝一毫共同之处？宋国哪有抗拒齐楚的实力？孟子此类"案往旧造说"纯公式化的回答毫无意义。

孟子回答滕文公，曰"是谋非吾所能及也"，在孟子可能是一句不屑于回答的推托之辞，却恰好反映了孟子的实际。孟子的"仁政"理论在政治思想史上具有重大意义，但在干戈扰攘朝横暮纵的战国后期，孟子没有解决实际问题的能力。

但孟子却极端自负，目空一切。

管仲是春秋时代杰出的政治家。《论语·宪问》孔子论管仲，一则曰："桓公九合诸侯，不以兵车，管仲之力也！如其仁！如其仁！"再则曰："管仲相桓公，霸诸侯，一匡天下，民到于今受其赐。微管仲，吾其被髮左衽矣。"孔子虽不认为管仲达到了仁人的高度，但还是赞扬性地说"如其仁！如其仁！"特别是对管仲的功业，孔子给予了极高的评价，而孟子对管仲不屑一顾，并借用曾西的话，说管仲"得君如彼其专也，行乎国政如彼其久也，功烈如彼其卑也"，并且说："管仲，曾西之所不为也，而子为我愿

之乎？”（3.1）

郑子产为春秋时代郑国的名相，郑简公十二年（前554）以子产为卿。历定公、献公、声公三朝，前后执政五十六年。其时郑国弱小，子产周旋于晋楚两大强国之间，使郑国得以安定。孔子尝过郑，“与子产如兄弟云”。郑声公五年（前496）子产卒，“郑人皆哭泣，悲之如亡亲戚”。孔子闻之，为之泣曰：“古之遗爱也！”《论语·公冶长》子谓子产：“有君子之道四焉：其行己也恭，其事上也敬，其养民也惠，其使民也义。”孔子对子产作如此之高的评价，而孟子对子产似乎不值一谈。子产“以其乘舆济人于溱洧”，这本是子产惠爱百姓的事例，孟子却一句话加以抹杀，说子产“惠而不知为政”（8.2）。

在《论语》中，孔子对春秋时代以及和他同时的贤俊，子产管仲之外，诸如孔文子、宁武子、公叔文子、史鱼、蘧伯玉、祝鮀、王孙贾等等，对他们的修养，他们的才能，他们的功绩，都给予赞许或肯定。而孟子没有赞赏过任何人。他极力歌颂的大都是距他一千多年甚至两千多年早已隐入历史云雾的尧舜夏禹商汤周文王武王一类所谓圣君的传闻故事，其中实不乏孟子本人的编造。尤其是对舜的歌颂到了不近人情令人匪夷所思的程度。

思想家与政治活动家是有区别的。既有精深的思想又有实践能力的政治家历史上是有的，但有些思想家却没有实践能力，孟子就属于这种类型。在整部《孟子》中看不到孟子在哪个诸侯国处理过任何重大事务，解决过任何重大问题，孟子瞧不起管仲、子产等政治家是自不量力，完全没有道理。

《公孙丑上》，公孙丑问：“昔者窃闻之：子夏、子游、子张，皆有圣人之一体，冉牛、闵子、颜渊则具体而微，敢问所安？”朱熹注，“安，处也”。公孙丑问，孟子与孔子这些高足相比，处于什么地位。孟子不肯回答，曰“姑舍是”，即暂且不谈这个。如此大谈伊尹伯夷如何如何，然后扯到孔子，曰：“乃所愿，则学孔子也。”（3.2）“则学孔子也”，实即对公孙丑“敢问所安”的回答。在孟子心目中只有一个孔子，对孔子那些著名弟子谁都不在话下。

孟子一定有师传，《史记·孟子荀卿列传》谓孟子“受业子思之门人”，司马迁肯定是有根据的。但《离娄下》孟子曰：“予未得为孔子徒也，予私淑诸人也。”（8.22）必定是有人问到孟子的师传，孟子才如此回答。显然，子思那位门人声望不高，孟子不愿意提到，才说自己“私淑诸人也”，竟然连自己的师尊也不认。

《滕文公下》，公都子曰：“外人皆称夫子好辩，敢问何也？”孟子如此借题发挥，大谈夏禹治水，周公相武王，孔子作《春秋》，谓“禹抑洪水而天下平，周公兼夷狄驱猛兽而百姓宁，孔子成《春秋》而乱臣贼子惧”，他孟轲先生要“正人心，息邪说，距诐行，放淫辞，以承三圣”（6.9）。他之所以“好辩”，竟然是上承夏禹、周公、孔子的伟大事业！

在孟子对公都子的回答中，特别强调：“杨朱、墨翟之言盈天下，天下之言不归杨则归墨。杨氏为我，是无君也；墨氏兼爱，是无父也。无父无君，是禽兽也。杨墨之道不息，孔子之道不著，是邪说诬民，充塞仁义也。”（6.9）《尽心上》，孟子曰：“杨子取为我，拔一毛而利天下不为也。墨子兼爱，摩顶放踵利天下为之。”（13.26）因此“距杨墨，放淫辞”，是他的重大任务。

孟子如此激烈地指责杨朱墨翟的过错，不知有何根据。

在孟子之前或与孟子同时，未见有多少涉及杨朱具体活动的记录。孟子之后，关于杨朱乃散见于《庄子·骈拇》《胠箧》《天地》《徐无鬼》《山木》，《韩非子·说林下》与《八说》，《吕氏春秋·不二》，《淮南子·俶真》和《氾论》，《说苑·权谋》，《法言·五百》与《吾子》，《论衡·对作》等篇，大都只是简单地提到，其中《吕氏春秋·不二》中有“阳生贵己”一句，“贵己”也许同“为我”拉扯得上，但这是他人的评论，有什么理由说他“拔一毛而利天下不为也”，并给他加一个“无君”的罪名！

今本《列子·杨朱篇》有杨朱曰，“古之人损一毫利天下不为也”，注释家们往往据此证明孟子谓“拔一毛而利天下不为也”确是杨朱的言论。事实未必如此。《汉书·艺文志》著录有《列子》八篇，属道家者流。但该书到汉代即已亡佚，今本东晋张湛注《列子》是魏晋以后人所伪托。马叙伦《列子伪书考》有明确的结论，学术界似并无异议。因此并非《杨朱篇》所述来于原本《列子》，而是《杨朱篇》的作者据孟子之言编造的伪作。

假定《杨朱篇》这段话出于原本《列子》，也不能说杨子本人“拔一毛而利天下不为也”。《杨朱篇》原文如下：“古之人损一毫利天下不与也，悉天下奉一身不取也，人人不损一毫，人人不利天下，天下治矣。”所有的人既“不与”，也“不取”，大家顺其自然，平静自如地生活，则天下安宁。这与老子的“小国寡民”，“邻国相望，鸡犬之声相闻，民至老死不相往来”有点相似。这种社会理想固然并不“理想”，但也并不太坏。如果由于杨子说了“古之人损一毫利天下不为也”，就加他一个“拔一毛而利天下不为也”的罪名，那么他同时又说了古之人“悉天下奉一身不取也”，那他简直就是许由、务光式的圣人，又作何解释呢？因此，不管《杨朱篇》纯是魏晋以后人所伪托，还是先秦原本《列子》的遗留，都不能据以指责“杨子取为我，拔一毛而利天下不为也”，而且还加他一个“无君”的罪名！

至于墨学，在战国时期，确相当活跃，韩非子称之为“显学”。墨子“兼爱”“非攻”，不遗馀力地反对战争，免使人民遭受战祸，是真心诚意的。孟子却说“杨墨之道”，“邪说诬民”，而他的任务就是“息邪说”，“放淫辞”。杨子之书不传，《墨子》其书则赫然在世，孟子除了说墨子“摩顶放踵利天下”以外，针对墨子的理论并没有一字一句的辩驳或批判。而墨子如真是“摩顶放踵利天下”，其精神几至可以与劳身焦思手足胼胝的大禹相比，何以反而遭到如此尖刻的谩骂？

在战国之世，杨氏的影响微不足道；墨家的影响也远不足与儒家法家相埒，到孟子之时实已逐渐衰微。不存在“杨朱、墨翟之言盈天下，天下之言不归杨则归墨”的事实。孟子为了神化自己，便将他攻击的对方也无限夸大。

孟子批判他人，常使用侮辱性语言。谓杨朱墨翟，“无父无君”，“是禽兽也”。《尽心下》竟然说，批判杨墨，“如追放豚，既入其苙，又从而招之”

（14.26），意即对待杨朱墨翟，就像追赶走失的猪，要把它关进猪圈，还要把猪脚紧紧捆住，不让它再乱跑。《滕文公下》，说陈仲子，“于齐国之士，吾必以仲子为巨擘”，然后又说，“充仲子之操，则蚓而后可者也”（6.10）。既说陈仲子在齐国“为巨擘”，又说，陈仲子充其量是蚯蚓式的操守。两句话既侮辱了陈仲子，又藐视了整个齐国的士人。这种言辞，极其恶劣。

《滕文公下》，彭更问曰：“后车数十乘，从者数百人，以传食于诸侯，不以泰乎？”孟子曰：“非其道，则一箪食不可受于人；如其道，则舜受尧之天下不以为泰，子以为泰乎？”（6.4）《离娄下》，储子曰：“王使人瞷夫子，果有以异于人乎？”孟子曰：“何以异于人哉？尧舜与人同耳。”（8.32）尧舜是儒家树立的至高无上的圣君，孟子竟隐然以尧舜自比，孟子自我崇拜到何等地步！

《公孙丑下》，孟子将朝王，王使人来曰：“寡人如就见者也，有寒疾，不可以风。朝将视朝，不识可使寡人得见乎？”齐王自言“有寒疾”，不能来见孟子，可能是一种托辞，希望孟子参预明日朝见。孟子也跟着撒谎，说自己“不幸而有疾，不能造朝”。齐王倒信以为真，派医生来问病，孟子却早已“出吊于东郭氏”。害得在家留守的孟仲子手忙脚乱，生怕孟子的谎言露馅，急忙派多人去遮拦孟子。孟子“不得已而之景丑氏宿焉”。景丑氏批评孟子，曰“丑见王之敬子也，未见所以敬王也”。孟子却进行诡辩，竟然说：“天下有达尊三：爵一，齿一，德一。朝廷莫如爵，乡党莫如齿，辅世长民莫如德。恶得有其一以慢其二哉？”（4.2）按照孟子的逻辑，齐王以其“爵”，他孟夫子则以其“齿”，以其“德”，必须是齐王来敬他，而不应该是他去敬齐王。在《万章下》，孟子回答万章问“不见诸侯何义”时，用子思与鲁缪公的故事来解释自己的行为，并假托子思之言曰：“以位，则子君也，我臣也，何敢与君友也。以德，则子事我者也，奚可与我友？”（10.7）话说得更为明白，以他孟夫子之“德”，国君没有资格与之为友，而应该是“事我者也”。孟子对一国之君尚且如此藐视，怎么可能与人和谐共处！

在《论语》中，孔子对自己的估计相对客观。孔子曰：“吾少也贱，故多能；鄙事，君子多乎哉？不多也。”曰：“吾有知乎哉？无知也。”曰：“我非生而知之者，好古敏以求之者也。”曰：“十室之邑，必有忠信如丘者焉，不如丘之好学也。”曰：“丘也幸，苟有过，人必知之。”在《孟子》中，绝对听不到孟子有如此相对谦虚的话。在《论语》中，孔子对他的弟子有赞扬，有指责，有时甚至发生争吵，特别是对子路宰我有时过于苛求，但都出于自然，符合生活的正常现象。在一般情况下，师生相处和谐，老师爱重弟子，弟子尊敬老师。孔子赞许弟子的话，随时可以听到。曰：“贤哉，回也！”曰：“孝哉，闵子骞！”曰：“起予者，商也。”曰：“雍也可使南面。”子谓子贱：“君子哉若人！”曰：“道不行，乘桴浮于海。从我者，其由与！”诸如此类充满欢爱心情的话，比比皆是。在《孟子》中，孟子教训弟子，总是居高临下，语言生硬。“我明告子！”“否，非此之谓也！”“恶！是何言也！”“子绝长者乎？长者绝子乎？”“舍馆定然后求见长者乎！”乐正子由于与孟子斗狠的官僚王驩同行，就受到孟子的严厉训斥，乐正子还不得不说“克有罪！”这种现象绝未曾出现在孔子与弟子的关系中。而孟子与弟子相处，绝对看不到《论语·先进》“侍坐”章、《公冶长》“颜渊季路”章那种师生和乐融融的场景。孔子周游列国，从行的只是几位高足，险阻崎岖，患难与共；而孟子传食于诸侯，“后车数十乘，从者数百人”，一副大官僚架势，甚至公然认为“君子平其政，行辟人可也”，与孔子的风格不啻天渊之别。

孟子在梁待了两年多，“梁惠王不果所言”；在齐待了好多年，“齐宣王不能用”，最终以失败告终。孟子曾说，孔子去齐，“接淅而行，去他国之道”。他自己离开齐国，却忘了“去他国之道”，“三宿而后出昼”。他很希望齐宣王能追他回去。齐人尹士讥诮他“不识王之不可以为汤武，则是不明也；识其不可，然且至，则是干泽也。千里而见王，不遇故去，三宿而后出昼，是何濡滞也？”言辞够尖锐的。孟子只能无可奈何地进行解释：“千里而见王，是予所欲也；不遇故去，岂予所欲哉？予不得已也。予三宿而出昼，于予心犹以为速。王庶几改之，王如改诸，则必反予。夫出昼而王不予追也，予然后浩然有归志。”（4.12）这些话充分反映出孟子当时尴尬的心理状态。

孔子曾说，“苟有用我者，期月而已可也，三年有成”，话说得很有分寸。孔子在鲁定公之世毕竟有过首尾六年从政的经历，而且取得了一定的成就。而孟子一生没有在任何国家执掌过一天的政务，却对尹士自夸“王如用予，则岂徒齐民安，天下之民举安”（4.12）。对充虞竟然说，“如欲平治天下，当今之世，舍我其谁也？”（4.13）大话说过以后，孟子实已走投无路，只能黯然回返家乡，去“独善其身”了。

先秦诸子，每一家都认为自己正确，在辩论中总是赢家。但没有谁像孟子藐视他人到如此程度，公然认为自己“齿德”俱尊，连国君也不可“与为友”，而应是“事我者也”，更没有人敢发出“当今之世，舍我其谁”的狂言。——因此研究孟子要“一分为二”，既发掘其“仁政”理论的精华，使后来的人们得到启迪，也要楬橥其品格不足为范的糟粕，清除其傲慢不可一世的负面影响。

“退而与万章之徒，作《孟子》七篇”

《孟子》是先秦散文重要的一家，风格独特，自成体系。其中两种类型最为突出。

一是记叙孟子平生政治活动的篇章。《梁惠王上》全篇七章与《梁惠王下》前九章，加上《滕文公上》“滕文公问为国”章与“神农之言者许行”章，是此类文章的代表，孟子的仁政思想也体现在这些章次。文章基本上由对话组成，并没有多少“记叙”的文字，通过对话却能表现出内容发展的过程；没有任何形貌的描述，自会显示出人物的神态。以《梁惠王上》齐宣王问“齐桓晋文之事”章（1.7）为例，可以概见《孟子》文章的风貌。田齐宣王是战国后期颇有作为的诸侯王，又喜爱文学之士[⑧]，孟子来齐，肯定对宣王抱有希望。宣王向往齐桓晋文的霸业，一开口便问“齐桓、晋文之事”。孟子用“仲尼之徒，无道桓文之事者”一句话推开，立即进入他一意宣传的主题，“无以，则王乎”。宣王一被吸引，孟子便肯定其“可以王”的条件，使宣王得到鼓励。齐宣王尚不自信，孟子还为他开脱。齐宣王有了兴趣，孟子却又指出“王之不王，不为也，非不能也”，并且解释其可能而何以不能的原因。宣王终于吐露自己的真实思想，“将以求吾所大欲也”。但他不明确说出来，孟子便直接揭露宣王的“大欲”，“欲辟土地，朝秦楚，莅中国而抚四夷也”。齐宣王没有否认孟子揭出的事实，恰好说明开头宣王愿闻“齐桓、晋文之事”的目的，文章前后呼应而不露痕迹。对话到此，孟子没有必要再转弯抹角了，便大力宣传他“发政施仁”的理论，描绘“王道”社会的图景。整篇文章都是孟子和齐宣王的对话，中间除插了“王笑而不答”一句外，没有任何叙述语句，两人你问我答达三十多个回合，环环紧扣，层层推进，充分暴露了齐宣王的内心世界，也显示了孟子善于掌控对方心理和巧妙的语言能力；如此孟子和齐宣王的形象也跃然纸上。文章到孟子宣讲以后即告结束，没有下文；因为文章的主题已经充分表达，编书者的目的只是表述孟子的“仁政”思想而已。

不妨再举一例。《滕文公上》“有为神农之言者许行”章（5.4），开头一段，有神农之言者许行“自楚之滕”“愿受一廛而为氓”的叙述，“其徒数十人，皆衣褐，捆屦织席以为食”。《汉书·艺文志》诸子十家中有“农家者流”，著录有《神农》二十篇。由于《神农》其书不传，先秦除《吕氏春秋·爱类篇》留有几句“《神农》之教”以外，别无记录，赖《孟子》本章这一段，看到农家者流唯一的代表人物许行，和“其徒数十人”的活动。但本章主要内容是孟子对许行的追随者陈相的批驳。陈相指责滕君未能“与民并耕而食”，不能算“贤”。孟子开头不动声色，只是进行反问。连问“许子必种粟而后食乎？”“许子必织布而后衣乎？”“许子冠乎？”许子“奚冠”？许子“自织之与”？“许子奚为不自织？”“许子以釜甑爨，以铁耕乎？”许子“自为之与”？陈相一一回答，给孟子提供了足够的证据，来反驳治天下者既无必要也无可能“与民并耕而食”的理由。然后长篇大论，论述后稷教民稼穑，尧舜之治天下，说明“治人者”与“治于人者”的关系，说明治天下者“不用于耕”，并严厉批评陈相兄弟背离其师陈良之教的错误。本章就其内容而言，不能与“齐桓、晋文之事”章相比，但其文章风格、表达方式，有极为突出的特色。

《孟子》另一类重要文章是孟子单篇的社会哲学论著，不是同他人对话，也不涉任何时间地点，是一篇一篇独立的政论。一般一百来字两三百字不等，其中那些优秀之作，无虚语浮词，简明扼要，论证却相当精辟。如《公孙丑下》“天时不如地利”章（4.1），强调“人和”的重要性，民心归向，团结一致，则有战必胜。谓“域民不以封疆之界，固国不以山溪之险，威天下不以兵革之利。得道者多助，失道者寡助。寡助之至，亲戚畔之；多助之至，天下顺之。以天下之所顺，攻亲戚之所畔；故君子有不战，战必胜矣”。当然，关键还在于“道”，“得道者多助，失道者寡助”，乃成为经世名言。如《离娄上》“桀纣之失天下”章（7.9），曰：“桀纣之失天下也，失其民也。失其民者，失其心也。得天下有道：得其民，斯得天下矣。得其民有道：得其心，斯得民矣。”反复强调得“民心”的重要。文中用了生动的比喻，“故为渊敺鱼者，獭也；为丛敺爵者，鹯也；为汤武敺民者，桀与纣也。今天下之君有好仁者，则诸侯皆为之敺矣。虽欲无王，不可得已”。孟子宣扬的仍是他的“仁政”理论。

又如《告子上》“鱼我所欲也”章（11.10），用“鱼，我所欲也，熊掌，亦我所欲也；二者不可得兼，舍鱼而取熊掌者也”这样通俗而又生动的比喻，引发出“生，亦我所欲也，义，亦我所欲也；二者不可得兼，舍生而取义”的至理名言。“舍生取义”足可与孔子“志士仁人，无求生以害仁，有杀身以成仁”媲美。如《告子下》“舜发于畎亩之中”章（12.15）：“舜发于畎亩之中，傅说举于版筑之间，胶鬲举于鱼盐之中，管夷吾举于士，孙叔敖举于海，百里奚举于市。故天将降大任于是人也，必先苦其心志，劳其筋骨，饿其体肤，空乏其身，行拂乱其所为；所以动心忍性，曾益其所不能。人恒过，然后能改；困于心，衡于虑，而后作；征于色，发于声，而后喻。入则无法家拂士，出则无敌国外患者，国恒亡。然后知生于忧患而死于安乐也。”这是《孟子》书中无论思想内容还是语言艺术都极其卓越的一章。先列出六位古代生于忧患的圣贤俊杰，然后加以归纳，这些圣哲都是经历过艰苦磨砺，而后大有作为。再由个人进一步论述到国家。“入则无法家拂士，出则无敌国外患者，国恒亡。”末了得出结论：“然后知生于忧患而死于安乐也。”文章结构严谨，语言顺畅，而且很是有辩证思维。再如《尽心上》，孟子曰：“人之有德慧术知者，恒存乎疢疾。独孤臣孽子，其操心也危，其虑患也深，故达。”（13.18）前章论述的圣贤俊杰，是成功者，在历史上建立了丰功伟业；本章述说的是孤臣孽子，大多是失败者，却在患难中仍有所建树。此等章次，对千秋万代处于艰难困苦甚或蒙冤负屈者都是深切的教育和鼓励。

也有些章次虽是孟子教育别人，但与纯系单篇的论著并无太大的差别，其中也不乏佳章。如《滕文公下》“孟子答景春”章（6.2），告知景春怎样才算“大丈夫”，曰：“居天下之广居，立天下之正位，行天下之大道。得志与民由之，不得志独行其道。富贵不能淫，贫贱不能移，威武不能屈。此之谓大丈夫。”如《尽心下》“孟子谓宋勾践”章（13.9），曰：“吾语子游”，“士穷不失义，达不离道。穷不失义，故士得己焉；达不离道，故民不失望焉。古之人，得志，泽加于民；不得志，修身见于世。穷则独善其身，达则兼善天下”。这些格言名句，气势磅礴，大义凛然，无论“穷”还是“达”，都不改变自己的修养和意志，所谓“古之人”“大丈夫”，孟子固不无隐然自命之意，但对后人仍具有重大的教育意义。

古代的思想家大都是复杂的，孟子也不例外。书中有些单篇政论，质量不高，甚至相当错误。如《公孙丑上》中对矢人函人的评论；有的甚为荒诞，如《万章上》等篇中对舜脱离实际甚至不近人情的歌颂。本帙正文注评中有所分析。但那毕竟是次要的。

关于《孟子》成书的过程，最先只有司马迁《史记·孟子荀卿列传》中的两句话：“退而与万章之徒，序诗书，述仲尼之意，作《孟子》七篇。”话中表达的内容是两点：一、成书时间在孟子周游列国身“退”之后；二、编撰者是孟子本人“与万章之徒”。既说“之徒”就不只万章一人。赵岐《孟子题辞》扩展为“退而论集所与高第弟子公孙丑万章之徒难疑答问，又自撰其法度之言，著书七篇”。赵岐强调孟子“自撰”，与司马之说稍有差别。

根据司马迁的提示，分析全书的具体情况，可以捉摸到《孟子》成书的大致过程。

《孟子》文章可以分为四种类型。

一是前面提到的记叙孟子政治活动的篇章，主要是《梁惠王》上下篇与《滕文公》上篇中的作品。这是《孟子》书中具有代表性的篇章，作品内容充实，文辞也最为典范。地方涉及好几个诸侯国，时间延及许多年，内容如此重要，因此一定是当时记录。即使是随从弟子所记，也必经孟子本人审定。文中梁惠王、梁襄王、齐宣王、滕文公、邹穆公、鲁平公全都称谥，则是后来编辑成书时所改定。

二也是前文提到的单篇的社会哲学论著，是孟子独创的一种文体。这些文章，只能是孟子自著，他人无法染指；后来编入书中，前面都冠以“孟子曰”。

《孟子》中的文章，除上述两类之外，三是孟子对弟子以及其他人提问的解答，四是孟子的语录。这两类文字，应都是孟子随行弟子所记录。书中公孙丑、万章与孟子的问答多达十四五章，没有第三位弟子可与相比。故《孟子》应主要为公孙丑、万章所编辑。书中对孟子其他高足，如乐正克（乐正子）、公都子、屋庐连（屋庐子）、徐辟（徐子）、陈臻（陈子）称“子”，而公孙丑、万章称名，也可作书主要由公孙丑、万章所编的旁证。

《孟子》成书的时间则在孟子故世之后。书中诸侯国君如梁襄王、滕文公、鲁平公等都比孟子年轻，而他们也都称谥，他们不至于都死在孟子之前。故阎若璩《孟子生卒年月考》曰：“（孟子）卒后书为门人所叙，故诸侯王加谥焉。”

朱熹集注《论语》曾说，“大抵此书后十篇多阙误”[9]。对《孟子》，朱熹却说：“《孟子》疑（孟子）自著之书，故首尾文字一体，无些子瑕疵，不是自下手，安得如此好。”[10]朱文正公出于对孟子的偏爱，对《孟子》的文字风格作出如此之高的评价。其实情况绝非如此。《孟子》的文章，固有如前所述的精深之作，也有不少荒诞的篇章，并不是“首尾文字一体，无些子瑕疵”，而是高下悬殊，泥沙俱下。

《论语》的“阙误”，在于《论语》出孔门弟子多人之手，有的记录不全，间有赝品掺入。其实孔子是脚踏实地的思想家，自我要求严谨，对不理解的事物不轻易说论，故“夫子之言性与天道不可得而闻也”。孟子则不然，在谈论心性之类的章句中，往往故作玄奥，幽深莫测。《尽心上》“尽其心者“章（13.1），孟子曰：“尽其心者，知其性也，知其性，则知天矣。存其心，养其性，所以事天也。夭寿不贰，修身以俟之，所以立命也。”涉及具体政治事务，孟子也常拉“天”出来说事。《梁惠王下》“交邻国有道乎”章（2.3），孟子曰：“以大事小者，乐天者也；以小事大者，畏天者也。乐天者，保天下；畏天者，保其国。”《离娄上》“天下有道”章（7.7），孟子曰：“天下有道，小德役大德，小贤役大贤；天下无道，小役大，弱役强。斯二者，天也。”《万章上》“尧以天下与舜”章（9.5），“万章曰：‘尧以天下与舜，有诸？’孟子曰：‘否；天子不能以天下与人。’‘然则舜有天下也，谁与之？’曰：‘天与之。’”又，“至于禹而德衰”章（9.6），“万章问曰：‘人有言：“至于禹而德衰，不传于贤，而传于子。”有诸？’孟子曰：‘否，不然也。天与贤，则与贤；天与子，则与子。’”孟子又喜欢无端制造一些概念。《公孙丑下》“沈同以其私问”章（4.8），孟子曰：“沈同问‘燕可伐与’，吾应之曰‘可’，彼然而伐之也。彼如曰：‘孰可以伐之？’则将应之曰：‘为天吏，则可以伐之。’”《告子上》“有天爵者”章（11.16），孟子曰：“有天爵者，有人爵者。仁义忠信，乐善不倦，此天爵也；公卿大夫，此人爵也。”这种内容，这种词语，在孔子言论中是绝对没有的。孔子曰：“辞，达而已矣。”故孔子的语言明畅通达。孟子的言论中，有不少地方故意制造魔障，使人不知所云。这种现象，在《孟子》书中越到后面就越严重。如下列语句：

《公孙丑上》：“不得于言，勿求于心；不得于心，勿求于气。”（3.2）

《公孙丑上》：“志壹则动气，气壹则动志也。今有蹶者趋者，是气

也，而反动其心。”（3.2）

《公孙丑下》：“得之为有财，古之人皆用之。”（4.7）

《离娄上》：“仁不可为众也。”（7.7）

《离娄下》：“天下之言性也，则故而已矣。故者以利为本。”（8.26）

《万章下》：“诸侯失国，而后托于诸侯。”（10.6）

《尽心上》：“广土众民，君子欲之，所乐不存焉。中天下而立，定四海之民，君子乐之，所性不存焉。”（13.21）

《尽心上》：“日月有明，容光必照焉。”（13.24）

《尽心上》：“尧舜，性之也；汤武，身之也；五霸，假之也。”（13.30）

《尽心下》：“若崩厥角稽首。”（14.4）

《尽心下》：“稽大不理于口。”（14.19）

《尽心下》：“以追蠡。”（14.21）

《尽心下》：“人皆有所不忍，达之于其所忍，仁也；人皆有所不为，达之于其所为，义也。”（14.31）

《尽心下》：“君子之言也，不下带而道存焉。”（14.32）

《尽心下》：“尧舜，性者也；汤武，反之也。”（14.33）

以上例句中这样的短语及语中的词汇，如果没有前人揣摩出其中含义，谁也不知道是什么意思[11]。即如上提到的《离娄上》中“小德役大德，小贤役大贤”，“小役大，弱役强”，按正常语法，四句应该是“小德役于大德，小贤役于大贤”，“小役于大，弱役于强”，原文语句表现的内容，同文章实际表达的意思完全相反[12]。这些固然是突出的例子，《孟子》书中不通不顺的语句所在多有，决不是朱熹所说的“无些子瑕疵”，有些章节可以说是瑕疵累累。

《孟子》书出，在当时自有一定的影响，随后即受到荀子的批判。《荀子·非十二子》说孟子：“略法先王而不知其统，犹然而材剧志大，闻见博杂，案往旧造说，谓之五行。”（王先谦注：“案前古之事而自造其说，谓之五行。五行，五常，仁义礼智信也。”）荀子将子思孟轲连在一起，谓“子思唱之，孟轲和之”，可知当时学术界了解孟子出于子思。而孟子本人从未提及。

秦火之后，《孟子》得以幸存。赵岐《孟子题辞》曰：“汉兴，除秦虐禁，开延道德，孝文皇帝欲广游学之路，《论语》《孝经》《孟子》《尔雅》，皆置博士。后罢传记博士，独立五经而已。”《汉书·武帝纪》赞曰：“孝武初立，卓然罢黜百家，表章六经。”《武帝纪》建元五年“置五经博士”，传记博士之“罢”，当在其时。在整个西汉，《孟子》书虽偶见引用，其传授的情况却不见于记载。

进入东汉，《孟子》受到王充的激烈攻击。但王充《论衡·刺孟》主要是揭发书中的矛盾，“刺”而已，谈不上有何系统的理论批判。但东汉研究注释《孟子》的学者倒不少。《后汉书·儒林传》记载程曾“作《孟子章句》”。程曾为汉章帝时人，早于赵岐，是注释《孟子》最早见于记载者。但其所作《孟子章句》失传。高诱《吕氏春秋序》自言“诱正《孟子章句》”。高诱是《吕氏春秋》《淮南子》有名的注释者，曾“正《孟子章句》”必是事实，书虽亡佚，但《吕氏春秋》注释中引用了不少《孟子》。《隋书·经籍志》著录郑玄“《孟子注》七卷”、刘熙“《孟子注》七卷”、赵岐“《孟子注》十四卷”。七卷、十四卷，数量实际是一样的，因赵岐将《孟子》七篇每篇分为上下两卷。郑、刘、赵同是东汉末年人。郑玄、刘熙所注不存，唯赵岐注独在，成为现存最早的孟子注释[13]。

南朝梁阮孝绪《七录》著录綦毋邃“《孟子注》九卷”。《七录》书已失传，其目录存于《广弘明集》。《唐书·艺文志》也著录了綦毋邃“《孟子注》七卷”。綦毋邃所注今也不存，裴骃注《史记》两引其说，知綦毋邃为晋代人，是晋代注《孟子》见于记录者。《唐书·艺文志》又有陆善经“《孟子注》七卷”。《崇文总目》谓“善经，唐人”。

在唐代，《孟子》得古文派大师大力推崇。韩愈《原道》曰：“斯吾所谓道也，非向所谓老与佛之道也。尧以是传之舜，舜以是传之禹，禹以是传之汤，汤以是传之文武周公，文武周公传之孔子，孔子传之孟轲；轲之死，不得其传焉。”韩愈将孟子排到先秦儒家道统的最后一位，是孟子去世一千多年之后进入圣人行列的开始。之后韩愈又在《读荀》一文中说：“始吾读孟轲书，然后知孔子之道尊，圣人之道易行。”“以为孔子之徒没，尊圣人者，孟氏而已。晚得扬雄书，益尊信孟氏，因雄书而孟氏益尊；则雄者亦圣人之徒欤。”“及得荀氏书，于此又知有荀氏者也。考其辞，若不粹；要其归，与孔子异者鲜矣。”“孟氏醇乎醇者也；荀与扬，大醇而小疵。”司马迁将孟子与荀卿并列，论述荀子的文字比孟子还多；到韩愈，乃将孟子置于荀子之上，《孟子》如此由“子”一跃而成为“经”，韩退之乃成为孟子过世千年之后的异代知交。

唐文宗开成二年（837）以十二经刻石，其中尚无《孟子》。五代后蜀主孟昶广政元年（938），命中书侍郎毌昭裔楷书《易》《书》《诗》《仪礼》《周礼》《礼记》《公羊传》《穀梁传》《左传》《论语》《孟子》十一经刻石，宋太宗时翻刻，是见诸记载的《孟子》列入经书的开始。自南宋合刻《十三经注疏》，《孟子注疏》为赵岐注，孙奭疏。但“孙奭疏”实系后人假托[14]，古代往往也有这种骗局。之后朱熹从《礼记》中抽出《大学》《中庸》两篇，同《论语》《孟子》合成《四书》，作《四书集注》。明清时代科举考试命题主要取自《四书》，而且必须遵守朱熹注；《四书》如此成为当时读书人的必读经典，连荒僻地区的山村私塾也无例外。

唐宋以来，孟子成为儒家仅次于孔子的圣人。元文宗至顺元年（1330）封孟子为“邹国亚圣公”，明世宗嘉靖九年（1530），除去封爵，只称为“亚圣”，一直“亚”到中国封建社会的结束。——本帙对孟子有所批判，并不影响孟子是先秦杰出的政治思想家。即使到现在，孟子的仁政思想仍具有重大意义，《孟子》书仍是宝贵的古代经典，是中华民族精神财富的组成部分；批判继承是后世研究者应有的任务。

注：

① 参见《论语本原 · 孔子世家》。

② 参见《论语本原·“吾道一以贯之”——说孔子的仁学》。

③ 见郭沫若《十批判书·儒家八派批判》。

④ 我生不有命在天，孔氏传：“(纣)言我生有寿命在天，民之所言，岂能害我。”按，“不有命在天”，犹今言“不是有命在天吗?”“命”就是命，不能解作“寿命”。我生不有命在天，意即“我命在天”，民众奈何不了我。

⑤ 彖辞为《周易》“十翼”之一，古人传为孔子所作，近人研究为战国末年或秦汉间人的作品。

⑥ 刘子政，即刘向，字子政。

⑦《三字经》，传为宋王应麟编。明黄佐《广州人物传》、明末屈大均《广东新语》、清恽敬《大云山房杂记》皆记为宋末区適所撰，清邵晋涵说是明人黎贞作，必是流传过程中有所修补。1928年章炳麟重订。

⑧ 参见《史记·田敬仲完世家》。

⑨ 引语见《论语·季氏》“齐景公有马千驷”章朱熹集注。

⑩ 引语出《朱子语类》。

⑪ 所引词句的解释见书中各章注。

⑫ 参见《离娄上》“天下有道”章(7.7)星评。

⑬ 赵岐(110之前—201)，字邠卿，京兆长陵(今陕西咸阳)人。汉桓帝永兴二年(154)辟司空掾，后为大将军梁冀所辟，为皮氏长。遭党锢之祸，受宦官迫害，家属宗亲尽被杀害；岐匿姓名，逃难四方。灵帝中平元年(184)，四方兵起，征拜议郎。献帝西迁，使太傅马日磾抚慰天下，以岐为副。兴平元年(194)，献帝当还洛阳，遣卫将军董承修理宫室。承表遣岐使荆州督组粮。军资运输，前后不绝。遂留荆州。建安六年(201)卒，年九十馀。著《孟子章句》《三辅决录》传世。

⑭《十三经注疏》合刻时，《孟子注疏》用宋孙奭疏，后朱熹发现孙奭疏系后人假托。《四库全书·孟子正义提要》：“汉赵岐注，其疏则旧本题宋孙奭撰。”又曰：“疏虽称孙奭作，而《朱子语录》则谓邵武士人假托，蔡季通识其人。”清乾隆嘉庆时人焦循(1763—1820)作《孟子正义》，摈弃伪孙奭疏，搜集资料颇为详尽。

梁惠王章句上

《孟子》七篇，除最后一篇《尽心》外，每篇都以开篇人名作篇名。“章句”是汉代经学家训解古书特用的术语，解析章节句读之意。东汉赵岐将《孟子》各篇分为上下两卷。本卷凡七章。

【1.1】

孟子见梁惠王[①]。王曰：“叟不远千里而来，亦将有以利吾国乎？[②]”

孟子对曰[③]：“王何必曰利？亦有仁义而已矣[④]。王曰，‘何以利吾国？’大夫曰，‘何以利吾家？’士庶人曰，‘何以利吾身？’上下交征利而国危矣[⑤]。万乘之国，弑其君者，必千乘之家；千乘之国，弑其君者，必百乘之家[⑥]。万取千焉，千取百焉，不为不多矣。苟为后义而先利，不夺不餍[⑦]。未有仁而遗其亲者也，未有义而后其君者也。[⑧]”

王亦曰：“仁义而已矣，何必曰利？[⑨]”

① 见（jiàn），谒见。梁惠王，即魏惠王。《史记·周本纪》：“威烈王二十三年（前403）命韩赵魏为诸侯。”时为魏文侯四十三年。《史记·魏世家》：魏文侯三十八年卒，“子击立，是为武侯”。武侯十一年（前376）“与韩赵三家分晋，灭其后”。武侯十六年（前371）“子罃立，为惠王”。惠王在中原诸侯中率先称王。——“襄王元年（前334）与诸侯会徐州，相王也，追尊父惠王为王。”按，相王，即相互承认为王。“追尊”亦约“相王”之国追认之意。《孟尝君列传》：“（齐）宣王九年（前334）田婴相齐，齐宣王与魏襄王会徐州而相王也。”《六国年表》列齐宣王、魏惠王“相王”时间地点亦与上所记一致。——惠王三十一年（前339），魏先后败于齐、赵与秦国，以都城安邑（今山西夏县西北）近秦，徙治大梁（今河南开封），故魏惠王又称梁惠王。（按，三家分晋、武侯卒年、徙治时间，史籍所记多有异同，此均从《魏世家》。）《史记·六国年表》，梁惠王三十五年（前335），“孟子来”，见梁惠王。

——《史记·魏世家》惠王三十六年卒，“襄王立”，索隐引《纪年》惠王“三十六年改元称一年，未卒也”。则孟子见梁惠王当在惠王后元十五年（前320），晚于《六国年表》所记十六年。时当周慎靓王元年。是年田齐威王卒，子宣王立。

② 叟，赵岐注：“长老之称。”《玄应音义》：“东齐鲁卫之间，凡尊老谓之叟，南楚曰父。”不远千里而来，不以千里为远来到大梁。亦，语助词。王引之《经义述闻》：“亦，承上之词也。”随着语气的不同，词意微有区别。下文“亦有仁义而已矣”，“亦”为唯有、只有之意。利吾国，有利于吾国。朱熹集注：“王所谓利，盖富国强兵之意。”

③ 对曰，古代凡下回答上称“对曰”。

④ 亦有仁义而已矣，谓为政治国唯有“仁义”而已。

⑤ 国、家，《左传》桓公二年：“天子建国，诸侯立家。”诸侯受封于天子称为“国”，卿大夫所食采邑称为“家”。士庶人，指平民百姓。《穀梁传·成公二年》：“古者有四民：有士民，有商民，有农民，有工民。”与公卿大夫相对，士也属庶人。交，互也。征，赵岐注，“取也”。《逸周书·官人》“故得望誉征利”，朱右曾集训校释：“征，夺。”则征，犹争也。上下相互争权夺利，则国危矣。

⑥ 乘（shèng），车一辆叫一乘，此指兵车。赵岐注：“兵车万乘，谓天子也；千乘，诸侯也。”朱熹集注：“万乘之国者，天子畿内，地方千里，出车万乘。千乘之家者，天子之公卿采地方百里，出车千乘也。千乘之国，诸侯之国；百乘之家，诸侯之大夫也。弑，下杀上也。”

⑦“万取千焉”七句：取，得也。餍（yàn），满足。在兵车万乘之国，大夫得兵车千乘；在兵车千乘之国，大夫得兵车百乘，不为不多。如后义而先利，则不弑其君而尽夺之就不会满足。

⑧“未有仁”二句，赵岐注：“仁者亲亲，义者尊尊。人无行仁而遗弃其亲者，无行义而忽后其君者。”按，“仁”与“义”互文。后，弃置于后，亦遗弃之意。

⑨“仁义而已矣，何必曰利”，两句是梁惠王听了刚刚到来的孟子的宏论以后应付性的回话。

★（一）《孟子》开宗明义即高举“仁义”大旗，曰：“亦有仁义而已矣。”《礼记·中庸》：“仁者，人也”；“义者，宜也”。《荀子·议兵》：“仁者，爱人”；“义者，循理”。人与人应该相亲，治民施教，应该爱人，是之曰仁；按仁的原则，处理事务，必须合理適宜，是之曰义。“仁义”是孟子政治哲学的核心，《孟子》书中有具体翔实的论述；后文将逐次展现。

（二）王亦曰：“仁义而已矣，何必曰利？”赵岐注：“孟子复申此义，重叹其祸也。”朱熹集注：“重言之，以结上文两节之意。”古今注家，都以此两句仍是孟子之言。按，“王亦曰”，是梁惠王“曰”，不是孟子之言。梁惠王即位初期颇为强势，率先在中原称王。到后期，“东败于齐，长子死焉，西丧地于秦七百里，南辱于楚”，都城也被迫由安邑徙迁大梁。《魏世家》谓三十五年“惠王数被军旅，卑礼厚币以招贤者”，孟子来梁。惠王显然希望能为他挽回颓势。故面对孟子的宏论，也应付性地回话：“仁义而已矣，何必曰利？”注家之所以解作孟子之言，是认为“仁义而已”只能是孟子的思想，梁惠王未必认可，完全不顾“王亦曰”明明是梁惠王在“曰”。这只是梁惠王应付性的话，并不表示真接受孟子的主张。《论语·子路》“行必果”，朱熹集注：“果，必行也。”《孟子荀卿列传》谓“梁惠王不果所言”，正可以解释梁惠王亦曰“仁义而已矣，何必曰利”是应付性的话，不“必行也”。

【1.2】

孟子见梁惠王。王立于沼上，顾鸿雁麋鹿[①]，曰：“贤者亦乐此乎？”

孟子对曰：“贤者而后乐此，不贤者虽有此不乐也。《诗》云：‘经始灵台，经之营之。庶民攻之，不日成之[②]。经始勿亟，庶民子来[③]。王在灵囿，麀鹿攸伏[④]。麀鹿濯濯，白鸟鹤鹤。王在灵沼，於牣鱼跃。’文王以民力为台为沼，而民欢乐之，谓其台曰灵台，谓其沼曰灵沼，乐其有麋鹿鱼鳖。古之人与民偕乐，故能乐也[⑤]。《汤誓》曰：‘时日害丧？予及女偕亡！’民欲与之偕亡，虽有台池鸟兽，岂能独乐哉？[⑥]”

① 沼，池也。此梁惠王苑囿中设施，非一般水池。顾，《说文》，“还视也”。鸿雁麋鹿，概指苑囿中水上林间畜养的动物。朱熹集注：“鸿，雁之大者。麋，鹿之大者。”

②《诗》，引诗为《大雅·灵台》。经，营造，建设。《文选·班固〈东都赋〉》“乃经灵台”，张铣注：“经，营也。”始，时间副词后置。灵台，周文王台名。灵，神也，此状其神奇。毛传：“神之精明曰神，四方而高曰台。”经之营之，经、营实同义。攻，毛传，“作也”。庶民攻之，民众自动前来工作。不日成之，没有多少时日即建成。先师聂清诚夫子云：“经始”之“始”是助词，经始灵台，即建造灵台，可供参考。

③ 勿亟，不急。经始勿亟，是转述文王口气，文王爱惜民力，经造之始即叫民众不要太急。庶民子来，庶民像儿子为父亲做事一样来到，故“不日成之”。

④ 囿（yòu），《说文》，“苑有垣也”。有围墙的园子，用以圈养禽兽。麀（yōu）鹿，母鹿，实泛指鹿。麀鹿攸伏，郑玄笺：“攸，所也。文王亲至灵囿，视牝鹿所游伏之处，言爱物也。”濯濯（zhuó），朱熹集注，“肥泽也”。白鸟，凫鸭之类。鹤鹤，《诗》作“翯翯”（hè），羽毛洁白之貌。於（wū），语首助词。牣（rèn），毛传，“满也”。鱼跃，鱼儿跳跃。

⑤ 为台为沼，为，治也。与民偕乐，偕，同也。——“《诗》云”以下一段，说明文王受到民众拥戴，“与民偕乐”，应前文“贤者而后乐此”。

⑥《汤誓》，《尚书》篇名，为商汤讨伐夏桀的誓词。“时日害丧，予及女偕亡”，今存《汤誓》原文作“时日曷丧，予及汝皆亡”，时，是也。害（hé），通“曷”，何也，何时。丧，亡。予，单称复指，我们，民众自称。女，通“汝”，指夏桀。夏桀自以为是天上的太阳，老百姓曰：你这个该死的太阳何时才灭亡，我们同你一起死去！是极端痛恨之词。——“《汤誓》曰”以下一段，说明暴君为民众所憎害，与前文“不贤者虽有此不乐也”相应。

【1.3】

梁惠王曰：“寡人之于国也，尽心焉耳矣。河内凶，则移其民于河东，移其粟于河内。河东凶亦然。察邻国之政，无如寡人之用心者。邻国之民不加少，寡人之民不加多，何也？[①]”

孟子对曰：“王好战，请以战喻。填然鼓之，兵刃既接，弃甲曳兵而走[②]。或百步而后止，或五十步而后止。以五十步笑百步，则何如？”

曰：“不可，直不百步耳[③]，是亦走也。”

曰：“王如知此，则无望民之多于邻国也[④]。

“不违农时，穀不可胜食也[⑤]；数罟不入洿池，鱼鳖不可胜食也[⑥]；斧斤以时入山林，材木不可胜用也[⑦]。穀与鱼鳖不可胜食，材木不可胜用，是使民养生丧死无憾也[⑧]。养生丧死无憾，王道之始也[⑨]。

“五亩之宅，树之以桑，五十者可以衣帛矣[⑩]。鸡豚狗彘之畜，无失其时，七十者可以食肉矣[⑪]。百亩之田，勿夺其时，数口之家，可以无饥矣[⑫]。谨庠序之教，申之以孝悌之义，颁白者不负戴于道路矣[⑬]。七十者衣帛食肉，黎民不饥不寒，然而不王者，未之有也[⑭]。

“狗彘食人食而不知检，涂有饿莩而不知发；人死，则曰：‘非我也，岁也。’是何异于刺人而杀之，曰：‘非我也，兵也。[⑮]’王无罪岁，斯天下之民至焉。[⑯]”

① 寡人，寡德之人，古代君主自称。于国，对于国家事务。焉耳，同“焉尔”；尽心焉尔矣，犹尽心于此矣。河内，指今河南省黄河以北地区。凶，凶岁，饥荒年成。河东，指今山西省黄河以东地区。粟，古代黍稷粱秫统称为粟，此概指粮食。朱熹集注：“移民以就食，移粟以给其老稚之不能移者。”察，考察，了解。加少，实即减少。

② 好（hào），喜爱。战，战争。请，表敬副词。以战喻，以战争作比喻。填然，鼓声。古代击鼓进军。曳（yè），拖。兵刃，武器。接，两军接战。弃甲曳兵而走，失败者丢掉盔甲拖着兵器逃跑。或，有的人。走，逃走。

③ 直，只是。

④ 无望，不要期望。

⑤ 违，违背，妨碍。农时，农耕时节。不违农时，即在农民耕种与收获季节，不征调徭役，不妨碍农业生产。榖，榖物，粮食。胜（shēng），尽也。榖不可胜食，有吃不完的粮食。

⑥ 数（shuò），细密。罟（gǔ），鱼网。洿（wū），朱熹集注，“窊下之地，水所聚也”。洿池，概指各种生长鱼的水域。网目细密的网不用来捕鱼，即只捕够大的鱼，让小鱼脱逃，使其继续生长。鱼鳖，概指各种水生生物。

⑦ 斧斤，砍树用具，斤亦斧也，样式有别，斤小斧大。以时入山林，按一定时期进入山林，即不乱砍乱伐，让树木正常生长。材木，木材。

⑧ 养生丧死，保养生者，葬送死者。无憾，没有遗憾。

⑨ 王道，指以“仁义”之政治理天下。《公孙丑上》孟子曰“以德行仁者王”。——“不违农时”一段，强调对生态的保护，让人民的基本生活得到保障，便是“王道”的开始。赵岐注：“王道先得民心，民心无恨，故言王道之始。”

⑩ 亩，田地单位。宅，居屋，住宅。此概指住宅范围，包括院落周围。树，种植。桑，住宅四周种桑，以桑叶养蚕。五十者，五十岁的人。衣（yì），穿着。帛，丝织品，指丝织品衣服。先秦尚没有棉花，一般穿用麻布，老人才穿丝织品衣服。

⑪ 鸡豚狗彘，概指各种食用家畜。豚（tún），小猪。彘（zhì），猪。

⑫ 百亩之田，一夫一妇所有的田地。《万章下》：“耕者之所获，一夫百亩。”无失其时，即“不违农时”。赵岐注：“一夫一妇，耕耨百亩。百亩之田，不可以徭役夺其时功，则家给人足。”

⑬ 谨，焦循正义，“严也”，认真办好。庠序，赵岐注：“庠序者，教化之宫也；殷曰庠，周曰序。”朱熹集注：“庠序，皆学名也。”申之以孝悌之义，朱熹集注：“申，重也，丁宁反复之意。善事父母为孝，善事兄长为悌。”颁白，同“斑白”，头髮灰白。颁白者，即老年人。负，用背背；戴，用头顶。颁白者不负戴于道路，即老年人不在道路上任背负头戴的重劳动。

⑭ 黎，黑也。黎民，黑髮之人，即青壮年。不王（wàng），达不到王道。王道，仁义之道，可以统一天下之道。——“五亩之宅”一段，论述治理国家要保障人民的基本生活，做到老年人“衣帛食肉”，青壮年“不饥不寒”，即可以达到

“王道”。前两段正面论述仁义之政。

⑮ 检，检束，限制。涂，道路。饿莩（piǎo），赵岐注：“饿死者曰莩。”（莩，同“殍”。）发，朱熹注：“发仓库以赈贷也。”即发国家仓库贮存的粮食赈济灾民。岁，此专指凶岁，即灾荒年成。“非我也，岁也”，谓饿死民众，不是我的过错，是自然灾荒造成的。何异，有何区别。“刺人而杀之，曰：‘非我也，兵也’”，用刀把人杀死，却说不是我杀的，是刀杀的。

⑯ 无，不要。罪岁，归罪于凶岁，即归罪于灾荒年成。——“狗彘食人食”一段，批判梁惠王不能行仁政；谓王不归罪于自然灾害，则天下之民就会到来，回应梁惠王何以“寡人之民不加多”的疑问。

★“五亩之宅，树之以桑，五十者可以衣帛矣。鸡豚狗彘之畜，无失其时，七十者可以食肉矣。百亩之田，勿夺其时，数口之家，可以无饥矣。谨庠序之教，申之以孝悌之义，颁白者不负戴于道路矣。七十者衣帛食肉，黎民不饥不寒，然而不王者，未之有也。”这是孟子对“仁义”之政社会景象的描述。

战国时代，战祸连绵，兵荒马乱，人民处于水深火热之中，如果能做到“不违农时”，黎民能够“不饥不寒”，“养生丧死无憾”，已是人民最大的愿望。

儒家重视教育，在解决“不饥不寒”“养生丧死无憾”的境况下，孟子提出要“谨庠序之教，申之以孝悌之义”，这是战国之世儒家与道家法家政治思想最大的差别，对中国文化的发展有极大的意义。

“王无罪岁”，虽是对梁惠王的告诫，却恍惚是孟子在两千多年前对封建社会多少凶残的统治者将暴政造成的灾难归罪于自然灾害所作的批判，不能不使人为之浩叹。

【1.4】

梁惠王曰：“寡人愿安承教。①”

孟子对曰：“杀人以梃与刃，有以异乎？②”

曰：“无以异也。”

“以刃与政，有以异乎？[③]”

曰：“无以异也。”

曰：“庖有肥肉，厩有肥马，民有饥色，野有饿莩，此率兽而食人也[④]。兽相食，且人恶之[⑤]；为民父母行政，不免于率兽而食人，恶在其为民父母也[⑥]？仲尼曰：‘始作俑者，其无后乎！’为其象人而用之也[⑦]。如之何其使斯民饥而死也？”

① 愿安承教，朱熹集注：“承上章，言愿安意以受教。”安，《说文》，“静也”；朱熹注作“安意”，犹言静心静意。承，受也。教，教导。

② 梃，棍棒。刃，刀。以，语助词，无义。异，差别，不同。

③ 以刃与政有以异乎，紧承上句，意即“杀人以刃与政有以异乎”。

④ 庖，厨房。厩（jiù），马房。率，率领。率兽而食人，率领野兽吃人。

⑤ 且，尚且。“恶之”之“恶”（wù），憎恶，憎恨。

⑥ 为民父母，喻统治人民的君主。“恶在”之“恶”（wū），何也。朱熹集注：“君者民之父母也。恶在，犹言何在也。”

⑦ 仲尼，即孔子。孔子名丘，字仲尼。朱熹集注：“俑，从葬木偶人也。古之葬者，束草为人以为从卫，谓之刍灵，略似人形而已。中古易之以俑，则有面目机发，而太似人矣。孔子恶其不仁，而言其必无后也。孟子始作俑者，但用象人以葬，孔子犹恶之，况实使民饥而死乎！”象，同“像”。按，古代最初是用偶人殉葬，后来发展到用真人殉葬。孟子说，孔子连这种用偶人殉葬都恶其不仁，何况作为民之父母而让民饥饿而死呢？

★前三章孟子告知梁惠王，为政治国，“亦有仁义而已”，需“与民偕乐”，保障人民的基本生活，“使民养生丧死无憾”。本章直接指斥梁惠王朝的腐败。“庖有肥肉，厩有肥马，民有饥色，野有饿莩，此率兽而食人也。兽相食，且人恶之；为民父母行政，不免于率兽而食人，恶在其为民父母也？”语言之尖锐，振聋发聩，先秦诸子无有其匹。

【1.5】

梁惠王曰："晋国，天下莫强焉[①]，叟之所知也。及寡人之身，东败于齐，长子死焉；西丧地于秦七百里[②]；南辱于楚[③]。寡人耻之，愿比死者一洒之，如之何则可？[④]"

孟子对曰："地方百里而可以王[⑤]。王如施仁政于民，省刑罚，薄税敛，深耕易耨；壮者以暇日修其孝悌忠信，入以事其父兄，出以事其长上。可使制梃以挞秦楚之坚甲利兵矣[⑥]。

"彼夺其民时，使不得耕耨以养其父母。父母冻饿，兄弟妻子离散，彼陷溺其民，王往而征之，夫谁与王敌[⑦]？故曰'仁者无敌'，王请勿疑！"

① 晋国，《史记·晋世家》：晋唐叔虞，姓姬氏，周武王子而成王弟。武王崩，成王立，成王封弟虞于唐，故曰唐叔虞。唐叔子燮父始称晋侯。春秋时代，晋文公继齐桓公之后成为天下霸主。文公十五传至晋烈公，"烈公十九年周威烈王赐韩赵魏为诸侯"。烈公三传至晋静公。"静公二年，魏武侯、韩哀侯、赵敬侯灭晋后而三分其地"。魏武侯之子即梁惠王。梁惠王即位上距魏与韩赵三分晋国仅有六年，故惠王仍曰"晋国，天下莫强焉"，即天下诸侯没有哪个诸侯国比晋国更强大。莫，无定指代词，此代指那些诸侯国。

② "东败于齐，长（zhǎng）子死焉；西丧地于秦七百里；南辱于楚"：《史记·魏世家》：惠王"十七年，与秦战元里，秦取我少梁。围赵邯郸。十八年，拔邯郸。赵请救于齐，齐使田忌孙膑救赵，败魏桂陵"。"三十年，魏伐赵，赵告急齐。齐宣王用孙子计，救赵击魏。魏遂大兴师，使庞涓将，而令太子申为上将军。……与齐人战，败于马陵；齐虏太子申，杀将军涓，军遂大破。三十一年，秦赵齐共伐我。秦将商君诈我将军公子卬而袭夺其军，破之。秦用商君，东地至河，而齐赵数破我。安邑近秦，于是徙治大梁。"

③ 南辱于楚，在《魏世家》中，惠王之世无南辱于楚的记载。周柄中《孟子辨正》："《史记·魏世家》及《楚世家》，惠王在位三十六年，未曾与楚构兵。故南辱于楚，赵注阙其事。惟《战国策》载魏围赵邯郸，楚使景舍救赵，楚取睢濊

之间，乃惠王时事，‘南辱’指此无疑。”按，《赵世家》：赵成侯“二十一年，魏围我邯郸”。时当梁惠王十七年（前353）。

④ 耻之，以“东败于齐”“西丧地于秦”“南辱于楚”为耻。一，副词，犹全也。洒，洗雪。朱熹集注：“比，犹为也。言欲为死者雪其耻也。”

⑤ 方，古代表示土地面积的量词。方若干里，即土地面积长宽各若干里。如地方百里，地方千里。但系概而言之。地方百里而可以王，朱熹集注：“百里，小国也。然能行仁政，则天下之民归之矣。”而，犹则也。王（wàng），指行王道。

⑥ 省，减省。薄，减轻。易，《经义述闻·左传下》“易之亡也”，王引之按：“易者，疾也，速也。”耨（nòu），锄草，将杂草锄掉。深耕易耨，土地深耕，杂草尽快锄除。暇日，农闲之时。修，修习。忠信，忠诚信实。制，制作。梃，棍棒，此概指武器。挞（tà），打击，抵抗。

⑦ 彼，代指暴虐的敌国统治者。陷溺，坑陷水溺，暴虐残害之意。征，征讨，征伐。

【1.6】

孟子见梁襄王。出，语人曰：“望之不似人君，就之而不见所畏焉①。卒然问曰：‘天下恶乎定？②’吾对曰：‘定于一。③’‘孰能一之？④’对曰：‘不嗜杀人者能一之。⑤’‘孰能与之？’对曰：‘天下莫不与也。王知夫苗乎？七八月之间旱，则苗槁矣⑥。天油然作云，沛然下雨，则苗浡然兴之矣。其如是，孰能御之⑦？今夫天下之人牧⑧，未有不嗜杀人者也。如有不嗜杀人者，则天下之民皆引领而望之矣⑨。诚如是也，民归之，由水之就下，沛然谁能御之？’⑩”

① 梁襄王，《魏世家》惠王三十六年（前334）卒，子襄王立。语（yù），告诉。望之，远望之。人君，君主。就之，近就之。不见所畏，朱熹集注：“言无威仪也。”

② 卒（cù）然，同“猝然”，突然。恶（wū），疑问代词，如何，怎样。定，

安定，安宁。战国时代，战乱纷纭，民不聊生，社会极不安定，故襄王问：天下如何才能安定？

③ 一，统一。孟子回答，天下统一就会安宁。

④ 孰，谁。

⑤ 嗜（shì），特别爱好。

⑥ 苗，禾苗。旱，天干不下雨。槁，枯槁。七八月间，此用周历，相当于夏历五六月间，正是禾苗生长的季节，如果天旱，禾苗就会枯槁。

⑦ 油然，朱熹集注，“云盛貌”；云兴起之貌。沛然，朱熹集注，“雨盛貌”；大雨滂沱而下之貌。浡然，朱熹集注，“兴起貌”。御，抵御，抗拒。

⑧ 人牧，朱熹集注，“谓牧民之君也”。

⑨ 引领，伸长脖子。

⑩ 由，通“犹”，如同。

★（一）天下恶乎定？梁襄王，这个“望之不似人君，就之而不见所畏焉”的国君猝然提出的问题，实在是战国时代千千万万人民共同的问题。春秋战国，连绵不断的战争持续了四百五十多年。世世代代的人民长期遭受战乱，谁不盼望天下安宁。定于一，是孟子对天下前途的期望和判断。战争不断，力量较强的诸侯国统治者，都想用战争来扩大自己的疆域。战争就必然杀人。孟子反对暴力，他希望通过“仁政”，改善人民的生活，安定社会，达到统一天下的目的；所以他说“不嗜杀人者能一之”。但孟子的政治理念，已不适应当时的形势；“当今争于气力”（韩非语），天下大乱，通过战争统一天下已不可避免。

（二）本篇叙孟子在梁惠王、梁襄王朝凡六章。

【1.7】

齐宣王[①]问曰：“齐桓、晋文之事可得闻乎？[②]”

孟子对曰：“仲尼之徒，无道桓文之事者，是以后世无传焉，臣未之闻也。无以，则王乎？[③]”

曰："德何如则可以王矣？"

曰："保民而王，莫之能御也。[④]"

曰："若寡人者，可以保民乎哉？"

曰："可。"

曰："何由知吾可也？"

曰："臣闻之胡龁曰[⑤]，王坐于堂上，有牵牛而过堂下者，王见之，曰：'牛何之？[⑥]'对曰：'将以衅钟。[⑦]'王曰：'舍之！吾不忍其觳觫，若无罪而就死地。[⑧]'对曰：'然则废衅钟与？'曰：'何可废也，以羊易之。[⑨]'不识有诸？[⑩]"

曰："有之。"

曰："是心足以王矣。百姓皆以王为爱也[⑪]，臣固知王之不忍也。"

王曰："然，诚有百姓者。齐国虽褊小[⑫]，吾何爱一牛？即不忍其觳觫，若无罪而就死地，故以羊易之也。"

曰："王无异于百姓之以王为爱也[⑬]。以小易大，彼恶知之？王若隐其无罪而就死地[⑭]，则牛羊何择焉？"

王笑曰："是诚何心哉！我非爱其财而易之以羊也，宜乎百姓之谓我爱也。"

曰："无伤也，是乃仁术也！见牛未见羊也[⑮]。君子之于禽兽也：见其生，不忍见其死；闻其声，不忍食其肉。是以君子远庖厨也。[⑯]"

① 齐宣王，田齐太公和第四代孙。《史记·田敬仲完世家》：姜齐桓公十四年（前672），陈国内乱，陈厉公子陈完奔齐，齐桓公以为工正，改姓田氏，即田敬仲。田敬仲七传至田常，即田成子，专齐国之政。姜齐康公十九年（前386）田成子曾孙太公和"立为齐侯，列于周室，纪元年"，即田齐元年。太公和立二年卒，"子桓公午立"。六年，"桓公卒，子威王因齐立。是岁，故齐康公卒，绝无后"。姜齐到此终结。"三十六年威王卒，子宣王辟疆立。"自太公和为齐侯到宣王即位已四十五年。"宣王喜文学游说之士，自如驺衍、淳于髡、田骈、接予、慎

到、环渊之徒七十六人，皆赐列第，为上大夫，不治而议论。是以稷下学士复盛，且数百千人。”梁惠王三十五年（前335）孟子见梁惠王，惠王三十六年卒，襄王立，孟子去梁适齐，计孟子在梁，前后不过两年。(《史记》索隐所引《纪年》所记不同。)

② 齐桓、晋文，春秋时代两大霸主齐桓公、晋文公。齐宣王希图霸业，“欲辟土地，朝秦楚，莅中国而抚四夷”，故欲闻齐桓、晋文之事。

③ 仲尼之徒，孔子的门徒。无以则王乎，朱熹集注：“以已通用。无已，必欲言之而不止也。王（wàng），谓王天下之道。”“则王乎”与下文“德如何则可以王”“保民而王”“是心足以王”之“王”，并读去声（wàng）。

④ 保，朱熹集注，“爱护也”。王，《战国策·秦策》“文王用之而王”，高诱注：“王，有天下也。”御，抵御。谓爱护民众而统一天下，没有谁能够抵御。

⑤ 胡龁（hé），朱熹集注：“胡龁，齐臣也。”

⑥ 之，往也。牛何之，牵着牛往何处。

⑦ 衅（xìn）钟，用血祭钟，即用血涂在新铸造的钟上。《说文》：“衅，血祭也。”段玉裁注：“凡言衅庙、衅钟、衅鼓、衅宝镇宝器、衅龟策、衅宗庙名器皆同，以血涂之，因荐而祭之也。”

⑧ 舍，通“捨”。觳觫（hú sù），牛恐惧颤抖貌。若，如此，这样。

⑨ 易，换。以羊易之，用羊替换它。

⑩ 诸，“之乎”的合音，疑问语气词。

⑪ 爱，吝惜。

⑫ 诚，信也，实也。褊（biǎn），狭窄。褊小，狭小。

⑬ 无异，莫怪。

⑭ 隐，痛惜。

⑮ 无伤，无害，没有关系。仁术，犹言仁道、仁心。

⑯ 远（yuàn），远离。庖厨，厨房。远庖厨，因厨房常宰杀牲畜，不忍听牲畜被杀时的哀鸣，故远离厨房。

王说曰："《诗》云：'他人有心，予忖度之。'夫子之谓也[①]。夫我乃行之，反而求之，不得吾心；夫子言之，于我心有戚戚焉[②]。此心之所以合于王者何也？"

曰："有复于王者曰：'吾力足以举百钧，而不足以举一羽；明足以察秋毫之末，而不见舆薪。'则王许之乎？[③]"

曰："否！"

"今恩足以及禽兽，而功不至于百姓者，独何与[④]？然则一羽之不举，为不用力焉；舆薪之不见，为不用明焉；百姓之不见保，为不用恩焉。故王之不王[⑤]，不为也，非不能也。"

曰："不为者与不能者之形，何以异？[⑥]"

曰："挟太山以超北海，语人曰[⑦]，'我不能'，是诚不能也。为长者折枝[⑧]，语人曰，'我不能'，是不为也，非不能也。故王之不王，非挟太山以超北海之类也；王之不王，是折枝之类也。

"老吾老以及人之老，幼吾幼以及人之幼[⑨]。天下可运于掌[⑩]。《诗》云：'刑于寡妻，至于兄弟，以御于家邦。'言举斯心加诸彼而已[⑪]。故推恩足以保四海，不推恩无以保妻子[⑫]。古之人所以大过人者，无他焉，善推其所为而已矣！今恩足以及禽兽，而功不至于百姓者，独何与？权，然后知轻重；度，然后知长短。物皆然，心为甚。王请度之[⑬]。抑王兴甲兵，危士臣，构怨于诸侯，然后快于心与？[⑭]"

王曰："否；吾何快于是？将以求吾所大欲也。[⑮]"

① 说，通"悦"，高兴。《诗》，引诗为《小雅·巧言》。"他人有心，予忖度之"，他人，别人。有心，有某种心情。予，我。忖度（cǔn duó），揣度，此处有体谅之意。夫子，指孟子。夫子之谓也，说的就是你孟夫子。

② 夫（fú），语首助词。"我乃行之，反而求之，不得吾心"，我这样做了，回头一想，却说不清自己的心情。戚戚，心不安貌。朱熹集注，"心动貌"。

③ 复，赵岐注，"白也"，犹言报告。钧，量词，一钧三十斤；百钧，三千斤。

羽，《穀梁传·隐公元年》“初献六羽”，范宁注：“羽，翟羽，舞者所执。”（翟羽，雉之翅羽。）可知“羽”指羽舞者所执的道具。秋毫之末，朱熹集注：“毛至秋末锐小而难见也。”舆薪，满车柴薪。许，相信，认可。

④ 恩足以及禽兽，指齐宣王不忍以牛衅鼓。“禽兽”，概而言之。独，犹却也。与（yú），通“欤”，疑问语气词。独何与，却是为何。

⑤ 王之不王，“王之”之“王”，阳平声（wáng），君王，指齐宣王。“不王”之“王”，去声（wàng），王道。

⑥ 形，犹言表现形式。何以异，有何不同。

⑦ 挟，夹着，用胳膊夹着。太山，即泰山。超，越过，跳过。北海，渤海。太山北海，并在齐国境，故用以为喻。语（yù），告诉。语人曰，对人说。

⑧ 折枝，折取树枝，如折树枝作杖、赶狗之类。（赵岐注：“折枝，按摩折手节解罢枝也。”后世注家亦有从赵注解作“按摩”者。原文词义明白，无须另生别解。）

⑨ 老吾老，前“老”字敬老，用作敬重之意，后“老”字指老人。幼吾幼，前“幼”字抚幼，用作抚爱之义，后“幼”字指孩子。二句谓敬重我的老人而推广到敬重别人的老人，抚爱我的孩子而推广到抚爱他人的孩子。

⑩ 天下可运于掌，谓能推己及人，则治理天下就如运转东西在手掌一样容易。

⑪《诗》，引诗为《大雅·思齐》。“刑于寡妻，至于兄弟，以御于家邦”，毛传：“刑，法也。寡妻，嫡妻也。”郑玄笺：“御，治也。文王以礼法接待其妻室，至于宗族，以此又能为政治于家邦也。”孟子引用诗句的喻意即“言举斯心加诸彼而已”。举，用也。斯心，即对待亲人之心。加，扩充、扩展之意。彼，代指家邦。意谓用这种对待家人之心扩展于治理家邦而已。

⑫ 恩，《说文》，“惠也”。《广韵·痕部》：“恩，爱也。”推恩，即推广惠爱之心。

⑬ 权，用秤称。度（duó），用尺量。凡物皆是如此，要通过权衡度量才知道轻重长短。内心思想更为重要，请王也自己度量一下吧。

⑭ 抑，或许。兴甲兵，发动军队。危士臣，使将士冒危险。构怨于诸侯，与诸侯结怨。然后快于心，然后心里才痛快。

⑮ 大欲，最大的欲望。

曰："王之所大欲，可得闻与？"

王笑而不言。

曰："为肥甘不足于口与？轻煖不足于体与？抑为采色不足视于目与？声音不足听于耳与？便嬖不足使令于前与[①]？王之诸臣，皆足以供之，而王岂为是哉！"

曰："否，吾不为是也。"

曰："然则王之所大欲可知已，欲辟土地，朝秦楚，莅中国而抚四夷也[②]。以若所为，求若所欲，犹缘木而求鱼也。[③]"

王曰："若是其甚与？[④]"

曰："殆有甚焉。缘木求鱼，虽不得鱼，无后灾。以若所为，求若所欲，尽心力而为之，后必有灾。[⑤]"

曰："可得闻与？"

曰："邹人与楚人战，则王以为孰胜？[⑥]"

曰："楚人胜。"

曰："然则小固不可以敌大，寡固不可以敌众，弱固不可以敌强。海内之地方千里者九，齐集有其一[⑦]；以一服八，何以异于邹敌楚哉？盖亦反其本矣[⑧]？今王发政施仁[⑨]，使天下仕者皆欲立于王之朝，耕者皆欲耕于王之野，商贾皆欲藏于王之市[⑩]，行旅皆欲出于王之途，天下之欲疾其君者皆欲赴愬于王[⑪]。其若是，孰能御之？"

王曰："吾惛，不能进于是矣！愿夫子辅吾志，明以教我。我虽不敏，请尝试之。[⑫]"

曰："无恒产而有恒心者，惟士为能。若民，则无恒产，因无恒心。苟无恒心，放辟邪侈，无不为已[⑬]。及陷于罪，然后从而刑之，是罔民也[⑭]。

焉有仁人在位罔民而可为也[15]？是故明君制民之产，必使仰足以事父母，俯足以畜妻子[16]，乐岁终身饱，凶年免于死亡；然后驱而之善，故民之从之也轻[17]。今也制民之产，仰不足以事父母，俯不足以畜妻子，乐岁终身苦，凶年不免于死亡。此惟救死而恐不赡，奚暇治礼义哉[18]？

"王欲行之，则盍反其本矣：五亩之宅，树之以桑，五十者可以衣帛矣。鸡豚狗彘之畜，无失其时，七十者可以食肉矣。百亩之田，勿夺其时，八口之家，可以无饥矣。谨庠序之教，申之以孝悌之义，颁白者不负戴于道路矣。老者衣帛食肉，黎民不饥不寒，然而不王者，未之有也。[19]"

① 肥甘，肥美的食物。轻煖，轻煖的衣服。抑，或许，还是。采色，艳丽的彩色。声音，美妙的音乐。便嬖（pián bì），宠信嬖幸的人。

② 辟土地，开辟疆土，实即掠夺别国的土地。朝秦楚，使秦楚来朝，莅（lì），莅临，实即统治。抚，安抚，实即征服。四夷，周边其他民族。

③ 若，朱熹集注，"如此也"。犹，如同。"以若所为，求若所欲，犹缘木求鱼也"，三句意谓以如此的作为，求如此的欲望，就如同爬上树去抓鱼。（按，若，亦可以训"汝"，三句谓以汝的作为，求汝之欲望，如同爬上树去抓鱼。如此解释，于文意是顺的。但孟子同国君说话，不能用如此语气。故朱熹特别注明"若，如此也"。）

④ 若此，如此。甚，严重。

⑤ 殆，可能。殆有甚焉，可能还要严重。

⑥ 邹，小国名，孟子即为邹人。楚，大国。孰，谁。

⑦ 海内，泛指全中国。地方千里，方千里，纵横千里。此概指全中国的土地面积。书中此种数字，皆概而言之。集有，犹言总共占有。

⑧ 蓋，通"盍"（hé），何不。一本即作盍，二字通用。反，《论语·述而》"举一隅而不以三隅反"，刘宝楠正义："反者，反而思之也。"本，即下文"发政施仁"。朱熹注："发政施仁，所以王天下之本也。"矣，《经传释词》，"犹乎也"。盍亦反其本矣，何不反思一下根本呢？

⑨ 发政施仁，发布政令，施行仁政。

⑩ 商贾（gǔ），朱熹集注："行货曰商，居货曰贾。"

⑪ 疾，憎恨。赴愬（sù），前来控诉。

⑫ 惛，昏乱，糊涂。辅，《国语·越语下》"憎辅远弼"，韦昭注："相导为辅。"辅吾志，引导我的认识。敏，聪慧，通达。

⑬ 恒产，稳定的可以维持生活的产业；农耕社会指土地、房屋、山林等不动产。恒心，安定的信念、操守。士，此专指安贫乐道之士。若，犹言"至于"。民，指一般普通人。则，吴昌莹《经词衍释》："则，犹若也，如也。"放辟邪侈，放纵，偏激，邪恶，张狂。无不为已，各种坏事无所不为。

⑭ 及陷于罪，等他们犯了罪。刑，惩罚。罔民，犹言坑害民众。

⑮ 焉有，岂有。

⑯ 明君，英明的君主。制民之产，制定民有产业。仰，对上。事父母，赡养父亲母亲。俯，对下。畜妻子，抚养妻儿子女。

⑰ 乐岁，丰收年成。凶岁，灾荒之年。驱，犹言引导。民之从之也轻，使民听从也就容易。

⑱ 赡，朱熹集注，"足也"。不赡，不够，来不及。奚暇，哪有闲暇。治，从事。

⑲ "王欲行之"一段叙王道社会景况，已见前梁惠王曰"寡人之于国也"章。

★（一）齐宣王"问齐桓、晋文之事"是《孟子》书中极为重要的一章。孟子诱导齐宣王吐露他的内心世界。环环紧扣，层层推进，文章结构甚为严谨。

全文基本上没有叙述语，全由对话组成，文章却近乎有机的组织，人物（主要是齐宣王）的个性心理揭示得相当清楚。齐宣王一开口就问"齐桓、晋文之事"，孟子却用一句话推开，立即引入他自己一意宣传的主题，"无以，则王乎？"然后肯定齐宣王具备"可以王"的心理条件，使齐宣王得到鼓励。（其实只是孟子的语言技巧，未必真认为如此。）见齐宣王尚不自信，孟子还为他开脱。齐宣王高兴了，孟子即进一步指出，"王之不王，不为也，非不能也"。并且解释其可能而何以不能的原因。齐宣王终于吐露出自己的真实思想，“将以求吾所大欲也”。但还是欲吐还吞，孟子便直接揭露他所谓“大欲”:“欲辟土地，朝秦楚，莅中国而抚四夷也。”并指出这种“大欲”的危险性。齐宣王没有否认孟子揭出的事实，恰好说明开头齐宣王愿闻“齐桓、晋文之事”的目的。文章前后呼应却不露痕迹。

文章发展至此，孟子没有必要再转弯抹角了，便大力宣传他“发政施仁”的理论。描绘“王道”的社会图景，与梁惠王曰“寡人之于国也”章所述相同，对齐宣王的批判也与批判梁惠王相似。

本章孟子提出了一个重要的政策内容，即仁政必须“制民之产”，使百姓“仰足以事父母，俯足以畜妻子；乐岁终身饱，凶年免于死亡”，保证人民生存的基本条件。——“制民之产”，有点近乎后世政治家提出的“耕者有其田”。理论的价值不言而喻。几千年的封建社会，凡是这个问题解决得好一点的时候便相对安定，未能解决甚至矛盾尖锐就会天下大乱。然而几千年的封建社会里有几个统治者听取了孟子的教导？安宁的日子也就少得可怜！

（二）孟子见齐宣王紧接孟子见梁襄王之后，则去梁適齐在梁襄王元年（前318），时当齐宣王二年。

清代以来有多位学者谓孟子在齐威王之世先已游齐，钱穆《先秦诸子系年》论证最为突出。其最重要的证据莫过于《战国策·齐策一》记齐威王以章子为将击秦，而孟子与匡章游，可知孟子在威王之世已到过齐国。全祖望《经史问答》谓威王之时秦齐未曾发生过战争，故“章子之事未必在威王之世。威王未曾与秦交兵，齐秦之斗在宣王时，而齐人伐燕之役将兵者正是章子，则恐其误编在威王策中者”。按，全氏之说极是，据《孟子》本书，齐人伐燕正宣王时事;《孟子》是当时记录，无疑比《战国策》可靠。因此孟子与匡章游，不能作为孟子在威王之世游齐的证据。

周柄中《孟子辨正》:“孟子于齐梁先后，当以《六国年表》及《魏世家》为据，不当以《孟子列传》为据。《年表》魏惠王三十五年，齐宣王之七年也，是年特书曰‘孟子来’；若孟子于齐宣七年以前即已游齐，《年表》何以不书？以本书观之，篇首即载见梁惠王诸章，及见襄王有出语云云，自此以下十数章皆在齐与宣王问答事；此其先后踪迹，较然可见。”

周柄中所谓“不当以《孟子列传》为据”，是《史记·孟子荀卿列传》有孟子“游事齐宣王，宣王不能用；适梁，梁惠王不果所言”之语；此司马迁叙述前后颠倒，并不说明孟子游程先齐后梁。因梁惠王在位早于齐宣王，这是历史事实；而孟子先见梁惠王，后见齐宣王，《孟子》本书叙述清楚明白。

还有一个重要的事实。《孟子》书中凡孟子与各国国君相见，都称及该国君主，如梁惠王、梁襄王、齐宣王、滕文公、邹穆公、鲁平公，而书中没有齐威王。因此谓齐威王时孟子已到过齐国并无证据。

（三）“今王发政施仁，使天下仕者皆欲立于王之朝，耕者皆欲耕于王之野，商贾皆欲藏于王之市，行旅皆欲出于王之途，天下之欲疾其君者皆欲赴愬于王”，五者对“仁政”的拥戴，又见于《公孙丑上》“尊贤使能”章（3.5）而更为具体。

梁惠王章句下

凡十六章

【2.1】

庄暴见孟子，曰："暴见于王，王语暴以好乐，暴未有以对也。曰，好乐何如？[①]"

孟子曰："王之好乐甚，则齐国其庶几乎！[②]"

他日，见于王曰："王尝语庄子以好乐[③]，有诸？[④]"

王变乎色，曰："寡人非能好先王之乐也，直好世俗之乐耳。[⑤]"

曰："王之好乐甚，则齐其庶几乎！今之乐犹古之乐也。"

曰："可得闻与？"

曰："独乐乐，与人乐乐，孰乐？[⑥]"

曰："不若与人。[⑦]"

曰："与少乐乐，与众乐乐[⑧]，孰乐？"

曰："不若与众。"

"臣请为王言乐。今王鼓乐于此[⑨]，百姓闻王钟鼓之声，管籥之音[⑩]，举疾首蹙頞而相告曰[⑪]：'吾王之好鼓乐，夫何使我至于此极也？父子不相见，兄弟妻子离散[⑫]。'今王田猎于此，百姓闻王车马之音，见羽旄之美[⑬]，举疾首蹙頞而相告曰：'吾王之好田猎，夫何使我至于此极也？父子不相见，兄弟妻子离散。'此无他[⑭]，不与民同乐也。

"今王鼓乐于此，百姓闻王钟鼓之声，管籥之音，举欣欣然有喜色而相告曰[⑮]：'吾王庶几无疾病与[⑯]，何以能鼓乐也？'今王田猎于此，百姓闻王车马之音，见羽旄之美，举欣欣然有喜色而相告曰：'吾王庶几无疾病与，何以能田猎也？'此无他，与民同乐也。今王与百姓同乐，则王矣。[⑰]"

① 庄暴，赵岐注，"齐臣也"。"见于"之"见"，音现（xiàn），被接见。王，

应是齐宣王。语（yù），告诉。好（hào）乐（yuè），爱好音乐。未有以对，没有法子对答。庄暴述说情况以后，接着便问，中间插一声“曰”，是一个转换语气词。好乐何如，爱好音乐怎么样，意即好还是不好。

② 甚，犹今言“很”。好乐甚，爱好音乐得很。庶几，朱熹集注：“近辞也，言近于治。”犹言差不多，很可以。

③ 他日，几天之后。见于王，孟子见王。庄子，孟子称庄暴。

④ 有诸，有之乎。“诸”是“之乎”的合音。

⑤ 变乎色，变了脸色。宣王以为孟子不赞成他爱好音乐，感到不好意思，故变了脸色。直，只是。

⑥ 独，单独。乐（yuè）乐（lè），前一“乐”，音乐，此动名词，欣赏音乐；后一“乐”，快乐。人，他人。孰，何也。句意谓一个人单独欣赏音乐感到快乐，与同他人一起欣赏音乐，哪一种快乐？

⑦ 不若与人，不如与他人同享音乐。

⑧ 与少，与少数人。与众，与群众。

⑨ 言乐（yuè），讲讲欣赏音乐的事。鼓乐（yuè），演奏音乐。

⑩ 管籥（yuè），吹奏乐器，箫笙之类。

⑪ 举，皆。疾首蹙頞，愁恨之貌。疾首，感到头痛。蹙（cù）頞（è），耸起鼻梁。

⑫ 使我至于此极，使我们痛苦到这般地步，即下文的“父子不相见，兄弟妻子离散”。

⑬ 田猎，围猎；由“鼓乐”而连及“田猎”。羽旄，旗帜。

⑭ 此无他，这没有别的原因。

⑮ 欣欣然，高兴之貌。

⑯ 庶几，此处为“大概”之意。

⑰ 王（wàng），王道。则王矣，就是王道的境界。

★一开头便肯定“好乐甚”是大好事，先稳定对方的紧张情绪。而后却有所分析。如果统治者只顾单独享受，不顾人民死活，“父子不相见，兄弟妻子离散”，只会使人民痛心疾首。而与民同乐，便会得到人民的拥护。归结一句，与百姓同乐，“则王矣”，亦即进入王道的境界。——在孟子语汇中，王道、仁政，两个词内容实质是一致的。

【2.2】

齐宣王问曰：“文王之囿方七十里①，有诸？”

孟子对曰：“于传有之。②”

曰：“若是其大乎？③”

曰：“民犹以为小也。”

曰：“寡人之囿方四十里，民犹以为大，何也？”

曰：“文王之囿方七十里，刍荛者往焉，雉兔者往焉④，与民同之。民以为小，不亦宜乎⑤？臣始至于境，问国之大禁⑥，然后敢入。臣闻郊关之内有囿方四十里⑦，杀其麋鹿者如杀人之罪⑧，则是方四十里为阱于国中⑨。民以为大，不亦宜乎？”

① 囿（yòu），《说文》，“苑有垣也”。朱熹集注：“囿者，蕃育鸟兽之所。”

② 传（zhuàn），文籍记载。

③ 若是其大乎，有如此之大吗？

④ 刍荛，割草打柴者。雉兔，捕野鸡野兔者。

⑤ 宜，合理。

⑥ 问国之大禁，《礼记 · 曲礼上》：“入竟而问禁。”（竟，通“境”。）

⑦ 郊关，朱熹集注：“国外百里为郊，郊外有关。”（国，都城。）

⑧ 麋（mí）鹿，兽名。应概指苑囿中的动物。

⑨ 阱，陷阱。

【2.3】

齐宣王问曰："交邻国有道乎？①"

孟子对曰："有。惟仁者为能以大事小，是故汤事葛②，文王事昆夷③。惟智者为能以小事大，故太王事獯鬻④，勾践事吴⑤。以大事小者，乐天者也；以小事大者，畏天者也。乐天者，保天下；畏天者，保其国。《诗》云：'畏天之威，于时保之。'⑥"

王曰："大哉言矣！寡人有疾，寡人好勇。⑦"

对曰："王请无好小勇。夫抚剑疾视曰⑧，'彼恶敢当我哉！⑨'此匹夫之勇⑩，敌一人者也。王请大之！

"《诗》云：'王赫斯怒，爰整其旅，以遏徂莒，以笃周祜，以对于天下。⑪'此文王之勇也。文王一怒而安天下之民。《书》曰：'天降下民，作之君，作之师，惟曰其助上帝，宠之四方。有罪无罪惟我在，天下曷敢有越厥志？⑫'一人衡行于天下⑬，武王耻之。此武王之勇也。而武王亦一怒而安天下之民。今王亦一怒而安天下之民，民惟恐王之不好勇也。"

① 交邻国，与邻国相交。道，原则，方法。

② 大事小，大国服事小国（实际是关照小国）。汤，商汤。葛（gé），古国名，地在今河南陵县东北。后《滕文公下》"万章问宋小国也"章（6.5）谓葛伯"放而不祀"，汤使人送去牛羊，并遣人为之耕种。葛伯不仅仍不改过，并变本加厉，汤才进行征讨。参见该章注。

③ 文王，周文王。昆夷，《诗·大雅·緜》作"混夷"，郑玄笺："混夷，狄国也。"文王事昆夷，其事不详。

④ 小事大，小国服事大国。太王事獯鬻（xūn yù）：太王，又作"大（tài）王"，即古公亶父，周文王祖父。獯鬻，赵岐注，"今狄人也"。本篇后滕文公问"滕小国也竭力以事大国"章（2.14）记：大王居邠，狄人侵之，大王事之以皮币犬马珠玉仍不得免，乃去邠邑而至于岐山之下。参见该章。

⑤ 勾践事吴，越王勾践被吴王夫差打败，乃卑辞厚礼向吴国求和。回国后卧

薪尝胆，发愤图强，同百姓共劳苦，终灭亡吴国。事详《国语·越语》《吴语》。

⑥《诗》，引诗为《周颂·我将》。原文作“我其宿夜，畏天之威，于时保之”。时，是也。保，安也。诗意谓我宿夜敬畏天之威严，于是得以安定。

⑦ 疾，毛病。好（hào）勇，喜爱逞能，显示自己的力量。

⑧ 抚剑疾视，按着宝剑，凶狠地瞪着眼睛。

⑨ 彼，他。恶（wū）敢，岂敢。当，抵挡。

⑩ 匹夫，普通人；此用于贬义，指那种素质很低的人。

⑪《诗》，引诗为《大雅·皇矣》。“王赫斯怒，爰整其旅，以遏徂莒。以笃周祜，以对于天下。”王，周文王。赫斯怒，赫然大怒。爰，于也。整，整顿。旅，五百人为旅，此即指军旅。遏，阻断。莒，《诗》原作“旅”，指敌人侵略的军队。笃，厚也。祜，福也。对，答也。谓周文王（一听说敌人的侵略行为便）赫然大怒，于此整顿军旅，阻击敌军。用周之厚福“以答天下仰望之心也”（朱熹集注语）。

⑫《书》，引书为古《尚书》逸文，伪古文《尚书》采入《泰誓上》，文字小有不同。“天降下民，作之君，作之师，惟曰其助上帝宠之四方。有罪无罪惟我在，天下曷敢有越厥志？”意谓天降生了民众，也为他们降生了君主，降生了师傅。（这些君主和师傅的）责任是爱护天下的民众。谁有罪谁无罪都由我负责，“天下何敢有过越其心志而作乱者乎？”（朱熹集注语）

⑬ 衡行，横行。一人衡行于天下，周武王伐纣灭商，此“一人”必指商纣王。一人横行于天下而武王以为耻，如此兴兵伐纣，灭亡殷商，“此武王之勇也”。

★（一）“寡人好勇”——

齐宣王曰，“寡人好勇”，然齐宣王不是秦武王，他并不好逞勇力。“宣王喜文学游说之士，自如驺衍、田骈、接予、慎到、环渊之徒七十六人，皆赐列第，为上大夫，不治而议论，是以稷下学士复盛。”孟子更是宣王座上的贵宾。略晚一点，荀子还在稷下“三为祭酒”。不是齐宣王对诸家学术有浓厚的兴趣就不会有如此之多学人辐凑齐国。而且这些学士中儒道法各家并有，可知宣王能够兼收并蓄，更说明他并非好逞勇力的人。何以偏说“寡人好勇”呢？

当时齐国相当强大，宣王向孟子请教“交邻国”之道，孟子说的却是如何“事大”“事小”，宣王显然不感兴趣，他“好”的是凭借国家的实力战胜邻国。实际是寡人“好战”，所谓“寡人好勇”是一种委婉的甚至是隐微的说法。

孟子立即抓住“好勇”这个话题，教宣王“无好小勇”，要他学习周文王武王的大勇，“一怒而安天下之民，民惟恐王之不好勇也”。这充分表现了孟子说话的技巧；但他们实际是各谈各的，自然就没有下文了。

（二）“以大事小者，乐天者也；以小事大者，畏天者也”——

齐宣王问“交邻国”之道，他问的实际是用什么谋略，在同周边邻国的斗争中取得胜利。这是战国时代各诸侯国的统治者一心关注的事情，也是当时的策谋之士绞尽脑汁逞足口辩的问题。而孟子对答的所谓“汤事葛，文王事昆夷”，“太王事獯鬻，勾践事吴”，都是列举这些历史故事宣扬他的政治理论，主张修治内政，赢得民心，使国家强大；是政治战略，迥不同于策谋之士的外交或军事策略，与“天”更没有任何关系。中国古代迷信天道鬼神，统治者往往假用天命来维护自己的权力。孔子对天命鬼神这种虚无缥缈的内容采取存疑的态度，子贡曾说，“夫子之言性与天道不可得而闻也”。孟子却有点故弄玄虚，将政治事务同“天”扯到一起，所谓“乐天者也”“畏天者也”即其一例。

（三）《尚书》，是中国上古时典章文献的汇编，保存了自尧舜夏商殷商至周代的一些重要史料（尧舜夏尚无文字，殷商甲骨文也不可能刻写长篇大作；故《尚书》其实是后人根据传闻整理而成的作品），古籍中多简称《书》。原书经秦火焚灭。汉初秦博士伏胜传二十九篇（实只二十八篇，今本《尚书》中《舜典》系从《尧典》分出），因用汉隶书写，故称今文《尚书》。西汉末刘歆《移太常博士书》谓“鲁恭王坏孔子宅，欲以为宫，而得古文于坏壁中。《书》十六篇。天汉以后，孔安国献之”（见《汉书·楚元王传》附刘歆传）。晋元帝时豫章内史梅赜献上所谓孔安国传古文《尚书》，较伏生所传多出二十五篇，唐孔颖达疏，即今《十三经注疏》中的《尚书》。自北宋吴棫、南宋朱熹开始怀疑古文《尚书》为伪作。明代梅鷟作《尚书考异》，成为《尚书》辨伪的首创。至清阎若璩作《古文尚书疏证》，从八个方面列举一百多条证据，证明其确为伪作。《古文尚书》为伪作才彻底清楚，成为定论。——本帙注释中凡孟子所引而不见于今文《尚书》者，称“古《尚书》逸文”，“伪古文《尚书》采入”某篇。孔安国传称为“伪孔传”。

【2.4】

齐宣王见孟子于雪宫①。王曰：“贤者亦有此乐乎？”

孟子对曰：“有。人不得，则非其上矣②。不得而非其上者，非也；为民上而不与民同乐者，亦非也③。乐民之乐者，民亦乐其乐；忧民之忧者，民亦忧其忧。乐以天下，忧以天下，然而不王者，未之有也。

“昔者齐景公问于晏子曰④：‘吾欲观于转附朝儛，遵海而南，放于琅邪。吾何修而可以比于先王观也？⑤’晏子对曰：‘善哉问也！天子适诸侯曰巡狩。巡狩者，巡所守也。诸侯朝于天子曰述职。述职者，述所职也。无非事者⑥。春省耕而补不足，秋省敛而助不给⑦。夏谚曰：‘吾王不游，吾何以休？吾王不豫，吾何以助？一游一豫，为诸侯度。⑧’今也不然：师行而粮食，饥者弗食，劳者弗息⑨。睊睊胥谗，民乃作慝⑩。方命虐民，饮食若流⑪。流连荒亡，为诸侯忧⑫。从流下而忘反谓之流，从流上而忘反谓之连，从兽无厌谓之荒，乐酒无厌谓之亡⑬。先王无流连之乐，荒亡之行。惟君所行也。⑭’景公说，大戒于国，出舍于郊。于是始兴发补不足⑮。召大师曰：‘为我作君臣相说之乐！’盖《徵招》《角招》是也⑯。其诗曰：‘畜君何尤？’畜君者，好君也。⑰”

① 雪宫，齐离宫之名。

② 有，谓贤者亦有此乐。非，非议，引申为怨恨之意。齐宣王问“贤者亦有此乐乎”，孟子回答，贤者亦有此乐，而人们如果不得享乐，就会怨恨君上。

③ “非其上”之“非”，如上注，非议，怨恨。“非也”之“非”，错误。意谓不得享乐而怨恨君上，是错误的；为民君上，而不与民同乐，也是错误的。重点在为民君上而不与民同乐。

④ 齐景公，齐庄公异母弟，名杵臼。庄公六年（前 548），齐崔杼弑庄公，立景公。景公在位五十八年（前 547—前 490）。《史记·齐太公世家》谓“景公好宫室，聚狗马奢侈，厚赋重刑”。晏子，即晏婴（？—前 500），春秋时代齐国继管仲之后著名政治家。《史记·管晏列传》：“晏平仲婴者，莱之夷维（今山东高密）人也。事齐灵公、庄公、景公，以节俭力行重于齐。”

⑤ 观，朱熹集注，“游也”，游玩。转附、朝儛，二山名，据下文推测，当在海滨或海上。遵，循也，沿着。遵海而南，沿着海滨南行。放，至也。琅邪（láng yá），齐东南境上邑名，今山东胶南县西南。修，修治。谓我要怎样修治，才可以与先王游观相比。

⑥ 无非事者：前文晏子已解释何谓“巡狩”，何谓“述职”，说明无论天子还是诸侯，外出一定是有具体的事务，没有不为具体事务而外出游观者；实际是不赞成景公无事出游。

⑦ 省，视察，巡视。耕，耕耘，耕种。敛，收获。春省耕，春天视察耕种情况。秋省敛，秋天视察收获如何。给（jǐ），亦足也。补不足，助不给，是一个意思，即补助穷人的不足。主要指粮食，也包括其他方面。

⑧ 夏谚，夏代的谚语。赵岐注：“豫，亦游也。”为诸侯度，赵岐注：“可以为诸侯之法度也。”“夏谚”六句，意谓如果君王不出游，（就不知道我们多么辛劳），我们怎能得到休息？如果君王不出游，（就不知道我们多么穷困），我们怎能得到补助？出来游一游，看一看，可以成为诸侯的法度。

⑨ 今，现在，指齐景公时代。师，《说文》，“二千五百人为师”，此泛指军队。粮，《说文》，“穀也”，此即指粮食。“粮食”之“食”，动词，吃。师行而粮食，军队一出动，所到之处粮食被吃光。“饥者弗食，劳者弗息”，百姓饥饿者没有吃的，劳苦者得不到休息。与前文所述“春省耕而补不足，秋省敛而助不给”刚好相反。

⑩ “睊睊（juàn）胥谗，民乃作慝（tè）”，朱熹集注：“睊睊，侧目貌。胥，相也。谗，谤也。慝，怨恶也。言民不胜其劳而起谤恶也。”（侧目，因愤恨而睥睨。）

⑪ 方命虐民，赵岐注："方，犹放也，放弃不用先王之命，但为虐民之政。"朱熹集注："方，逆也。命，王命。"逆，违抗；方命，即违反王命。赵朱训解小异，义实相同。饮食若流，赵岐注："恣意饮食，若水流之无穷极也。"

⑫ 流连荒亡，下文晏子自有解释。为诸侯忧，谓齐王"流连荒亡"的行为，成为附属诸侯的忧虑。——前文"夏谚"中"吾王"指夏王，即所谓天子。"为诸侯度"的诸侯指各个地方封国。"今也"以下晏子批评者为景公，"为诸侯忧"的诸侯指齐国的附庸。朱熹特别解释："诸侯，谓（齐）附庸之国，县邑之长。"

⑬ 流连荒亡，晏子解释曰："从流下而忘反谓之流，从流下而忘反谓之连，从兽无厌谓之荒，乐酒无厌谓之亡。"赵岐注："言骄君放游，无所不为。或浮水而下，乐而忘反谓之流。""连者，引也。使人徒引舟船，上行而忘反以为乐，故谓之连。""从兽无厌，若羿之好田猎，无有厌极以亡其身，故谓之荒乱也。乐酒无厌，若殷纣之以酒丧国也，故谓之亡。"（"连者，引也"，即拉纤。上水船由纤夫背着纤绳拉着向上前行。无厌，不满足。）

⑭ "先王无流连之乐，荒亡之行，惟君所行也"，赵岐注："言圣人之行，无此四者，惟君所欲行也。晏子之意，不欲使景公空游于琅邪而无益于民也。"

⑮ 说（yuè），通"悦"，喜悦，高兴。下文"君臣之说"之"说"同。戒，赵岐注，"备也"，做好准备。舍，居也。郊，《说文》："距百里为郊。"出舍于郊，出居于郊外。兴发补不足，发国家仓库粮食补助吃用不足的贫民。

⑯ 大师，宫廷乐师。为我作君臣相说（yuè）之乐（yuè），给我作我们君臣同乐的乐曲。《徵招》《角招》，乐曲名。徵（zhǐ）、角，古代五音"宫、商、角、徵、羽"之两音。招（sháo），通"韶"。

⑰ 诗，乐诗也。畜（xù）君，好君。尤，过错。

★本章与"庄暴见孟子"章（2.1）同一主题，都是说为民上者应关心民事，与民同乐。"乐民之乐者，民亦乐其乐；忧民之忧者，民亦忧其忧。乐以天下，忧以天下，然而不王者，未之有也。"

【2.5】

齐宣王问曰："人皆谓我毁明堂。毁诸？已乎？[①]"

孟子对曰："夫明堂者，王者之堂也。王欲行王政[②]，则勿毁之矣。"

王曰："王政可得闻与？"

对曰："昔者文王之治岐也[③]，耕者九一[④]，仕者世禄[⑤]，关市讥而不征[⑥]，泽梁无禁[⑦]，罪人不孥[⑧]。老而无妻曰鳏，老而无夫曰寡，老而无子曰独，幼而无父曰孤。此四者，天下之穷民而无告者。文王发政施仁，必先斯四者。《诗》云：'哿矣富人，哀此茕独。'[⑨]"

王曰："善哉言乎！"

曰："王如善之，则何为不行？"

王曰："寡人有疾，寡人好货。[⑩]"

对曰："昔者公刘好货[⑪]，《诗》云：'乃积乃仓，乃裹糇粮，于橐于囊。思戢用光[⑫]。弓矢斯张，干戈戚扬，爰方启行[⑬]。'故居者有积仓，行者有裹囊也，然后可以爰方启行。王如好货，与百姓同之，于王何有？[⑭]"

王曰："寡人有疾，寡人好色。[⑮]"

对曰："昔者大王好色，爱厥妃[⑯]。《诗》云：'古公亶父，来朝走马，率西水浒，至于岐下。爰及姜女，聿来胥宇[⑰]。'当是时也，内无怨女，外无旷夫[⑱]。王如好色，与百姓同之，于王何有？"

① 明堂，赵岐注："谓泰山下明堂，本周天子东巡狩朝诸侯之处也。齐侵地而得有之。人劝宣王，诸侯不用明堂可毁坏，故疑而问孟子。""毁诸，已乎"，是毁掉，还是不要毁坏。

② 王政，行王道之政，即孟子所谓仁政。

③ 文王，周文王，姓姬，名昌，周武王之父，称为西伯；其子武王伐纣灭殷，建立周王朝。岐，山名，今陕西岐山县。周文王祖古公亶父自豳迁于岐，民皆归之。见《史记·周本纪》。

④ 耕者九一，传为古代的一种土地制度。《穀梁传·宣公十五年》："古者三百

步为里，名曰井。井田者，九百亩，公田居一。”范宁集解：“出除公田八十亩，馀八百二十亩。故井田之法，八家共一井，八百亩。馀二十亩，家各二亩半为庐舍。”

⑤仕者世禄，赵岐注：“贤者子孙必有土地。”按，仕者，应指大夫卿相之类的官职。

⑥关，道路上关口。市，城邑中市场。讥，查问。征，征税。关市讥而不征，关口与市场上人众，只进行查问，对商贾也不征税。《大戴礼记·主言》：“昔者明主关讥而不征。”

⑦泽，水泽，水汇聚之处。梁，鱼梁，一种捕鱼设置，用土石横截水流，留下缺口，用鱼笱承接，鱼随水流下即落下笱中。泽梁无禁，对水泽鱼梁捕鱼都不禁止。

⑧孥（nú），妻室儿女。罪人不孥，惩办罪人，不连累妻室儿女。

⑨《诗》，引诗为《小雅·正月》。哿（gě），赵岐注，“可也”。哀，怜悯。茕（qióng），朱熹集注，“困悴貌”。“哿矣富人，哀此茕独”，意谓富人生活可以了，值得哀怜的是那些孤独穷困的人。

⑩疾，毛病。好（hào），爱好。货，《说文》，“财也”，财货。朱熹集注：“王自以为好货，故取民无制，而不能行此王政。”

⑪公刘，周王朝始祖后稷玄孙。《史记·周本纪》谓“公刘虽在夷狄之间，复修后稷之业，务耕种，行地宜，自漆沮渡渭，行者有资，居者有畜积，民赖有庆。百姓怀之，多徙而保归焉。周道之兴自此始，故诗人歌乐思其德”。

⑫《诗》，引诗为《大雅·公刘》，即歌颂公刘之诗。乃，于是。积，朱熹集注，“露积也”，设在室外的榖囤。裹，包装。糇（hóu）粮，干粮。橐（tuò）、囊（náng），口袋，毛传：“小曰橐，大曰囊。”“思戢用光”，毛传：“言民相与和睦以显于时也。”朱熹集注：“戢，安集也。言思安集其人民以光大其国家也。”“乃积乃仓”四句，歌颂其粮食贮备，安集人民。

⑬弓矢，弓与箭。张，《说文》，“施弓弦也”。干戈，盾与戟；也代指兵器。戚，通“疾”，速也。扬，飞扬。爰，于也。启，发也。“弓矢斯张，干戈戚扬，

爰方启行”三句，歌颂公刘大军张开弓矢，挥起干戈，出发行军。

⑭ 于王何有，对于行王道有什么影响呢？

⑮ 好色，喜爱女色。

⑯ 太王，即古公亶父，公刘九世孙，周文王祖父。参见前齐宣王问“交邻国有道乎”章（2.3）注④。《史记·周本纪》谓“古公亶父复修后稷公刘之业，积德行义，国人皆戴之。薰育戎狄攻之，乃与私属遂去豳，度漆沮，逾梁山，止于岐下。豳人举国扶老携弱，尽复归古公于岐下”。“民皆歌乐之，颂其德。”爰厥妃，爱他的妃子。

⑰《诗》，引诗为《大雅·緜》，为歌颂古公亶父之诗。朱熹集注：“来朝走马，避狄人之难也。率，循也。浒（hǔ），水涯也。岐下，岐山之下也。姜女，大王之妃也。胥，相也。宇，居也。”（爰，聿，皆语首助词，无义。）诗意谓古公亶父清明便走马上路，沿着西边漆水河岸，来到岐山之下。他带领妻子姜氏，来视察新的住居。

⑱ 怨女，幽怨的没有丈夫的妇女。旷，朱熹集注，“空也”。旷夫，屋里没有妻子的男人。

★（一）由不应毁明堂，联系到如何行仁政。然后以周文王为例证，说明仁政的关键在于关注人民的生活，特别是要哀怜那些孤独穷困的人。当齐宣王坦白交代，他有毛病，“寡人好货”，“寡人好色”，孟子立即抓住这个话题，用“公刘好货”“大王好色”而取得辉煌成就，来说明“好货”“好色”并没有什么不好，关键在于“与百姓同之”。

孟子举用那些诗句来说明问题，完全是孟老夫子的语言策略，甚至可以说是一种诡辩术。他引用歌颂公刘、大王的那些诗句，同“好货”“好色”没有任何联系；创作《公刘》《緜》的诗人在九泉之下听到一定会很不高兴。公刘和大王在天之灵会更加生气，他们在周王朝的历史上具有如此崇高的地位，这位晚他们上千年的书生竟然无端说他们“好货”，说他们“好色”！

（二）干戈戚扬，古人解作四种兵器。毛传：“戚，斧也；扬，钺也。”（钺，大斧。）先师聂清诚夫子讲解本文时另辟新解。其言曰：《周礼·冬官考工记》：“凡察车之道，欲其朴属而微至。不朴属，无以为完久也；不微至，无以为戚速也。”郑玄注：“齐人有名疾为戚者。速，疾也。”则“戚速”通“疾速”；戚，亦“速”也。《大戴礼记·礼察》“法令极而民哀戚”，王聘珍解诂：“戚，疾也。”又，《说文》：“扬，飞举也。”则“干戈戚扬”，即“干戈疾扬”，干戈迅速飞举之意。解作“干戈疾扬”与上句“弓矢斯张”正好相对。清诚夫子之说极为精辟，本帙即据此解释。

【2.6】

孟子谓齐宣王曰：“王之臣有托其妻子于其友而之楚游者。比其反也①，则冻馁其妻子②，则如之何？”

王曰：“弃之。③”

曰：“士师不能治士，则如之何？④”

王曰：“已之。⑤”

曰：“四境之内不治⑥，则如之何？”

王顾左右而言他⑦。

① 比，及也。比其反也，到他从楚国回来。

② 冻，受冻。馁（něi），挨饿。则冻馁其妻子，而其妻子儿女一直在受冻挨饿。

③ 弃之，放弃他们，即不要这样的朋友。

④ 士师不能治士，朱熹集注：“士师，狱官也。其属有乡士遂士之官，士师皆当治之。”治，监督管理之意。

⑤ 已，止也。已之，罢免他们。

⑥ 四境之内，即全国。不治，没有治理好。

⑦ 王顾左右而言他，宣王转头对左右说别的事。四境之内治不治，是国君的职责，他没法回答，只好顾左右而言他。

【2.7】

孟子见齐宣王，曰："所谓故国者，非谓有乔木之谓也，有世臣之谓也①。王无亲臣矣，昔者所进，今日不知其亡也。②"

王曰："吾何以识其不才而舍之？"

曰："国君进贤，如不得已，将使卑踰尊，疏踰戚，可不慎与③？左右皆曰贤，未可也；诸大夫皆曰贤，未可也；国人皆曰贤，然后察之；见贤焉，然后用之④。左右皆曰不可，勿听；诸大夫皆曰不可，勿听；国人皆曰不可，然后察之；见不可焉，然后去之⑤。左右皆曰可杀，勿听；诸大夫皆曰可杀，勿听；国人皆曰可杀，然后察之；见可杀焉，然后杀之⑥。故曰'国人杀之也'。如此，然后可以为民父母。⑦"

① 故国，历史悠久的诸侯国。乔木，高大的古树。世臣，朱熹集注："累世勋之臣，与国同休戚者也。"

② 亲臣，亲信之臣。孟子所说的"不知其亡"之"亡"，包括非正常死亡、逃亡等等。"昔者所进，今日不知其亡也"，所以"王无亲臣矣"。话中实批评宣王用人不当，对昔日起用的人没有了解清楚，并非贤才。所以下文宣王辩解说，"吾何以识其不才而舍之"。舍（shě），弃也。宣王之意，谓当时起用时，怎能知道哪些人"不才"而不用他们呢？

③ 卑，出身卑微者。尊，出身尊贵者。疏，疏远者。戚，亲近者。句意谓国君进用贤才，可能使卑微者超越尊贵者，疏远者超越亲近者。而卑微者、疏远者原来并不了解，因此必须特别慎重。按，春秋时代各国朝廷大员基本上都是贵族，来自下层的人很少。到了孟子活动的战国后期，斗争更加错综复杂，百家腾跃，游说纵横，天下士人"足迹接乎诸侯之境，车轨结乎千里之外"，于是出现了孟子所说的情况。

④ 察，考核。"见贤焉，然后用之"，发现确实是贤才，然后才任用。

⑤ 勿听，不要听信。"见不可焉，然后去之"，发现确实不行，就不要任用。（应包括尚未任用者和已经在位者。）

⑥“见可杀焉，然后杀之”，发现确实有罪该杀，就杀掉。

⑦为民父母，常用以喻地方官长，此实喻诸侯国君。

★（一）“左右皆曰贤，未可也；诸大夫皆曰贤，未可也；国人皆曰贤，然后察之；见贤焉，然后用之。左右皆曰不可，勿听；诸大夫皆曰不可，勿听；国人皆曰不可，然后察之；见不可焉，然后去之。左右皆曰可杀，勿听；诸大夫皆曰可杀，勿听；国人皆曰可杀，然后察之；见可杀焉，然后杀之。”——对古人的言语必须从其语气去体会其中含义。孟子这段话中“未可也”“勿听”，不能理解为绝对不可，绝对不听，而要理解为“还不可、还不够”之意，即还需要听下面其他人士、广大国人的意见。如果简单地理解绝对不可，绝对不听，那还要“左右”“诸大夫”干什么呢？“无以辞害意”，这是理解古人言语必须注意的。

（二）整个这一章用人处事的理论也要从整体精神上去领会，文章用意无非是强调要广泛听取群众意见。不能理解为似乎任何事情都要进行“全民公决”，既无必要也不可能。

（三）本章理论虽极其精辟，但孟子未能也不可能提出一种实行的体制，也就只能是一种理想。尽管如此，孟子在两千多年的封建社会里，能发表这种具有民主精神的见解，是极为可贵的，是孟子政治思想中最宝贵的内容，在先秦诸子中无与伦比。任何时代，统治者如果能取其精华，适当运用，仍可以发挥一定的作用，具有非常积极的意义。

（四）这段高论中，三番强调“然后察之”，非常重要。广泛听取意见之后，仍需认真考察，不要大家说了算。似乎还有点“民主”之后还要“集中”之意。

（五）最后无端插一句“故曰‘国人杀之也’”，却甚为不当，有点把责任推给群众之嫌。前文明明说“然后察之”，决定权还在于国君，怎么能说是“国人杀之也”！如果没有这一句，更为完美。“然后杀之”与前文“然后用之”“然后去之”，三者一致。广泛地听取群众意见，又不把责任推给群众，这样的“国君”最为伟大。封建社会里独裁者施行暴政，危害人民，然后把责任推给群众者比比皆是，孟子这一“故曰”也未免此嫌，不能不令人遗憾。

【2.8】

齐宣王问曰："汤放桀[①]，武王伐纣[②]，有诸？"

孟子对曰："于传有之。[③]"

曰："臣弑其君可乎？[④]"

曰："贼仁者谓之贼，贼义者谓之残[⑤]，残贼之人，谓之一夫。闻诛一夫纣矣，未闻弑君也。[⑥]"

① 汤，成汤，商王朝的开国君主。放，流放。桀，夏代的亡国之君，荒淫暴虐。《史记·夏本纪》："汤遂率兵以伐夏桀，桀走鸣条，遂放而死。"

② 武王，周武王。纣，殷商亡国之君。《史记·殷本纪》："帝纣资辨捷疾，闻见甚敏，材力过人，手格猛兽。知足以距谏，言足以饰非。矜人臣以能，高天下以声，以为皆出己之下。好酒淫乐，嬖于妇人。爱妲己，妲己之言是从。""周武王于是遂率诸侯伐纣，纣亦发兵距之牧野。甲子日，纣兵败。纣走入，登鹿台，衣其宝玉衣，赴火而死。周武王遂斩纣头，悬之白旗；杀妲己。"

③ 于传（zhuàn）有之，在史传上记载有其事。

④ 弑，《说文》，"臣杀君也"。朱熹集注："弑，下杀上也。"

⑤ 贼，《论语·先进》"贼夫人之子"，皇侃疏："贼，犹害也。"残，朱熹集注，"伤也"。

⑥ 诛，杀也。一夫，即独夫，指残暴不仁孤立于民众之外的暴君。按，一，独也；一夫纣，伪古文《尚书·泰誓中》称之为"独夫纣"。

★（一）上章孟子提出国君杀人，必须听取民众意见，证实犯罪嫌疑人确有罪恶该杀，才能杀。本章孟子认为残害仁义的暴君，成为"独夫"，杀掉是合乎正义的，就该杀掉。同样具有珍贵的民主精神。

（二）"闻诛一夫纣矣，未闻弑君也"，罪恶的"一夫"，杀之曰"诛"；合法的君主，被非法杀害曰"弑"，两字的使用褒贬分明。

【2.9】

孟子见齐宣王曰："为巨室[①]，则必使工师求大木。工师得大木，则王喜，以为能胜其任矣。匠人斫而小之，则王怒，以为不胜其任矣。夫人幼而学之，壮而欲行之，王曰：'姑舍女所学而从我[②]'，则何如？今有璞玉于此，虽万镒必使玉人雕琢之。至于治国家，则曰：'姑舍女所学而从我'，则何以异于教玉人雕琢玉哉？[③]"

① 巨室，高大的房子。工师，朱熹集注，"匠人之长"。

② 女，通"汝"。舍，放弃。

③ 璞玉，未曾雕琢加工的玉。镒，赵岐注："二十两为镒。"万镒，谓该璞玉极其巨大珍贵。玉人，玉工。万镒之璞玉需请高手玉人雕琢，而治国却说"姑舍女所学而从我"，这不是如同自己教玉人琢玉？

★仁政，是孟子政治思想的核心。这一主题，在《梁惠王上》全篇七章与《梁惠王下》前九章，表述得相当清楚，文辞也最为精彩。这十六章，是《孟子》全书中的精华，也是先秦具有代表性的语言相当规范的文章。此后各篇，则瑕瑜互见，精华与糟粕并存，甚至有不少拙劣甚至荒谬的篇章。

【2.10】

齐人伐燕，胜之[①]。宣王问曰："或谓寡人勿取，或谓寡人取之[②]。以万乘之国伐万乘之国[③]，五旬而举之，人力不至于此。不取，必有天殃[④]。取之，何如？"

孟子对曰："取之而燕民悦，则取之。古之人有行之者，武王是也。取之而燕民不悦，则勿取。古之人有行之者，文王是也[⑤]。以万乘之国伐万乘之国，箪食壶浆，以迎王师。岂有他哉？避水火也[⑥]。如水益深，如火益热，亦运而已矣。[⑦]"

① 燕，诸侯国名。《史记 · 燕召公世家》：齐人伐燕，“召公奭与周同姓，姓姬氏。周武王之灭纣，封召公于北燕。”地有今河北、辽宁及朝鲜北部；都蓟（今天津蓟州区）。周显王三十七年（前 332）燕易王称王。易王十二年卒，燕王哙（kuài）立，将国让与子之。“子之南面行王事，而哙老不听政，顾为臣，国事皆决于子之。三年，国大乱，百姓恫恐。”“构难数月，死者数万，众人恫恐，百姓离志。”“（齐）王因令章子将五都之兵，以因北地之兵伐燕。士卒不战，城门不闭，燕君哙死，齐大胜。”

② 取，即占领燕国。《公羊传 · 昭公四年》：“其言取者何，灭之也。”

③ 万乘之国，兵车万乘之大国。参见《梁惠王上》“孟子见梁惠王”章（1.1）注。此指齐国与燕国。

④ 天殃，天降灾难。《国语 · 越语》：“得时无怠，时不再来。天与不取，反为之灾。”

⑤ 武王，周武王。武王是也，指周武王伐纣，灭亡殷商。文王，周文王。文王是也，周文王在位时已相当强大，仍服事殷。《论语 · 泰伯》孔子曰：“三分天下有其二以服事殷。周之德其可谓至德也已矣。”（8.20）

⑥ 箪，竹器。食，饭食。浆，水浆，饮料。箪食壶浆以迎王师，形容民众欢迎“王师”的盛况。岂有他哉，难道有别的什么原因吗。避水火也，是为了逃避如洪水大火那样的灾难。

⑦ 运，运用，运行。亦运而已矣，谓民众处于水深火热之中，现在根据形势运行就是了。这是对齐宣王问“取之何如”的回答。

★（一）《史记 · 燕召公世家》记燕王哙让国与子之，“三年，国大乱，百姓恫恐。将军市被与太子平谋，将攻子之。诸将谓齐湣王曰：‘因而赴之，破燕必矣。’”《史记 · 田敬仲完世家》宣王湣王两朝皆无记载攻燕哙子之事。《六国年表》列燕哙“让其臣子之”在哙五年（前 316，齐湣王八年），“哙及子之皆死”在哙七年（前 314，齐湣王十年）。都谓其事发生在齐湣王时，而《孟子》记为齐宣王时。历史上决不会有两次齐国讨伐燕哙子之的战争，“哙与子之皆死”不会有两次。揆诸事实，当以《孟子》为是。《孟子》书是当时的记录，亲见亲闻，燕哙让国与齐君伐燕，必齐宣王时事，《燕召公世家》与《六国年表》所记有误。

（二）战国时代，战乱频繁，无数的谋臣策士，纵横奔走于各诸侯国之间，出谋划策。当某个统治者为难之际，他们会提出各种解决问题的策略，自然也不乏阴谋诡计。他们并没有固定的方略，随机应变而已。孟子则不然，他有明确的政治思想，面对任何情况，回答任何问题，都会引向他的政治主张，宣传他的仁政理念。齐宣王已经打败燕国，“以万乘之国伐万乘之国，五旬而举之，人力不至于此”，有点得意忘形了，他之所以问“取之何如”，实际上是希望孟子赞成他占有燕国。孟子是听懂了的，他不明确地表明“取”还是“不取”，仍然是拿出他那一套“仁政”理论：“取之而燕民悦，则取之”；“取之而燕民不悦，则勿取”。还是请出周文王周武王来作典型。所谓“以万乘之国伐万乘之国，箪食壶浆，以迎王师。岂有他哉？避水火也”，是假定语气，说这种情况，是民众为逃避虐政的结果。燕民的情况“如水益深，如火益热”，现在该怎么办，“取之”还是“勿取”，你根据形势运行就是了。——这种回答，无懈可击，但对具体问题的解决却没有任何作用。

〖4.8〗

沈同[①]以其私问曰：“燕可伐与？”

孟子曰：“可。子哙不得与人燕，子之不得受燕于子哙[②]。有士于此，而子悦之，不告于王而私与之吾子之禄爵；夫士也，亦无王命而私受之于子，则可乎？何以异于是？[③]”

齐人伐燕。

或问曰：“劝齐伐燕，有诸？”

曰：“未也。沈同问‘燕可伐与’，吾应之曰‘可’，彼然而伐之也[④]。彼如曰：‘孰可以伐之？’则将应之曰：‘为天吏，则可以伐之。[⑤]’今有杀人者，或问之曰：‘人可杀与？’则将应之曰‘可’。彼如曰：‘孰可以杀之？’则将应之曰：‘为士师，则可以杀之。[⑥]’今以燕伐燕[⑦]，何为劝之哉！[⑧]”

① 沈同，赵岐注，“齐大臣”。然《战国策·燕策》与《史记·田敬仲完世家》皆未见其人，生平不详。

② 燕子哙、子之事，见前“齐人伐燕”章注。《史记·燕召公世家》称哙为“燕哙”或“燕君哙”，而孟子称之为“子哙”，不知所据。

③ “有仕于此”之“仕”，通“士”，下句“夫士人”即用“士”。谓如果沈同喜悦某一士人，未有王命即将自己的俸禄官爵给他，而士人亦未有王命即径自接受；比喻燕哙与子之未有周天子之命将王位私相授受。赵岐注：“孟子设此，以喻燕之罪。”朱熹集注：“诸侯土地人民，受之天子，传之先君，私以与人，则与者受者皆有罪也。”

④ 吾应之曰“可”，我只是回答“可”，并没有劝。彼然而伐之，他们已经伐燕了。

⑤ 天吏，《公孙丑上》“尊贤使能”章（3.5）：“无敌于天下者，天吏也。”赵岐注：“天吏者，天使也。为政当为天所使，诛伐无道，故谓天吏也。”

⑥ 杀人者，杀人犯。“人可杀与”之“人”即指杀人犯。士师，治狱之官。

⑦ “以燕伐燕”：“以燕”之“燕”，指伐燕之齐国；“伐燕”之“燕”指被伐的燕国。孟子以燕哙子之燕暴虐，而齐人入燕国同样暴虐，故曰“以燕伐燕”也。

⑧ 为，用也。何为劝之，何用劝之也。

★（一）“沈同以其私问”章与“燕人畔”章皆属《公孙丑下》篇，同涉“齐人伐燕”事件。故将“沈同以其私问”章提在《梁惠王下》“齐人伐燕，胜之”章后，将“燕人畔”章提在“齐人伐燕，取之”章后；四章内容紧密相关。为尊重经典原貌，《公孙丑下》之两章原处仍然保存。

（二）或问曰：“劝齐伐燕，有诸？”孟子曰：“未也。彼如曰：‘孰可以伐之？’则将应之曰：‘为天吏，则可以伐之。’”——沈同问“燕可伐与”，孟子明明说“可”，而且还讲了一通可伐的道理，怎么能否认劝过呢？孟子辩称沈同未曾问“孰可以伐之”，沈同是“齐大臣”，当然是问齐是否可以伐之，何需问“孰可以伐之”？所谓“天吏”是孟子无端制造的概念。“为天吏，则可以伐之”：谁是天吏，谁就可以伐之；谁不是天吏，谁就不可以伐之。这种话，说了等于没有说。孟子极善诡辩，也极善推卸责任。

【2.11】

齐人伐燕，取之。诸侯将谋救燕[①]。宣王曰："诸侯多谋伐寡人者，何以待之？[②]"

孟子对曰："臣闻七十里为政者，汤是也。未闻以千里畏人者也[③]。《书》曰：'汤一征，自葛始。天下信之，东面而征西夷怨，南面而征北狄怨。曰：奚为后我？[④]'民望之，若大旱之望云霓也[⑤]。归市者不止，耕者不变[⑥]。诛其君而吊其民。若时雨降[⑦]。民大悦。《书》曰：'徯我后，后来其苏。[⑧]'今燕虐其民，王往而征之，民以为将拯己于水火之中也[⑨]，箪食壶浆以迎王师。若杀其父兄，系累其子弟，毁其宗庙，迁其重器[⑩]，如之何其可也？天下固畏齐之强也，今又倍地而不行仁政，是动天下之兵也[⑪]。王速出令，反其旄倪[⑫]，止其重器，谋于燕众，置君而后去之，则犹可及止也。[⑬]"

① 诸侯将谋救燕，谓齐国占领燕国以后，其他国家共谋讨伐齐国。

② 待，对待，处理。

③ 七十里，即"即方七十里"。下文"千里"亦"方千里"。凡言"方多少里"，即纵横各多少里。此等数量，皆概而言之。

④ 汤，成汤。葛，古国名。参见前齐宣王问"交邻国有道乎"章（2.3）注。"汤一征，自葛始"，谓成汤讨伐他国，从葛开始。《易·系辞下》"贞夫一者也"，焦循章句："一，始也。"天下信之，谓得到天下人民的信任。"曰：奚为后我"，谓期待汤解救的夷狄曰，为何把救我们放在后面。馀详星评。

⑤ 云霓，云与虹。雨云出现即可能下雨，下雨之后会看到彩虹，大旱之时盼望云霓即盼望下雨。"民望之，若大旱之望云霓"，喻民众盼望殷切。

⑥ "归市者"二句，谓在葛伯统治之时，商人农民被迫流亡，成汤征葛以后，

商人回来继续经营，农民照常耕种。

⑦ 诛其君而吊其民，杀其暴君，抚慰其百姓。若时雨降，就像下了及时雨。与前文“若大旱之望云霓也”相应。

⑧《书》曰：“徯我后，后来其苏。”徯（xī），待也。后，君也，指商汤。苏息，复活。二句谓我们期待君王到来，君王到来我们才得复活。

⑨ 拯（zhěng），拯救。

⑩ 若，如也，如果。明明是事实，却用一种假定语气；此面对国君而使用的委婉说法。系累，束缚，捆绑。迁，迁徙，搬走，实即抢劫。重器，宝器。

⑪ 天下，指各国诸侯。倍地，谓齐灭燕，齐国的土地扩大了一倍。动，引动，招致。

⑫ 反其旄倪，朱熹集注：“反，还也。旄，老人也。倪，小儿也。谓所虏掠之老小也。”即遣返老老少少的燕国俘虏。

⑬ 谋于燕众，同燕国人士商量。置君而后去之，立一个新君然后收兵回国。在春秋时代和战国前期，大国在征服别国之后，往往换立一个君主然后退兵，而不是打败之后即将其灭掉，以此收买民心，又免得其他大国干预。则犹可及止也，还来得及防止诸侯为救燕而进攻齐国。

★（一）本章两引“《书》曰”，朱熹集注：“两引《书》，皆《商书·仲虺之诰》文也。”按，两引《书》，皆古《尚书》逸文，伪古文《尚书》采入《仲虺之诰》。清代以前不知道古文《尚书》为伪作。

（二）《书》曰“汤一征，自葛始”，古今注家一般认为只有此两句为引文。按，连下文“天下信之，东面而征西夷怨，南面而征北狄怨。曰：奚为后我”，都是引文。因《仲虺之诰》本段文字作“乃葛伯仇饷，初征自葛。东征西夷怨，南征北狄怨，曰：‘奚独后予。’攸徂之民，室家相庆，曰：‘徯予后，后来其苏。’”文字与《孟子》有所不同，内容一致，必都来原自古《尚书》逸文。

〖4.9〗

燕人畔[①]。王曰："吾甚惭于孟子。[②]"

陈贾曰："王无患焉[③]。王自以为与周公孰仁且智？"

王曰："恶，是何言也？"

曰："周公使管叔监殷，管叔以殷畔[④]。知而使之，是不仁也；不知而使之，是不智也。仁智，周公未之尽也，而况于王乎？贾请见而解之。"

见孟子，问曰："周公何人也？"

曰："古圣人也。"

曰："使管叔监殷，管叔以殷畔也，有诸？"

曰："然。"

曰："周公知其将畔而使之与？"

曰："不知也。"

"然则圣人且有过与？"

曰："周公，弟也；管叔，兄也。周公之过，不亦宜乎[⑤]？且古之君子，过则改之；今之君子，过则顺之[⑥]。古之君子，其过也，如日月之食[⑦]，民皆见之；及其更也，民皆仰之。今之君子，岂徒顺之，又从为之辞。[⑧]"

①畔，通"叛"。燕人畔，燕人反叛；实系燕人反抗齐军占领燕国。

②吾甚惭于孟子，前章"齐人伐燕，取之，诸侯将谋救燕"，宣王问计于孟子。孟子建议，"王速出令，反其旄倪，止其重器，谋于燕众，置君而后去之"。宣王未曾听取，而后燕人反叛，故宣王曰"吾甚惭于孟子"。

③陈贾，赵岐注："陈大夫也。"患，忧也，此处有既忧且惭之意。

④周公，周公旦。周公辅佐武王，灭殷后，仍封纣王子武庚，"以续殷祀"，使弟管叔、蔡叔监其国。武王死后，成王年幼，周公摄政。管叔伙同武庚叛乱。周公率军征讨，杀武庚，诛管叔，放蔡叔。见《史记·周本纪》。

⑤宜，适宜，合乎情理。因为管叔是兄，周公是弟，使管叔监督武庚，而管叔却同武庚作乱，周公只能进行讨伐，都合乎情理。

⑥ 君子，因所涉人物都是在上位者，故都称为君子。改之，改正。顺之，顺着，本来错了仍错下去。

⑦ 日月之食，即日蚀月蚀。

⑧“岂徒顺之，又从而为之辞”，岂只是错而又错，还编些理由进行辩解。这是对陈贾的批评。

★《梁惠王》上、下篇叙孟子在齐宣王朝凡十四章，其中涉“齐人伐燕”前后共四章。

【2.12】

邹与鲁閧。穆公问曰[①]：“吾有司死者三十三人，而民莫之死也。诛之，则不可胜诛[②]；不诛，则疾视其长上之死而不救[③]。如之何则可也？”

孟子对曰：“凶年饥岁，君之民老弱转乎沟壑，壮者散而之四方者，几千人矣[④]；而君之仓廪实，府库充，有司莫以告[⑤]，是上慢而残下也[⑥]。曾子曰：‘戒之戒之！出乎尔者，反乎尔者也。[⑦]’夫民今而后得反之也。君无尤焉[⑧]！君行仁政，斯民亲其上，死其长矣。[⑨]”

① 邹（zōu），《说文》：“邹，鲁县，古邾国，帝颛顼之后所封。”孟子故乡，今山东邹县。閧（hòng），《说文》，“斗也”。赵岐注：“犹构兵而斗也。”穆公，当是邹穆公。

② 有司，有关官吏。莫之死，没有人为他们而死。胜（shēng），尽也。不可胜诛，不可能全部杀掉。

③ 疾，怨也，恨也。《管子·君臣上》“故民不疾其威”，尹知章注：“疾，怨也。”疾视其长上之死而不救，恨（他们）“视其长上之死而不救”。长（zhǎng）上，官长，即上文之“有司”。

④ 凶年饥岁，饥荒年成。转，《淮南子·主术》“死无转尸”，高诱注：“转，弃也。”沟壑，水沟溪谷。转乎沟壑，弃其尸于沟壑。壮者，青壮年。散，流散，

流亡。几（jī），近也。几千人，估计有上千人。

⑤ 仓廪，储藏穀米的仓库。《礼记·月令》：季春之月，“命有司，发仓廪”，孔颖达疏：“穀藏曰仓，米藏曰廪。”府库，储藏器物兵甲之处。《文选·张平子〈东京赋〉》“据其府库”，李善注：“谓官吏所止为府，车马器械所居曰库。”有司莫以告，官员们没有报告情况。

⑥ 上，在上位者，亦即官长。慢，骄慢，怠惰。残，害也。上慢而残下也，应读作上“慢而残下也”，即官长们怠惰骄慢而残害下民。怠惰骄慢则必然坏事，残害下民则招致民愤。

⑦ 曾子，孔子高足曾参（shēn），字子舆（yú）。戒，警惕，警戒。尔，你。由你那儿来的，也会回到你那儿去。即你怎样对待别人，别人也会这样对待你。专指负面行为。

⑧ 尤，责怪，怨恨。

⑨ 仁政，关爱人民的政治。亲其上，亲近其长上。死其长，为其长上而死。参见《梁惠王上》“晋国天下莫强焉”章（1.5）孟子曰：“王如施仁政于民，省刑罚，薄税敛，深耕易耨；壮者以暇日修其孝悌忠信，入以事其父兄，出以事其长上。可使制挺以挞秦楚之坚甲利兵矣。”朱熹集注引范氏曰：“《书》曰：‘民惟邦本，本固邦宁。’有仓廪府库，所以为民也。丰年则敛之，凶年则散之；恤其饥寒，救其疾苦，是以民亲爱其上，有危难则赴救之。如子弟之卫父兄，手足之捍头目。穆公不能反己，犹欲归罪于民，岂不误哉！”（“民惟邦本，本固邦宁”，古《尚书》逸文，伪古文《尚书》采入《五子之歌》篇。）

★邹是孟子的家乡，生于斯，长于斯，而《孟子》书中涉及邹国的内容仅此一章。

【2.13】

滕文公问曰：“滕，小国也，间于齐楚，事齐乎？事楚乎？”

孟子对曰：“是谋非吾所能及也。无已，则有一焉，凿斯池也，筑斯城也，与民守之，效死而民弗去，则是可为也。”

【2.14】

滕文公问曰：“滕，小国也。竭力以事大国，则不得免焉，如之何则可？”

孟子对曰：“昔者大王居邠，狄人侵之。事之以皮币，不得免焉；事之以犬马，不得免焉；事之以珠玉，不得免焉。乃属其耆老而告之曰：‘狄人之所欲者，吾土地也。吾闻之也，君子不以其所以养人者害人。二三子何患乎无君？我将去之。’去邠，逾梁山，邑于岐山之下居焉。邠人曰：‘仁人也，不可失也。’从之者如归市。或曰：‘世守也，非身之所能为也。效死勿去。’君请择于斯二者。”

【2.15】

滕文公问曰：“齐人将筑薛，吾甚恐，如之何则可？”

孟子对曰：“昔者大王居邠，狄人侵之，去之岐山之下居焉。非择而取之，不得已也。苟为善，后世子孙必有王者矣。君子创业垂统，为可继也。若夫成功，则天也。君如彼何哉？强为善而已矣。”

★“滕文公问”前后三章（2.13—15）皆滕文公问如何与齐楚大国相处事务，故移至《滕文公上》“滕文公问为国”章（5.3）之后一并注释。三章原文仍保留于此。

【2.16】

鲁平公将出[①]。嬖人臧仓者请曰[②]：“他日君出，则必命有司所之[③]。今乘舆已驾矣，有司未知所之。敢请。[④]”

公曰：“将见孟子。[⑤]”

曰：“何哉，君所为轻身以先于匹夫者[⑥]，以为贤乎？礼义由贤者出；

而孟子之后丧逾前丧⑦。君无见焉！⑧”

公曰：“诺。”

乐正子入见，曰：“君奚为不见孟轲也？⑨”

曰：“或告寡人曰，孟子之后丧逾前丧，是以不往见也。”

曰：“何哉，君所谓逾者？前以士，后以大夫；前以三鼎，而后以五鼎与？”

曰：“否。谓棺椁衣衾之美也。⑩”

曰：“非所谓逾也，贫富不同也。”

乐正子见孟子，曰：“克告于君，君为来见也⑪。嬖人有臧仓者沮君⑫，君是以不果来也。”

曰：“行，或使之；止，或尼之。行止，非人所能也⑬。吾之不遇鲁侯，天也。臧氏之子焉能使予不遇哉？”

① 鲁平公（周赧王元年即公元前314至赧王二十年即公元前295在位），《史记·鲁周公世家》：“景公二十九年卒，子叔立，是为平公。是时六国皆称王。”

② 嬖人，嬖幸之人。女性嬖幸为宠幸妃妾，男性亦有嬖幸者。焦循正义：“男女之贱而得幸者通称为嬖人。”臧仓即为男性。

③ 他日，此指往日，与通常指后来者不同。命有司所之，告诉有关官员到何处去。

④ 乘舆，国君的车驾。敢，表敬副词；敢请，犹言请问。

⑤ 将见孟子，平公为尊重孟子，先行看望。

⑥ 轻身，谓平公放下国君的身份。匹夫，一般人。臧仓故意轻视孟子，称之为匹夫。

⑦ 后丧逾前丧，谓孟子办理母亲的丧葬礼仪超过父丧的礼仪。

⑧ 君无见焉，教平公不要去见孟子。

⑨ 乐正子，孟子弟子，姓乐（yuè）正，名克。奚为，何为。

⑩ 棺椁，内棺曰棺，外棺曰椁。衣衾，殓尸的衣被。《孝经·丧亲章》“为之棺椁衣衾而举之”，邢昺疏：“衾谓单被，覆尸荐尸所用。”谓棺椁衣衾之美也，言

其棺椁衣衾过于豪华。

⑪ 克，即乐正子。为（wèi）来见也，将要来见。

⑫ 沮（jǔ），阻止。《诗·大雅·云汉》“则不可沮”，毛传：“沮，止也。”乐正子不便于转述臧仓指斥孟子“前丧逾后丧”的话，委婉地说“嬖人有臧仓者沮君”。

⑬ 尼（nì），赵岐注，“止也”，阻止。朱熹集注：“言人之行，必有人使之者；其止，必有人尼之者。然其所以行，所以止，则固有天命，而非此人所能使，亦非此人所能尼也。然则我之不遇，岂臧仓所能为哉！”

★（一）《公孙丑下》记“孟子自齐葬于鲁”（4.7），赵岐注：“孟子仕于齐，丧母，归葬于鲁。”孟子极力鼓吹“三年之丧”，他自己就必然执行，故其时孟子当在鲁守孝。事在鲁平公初年，齐宣王六、七年间（前 314—前 313）；孟母必系高寿。本章提到“前以士，后以大夫”，孟子父丧之时只是士人，而母丧之时孟子在齐为卿。《礼记·王制》“上大夫卿”，卿亦大夫也。母丧礼仪也就比父丧隆重。臧仓大概亲见孟子父母前后丧仪，因此指斥“孟子之后丧逾前丧”。

“孟子之后丧逾前丧”者，“谓棺椁衣衾之美也”。孟子自齐葬于鲁时，委托“敦匠事”的充虞就曾问孟子，“木若以美焉”，棺椁用木似太豪华了。孟子还为此进行辩解，谓棺椁之美，“非直为观美也，然后尽于人心”，“古之人皆用之，吾何为独不然”，“吾闻之也，君子不以天下俭其亲”。两章反映的情况也正相同，将两章对照，对内容的了解更为清楚。

（二）《梁惠王》上篇到《梁惠王》下篇“齐人伐燕”诸章记孟子游梁游齐，内容连贯。下篇十二章以下五章，涉及邹穆公、滕文公、鲁平公，编排混乱，所记内容时间不相衔接。

公孙丑章句上

凡九章

【3.1】

公孙丑问曰："夫子当路于齐，管仲晏子之功，可复许乎？[①]"

孟子曰："子诚齐人也，知管仲晏子而已矣[②]。或问乎曾西曰：'吾子与子路孰贤？[③]'曾西蹴然曰：'吾先子之所畏也。[④]'曰：'然则吾子与管仲孰贤？'曾西艴然不悦[⑤]，曰：'尔何曾比予于管仲[⑥]？管仲得君如彼其专也[⑦]，行乎国政如彼其久也，功烈如彼其卑也[⑧]，尔何曾比予于是？曰[⑨]，管仲，曾西之所不为也，而子为我愿之乎？[⑩]"

曰："管仲以其君霸，晏子以其君显[⑪]。管仲晏子犹不足为与？"

曰："以齐王，由反手也。[⑫]"

曰："若是，则弟子之惑滋甚[⑬]。且以文王之德，百年而后崩，犹未洽于天下；武王周公继之，然后大行。今言王若易然，则文王不足法与？[⑭]"

曰："文王何可当也[⑮]？由汤至于武丁，贤圣之君六七作[⑯]，天下归殷久矣，久则难变也。武丁朝诸侯，有天下，犹运之掌也。纣之去武丁未久也[⑰]，其故家遗俗，流风善政[⑱]，犹有存者；又有微子、微仲[⑲]、王子比干、箕子[⑳]、胶鬲[㉑]，皆贤人也，相与辅相之[㉒]，故久而后失之也。尺地莫非其有也，一民莫非其臣也，然而文王犹方百里起，是以难也[㉓]。齐人有言曰：'虽有智慧，不如乘势；虽有镃基，不如待时[㉔]。'今时则易然也[㉕]：夏后、殷、周之盛，地未有过千里者也，而齐有其地矣；鸡鸣狗吠相闻，而达乎四境，而齐有其民矣。地不改辟矣，民不改聚矣[㉖]，行仁政而王，莫之能御也。且王者之不作，未有疏于此时者也；民之憔悴于虐政，未有甚于此时者也[㉗]。饥者易为食，渴者易为饮。孔子曰：'德之流行，速于置邮而传命。[㉘]'当今之时，万乘之国行仁政[㉙]，民之悦之，犹解倒悬也。故事半古之人，功必倍之[㉚]，惟此时为然。"

①公孙丑，孟子弟子，姓公孙，名丑。夫子，公孙丑称呼孟子。当路，朱熹集注，“当要路也”。当路于齐，在齐国当权执政。管仲晏子，春秋时代齐国著名政治家。管仲，字夷吾。晏子名婴，字平仲。《史记·管晏列传》：“管仲夷吾者，颍上人也。”“任政于齐，齐桓公以霸，九合诸侯，一匡天下，管仲之谋也。”“晏平仲婴者，莱之夷维人也。事齐灵公、庄公、景公，以节俭力行重于齐。既相齐，食不重肉，妾不衣帛。其在朝，君语及之，即危言；语不及之，即危行。国有道，即顺命；国无道，即衡命。以此三世显名于诸侯。”（危言，严肃正直地言语；危行，严肃正直地行动。命，道也，理也。衡，权也。顺命，顺从道理行事；衡命，权衡道理行事。）功，功业。许，赵岐注，“犹兴也”。公孙丑问：如果孟子在齐国执政，管仲晏子的功业可否重新兴起？朱熹集注：“许，犹期也。”谓可否又期望到来，亦通。

②诚，真是。孟子谓公孙丑是齐国人，只知有管仲晏子的功业，不知有圣贤之道。

③曾西，唐陆德明《经典释文序录》：“曾申，字子西，鲁人，曾参之子。”吾子，敬称，犹言我的先生。《礼仪·士冠礼》“愿吾子之教之也”，郑玄注：“相亲之辞。”《文选·张衡〈西京赋〉》“请为吾子陈之”，吕向注：“亦先生也。”子路，孔子弟子仲由，字子路。孰贤，谁更贤明。

④蹴（cù）然，《庄子·大宗师》“仲尼蹴然曰”，成玄英疏：“蹴然，惊悚貌。”《释文》引崔云：“变色貌。”先子，已故父亲，犹言先父，此即指曾参。畏，敬畏。

⑤艴（bó）然，赵岐注，“愠怒色也”。

⑥曾，犹乃也。

⑦得君如彼其专，得到国君信任那样专一。

⑧烈，《诗·周颂·执竞》“无竞维烈”，毛传：“烈，业也。”功烈，功业。功烈如彼其卑，功业那样卑下。

⑨曰，转换语气词，即所谓更端之词。

⑩“为我”之“为”，犹“谓”也。

⑪ 以其君霸，使其君称霸于天下。以其君显，使其君显名于诸侯。

⑫ 由，通“犹”。王（wàng），行王道。谓以齐国之大行王道，（统一天下），犹如反手，言极其容易。

⑬ 滋，朱熹集注，“益也”。惑滋，疑惑更大。

⑭ 百年而后崩，朱熹集注：“文王九十七而崩，百年，举成数也。”洽，遍也。未洽于天下，谓德泽尚未遍及天下。今言王若易然，今言行王道似乎很容易。法，效法。

⑮ 当，朱熹集注，“犹敌也”。

⑯ 作，朱熹集注，“起也”。据《史记·殷本纪》，自汤至武丁凡二十一帝，“圣贤之君六七作”，谓其中圣贤之君有六七位，故盛德不衰。

⑰ 去，相距。自武丁至纣凡七帝，《尚书·无逸》谓武丁以后的君主耽于逸乐，“罔或克寿，或十年，或七八年，或五六年，或四三年”，在位时间都很短，故相对而言“纣之去武丁未久也”。

⑱ 故家，朱熹集注，“旧臣之家也”。遗俗，遗传良好的习俗。流风，流传高尚的风气。

⑲ 微子、微仲，《史记·宋微子世家》：“宋微子开者（按，微子名启，汉人避汉景帝刘启讳，改称开），殷帝乙之首子而帝纣之庶兄也。纣既立，不明，淫乱于政，微子数谏，纣不听。”“周武王伐纣克殷，微子乃持其祭器造于军门，肉袒面缚，左牵羊，右把茅，膝行而前以告。于此武王乃释微子，复其位如故。”后周武王封纣子武庚，武庚作乱，周公诛武庚，命微子代殷后，国于宋；微子乃成为宋之始祖。“微子开卒，立其弟衍，是为微仲。”

⑳ 王子比干、箕子，《宋微子世家》：“箕子者，纣亲戚也。”“纣为淫泆，箕子谏，不听。人或曰：‘可以去矣。’箕子曰：‘为人臣谏不听而去，是彰君之恶而自说于民，吾不忍为也。’乃被髪详狂而为奴。”“王子比干者，亦纣之亲戚也，见箕子谏不听而为奴，则曰：‘君有过而不以死争，则百姓何辜！’乃直言谏纣。纣怒曰：‘吾闻圣人之心有七窍，信有诸乎？’乃遂杀王子比干，刳视其心。”《论语·微子》：“微子去之，箕子为之奴，比干谏而死。孔子曰：‘殷有三仁焉。’”何

晏集解引马融曰:“箕子比干,纣之诸父。”(诸父,叔父。)

㉑ 胶鬲(gé),纣臣,后归于周。《韩非子·喻老》:“周有玉版,纣令胶鬲索之,文王不予。费仲来求,因予之。是胶鬲贤而费仲无道也。”《国语·晋语一》:“妹喜有宠,于此乎与胶鬲比而亡殷。”韦昭注:“比,比功也。胶鬲,殷贤臣,自殷適周,佐武王以亡殷也。”《吕氏春秋·诚廉》与《贵因》,亦记有胶鬲事迹。

㉒ 相与辅相,即共同辅佐。

㉓ 犹,通“由”,从也,自也。“尺地莫非其有”四句,谓每一尺地没有不为纣所占有,每一个人没有不是纣的臣仆,然而文王由方百里之地起家,所以很不容易。

㉔ 乘势,趁有利的形势。镃基,一种农具,相当于后世的锄头。时,按农耕时节。

㉕ 今时则易然也,谓当今的时势要推行仁政,统一天下就很容易了。

㉖ 改,犹更也,再也。地不改辟矣,谓齐地方千里,不用再加开辟。民不改聚矣,谓人民众多,不用再加聚集。

㉗ 疏,《尚书大传》“诸侯疏杼”,郑玄笺:“疏,犹衰也。”谓王道之不振,没有比此时更衰微者。憔悴(qiáo cuì),忧伤疲萎貌。此处为折磨困苦之意。人民受虐政的折磨,没有比此时更严重者。

㉘ 置、邮,皆驿也。周广业《孟子异本考》引毛晃《礼部增韵》:“马递曰置,步递曰邮。”谓德政流行,比驿站邮传还要迅速。

㉙ 万乘之国,有万乘兵车的大国。

㉚ 犹解倒悬,如把倒吊着的人解救下来。“事半古之人,功必倍之”,事情只费古人一半的力气,却可取得成倍的功绩。

★(一)孟子极善言辞,用周文王当时的情形,与齐国现时的条件,两相对比,层层推进,环环紧扣,论证似相当周密,最后落脚到“当今之时,万乘之国行仁政,民之悦之,犹解倒悬也”,亦即“行仁政而王,莫之能御也”。

然而孟子表现的是一种语言技巧,表述的是一种理想甚至是空想,并不適应当时的实际。自春秋以来，群雄割据，征伐连连；发展到战国后期，大国之间，兵戎相对，战争不断爆发，当此之时，侈谈“行仁政而王”，未必“莫之能御”。正如两军对阵之际，人上马，箭上弦，打得赢的算数，说更多的道理都不是时候，也就不会有多大作用。

（二）管仲是历史上杰出的政治家，战略家。孔子虽说过“管仲之器小哉”，但子路问“桓公杀公子纠，召忽死之，管仲不死。曰，未仁乎？”子曰：“桓公九合诸侯，不以兵车，管仲之力也！如其仁！如其仁！”又，子贡也问“管仲非仁者与？桓公杀公子纠，不能死，又相之！”子曰：“管仲相桓公，霸诸侯，一匡天下，民到如今受其赐。微管仲，吾其被髪左衽矣！”（《论语·宪问》）孔子虽不认为管仲达到了仁人的高度，但还是赞扬性地说“如其仁！如其仁！”特别是对管仲的功业给予了极高的评价，而孟子对管仲似乎不屑一顾，并借用曾西的话，说管仲“功烈如此其卑也！”还说“管仲，曾西之所不为也，而子为我愿之乎？”并且说“以齐王，犹反手也”，说得何等轻巧！较之孔子之实在，相对客观，孟子实远远的不如。

【3.2】

公孙丑问曰：“夫子加齐之卿相，得行道焉，虽由此霸王不异矣。如此，则动心否乎？①”

孟子曰：“否，我四十不动心。②”

曰：“若是，则夫子过孟贲远矣。③”

曰：“是不难，告子先我不动心。④”

曰：“不动心有道乎？”

曰：“有。北宫黝之养勇也：不肤挠，不目逃；思以一豪挫于人，若挞之于市朝；不受于褐宽博，亦不受于万乘之君；视刺万乘之君，若刺褐夫；无严诸侯，恶声至，必反之⑤。孟施舍之所养勇也，曰：‘视不胜犹胜也；量敌而后进，虑胜而后会，是畏三军者也。舍岂能为必胜哉？能无惧而已矣。⑥’孟施舍似曾子，北宫黝似子夏⑦。夫二子之勇，未知其孰贤，然而孟施舍守约也[⑧]。昔者曾子谓子襄曰：‘子好勇乎？吾尝闻大勇于夫子矣[⑨]：自反而不缩，虽褐宽博，吾不惴焉；自反而缩，虽千万人，吾往矣！[⑩]’孟施舍之守气，又不如曾子之守约也。[⑪]”

① 加，赵岐注，“犹居也”。“夫子加齐之卿相”，与上章“夫子当路于齐”意思相同，都是假定语气，谓孟子如担任齐国的卿相，得行其道，则由此与霸王之业无异，夫子是不是也会动心。朱熹集注：“任大责重，如此亦有所恐惧疑惑而动其心乎？”（“霸王”，霸王之业，不能理解为霸业与王业。在公孙丑的认识中，仍然是“管仲晏子之功”，如梁惠王所谓“齐桓晋文之事”。）

② 四十，四十岁。四十不动心，语句近似孔子“四十而不惑”，内涵完全不同。

③ 孟贲（bēn），《吕氏春秋·孟夏纪·用众》“故以众勇，无畏乎孟贲矣”，高诱注：“孟贲，古大勇士。”又，《孝行览·必己》：“孟贲过于河，先其五。船人怒，而以楫虓其头，顾不知其孟贲也。中河，孟贲瞋目而视船人，髮直，目裂，鬓指，舟中之人尽扬播入于河。”（五，通“伍”。先其五，即抢在行伍之前，虓，通“敲”。虓其头，敲打其头。扬播入于河，簸荡其舟将舟中人抛到河里。）《史记·袁盎晁错列传》提到“贲育之勇”，索隐引《尸子》：“孟贲水行不避蛟龙，陆行不避兕虎。”

④ 告子，参见后《告子上》“性犹杞柳”章（11.1）与《告子上》“食色，性也”章（11.4）星评。据孟子口气，其人似较孟子年长。

⑤ 北宫黝（yǒu），勇士也，其人生平不详。赵岐注：“北宫，姓；黝，名也。”养勇，培养勇气。“不肤挠，不目逃”，赵岐注：“人刺其肌肤，不为挠动；刺其目，目不转睛逃避。”挫，朱熹集注：“犹辱也。”挫折，侮辱。挞（tà），鞭打。市朝，犹言大街之上。《史记·孟尝君列传》“日暮之后过市朝者”，索隐：“市之行列有如朝列，因言市朝耳。”不受，此承上文“挫于人”而言，“不受”即不受辱。褐（hè），粗布。褐宽博，粗布的宽大衣服，卑下者的衣着，代指卑下者。严，朱熹集注，“畏惮也”。恶声，辱骂之声。北宫黝认为若有一毫受辱于人，

感到就像在大街之上遭到鞭打一样。他不能受卑下之人的侮辱，也不能受万乘之君的侮辱。看待刺杀万乘之君就同刺杀卑下的人。不畏惮诸侯国君，听到辱骂之声一定立即反击。

⑥ 孟施舍，勇士也，其人生平不详。“视不胜犹胜也”，此“也”字同“者”，即看待不能战胜者如同能战胜者。量敌，估量敌人力量的强弱。虑胜，考量能不能胜。会，朱熹集注，“合战也”，犹言交战，交锋。孟施舍之意，谓如果估量敌人的强弱才前进，先考虑能不能战胜才交锋，那就是害怕同大军交战的人。我孟施舍哪能一定取胜，我只是无所畏惧而已。

⑦ 曾子，即曾参。子夏，即卜商。皆孔子高足。

⑧ 二子，指北宫黝与孟施舍。朱熹集注：“贤，犹胜也。约，要也。言论二子之勇，则未知谁胜；论其所守，则舍比于黝为得其要也。”约，要也，要约，犹言原则。

⑨ 子襄，赵岐注，“曾子弟子也”。夫子，指孔子。

⑩ 自反，反躬自问。《礼记·学记》“知不足然后能自反也”，郑玄注：“自反，求诸己也。”缩，朱熹集注：“缩，直也。《檀弓》曰：古者冠缩缝，今也衡缝。又曰：棺束缩二衡三。”（“缩”何以训“直”，朱熹也不知所以，故引两句《檀弓》，以“缩”与“衡”相对，证明其训“直”。）惴，朱熹集注，“恐惧之也”。往，朱熹集注，“往而敌之也”。此言孔子之意，谓面对敌人，如果自知理屈，即使对方是卑弱者，我也不恐吓他；如果自知理直，即使面对千万人，我也无所畏惧，勇往直前。

⑪ “孟施舍之守气”之“气”，是无所畏惧之盛气。（不管能胜不能胜，“无惧而已矣”。）前文“孟施舍之守约”，约，要也，其“要”是“无惧而已矣”，所以后文称“孟施舍之守气”。“曾子之守约”，约，要也，其“要”是自问理直不直。孟施舍所守之“约”与曾子所守之“约”内容完全不同。馀详星评。

曰：“敢问[①]夫子之动心与告子之不动心，可得闻与？”

“告子曰：‘不得于言，勿求于心；不得于心，勿求于气。[②]’不得于心，勿求于气，可；不得于言，勿求于心，不可[③]。夫志，气之帅也；气，体之充也[④]。夫志至焉，气次焉[⑤]，故曰：‘持其志，无暴其气。’[⑥]”

“既曰‘志至焉，气次焉’，又曰‘持其志，无暴其气’，何也？”

曰：“志壹则动气，气壹则动志也。今有蹶者趋者，是气也，而反动其心。[⑦]”

①敢，表敬副词。敢问，犹言我冒昧地问，大胆地问。

②言，言语，用言语表达。心，内心，指内心的思想、认识。气，指表现出来的意气、情感。参见注④。所引告子之言，谓对事物不能用言语表达，就不要求之于内心思想。内心尚未认识，就不要在意气情感上有所表现。

③“不得于心”六句，孟子对告子的说法进行评论，谓内心尚未认识，就不要意气用事随意表现，可；对事物未能用言语表达，却不要求内心认识，则不可。

④志，毛诗序，“在心为志”，故“志”实即上文之“心”。“气，体之充也”，赵岐注：“气所以充满形体为喜怒也。”即表现出来的意气情感。朱熹集注：“志固心之所之，而为气之将帅；然气亦人之所以充满于身，而为志之卒徒者也。”

⑤“夫（fú）志至焉，气次焉”，赵岐注：“志为至要之本，气为其次。”

⑥持，守也。暴，暴乱。谓处事需守其心志，无暴乱表现出意气情感。赵岐注：“暴，乱也。言志之所向，气随之，当正持其志，无乱其气，妄以喜怒加人也。”

⑦“志壹则动气，气壹则动志”，谓志意专一，会影响意气情感；意气情感专一，也会影响志意；两者相互影响。蹶（jué），跌倒。趋，奔跑。跌倒奔跑，是体气的活动，也会影响到心境。馀评星评。

“敢问夫子恶乎长？[①]”

曰：“我知言，我善养吾浩然之气。[②]”

“敢问何谓浩然之气？”

曰：“难言也。其为气也，至大至刚[③]，以直养而无害，则塞于天地之间④。其为气也，配义与道；无是，馁也⑤。是集义所生者，非义袭而取之也⑥。行有不慊于心，则馁矣⑦。我故曰，告子未尝知义，以其外之也⑧。必有事焉，而勿正，心勿忘，勿助长也⑨。无若宋人然：宋人有闵其苗之不长而揠之者，芒芒然归，谓其人曰：'今日病矣！予助苗长矣！'其子趋而往视之，苗则槁矣⑩。天下之不助苗长者寡矣。以为无益而舍之者，不耘苗者也⑪；助之长者，揠苗者也。非徒无益，而又害之。⑫"

"何谓知言？"

曰："诐辞知其所蔽，淫辞知其所陷，邪辞知其所离，遁辞知其所穷⑬。生于其心，害于其政；发于其政，害于其事⑭。圣人复起，必从吾言矣。⑮"

"宰我、子贡善为说辞，冉牛、闵子、颜渊善言德行⑯。孔子兼之，曰：'我于辞命，则不能也。'然则夫子既圣矣乎？

曰："恶⑰，是何言也？昔者子贡问于孔子曰：'夫子圣矣乎？'孔子曰：'圣则吾不能，我学不厌而教不倦也。⑱'子贡曰：'学不厌，智也；教不倦，仁也。仁且智，夫子既圣矣。'夫圣，孔子不居⑲；是何言也？"

① 此公孙丑又问。恶（wū），何也。

② 知言，听得出他人说话的含义、心境。浩然之气，朱熹集注："浩然，盛大流行之貌。"按，下文孟子自有解释。

③ 至大，极其伟大。至刚，极为刚直。朱熹集注："至大，初无限量；至刚，不可屈挠。盖天地之正气，而人得以生者，其体段本如此也。"（体段，犹言本身、本体。）

④ "以直养而无害"二句，谓以刚直之道去培养浩然之气，而不伤害它，则浩然之气充塞于天地之间。

⑤ 配义与道，赵岐注："言此气与道义相配偶俱行。"馁（něi），饥饿，引申为空虚之意。无是馁也，谓如果不这样（即不配义与道）就落空了。

⑥ "是集义所生者"二句，朱熹集注："集义，犹言积善，善欲事事皆合于义也。袭，掩取也。"义袭，谓义袭入，即无意之间偶然与义相合。二句谓气是道义

长期积聚产生的，不是偶行一事暗合于义即可取得。

⑦ 慊（qiè），足也，不慊于心，不足于心，即于心有愧。“行有”二句，谓如果行事有愧于心，所谓“养气”就落空了，失败了。

⑧ 外之，置于其外。谓告子不懂得义，因而将义置于“养气”之外。

⑨“必有事焉，而勿正，心勿忘，勿助长也”，朱熹集注：“正，预期也；春秋传曰‘战不正胜’是也。”“此言养气者必以集义为事，而勿预期其效。其或未充，则但当勿忘其所有事，而不可作为以助其长；乃集义养气之节度也。”意谓养浩然之气必以集义为事，而勿预期其效；要心勿忘其事，又不要故意作为以助其长。（朱注所引春秋传即《春秋公羊传》僖公二十六年“师出不正反，战不正胜也”。王引之《经义述闻》谓“正之言定也，必也”。二句《穀梁传》作“师出不必反，战不必求其效”，含义一致，两者并不矛盾。）

⑩ 宋人，宋国人，指一个宋国农民。闵，发愁，担心。苗，禾苗。闵其苗之不长，愁他们的禾苗长得太慢。揠（yà），拔高。芒芒然，疲乏之貌。归，回家。其人，其家人。病，疲惫。余今日病矣，我今天累坏了。助苗长矣，帮助禾苗长高了。趋，走去。槁，枯槁。

⑪ 耕苗，给禾苗锄草。

⑫“非徒无益，而又害之”，不仅没有益处，反而害了它。

⑬ 诐，《说文》：“古文以为颇字。”诐辞，偏颇之辞。蔽，壅蔽，遮蔽。淫辞，淫乱放荡之辞。陷，沉溺，失陷。邪辞，邪僻之辞。离，乖离，离失。遁辞，逃遁之辞。穷，窘穷，理屈辞穷。

⑭“生于其心，害于其政；发于其政，害于其事”，诸如此类错误的言辞，产生于内心认识，有害于政治思想；用于政治措施，则有害于国家的事务。

⑮ 从，信从，认可。

⑯ 宰我、子贡、冉牛、闵子、颜渊，皆孔子弟子。宰予，字子我，通常称为宰我。子贡，端木赐，字子贡。冉耕，字伯牛，本文称其为冉牛。闵子，即闵损，字子骞。颜回，字子渊，通常称为颜渊。

⑰ 恶（wū），惊叹词。

⑱ 学不厌而教不倦，学习总不满足，教人不知疲倦。《论语·述而》子曰："默而识之，学而不厌，诲人不倦，何有于我哉！"

⑲ 夫圣，孔子不居，《论语·述而》子曰："若圣与仁，则吾岂敢！抑为之不厌，诲人不倦，则可谓云尔已矣。"《吕氏春秋·孟夏纪·尊师》："子贡问孔子曰：'后世将何以称夫子？'孔子曰：'吾何足称哉！勿已者，则好学而不厌，好教而不倦，其惟此耶。'"

"昔者窃闻之①：子夏、子游、子张②，皆有圣人之一体，冉牛、闵子、颜渊则具体而微③，敢问所安？④"

曰："姑舍是。⑤"

曰："伯夷、伊尹何如？⑥"

曰："不同道⑦。非其君不事，非其民不使；治则进，乱则退，伯夷也⑧。何事非君，何使非民⑨；治亦进，乱亦进，伊尹也。可以仕则仕，可以止则止，可以久则久，可以速则速，孔子也⑩。皆古圣人也。吾未能有行焉⑪，乃所愿⑫，则学孔子也。"

"伯夷、伊尹于孔子，若是班乎？⑬"

曰："否；自有生民以来⑭，未有孔子也。"

曰："然则有同与？"

曰："有。得百里之地而君之，皆能以朝诸侯，有天下⑮；行一不义，杀一不辜，而得天下，皆不为也。是则同。"

曰："敢问其所以异？"

曰："宰我、子贡、有若⑯，智足以知圣人，污不至阿其所好⑰。宰我曰：'以予观于夫子，贤于尧、舜远矣。⑱'子贡曰：'见其礼而知其政，闻其乐而知其德；由百世之后，等百世之王，莫之能违也。自生民以来，未有夫子也。⑲'有若曰：'岂惟民哉？麒麟之于走兽，凤凰之于飞鸟，泰山之于丘垤，河海之于行潦，类也⑳。圣人之于民，亦类也。出于其类，拔乎其萃㉑，自生民以来，未有盛于孔子也。'㉒"

① 窃闻之，刘淇《助字辨略》:“凡云窃者，谦词，不敢径直以为何如，故云窃也。”

② 子游、子张，亦孔子弟子。言偃，字子游。颛孙师，字子张。

③ 有圣人之一体，有圣人言论德行的一个方面。具体而微，大体上差不多，仍尚有差距。朱熹集注:“一体，犹一肢也。具体而微，谓有其全体，但未广大耳。”所列子夏等六人皆孔门高足。

④ 敢问所安，朱熹集注:“安，处也。公孙丑复问孟子既不敢比孔子，则于此数子，欲何所处也。”即问同上述子夏诸人相比，孟子自己处于什么地位。

⑤ 姑舍是，姑且不谈这个问题。馀详星评。

⑥ 伯夷，殷末孤竹君之子，与弟叔齐为让位一起出逃。周武王伐纣，伯夷叔齐叩马而谏。武王既平殷乱，天下宗周，伯夷叔齐隐于首阳山，义不食周粟，采薇而食之，终饥饿而死。见《史记·伯夷列传》。伊尹，名挚，为商汤王妃有莘氏媵臣（陪嫁奴隶），后辅佐商汤代夏桀，被尊为阿衡（相当于宰相）。汤死之后，先后辅佐帝外丙、帝中壬。中壬死后，伊尹立汤长孙帝太甲。太甲暴虐乱德，伊尹放太甲于桐宫，自摄政当国，以朝诸侯。太甲居桐宫三年，悔过自责，伊尹乃迎归而授之政。见《史记·殷本纪》。

⑦ 不同道，道不相同。

⑧ 事，事奉。使，使用，使唤，此用作治理之意。伯夷自命为殷商之臣，周武王非其君，故不仕于周。殷商既亡，民已为周之民，故伯夷不出仕治理。进，出仕为官。退，退隐山林。

⑨“何事非君，何使非民”，即是君都要事奉，是民都要治理。按，伊尹所事都是殷商之君，所使都是殷商之民，伊尹之所以“治亦进，乱亦进”，是他作为“阿衡”担当责任；与伯夷面对改朝换代之后的“君”不同。

⑩ 仕，出仕当官。止，即退处之意。仕、止、久、速，皆针对具体情况处理。

⑪ 吾未能有行焉，谓我没有他们那种行事的经历。按，孔子有前后六年辅佐鲁定公行政的经历，而孟子没有。

⑫ 乃所愿，就我的愿望。

⑬ 班，等齐，同列。

⑭ 生民，人类。

⑮ 君之，为之君，进行治理。朝诸侯，使诸侯来朝。有天下，得有天下。

⑯ 有若，孔子弟子。

⑰ 污，《大戴礼记·子张问入官》“而群臣服污矣”，卢辩注：“污，滥也。”滥，过也。谓宰我、子贡、有若，智力足以了解圣人，他们颂扬孔子即使说过头一点，也不至阿私其所好而太过分。下文即引三人颂扬孔子的话，说明他们的话极其可信。

⑱ 予，宰我自称。贤于，胜过。尧舜，传为古代两位圣君。

⑲“见其礼而知其政”七句，朱熹集注：“言大凡见人之礼则可以知其政，闻人之乐则可以知其德。是以我从百世之后，差等百世之王，无有能遁其情者；而见其皆莫若夫子之盛也。”差等，此动词，按等次进行考察、衡量之意。

⑳ 麒麟，传说中神圣的走兽。凤凰，传说中神圣的飞鸟。泰山，东岳泰山为五岳之首。丘垤（dié），蚂蚁堆。解作小土丘亦通。河海，大河大海。行潦（lǎo），雨后路上的积水。《诗·大雅·泂酌》“泂酌彼行潦”，毛传：“行潦，流潦也。”又，《慧琳音义》“潦溢”注引《考声》：“潦，雨落所停水也。”类，同类。

㉑“出于其类，拔乎其萃”，朱熹集注：“出，高出也。拔，特起也。”萃，通“粹”。精粹，精英中之最杰出者。《说文》段玉裁注：“粹本精米之称，引申为凡纯美之称。”馀详星评。

㉒ 盛，大也，强也，长也。前文谓“自有生民以来，未有孔子也”，结尾更强调“自生民以来，未有盛于孔子也”，没有此孔子更大更强者。馀详星评。

★“公孙丑”一二两章文辞远没有前“梁惠王”“齐宣王”诸章顺畅，内容也有不少地方费解，第二章尤为严重。

（一）孟子曰“我四十不动心”，公孙丑说“若是，则夫子过孟贲远矣”；公孙丑这一比较很奇怪。据《吕氏春秋》所记，孟贲乘舟过渡，抢在队伍的前头，遭到舟人的反对，孟贲竟然簸荡其舟，将舟中之人全抛到河里。这是流氓恶棍行为，公孙丑却来比拟孟子，不可理解。而孟子本人，自言不动心之“道”，也以北宫黝与孟施舍为比。北宫黝其人，“思以一毫挫于人，若挞之于市朝”；不管对方是卑贱之人还是万乘之君，反正毫髮之仇必报，对谁都不怕。至于孟施舍，“视不胜犹胜也”，不管对手力量强弱，他的原则是“无惧而已矣”。而孟子竟然说“孟施舍似曾子，北宫黝似子夏”，曾参子夏是孔子的高足，而孟施舍北宫黝粗鲁横蛮，属于拼命三郎、黑旋风一流角色，人品相悬千里，孟子如此比较也不可理解。特别是孟子还假用曾子的话，说孔子说过“自反而不缩，虽褐宽博，吾不惴焉；自反而缩，虽千万人，吾往矣”，似乎孔子也成了北宫黝孟施舍式的人物，哪还像“自生民以来”所未有的孔子呢！——整个这一段公孙丑与孟子关于“不动心”与“养勇”的对话都甚为荒诞。

（二）关于告子“不动心”与孟子之“不动心”论说中，无论告子说的“不得于言，勿求于心；不得于心，勿求于气”，或孟子说的“不得于心，勿求于气，可；不得于言，勿求于心，不可”之类的话，都说得很玄。至于所谓“今有蹶者趋者，是气也，而反动其心”，比喻不伦不类。这些语句，本书只在前人注释的指引下勉为解读，不敢以为是也。

（三）“敢问何谓浩然之气？”这是公孙丑提出的问题，也可以说是千百年来的读者都会有的问题。孟子回答，“其为气也，至大至刚，以直养而无害，则塞于天地之间”。哲人的修养如此之高超，竟至塞于天地之间。其为气也，如何“配义与道”，何谓“是集义所生者，非义袭而取之也”，这些话也不易理解，他自己也说“难言也”。本书基本上按朱熹集注勉为解释。——孟子把他“养气”“知言”之类说得玄之又玄，故作高深，无非是抬高其深不可测高不可攀的身价；与孔子的诚挚实在，不可同日而语。

（四）公孙丑列举孔子的高足子夏、子游、子张和冉牛、闵子、颜渊等人的道德修养之后说:“敢问所安？”孟子何以不肯回答？何以要“姑舍是”？

孟子不肯回答与子夏等人相比的问题，公孙丑又提出两个更高级的人物，问“伯夷、伊尹何如”，如此孟子大谈伯夷、伊尹“道”之不同。公孙丑的问题中并没有涉及孔子，孟子却“巧妙地”从伯夷、伊尹不同的“道”之后拉出孔子来加以比较，然后说自己“乃所愿，则学孔子也”。所谓“乃所愿”正是对公孙丑“敢问所安”的回答，也说明了孟子何以要“姑舍是”的原因。显然，极端自负的孟子不屑于与子夏、子游、子张、冉耕、闵子、颜渊等人相提并列，他心目中“所安”的形象只有一个孔子；连孔子的第一高足颜渊都不在话下。

（五）“出于其类，拔乎其萃”，朱熹集注：“出，高出也。拔，特起也。萃，聚也。”聚，众也，群也。二句意谓高出于其类，特出于其群。——如此注解固亦可通。但两句内容平列，意思完全一样。按，《荀子·性恶》“析速粹孰而不急”，王先谦集解引郝懿行曰：“粹与萃同。”是“萃”通“粹”。《玉篇·米部》“萃，精也”。《慧琳音义》“澄粹”，注引《字书》：“粹，精微也。”故“萃”（粹）应注为同类中之精者，亦即精英。二句应解作高出其同类，超出其精英，即不仅高出其同类，而且超出其精英。如此理解，两句内容递进，含义更为深刻。

【3.3】

孟子曰：“以力假仁者霸，霸必有大国；以德行仁者王，王不待大，汤以七十里，文王以百里①。以力服人者，非心服也，力不赡也②；以德服人者，中心悦而诚服也③，如七十子之服孔子也④。《诗》云：‘自西自东，自南自北，无思不服。⑤’此之谓也。⑥”

① 以，恃仗，依靠。假仁，假借仁政之名，实行武力征服。霸，称霸，如齐桓晋文。霸必有大国，如齐国晋国。以德行仁，依靠道德实行仁政。王（wàng），成就王道，天下归服。王不待大，行王道不用国家有多大；下文即用“汤以七十里，文王以百里”加以证实。汤，商汤王。文王，周文王。七十里，地方七十里；百里，地方百里。

② 赡（shàn），足也。力不赡，力不足。

③ 中心悦而诚服，心中喜悦而真正服从。

④ 七十子，指孔子七十位高足。《史记·孔子世家》：“孔子以诗书礼乐教，弟

子盖三千焉，身通六艺者七十有二人。”“七十”取其整数。

⑤《诗》，引诗为《大雅·文王有声》。无思不服，无不归顺。“思”字助词无义。

⑥ 此之谓也，即谓此也。“此”字代词宾语提前，中加无义助词“之”。

【3.4】

孟子曰：“仁则荣，不仁则辱；今恶辱而居不仁，是犹恶湿而居下也①。如恶之，莫如贵德而尊士，贤者在位，能者在职；国家闲暇，及是时，明其政刑②。虽大国必畏之矣。《诗》云：‘迨天之未阴雨，彻彼桑土，绸缪牖户。今此下民，或敢侮予！③’孔子曰：‘为此诗者，其知道乎！能治其国家，谁敢侮之？’今国家闲暇，及是时，般乐怠敖，是自求祸也④。祸福无不自己求之者。《诗》云：‘永言配命，自求多福。⑤’《太甲》曰：‘天作孽，犹可违；自作孽，不可活⑥。’此之谓也。”

① 荣，得到荣耀。辱，蒙受耻辱。恶（wù），厌恶，不愿意。居，处也。恶湿而居下，厌恶潮湿却居于水湿卑下之地。此皆针对诸侯行政而言。赵岐注：“行仁政，则国昌而民安，得其荣乐。行不仁，则国破民残，蒙其耻辱。恶辱而行不仁，譬犹恶湿而居卑下近水泉之地也。”

② 贵德，崇敬道德高尚之人。尊士，尊用贤能有为之士。闲暇，谓安宁平静。明其政刑，修明其政教刑罚。朱熹集注：“贤有德者，使之在位，则足以正君而善俗；能有才者，使之在职，则足以修政而立事。国家闲暇，可以有为之时也。”

③《诗》，引诗为《豳风·鸱鸮》。迨，及也。彻，剥取。桑土，韩诗作“桑杜”，桑根树皮。绸缪（chóu móu），紧密缠绕（编织鸟巢）。牖户，窗户，指鸟巢通气的空穴与出入口。所引诗句是那只小鸟诉说它趁天未阴雨之时，剥取桑根皮，修葺它的窝巢，防止敌人来欺侮。孟子用以比喻国家尊贤使能，修明内政，即使敌人是大国也不敢来侵犯。馀详星评。

④ 今，犹若也；此假定语气。般，通“盘”。《书·秦誓》“民讫自若是多

盘”，蔡沈集传：“盘，安也。”安佚。乐，娱乐，淫乐。怠，懈怠，怠惰。敖，通“遨”，遨游。如果趁国家安宁平静之时，统治者安逸淫乐，怠惰嬉游，那是自求祸患。

⑤《诗》，引诗为《大雅·文王》。永，长也。言，犹“念”也，记住，想到。配，合也。命，天命。诗意谓永远记住要配合天命以自求多福。

⑥《太甲》，引文为古《尚书》逸文，伪古文《尚书》采入《太甲》中篇。朱熹集注：“孽，祸也。违，避也。活，生也。”意谓天降灾祸，犹可回避；自己造成灾祸，就别想活命。“不可活”，今本《尚书》作“不可逭”。逭，逃也。太甲，商王朝第五代君主。

★（一）《鸱鸮》毛诗序谓为周公诫成王之诗，并不可信。这是一篇精彩的禽言诗，全篇都是一只小鸟诉说它艰难苦恨的窘境。它受到鸱鸮（chī xiāo）的欺侮，抓去了它的雏鸟，毁坏了它的窝巢。它极其辛劳，却毫无办法；风雨飘摇，它只能“哓哓”哀鸣。全诗情调极为悲苦，诗的寓意无疑是小民饱受欺凌者的愤懑与忧伤。孟子所引为第二章。本意是这只小鸟诉说它辛辛苦苦地修补它的窝巢，却仍受到“下民”的欺侮。孟子引诗是断章取义。他把这章诗说成该鸟编织好了它的窝巢，让“下民”谁也不敢侮辱它；比喻国家“贤者在位，能者在职”，“国家闲暇”，“明其政刑”，虽大国也不敢侵凌，并不符合诗的原意。

（二）“今此下民”，朱熹集注：“今此在下之人，或敢有侮予者乎？”杨伯峻先生注则曰：“民犹人也。诗句作鸱鸮口吻，故称人为‘下民’。”历代注家都将“下民”注作“巢下之人”。按，本诗前两章如下：“鸱鸮鸱鸮，既取我子，无毁我室！恩斯勤斯，鬻子之闵斯！”“迨天之未阴雨，彻彼桑土，绸缪牖户，今女下民，或敢侮予！”这首禽言诗，全章都是将鸟人格化，小鸟与鸱鸮都如此。诗中“子”（子女）、“室”（居屋）、“牖户”（窗、门），也都是用于人的词语，用于人的事物；“下民”也不应例外。“下”是卑下之意，非指巢下。湖南湘乡方言称恶劣下贱之人为“下货”，恶劣下贱女人为“下妇”。诗中“下民”，犹言下贱东西、下贱家伙，即指那可恨的鸱鸮（即猫头鹰）。前后章都是小鸟痛斥鸱鸮欺凌它的恶行，两章控诉的对象前后一致。前人注作“巢下之人”，忽视了诗的修辞艺术，分散了那只小鸟痛恨的对象，也就分散了作品的内容。至于杨伯峻先生说“诗句作鸱鸮口吻”，把欺凌他人者当作被他人欺凌者，将诗的主角完全弄错了。

（三）“或敢侮予”，朱熹注作“谁敢有侮予者”，也不符合诗的原意。按，或，犹乃也。“或敢侮予”者，乃敢侮予、竟敢侮予也。《鸱鸮》全篇，那只小鸟的控诉，全是哀怜语气。此句若解作“谁敢侮予”，则有点逞强赌狠的味道，与小鸟的哀怜形象不符。解作“乃敢侮予，竟敢侮予”，则是怨恨语气，才与全篇情调一致。

【3.5】

孟子曰：“尊贤使能，俊杰在位，则天下之士皆悦而愿立于其朝矣①；市，廛而不征，法而不廛，则天下之商皆悦而愿藏于其市矣②。关，讥而不征，则天下之旅皆悦而愿出于其路矣③。耕者，助而不税，则天下之农皆悦而愿耕于其野矣④。廛⑤，无夫里之布⑥，则天下之民皆悦而愿为之氓矣⑦。信能行此五者，则邻国之民仰之若父母矣⑧。率其子弟，攻其父母⑨，自生民以来未有能济者也⑩。如此，则无敌于天下。无敌于天下者，天吏也。然而不王者，未之有也。”

①尊贤使能，尊用贤人，使用能人；即上章之“贤者在位，能者在职”。俊杰，朱熹集注：“才德之异于众者。”士，有一定的修养与学识者。“公卿大夫士”，在上层“士”为最后一级；“士农工商”，在民则“士”为最前一级。悦，喜悦，高兴。立于其朝，即在朝做官。

②市，市场。“廛（chán）而不征，法而不廛”，《周礼·地官·廛人》注引郑司农（郑众）曰：“廛，谓市中之地未有肆而可居以畜藏货物者也。孟子曰‘市，廛而不征，法而不廛，则天下之商皆悦而愿藏于其市矣’，谓货物贮藏于市中而不租税也，故曰廛而不征。其有货物久藏于廛而不售者，官以法为居取之，故曰法而不廛。”意谓市场上，给商人以空地贮藏货物，却不征税。如货物滞销，

则官府依法征购，使之不长期积压。商，商人。

③ 关，设置在各地域交界处稽查行旅的关口。讥，稽查，察问。讥而不征，只稽查而不收税。旅，行旅之人。《礼记·王制》“关，讥而不征”，郑玄注：“讥异服，识异言。”谓查问穿外地衣服，讲外地语言的人。郑注说明稽查的内容，其实不只如此，查问的内容应该更多。

④ 耕者，耕田者，农民。助，赵岐注：“进田什一，助作公家治公田。”按，《滕文公上》“滕文公问为国”章（5.3）孟子对“助”有所说明，曰：“方田而井，井九百亩，其中为公田。八家皆私百亩，同养公田；公事毕，然后敢治私事。”助而不税，朱熹集注：“但使出力以耕公田，而不税其私田也。”不税，即不征税。

⑤ 廛，此谓民居，与“廛而不征”之廛不同。《滕文公上》“有为神农之言者”章（5.4）“愿受一廛而为氓”，朱熹集注：“廛，民所居也。”

⑥ 夫，赵岐注，“一夫也”，指男子。里，《论语·里仁》“里仁为美”，何晏集解引郑玄曰：“里者，民之所居也。”布，赵岐注，“钱也”。夫里之布，“夫布”与“里布”，皆税名。夫布，《周礼·地官·闾师》“凡无职者出夫布”，江永《群经补义》：“凡无职者出夫布，谓闲民为民佣力者不能赴公旬三日之役，使之出一夫为役之泉，犹后世之顾役钱也。”（泉，钱币，与“布”义同。）里布，《周礼·地官·载师》“凡宅不毛者有里布”，江永《群经补义》：“凡宅不毛者有里布，谓有宅者不种桑麻，或荒其地，或为台榭游观，则使之出里布，犹后世凡地皆有地税也。”——夫布，男子不能为公家服劳役，就要出“一夫为役”之钱；里布，居屋周围空地也要征相当的税。

⑦ 愿为之氓（méng），愿为此地之民。氓，《说文·民部》段玉裁注：“民与氓小别，盖自他归往之民则谓之氓，故字从亡。”《诗·卫风·氓》“氓之蚩蚩”，毛传：“氓，民也。”孔颖达疏：“氓，民之一名，对文则异。”

⑧ 信，诚也，真也。仰，向往。之，代指“信能行此五者”之诸侯国。

⑨“率其子弟，攻其父母”，赵岐注：“今诸侯诚能行此王事，四邻之民，仰望而爱之如父母矣。邻国之君，欲将其民来伐之，譬率勉人子弟，使自攻其父母。生民以来，何能以此济成其所欲者也。”——“邻国之民仰之若父母”之父母，指

上述“能行此五者”之仁君;“攻其父母”之父母，指邻国不仁之君。文章叙述夹杂不清。

⑩ 自生民以来，石经作“自有生民以来”。济，成功。二句意谓如果邻国之君，率军前来侵犯“能行此五事”之国，则如同“率其子弟，攻其父母”，这种情况，自古以来，来犯的侵略者没有能成功的。

★（一）本章也是《孟子》书中重要的一章。文中“天下之士皆悦而愿立于其朝”，“天下之商皆悦而愿藏于其市”，“天下之旅皆悦而愿出于其路”，“天下之农皆悦而愿而耕于其野”，“天下之民皆悦而愿为之氓”，所论“行此五者”已见于《梁惠王上》“齐宣王问”章（1.7），是孟子仁政中涉及用人与经济方面的具体措施。

但“信能行此五者”以下诸句夹杂不清。赵岐勉为注释，注文表达也不很顺畅。朱熹不得其解，乃不作任何注释。如果删掉“率其子弟，攻其父母，自生民以来未有能济者也”两句和“无敌于天下者，天吏也”一句，结尾只作“信能行此五者，则邻国之民仰之若父母矣。如此，则无敌于天下。然而不王者，未之有也”。不仅无损于文章的内容，文辞也更为清顺。——后人无权修改古人作品，只能感到遗憾而已。

（二）以上“以力假仁者霸”章（3.3）、“仁则荣”章（3.4）、“尊贤使能”章（3.5），应是孟子对他人提问的回答。书中此类章次甚多。

【3.6】

孟子曰：“人皆有不忍人之心[①]。先王有不忍人之心，斯有不忍人之政矣。以不忍人之心，行不忍人之政，治天下可运之掌上[②]。所以谓人皆有不忍人之心者，今人乍见孺子将入于井，皆有怵惕恻隐之心[③]，非所以内交于孺子之父母也，非所以要誉于乡党朋友也，非恶其声而然也[④]。由是观之，无恻隐之心，非人也；无羞恶之心，非人也；无辞让之心，非人也；无是非之心，非人也[⑤]。恻隐之心，仁之端也[⑥]；羞恶之心，义之端也；辞让之心，礼之端也；是非之心，智之端也。人之有是四端也，犹其有四体也⑦。有是四端而自谓不能者，自贼者也；谓其君不能者，贼其君者也⑧。凡有四端于我者，知皆扩而充之矣，若火之始然，泉之始达⑨。苟能充之，足以保四海⑩；苟不充之，不足以事父母。"

① 不忍人之心，即不忍心看到别人受难受苦，亦即同情心，怜悯心。

② 先王，泛指古代圣王。治理天下如运转小物品于手掌之上，言极其容易。

③ 乍见，突然看到。孺子，小孩。怵惕（chù tì），惊动貌。恻隐（cè yǐn），怜悯，痛惜。朱熹集注："恻，伤之切也；隐，痛之深也。"

④ 内，通"纳"。纳交，结交。要（yāo），追求。誉，声誉。恶（wù），厌恶，讨厌。恶其声，讨厌那小孩的哭声。

⑤ 羞恶（wù），朱熹集注："羞，耻己之不善也；恶，憎人之不善也。"辞让，朱熹集注："辞，解使去己也；让，推以与人也。"是非，朱熹集注："是，知其善而以为是也；非，知其恶（è）而以为非也。"按，恻隐、羞恶、辞让、是非，皆两义平列，朱注甚为准确精彩。

⑥ 端，赵岐注："端者，首也。"犹言起点，萌芽。"恻隐之心，仁之端也"，有恻隐之心，就是"仁"的起点，"仁"的萌芽。下三句可以类推。

⑦ 四体，即四肢。人的四肢是生来就有的，孟子认为"人皆有不忍人之心"，同样"仁、义、礼、智"的萌发也生来就有的；所以说"人之有此四端也，犹其有四体也"。

⑧ 贼，害也。自贼，自己害自己。贼其君，害其国君。

⑨ 凡，《说文》，"最括也"。凡有，犹所有。我，自己，泛指每一个人。然，"燃"本字。达，生也，出也。四句是假定语气，谓所有具有此"四端"的人，如果知道"扩而充之"，即可以大大发扬，如火一旦燃起，则星星之火可以燎原，如泉水一经流出，终归可以汇入大海。

⑩ 苟，如果。保，安也，定也。保四海，犹言安定天下。

★（一）“不忍人之心”，“不忍人之政”，根据文章前后表述的思想，捉摸到所谓“不忍人之心”，指不忍心看到人们受苦受难之心。

（二）“孟子道性善”（5.1），本章没有出现“性善”一词，却是体现“性善论”最重要的一章。孟子认为人皆有“善”的本性，关键是你能不能保有它，培养它，“扩而充之”，使之发扬光大；认为“人皆有不忍人之心”，都有“仁、义、礼、智”的萌芽，即所谓“四端”。但不能贼害它，“有是四端而自谓不能者，自贼者也”，自己害自己；“谓其君不能者，贼其君者也”，害他的国君。如果知道培养它，“扩而充之”，则足可以安定天下；反之如果不培养它，不加以扩充，就什么都做不成，连“事父母”都办不到。

（三）泉之始达，按，《诗·大雅·生民》“先生如达”，毛传：“达，生也。”《史记·乐书》“区萌达”，张守节正义：“达，出也。”《诗·周颂·载芟》“驿驿其达”，郑玄笺：“达，出地也。”“始生如达”之“达”，正应训为“生也，出也，出地也”，才与“火之始然”相当。“恻隐之心，仁之端也；羞恶之心，义之端也；辞让之心，礼之端也；是非之心，智之端也。”仁、义、礼、智，在人的本性中，开始也只是萌一点芽，“端”而已矣；但扩而充之，“足以保四海”。“火之始然，泉之始达”，如果套用上面的句式，就是“火之始然，茫茫大火之端也；泉之始达，浩浩洪流之端也”。“苟能充之”，火足以烧红苍天，水足以汇成大海。

（四）孟子谓人本性皆善，也许能给人以鼓励，使人有尊严之感。但孟子并未能提供足够的证明。仅仅举“今人乍见孺子将入于井，皆有怵惕恻隐之心”一例，并不足以证明人性皆善。所谓“是非之心，恻隐之心，羞恶之心，辞让之心”，“人皆有之”，所有这种心理，都需要一定的人生经历、一定的道德修养才可能有，并不是生来就有。所谓仁义礼智“四端”，与人之两手两足“四体”，两者没有任何可比性。这种比拟不能成立。因此人性善是孟子主观设想的观念，并未能进行科学的解释。

【3.7】

孟子曰：“矢人岂不仁于函人哉？矢人唯恐不伤人，函人唯恐伤人①。巫匠亦然。故术不可不慎也[②]。孔子曰：‘里仁为美。择不处仁，焉得智？[③]’夫仁，天之尊爵也，人之安宅也。莫之御而不仁，是不智也[④]。不仁，不智，无礼，无义，人役也[⑤]。人役而耻为役，由弓人而耻为弓，矢人而耻为矢也[⑥]。如耻之，莫如为仁。仁者如射：射者正己而后发；发而不中，不怨胜己者，反求诸己而已矣。[⑦]”

①矢人，造箭的人。函人，造铠甲的人。造箭是为了射伤人，故“矢人唯恐不伤人”；造铠甲是为了使人不受伤，故“函人唯恐伤人”。难道是矢人的本性比函人“不仁”吗？不是，是他们所操技艺不同的缘故。

②巫，巫师，古代为人祈祷的迷信职业者。巫也兼行医治病。匠，木工，文中专指做棺材的木工。朱熹集注：“巫者为人祈祷，利人之生；匠者作为棺椁，利人之死。”孟子之意谓巫师希望人活命，做棺材的木工希望人早死；同样是由于他们所操的技艺不同，故曰“巫匠亦然”。

③“里仁为美，择不处仁，焉得智”，引语见《论语·里仁》。智，《论语》作“知”。里，居也。何晏集解引郑玄曰：“居于仁者之里为美，求居而不处于仁者之里，不得为有知。”

④天之尊爵，天赐的最尊贵的爵位。人之安宅，人最安逸的住宅。御，制止，阻止。人若为仁，并没有谁来制止而竟不仁，是不智也。

⑤人役，为人仆役。谓不仁，不智，无礼，无义，就只能为人仆役。

⑥由，通“犹”。谓做了仆役，而又以仆役为耻，就如同造弓的人而以造弓为耻，造箭的人而以造箭为耻。

⑦仁者如射，欲为仁者，如同射箭。射指射礼中比赛射箭。正己，端正自己的态度，包括对人对己的估计，或胜或负的思想准备，临射时心绪等等。发，即箭发射出去。如果没有中的，不要埋怨胜过自己的人，而应反省自己的情况。

★孟子所谓“矢人岂不仁于函人哉？矢人唯恐不伤人，函人唯恐伤人”，似乎“唯恐伤人”才“仁”，“唯恐不伤人”就“不仁”！矢自然为了“伤人”，要看为什么伤人，伤什么人。是保卫者伤侵略者，还是侵略者伤保卫者？伤不伤人，要看“伤人”的性质，与矢人造矢，函人造甲无关。“巫匠亦然”，其实完全不“然”；巫师职业迷信，未必是仁；匠人制作棺材，未必不仁。是抛尸荒野还是棺材埋葬，究竟何者为“仁”，何者为“不仁”？矢人造矢函人造甲之类，与孔子所谓居必择仁完全不同，同样没有任何可比性。孟子这种理论，荒谬之极。

“不仁，不智，无礼，无义，人役也”，措辞极为激烈。不仁，不智，无礼，无义，诚然可恶，但不必是“人役”。照此反推，似凡“人役”就都“不仁，不智，无礼，无义”，则尤其荒谬。

注释是注明文章原意。本章这些说法，这种比喻，都经不起推敲。《孟子》一书，有的文章极为精彩，有的文章不足为范，有的文章例如本篇则甚为荒诞。由于《孟子》成书的过程不很清楚，所有的“孟子曰”，是否都是孟子在“曰”，都无法考证。注释的原则，应是具体内容，具体分析，辨明是非，分清黑白，不必为之遮掩回护。

【3.8】

孟子曰：“子路，人告之以有过则喜，禹闻善言则拜。大舜有大焉，善与人同，舍己从人，乐取于人以为善。自耕稼陶渔以至为帝，无非取于人者。取诸人以为善，是与人为善者也。故君子莫大乎与人为善。”

★本章由开头“子路，人告之以有过则喜，禹闻善言则拜”引出“大舜有大焉”，前者是为后者作陪衬。故移至《万章上》有关舜诸章之后注释，原文仍保留于此。

【3.9】

孟子曰：“伯夷非其君不事，非其友不友[①]。不立于恶人之朝，不与恶人言；立于恶人之朝，与恶人言，如以朝衣朝冠坐于涂炭[②]。推恶恶之心[③]，思与乡人立，其冠不正，望望然去之，若将浼焉[④]。是故诸侯虽有善其辞命而至者，不受也。不受也者，是亦不屑就已[⑤]。柳下惠[⑥]不羞污君，不卑小官[⑦]；进不隐贤，必以其道[⑧]；遗佚而不怨，厄穷而不悯[⑨]。故曰：‘尔为尔，我为我，虽袒裼裸裎于我侧，尔焉能浼我哉？[⑩]’故由由然与之偕而不自失焉，援而止之而止[⑪]。援而止之而止者，是亦不屑去已。[⑫]”

孟子曰：“伯夷隘，柳下惠不恭。隘与不恭，君子不由也。[⑬]”

① 伯夷，见前“公孙丑问‘夫子加齐之卿相’”章（3.2）。非其君不事，不是值得事奉的君主不事奉，即不出仕做官。非其友不友，不是值得结交的朋友不结交，即不与为友。

② 恶人，坏人。不立于恶人之朝，即不在坏人的朝廷做官。朝（cháo）衣朝冠，上朝国君的衣冠。涂炭，烂泥与炭火，喻极其糟糕危险之地。

③ 恶恶（wù è），憎恨邪恶。

④ 乡人，朱熹集注，“乡里之常人也”。望望然，朱熹集注：“去而不顾之貌。”感到厌恶而离开的神态。浼（měi），玷污。

⑤ 虽有善其辞命而至者，不受也，即使有好听的言辞来招致，也不接受。不屑，不值得（带有轻视、藐视的语气）。就，依就，接受。

⑥ 柳下惠，《国语·鲁语上》“获闻之”，韦昭注：“展禽，鲁大夫展无骇之后柳下惠也，字展禽也。”“获，展禽之名也。”《论语·卫灵公》“知柳下惠之贤”，邢昺疏：“展禽，名获，字禽，柳下是其所食之邑名，谥曰惠。”

⑦ 污君，坏君。不羞污君，不以事奉污君为耻辱。不卑小官，不以担任小官为卑下。

⑧ 进，出仕。隐，隐藏。贤，才能；此指自己的才能。道，犹言原则。朱熹集注：“不隐贤，不枉道。”谓在位不隐藏自己的才能，处事敢作敢为；不枉曲自己的道义，坚持自己的原则。

⑨ 遗佚，被遗弃，被遗忘。厄穷，困穷。悯，发愁。谓被遗弃也不怨恨，处境困穷也不忧愁。

⑩ 尔，你，此泛指他人。朱熹集注：“袒裼（xī），露臂也。裸裎（luǒ

chéng），露身也。”谓你是你，我是我；你即使赤身裸体在我身旁，岂能玷污我。

⑪ 由由然，自如自在之貌。“与之偕”之“之”，即上句之“尔”。偕，俱也，同如。不自失，不自失常态。援，拉住。此紧承上文，（谓别人即使赤身裸体在其身旁也不感到难堪），仍自如地与之相处而不失态，如果拉他留住就留住。

⑫“援而止之而止”二句，谓拉他留住就留住，反正他不在意要离开。（谓柳下惠“不屑去已”与伯夷“不屑就已”语气不同。伯夷固执，他看不惯，“不屑”与之相就，是轻视语气。柳下惠随和，他看得惯，“不屑”一定要离去，反正留与去都不在乎，后者之“不屑”，犹言不在意。）

⑬ 隘，狭窄，此指态度狭隘。由，行也，用也。君子不由，君子不用这种做法。

★本章与《万章下》“伯夷目不视恶色”章（10.1）叙述伯夷、柳下惠的行为风格基本相同，评论却大不一样。参见《万章下》该章星评。

本章开头“孟子曰”，结尾“孟子曰”，似为他人的记录。

公孙丑章句下

凡十四章

【4.1】

孟子曰："天时不如地利，地利不如人和①。三里之城，七里之郭，环而攻之而不胜。夫环而攻之，必有得天时者矣；然而不胜者，是天时不如地利也②。城非不高也，池非不深也，兵革非不坚利也，米粟非不多也；委而去之，是地利不如人和也③。故曰：域民不以封疆之界，固国不以山溪之险，威天下不以兵革之利④。得道者多助，失道者寡助⑤。寡助之至，亲戚畔之；多助之至，天下顺之⑥。以天下之所顺，攻亲戚之所畔；故君子有不战，战必胜矣。⑦"

① 天时，气候条件。地利，地理形势。人和，人员团结。朱熹集注："人和，得民心之和也。"

② 城郭，内城谓之城，外城谓之郭。环而攻之，围城攻打。围城攻打，必须利用气候较好的条件，如果攻不下来，是"天时不如地利"也。此以攻城者为喻。

③ 池，此指城濠，即城外的濠沟。兵，武器，刀枪剑戟之类；革，皮甲，皮革制的甲胄。米粟，泛指粮食。委，朱熹集注，"弃也"，放弃。城池完整，兵革坚利，粮食丰盈，如果未能守住，弃城而逃，一定是人心不和，不能团结对敌，是"地利不如人和"也。此以守城者为喻。

④ 域，犹治也，治理。《逸周书·作雒》"农居鄙"，孔晁注，"居，治也"，用法相同。界，《后汉书·马融传》"以礼为界"，李贤注："界，犹限也。"山溪，犹山川。"域民"三句，谓治理人民不必靠封疆的界限，巩固国家不必靠山川的险阻，威服天下不必靠兵革的坚利。

⑤ 道，孟子治国之"道"即"仁政"。寡，少也。

⑥ 亲戚，亲属，亲朋戚友。畔，通"叛"，背叛，反对。顺，归顺，拥戴。

⑦ 天下之所顺，天下人民拥戴的明君。亲戚之所畔，连亲戚都反对的暴君。君子，此指明君，仁义之君。

★天时不如地利，所举事例表达的道理并不准确。攻之不胜，有各种原因，不一定是天时不佳。此句只是作为陪衬，重在“地利不如人和”。中心主题是治理国家，关键在于民心归向，团结一致。孟子治国之“道”即行仁政。行仁政即得到人民拥护，有战必胜。

“域民不以封疆之界，固国不以山溪之险，威天下不以兵革之利。得道者多助，失道者寡助。寡助之至，亲戚畔之；多助之至，天下顺之。”至理名言。

【4.2】

孟子将朝王，王使人来曰：“寡人如就见者也，有寒疾，不可以风。朝将视朝[①]，不识可使寡人得见乎？”

对曰：“不幸而有疾，不能造朝。[②]”

明日，出吊于东郭氏[③]。公孙丑曰：“昔者辞以病，今日吊，或者不可乎？[④]”

曰：“昔者疾，今日愈，如之何不吊？”

王使人问疾，医来。

孟仲子对曰[⑤]：“昔者有王命，有采薪之忧[⑥]，不能造朝。今病小愈，趋造于朝，我不识能至否乎。”

使数人要于路[⑦]，曰：“请必无归，而造于朝！”

不得已而之景丑氏宿焉[⑧]。

景子曰：“内则父子，外则君臣，人之大伦也。父子主恩，君臣主敬。丑见王之敬子也，未见所以敬王也。”

曰：“恶！是何言也！齐人无以仁义与王言者，岂以仁义为不美？其心曰‘是何足与言仁义也’云尔，则不敬莫大乎是。我非尧舜之道不敢以陈于王前，故齐人莫如我敬王也。”

景子曰："否，非此之谓也。礼曰：'父召无诺；君命召不俟驾。[⑨]'固将朝也，闻王命而遂不果，宜与夫礼若不相似然。[⑩]"

曰："岂谓是与？曾子曰：'晋楚之富，不可及也。彼以其富，我以吾仁；彼以其爵，我以吾义，吾何慊乎哉？[⑪]'夫岂不义而曾子言之？是或一道也[⑫]。天下有达尊三：爵一，齿一，德一[⑬]。朝廷莫如爵，乡党莫如齿，辅世长民莫如德[⑭]。恶得有其一以慢其二哉[⑮]？故将大有为之君，必有所不召之臣；欲有谋焉，则就之[⑯]。其尊德乐道，不如是，不足与有为也。故汤之于伊尹，学焉而后臣之，故不劳而王[⑰]；桓公之于管仲，学焉而后臣之，故不劳而霸。今天下地丑德齐，莫能相尚[⑱]，无他，好臣其所教，而不好臣其所受教[⑲]。汤之于伊尹，桓公之于管仲，则不敢召[⑳]。管仲且犹不可召，而况不为管仲者乎？[㉑]"

① 朝王，朝见齐王，当是齐宣王。如，王引之《经传释词》："如，犹当也。"应当。如就见者，本应就（孟子之馆）相见。朝（zhāo）将视朝（cháo），明早将上朝。

② 造朝（cháo），来上朝。齐王托故说自己感染风寒，不能来见孟子；孟子也托故说自己也有病不能朝见齐王。

③ 吊，吊丧。东郭氏，赵岐注："齐大夫家也。"《史记·平准书》"东郭咸阳"，索隐引《风俗通》："东郭牙，齐大夫，咸阳其后也。"是齐国有东郭氏为大夫之家。

④ 或者，也许。公孙丑不好直接批评孟子，用一种疑虑的口气。

⑤ 孟仲子，赵岐注，"孟子之从昆弟"。

⑥ 昔者，犹言昨日。采薪之忧，自称有病的委婉之辞。《礼记·曲礼下》："君使士射，不能，则辞以疾。言曰：某有负薪之忧。"

⑦ 要（yāo），遮拦。使数人，极其紧急，恐碰不着，故使数人分头前去遮拦。

⑧ 景丑氏，其人生平不详，当与孟子有一定交谊。不得已而之景丑氏宿焉，孟子怕自己说谎露了馅，不得已到景丑氏家去回避一下。

⑨ 礼，照礼。《礼记 · 曲礼上》："父君无诺，先生召无诺。"又，《玉藻》："父命呼，唯而不诺。"郑玄注："应辞唯恭于诺。"唯、诺，都是答应声，"唯"比"诺"更恭敬。"君命召，不俟驾"，《玉藻》："凡君召……在官不俟屦，在外不俟车。"又，《论语 · 乡党》："君命召，不俟驾行矣。"谓君王召唤，不待车驾立即动身。

⑩ 不果，本来要办的事后来没有结果。景子谓孟子本来准备朝王，一听到齐王要他入朝，却反而不去了，好像于礼不合似的。景子对孟子委婉地进行批评。

⑪ 曾子，即曾参。慊（qiǎn），赵岐注，"少也"，吾何慊乎哉，我少了什么呢？《集韵》："慊，不满也。"《文选 · 任昉〈为齐明帝让宣城郡公第一表〉》"永昌之丹慊获申"，吕向注："慊，不足也。"解作"我有什么不够呢"，亦通，是一种极其自负的语气。

⑫ "夫岂不义而曾子言之？是或一道也"，上述这些话难道"不义"而曾子会讲吗？（意即"不义"曾子就不会讲。）大概是一种道理吧。

⑬ 达，通也。达尊，公认最尊贵者。爵，爵位，爵位显贵。齿，年齿，年龄老大。德，道德，道德高尚。

⑭ 长（zhǎng），抚养。辅世长民，辅相国家，抚养百姓。

⑮ 恶（wū）得，何得，安得。有其一，谓王只是地位高。慢，怠慢。其二，谓我年长而且道德高尚。

⑯ 谋，谋划。就，亲近。谓王如有所谋划，就应该他来就我。

⑰ 学焉而后臣之，先向他学习而后以之为臣。不劳，不用忧劳。

⑱ 丑，赵岐注，"类也"，相同。德，德行。齐，同，一样。尚，朱熹集注，"过也"。地丑德齐，土地大小相同，德行作风一样（句中含有贬义）。莫能相尚，谁也不能超过谁。

⑲ 无他，没有别的原因。其所教，他教导的（实指听他的话的）。其所受教，即教他的。好臣其所教而不好臣其所受教，喜欢以听他的话的人为臣，不喜欢以教育他的人为臣。

⑳ 不敢召，尊重他们，所以不敢随便召唤。

㉑ 而况不为管仲者乎，此孟子明言自己不为管仲那种人；实高度地藐视管仲。

★齐王想要孟子去朝见他，就托故说自己“有寒疾，不可以风”，所以不能前来看望；孟子也托故说自己也有病，不能前去上朝。主客君臣，互相玩弄手段。齐王派了医生来看病，孟子却出门去了，害得孟仲子手忙脚乱，急忙派多人去遮拦孟子，差点露了馅。

公孙丑认为孟子谎称“昔者辞以病，今日吊，或者不可乎？”孟子却公然撒谎，曰：“昔者病，今日愈，如之何不吊？”景丑氏批评孟子，曰：“丑见王之敬子也，未见所以敬王也。”孟子却进行巧辩。“齐人无以仁义与王言者，岂以仁义为不美？其心曰‘是何足与言仁义也’云尔，则不敬莫大乎是。我非尧舜之道不敢以陈于王前，故齐人莫如我敬王也。”这种理论根本不能成立。“其心曰‘是何足与言仁义也’”，孟子有什么理由设想他人内心的想法？难道“非尧舜之道不敢以陈王”，就可以对王进行欺骗？孟子假用曾子之言表达自己的心理，曰：“彼以其富，我以吾仁；彼以其爵，我以吾义，吾何慊乎哉？”曾子为人小心谨慎，不致如此傲慢。所引曾子之言，未必不是孟子所编造。之后孟子声称“天下有达尊三：爵一，齿一，德一。朝廷莫如爵，乡党莫如齿，辅世长民莫如德。恶得有其一以慢其二哉？”又说什么“汤之于伊尹，学焉而后臣之”；“桓公之于管仲，学焉而后臣之”。这些说法有何根据？孟子公然以“辅世长民”、“齿”“德”俱高的不召之臣自居，而且高度地藐视管仲。如此行为，如此言论，极其虚伪而且傲慢。

【4.3】

陈臻问曰：“前日于齐，王馈兼金一百[①]而不受；于宋[②]，馈七十镒而受；于薛[③]，馈五十镒而受。前日之不受是，则今日之受非也；今日之受是，则前日之不受非也。夫子必居一于此矣。”

孟子曰：“皆是也。当在宋也，予将有远行，行者必以赆；辞曰：‘馈赆。[④]’予何为不受？当在薛也，予有戒心；辞曰：‘闻戒，故为兵馈之。[⑤]’予何为不受？若于齐，则未有处也。无处而馈之，是货之也。焉有君子而可以货取乎？[⑥]”

① 馈，赠送。赵岐注："陈臻，孟子弟子。兼金，好金也。其价兼倍于常金，故谓之兼金。一百，百镒也。古者以一镒为一金。镒，二十两也。"古代所谓金，通常指铜。

② 宋，周武王灭商，封商纣王子武庚于宋。周成王时，武庚叛乱，周公平乱以后，仍以其地封纣庶兄微子启，以续商祀。称宋公，为宋国。都商丘，战国时迁都彭城，今江苏徐州。宋最后一位国君偃，于周慎靓王三年（前318）自立为王，与齐魏等大国为敌。周赧王二十九年（前286），齐湣王与魏、楚伐宋，杀王偃，宋国灭亡。按，宋馈孟子七十镒金与孟子之时孟子在齐，则赠金者必宋王偃。

③ 薛，齐邑名，故城在今山东滕州市东南，为齐靖郭君田婴封邑。

④ 赆（jìn），赵岐注："送行者赠贿之礼也，时人谓赆。"辞曰，馈赠的人说。

⑤ 戒心，赵岐注："有戒备不虞之心也。"为兵馈之，戒备需有兵器，为购买兵器而馈赠。（兵器为随行警卫人员使用。）

⑥ 未有处也，没有需要用钱之处。货，《书·吕刑》"惟货"，蔡沈集传："货，贿赂也。"焉有君子而可以货取乎，岂有君子而可用贿赂收买乎？

【4.4】

孟子之平陆，谓其大夫曰："子之持戟之士，一日而三失伍，则去之否乎？[①]"

曰："不待三。"

"然则子之失伍也亦多矣。凶年饥岁，子之民，老羸转于沟壑，壮者散而之四方者，几千人矣。[②]"

曰："此非距心之所得为也。[③]"

曰："今有受人之牛羊而为之牧之者，则必为之求牧与刍矣。求牧与刍而不得，则反诸其人乎[④]？抑亦立而视其死与？"

曰："此则距心之罪也。"

他日，见于王曰："王之为都者[⑤]，臣知五人焉。知其罪者，惟孔距心。"为王诵之[⑥]。

王曰："此则寡人之罪也。"

① 平陆，齐下邑名。大夫，赵岐注，"治邑大夫也"，朱熹注为"邑宰"。戟，兵器名。持戟之士，即战士。失伍，掉队，失职。去之，赵岐注作"杀之"。揣孟子语气，应指平时操练，并非战场情事，缺勤即杀之，太过分了，应是开除。

② 老羸（léi），老弱。老弱转于沟壑，老者弱者死去未能埋葬，弃其尸于沟壑。参见《梁惠王下》"邹与鲁閧"章注④。"几千人矣"之"几"，原字作"幾"，《广韵》："幾，近也。"故"几千人矣"谓近千人矣。

③ 距心，孔距心，平陆之邑宰。此非距心之所得为也，凶年饥岁是自然灾害，又涉及国家大政，所以说不是他作为平陆邑宰所能解决。

④ "牧之"之"牧"，放牧；"求牧与刍"之"牧"，牧地。刍，牧草。反诸其人，将牛羊还给原主，即辞去工作。

⑤ 都，《周礼·秋官·方士》"方士掌都家"，郑玄注："都，王子弟及公卿之采地。"为都者，即都之官长。

⑥ 诵，赵岐注，"言也"。为王诵之，把同孔距心的对话说给齐王听。

★本章内容题旨与《梁惠王下》"王之臣有托其妻子"章（2.6）相近。该章以"王顾左右而言他"收结，本章结尾王曰"此则寡人之罪也"，各极其妙，也表现了齐宣王与梁惠王不同的风格。

【4.5】

孟子谓蚳蛙曰[①]："子之辞灵丘而请士师[②]，似也为其可以言也[③]。今既数月矣，未可以言与？"

蚳蛙谏于王而不用，致为臣而去[④]。

齐人曰："所以为蚳蛙则善矣；所以自为，则吾不知也。[⑤]"

公都子以告[⑥]。

曰："吾闻之也：有官守者，不得其职则去；有言责者，不得其言则去。

我无官守，我无言责也，则吾进退，岂不绰绰然有馀裕哉？[⑦]”

① 蚳蛙（chí wā），人名。由“辞灵丘而请士师”，知其先为灵丘邑宰后为士师。

② 灵丘，齐邑。士师，赵岐注，“治狱官”。辞灵丘而请士师，辞灵丘邑宰而请求担任治狱官。

③“似也为其可以言也”，朱熹集注以“似也”二字逗，曰：“似也，为其所为近似有理。”添字为解，文意也不顺畅。按，应以“似也为其可以言也”为句，谓子请为士师，似也以王为可以言也。

④ 致为臣而去，辞掉士师之职离去。

⑤ 善，好，不错。自为，谓孟子自己的行为。意谓孟子为蚳蛙着想很不错，让蚳蛙谏于王而不用，致为臣而去；而自己却未曾去职，这我不理解。此讽刺孟子的话。

⑥ 公都子，赵岐注：“孟子弟子。”以告，将齐人的话告知孟子。

⑦ 官守，为官守职。言责，进言之责。谓人臣居官，不得尽其职责，进言不被接纳，便当致仕而去。我既不居官守职，又无进言之责，我进退自由，岂不宽裕得很。“绰绰然有馀裕”，宽松自如之意。赵岐注：“绰、裕，皆宽也。”语本《诗·小雅·角弓》“此令兄弟，绰绰有裕”。

★孟子在齐为卿，不能说没有官守，没有言责；反正话由他说，他总有理！

【4.6】

孟子为卿于齐[①]，出吊于滕[②]，王使盖大夫王驩为辅行[③]。王驩朝暮见，反齐滕之路，未尝与之言行事也。[④]

公孙丑曰：“齐卿之位不为小矣，齐滕之路不为近矣，反之而未尝与言行事，何也？”

曰：“夫既或治之，予何言哉？[⑤]”

① 孟子为卿于齐，孟子在齐国为卿。卿，官名。《左传·隐公二年》“无骇帅师入极”，杜预注：“无骇，鲁卿。”孔颖达疏：“《王制》云，‘上大夫卿’，则卿亦大夫也。”

② 出吊于滕，奉命去滕国吊丧。

③ 王使盖大夫王驩为辅行，赵岐注：“辅，副使也。”谓王驩为副使与之同行。

④ 反齐滕之路未尝言行事也，朱熹集注：“反，往而还也。行事，使事也。”

⑤ 夫，彼也。《荀子·王制》“夫尧舜一天下也”，王先谦集解：“夫，犹彼也。”此指王驩。治，治理，处理。孟子谓使事王驩都已处理，我还有什么说的。显然是孟子不满于王驩的专断，故不与之言。

〖8.27〗

公行子有子之丧[①]，右师往吊[②]。入门，有进而与右师言者，有就右师之位而与右师言者[③]。孟子不与右师言。右师不悦曰：“诸君子皆与驩言，孟子独不与驩言，是简驩也。[④]”

孟子闻之，曰：“礼，朝廷不历位而相与言[⑤]，不逾阶而相揖也。我欲行礼，子敖以我为简，不亦异乎！”

① 公行子，赵岐注，“齐大夫也”。有子之丧，有儿子去世。

② 右师，赵岐注：“齐贵臣王驩，字子敖。”《公孙丑下》“孟子为卿于齐”章（4.6）称王驩为盖大夫，本章称为右师；或王驩先为盖大夫，后在朝为右师也。

③ 与右师言，赵岐注：“与言也，皆谄于贵人也。”

④ 简，简慢。

⑤ 历，《说文》，“过也”。逾，《说文》，“越也”。朱熹集注谓“是时齐卿大夫以君命吊”，故孟子言自己是遵守朝廷礼仪，不隔座位相与讲话，不越过台阶相互作揖。赵岐注：“云以礼者，心恶子敖，外顺其辞也。”

★孟子与王驩的较量，是封建官僚之间的逞恶赌狠，无谁对谁错之可言。

〖7.24〗

乐正子从于子敖之齐[①]。

乐正子见孟子。孟子曰："子亦来见我乎？"

曰："先生何为出此言也？"

曰："子来几日矣？"

曰："昔者。[②]"

曰："昔者，则我出此言也，不亦宜乎？"

曰："舍馆未定。[③]"

曰："子闻之也，舍馆定，然后求见长者乎？"

曰："克有罪。[④]"

〖7.25〗

孟子谓乐正子曰："子之从于子敖来，徒餔啜也[④]。我不意子学古之道，而以餔啜也。"

① 乐正子，赵岐注："鲁人乐正克，孟子弟子也。从于齐之右师子敖。子敖使而之鲁，乐正子随之来齐也。孟子在齐，乐正子见之也。"子敖，下章赵岐注："子敖，齐之贵人右师王驩也。"

② 昔者，犹言几天前。由于孟子如此严厉地责问，乐正子不便于说得太清楚，故含糊地说"昔者"。

③ 舍馆，旅馆，客舍。

④ 餔啜（bū chuò），吃喝。徒餔啜也，朱熹集注："言其不择所从，但求食耳；此乃正其罪而切责之。"

★（一）"公行子有子之丧"章属《离娄下》，涉及孟子与王驩的关系；"乐正子从于子敖之齐"章与"孟子谓乐正子"章属《离娄上》，因乐正子从王驩至齐，受到孟子的指责，三章都涉及王驩，孟子指责乐正子的两章显系一章的分割，故将三章提到《公孙丑下》“孟子出吊于滕”章之后一并注释。

（二）“子之从于子敖来，徒餔啜也。我不意子学古之道，而以餔啜也！”由于孟子深恶王驩，连乐正子同王驩一起随行都如此责骂。孟子对弟子如此苛刻，表现了孟子极端的狭隘心理。

【4.7】

孟子自齐葬于鲁[①]，反于齐，止于嬴[②]。

充虞[③]请曰：“前日不知虞之不肖，使虞敦匠事[④]。严[⑤]，虞不敢请。今愿窃有请也：木若以美然。[⑥]”

曰：“古者棺椁无度，中古棺七寸，椁称之[⑦]。自天子达于庶人，非直为观美也，然后尽于人心[⑧]。不得，不可以为悦[⑨]；无财，不可以为悦。得之为有财[⑩]，古之人皆用之，吾何为独不然？且比化者无使土亲肤[⑪]，于人心独无恔乎[⑫]？吾闻之也，君子不以天下俭其亲。[⑬]”

① 自齐葬于鲁，赵岐注：“孟子仕于齐，丧母，归葬于鲁。”据此，知孟子游齐之时，并奉母供养于齐。

② 嬴，《春秋·桓公三年》“公会齐侯于嬴”，杜预注：“嬴，齐邑，今泰山嬴县。”故城在今山东济南莱芜区西。

③ 充虞，赵岐注：“孟子弟子。”

④ 不肖，不才。此充虞自谦之词。敦，朱骏声《说文通训定声》：“敦，假借为督。”督责，督理。敦匠事，朱熹集注：“董治作棺之事。”

⑤ 严，肃也。时在丧葬期间，氛围敬肃。

⑥ 木若以美焉，以，太也，过也。谓棺椁用料似太豪华。

⑦ 上古棺椁无度，谓上古棺椁制作尚无一定的标准。“棺七寸，椁称之”，内棺木厚七寸，外椁与之相称。

⑧ 非直以为观美也，朱熹集注：“非特为人观视之美而已。”然，如此。然后尽于人心，只有如此才能尽到人的心意。

⑨ 不得，朱熹集注："谓法制所不当得。"悦，舒坦心安之意。（按，不能解作喜悦、高兴。办理父母丧葬，即使比较周全，"尽于人心"，也只是心里舒坦一点，心安一点，而不是多么高兴。）

⑩《经传释词》："为，犹与也。"得之为有财，此承上句"不得不可以为悦，无财不可以为悦"，谓既合于法制（得之），又有足够的钱财（有财）。

⑪ 比，《诗·大雅·皇矣》"克顺克比"，陈奂传疏："比与俾，古字通。"俾，使也。化者，指死者，亲，近也。比化者无使土亲肤，即不使死者被土接触他的肌肤。

⑫ 恔（xiào），赵岐注，"快也"，引申为欣慰、心安之意。于人心独无恔乎，使泥土不接触死者的肌肤，心里不是感到心安一点？

⑬ 俭，薄也。不以天下俭其亲，朱熹集注："送终之礼，所当得为而不自尽，是为天下爱惜此物而薄于吾亲也。"

★（一）孟子自齐葬于鲁，使弟子充虞"敦匠事"，充虞觉得"木若以美焉"，棺椁用木似太豪华。其事在鲁国反应也很强烈。鲁平公的嬖人臧仓说"孟子之后丧逾前丧"，"谓棺椁衣衾之美也"。可知不只是"木若以美"，整个丧葬排场都太豪华。尽管臧仓是为了反对孟子，但丧葬太过毕竟还是事实。孟子的解释也很勉强，"得之为有财，古之人皆用之，吾何为独不然？""吾闻之也，君子不以天下俭其亲。"这种解释很难说理由正确。参见《梁惠王下》"鲁平公将出"章（2.16）注。

（二）得之为有财，由上句"不得"朱熹注"谓法制所不当得"，则此句"得之"为法制所当得。故注作既合于法制，又有钱财。按，如此解释，是从内容含义推测得来，语句实极不规范。

【4.8】

沈同以其私问曰："燕可伐与？"

孟子曰："可。子哙不得与人燕，子之不得受燕于子哙。有仕于此，而子悦之，不告于王而私与之吾子之禄爵；夫士也，亦无王命而私受之于子，则可乎？何以异于是？”

齐人伐燕。

或问曰：“劝齐伐燕，有诸？”

曰：“未也。沈同问‘燕可伐与’，吾应之曰‘可’，彼然而伐之也。彼如曰：‘孰可以伐之？’则将应之曰：‘为天吏，则可以伐之。’今有杀人者，或问之曰：‘人可杀与？’则将应之曰‘可’。彼如曰：‘孰可以杀之？’则将应之曰：‘为士师，则可以杀之。’今以燕伐燕，何为劝之哉！”

【4.9】

燕人畔。王曰：“吾甚惭于孟子。”

陈贾曰：“王无患焉。王自以为与周公孰仁且智？”

王曰：“恶，是何言也？”

曰：“周公使管叔监殷，管叔以殷畔。知而使之，是不仁也；不知而使之，是不智也。仁智，周公未之尽也，而况于王乎？贾请见而解之。”

见孟子，问曰：“周公何人也？”

曰：“古圣人也。”

曰：“使管叔监殷，管叔以殷畔也，有诸？”

曰：“然。”

曰：“周公知其将畔而使之与？”

曰：“不知也。”

“然则圣人且有过与？”

曰：“周公，兄也；管叔，弟也。周公之过，不亦宜乎？且古之君子，过则改之；今之君子，过则顺之。古之君子，其过也，如日月之食，民皆见之；及其更也，民皆仰之。今之君子，岂徒顺之，又从为之辞。”

★“沈同问”章、“燕人畔”章与《梁惠王下》“齐人伐燕胜之”章（2.10）、

“齐人伐燕取之”章（2.11），反映同一历史事件，故将此两章提到《梁惠王下》一并注释，原文仍保留于此。

【4.10】

孟子致为臣而归[①]。王就见孟子[②]，曰：“前日愿见而不可得；得侍同朝，甚喜[③]；今又弃寡人而归，不识可以继此而得见乎？”

对曰：“不敢请耳，固所愿也。”

他日，王谓时子[④]曰：“我欲中国而授孟子室[⑤]，养弟子以万钟[⑥]，使诸大夫国人皆有所矜式[⑦]。子盍为我言之！[⑧]”

时子因陈子而以告孟子，陈子以时子之言告孟子[⑨]。

孟子曰：“然，夫时子恶知其不可也[⑩]！如使予欲富，辞十万而受万[⑪]，是为欲富乎？季孙曰：‘异哉子叔疑[⑫]！使己为政，不用，则亦已矣，又使其子弟为卿[⑬]。人亦孰不欲富贵？而独于富贵之中有私龙断焉。[⑭]’古之为市也，以其所有易其所无者，有司者治之耳。有贱丈夫焉，必求龙断而登之，以左右望，而罔市利。人告以为贱，故从而征之。征商自此贱丈夫始矣。[⑮]”

① 致，《国语·鲁语下》“致禄而不出”，《晋语五》“余将致政焉”，韦昭注：“致，归也。”致为臣而归，孟子在齐为卿，此辞官归去。

② 王就见孟子，齐王就孟子住居相见。此必孟子离开前夕，实有送别之意。

③ 前日愿见而不可得，似指前章齐王自称“有寒疾”未能就见孟子，孟子亦自称“有疾不能造朝”事，但也不一定，或许还有别的情况。“得侍同朝，甚喜”，孔广森《经学卮言》：“得侍同朝者，谦词，言与孟子得为君臣而同朝也。甚喜，王自言甚喜也。”

④ 他日，后来，过了些日子。时子，赵岐注：“齐臣也。”

⑤ 中国，都城之中，即齐都临淄城中。受孟子室，谓孟子虽致仕，齐王仍表示欲“授孟子室，养弟子以万钟”，实即以万钟为孟子致仕后俸禄。犹后世的退休待遇。

⑥ 养弟子以万钟，宋翔凤《孟子赵注补正》:“养弟子以万钟，言致卿禄一岁之粟，若后世致仕食俸之法也。”钟，量词。《左传·昭公三年》“釜十则钟”，杜预注:“六斛四斗。”万钟，六万四千石。

⑦ 矜（jīn），《汉书·贾谊传》“故人矜节行”，颜师古注:“矜，尚也。”式，《说文》，“法也”。矜式，崇尚效法。

⑧ 盍（hé），何不。

⑨ 陈子，赵岐注:“孟子弟子陈臻。”

⑩ 然，是一种带有怀疑口气的应答之词，与用作肯定为是的语气不同。恶（wū）知，安知。

⑪ 十万，十万钟。此孟子仕齐的俸禄，但只是个概数。

⑫ 季孙，鲁三家中有季孙，然此不知指谁。子叔疑，其人更不详。朱熹集注:“季孙、子叔疑，不知何时人。”

⑬ “不用”之“用”，为也。《经词衍释》“为，用也”，则“用”亦“为”也。君上要子叔疑为政，子叔疑不为，即不接受。馀详星评。

⑭ 龙（lòng）断，通“垄断”，试图单独全部占有（解见下文）。季孙批评子叔疑，说他自己想做官行政，但不被任用，那就算了，他却使自家的子弟为卿大夫。谁不想要富贵，他却想独家垄断。

⑮ 龙（垄）断，本指地势陡峭的冈垄，站在上面可瞻望四周。朱熹集注:“龙断，冈垄之断而高也。”孟子用作把持独占的比喻。谓古来经商者，以有易无，市场官员只是管理而已，并不征税。有“贱丈夫”登上冈垄，左右张望，网罗市场的利益。人恶其独占，因此对他征税。征商人之税从此“贱丈夫”开始。——时子以为孟子致仕后给予万钟的待遇可以留住孟子。孟子不接受，曰:“时子恶知其不可也！如使予欲富，辞十万而受万，是为欲富乎?”意即我“致仕”放弃了为卿十万的俸禄，如果接受“致仕”后一万的待遇，这难道是“欲富”吗? 然后又说明他不会像子叔疑一样，自己不被任用，仍想自家垄断富贵。

★（一）“使己为政，不用”，注家多解作上面不用子叔疑，如杨伯峻即译作

“自己要做官，别人不用”。甚为错误。明明说“使己为政”，怎么会是别人不用呢？此“不用”应解作自己不为，才与下文“又使其子弟为卿”的反常现象相符。

（二）所谓“贱丈夫”垄断“市利”的说法也不准确，甚至相当荒谬。任何事物的产生都有它的必然性，都有其发生发展的过程，商贾征税也不例外。孟子谓贱丈夫“求龙断而登之”，“征商自此贱丈夫始”，事情绝不会如此简单。

【4.11】

孟子去齐，宿于昼①。有欲为王留行者，坐而言。不应，隐几而卧②。

客不悦曰：“弟子齐宿而后敢言③，夫子卧而不听；请勿复敢见矣。”

曰：“坐！我明语子④。昔者鲁缪公无人乎子思之侧，则不能安子思；泄柳、申详无人乎缪公之侧，则不能安其身⑤。子为长者虑，而不及子思；子绝长者乎？长者绝子乎？⑥”

①昼，地名。赵岐注：“齐西南近邑也。孟子去齐欲归邹，至昼邑而宿也。”朱熹集注：“昼，如字。或曰：‘当作画，音获。’”

②隐，朱熹集注，“凭也”。隐几而卧，凭靠坐几睡着。实只是凭几闭目，表示不屑理会。

③齐，通“斋”（zhāi）。宿，赵岐注：“宿，素也。”《史记·封禅书》“故常以十月宿郊见”，裴骃集解引李奇曰：“宿，犹斋戒也。”是“斋宿”二字同义，斋戒也。表示极其虔诚。（朱熹集注：“齐宿，齐戒越宿也。”即先斋戒一宿。亦勉可通，不如赵注顺畅。）

④语（yù），告诉。

⑤鲁缪公，鲁国君，名显，周显王二十年（前349）至周慎靓王四年（317）在位三十三年。子思，孔子之孙孔伋。泄柳，朱熹集注，“鲁人”。申详，《礼记·檀弓上》“子张病，召申祥而语之”，郑玄注：“申祥，子张子。”（《孟子》作申详，《礼记》作申祥。）赵岐注：“往者鲁缪公尊礼子思，子思以道不行则欲去；缪公常使贤人往留之，说以方且听子为政，然后子思复留。泄柳申详亦贤者也，

缪公尊之不如子思，二子常有贤者在缪公之侧，劝以复之，其身乃安。”

⑥ 长者，孟子自称。赵岐注：“子为我虑，不如子思时贤者也。不劝王使我行得道，而但劝我留，留者何为哉！此为子绝我乎，又我绝子乎？何为而愠恨也？”朱熹集注：“言齐王不使子来，而子自欲留我。是所以为我谋者，不及缪公留子思之事，而先绝我也；我之卧而不应，岂为先绝子乎？”

★“有欲为王留行者”来劝说孟子，即或作用不大，毕竟是好意，孟子却高度藐视，极不礼貌。在孟子看来，来人必须先劝说齐王，使他得行其道，才能劝他留下。不是奉王命而来，自行劝说，认为来人根本没有资格。孟子去齐，其实是迫不得已，他在这里已无所作为，内心实满怀愤闷，一有感触便会爆发出来。故无端对这位劝说者发泄一通，甚至给予侮辱。

【4.12】

孟子去齐。尹士语人曰：“不识王之不可以为汤武，则是不明也；识其不可，然且至，则是干泽也。千里而见王，不遇故去。三宿而后出昼，是何濡滞也？士则兹不悦。①”

高子②以告。

曰：“夫尹士恶知予哉？千里而见王，是予所欲也；不遇故去，岂予所欲哉？予不得已也。予三宿而出昼，于予心犹以为速。王庶几改之③，王如改诸，则必反予④。夫出昼而王不予追也，予然后浩然有归志⑤。予虽然，岂舍王哉？王由足用为善⑥。王如用予，则岂徒齐民安，天下之民举安。王庶几改之，予日望之⑦！予岂若是小丈夫然哉？谏于其君而不受，则怒，悻悻然见于其面⑧。去则穷日之力而后宿哉？”

尹士闻之，曰：“士诚小人也。”

① 尹士，姓尹，名士。赵岐注：“齐人也。”语（yù）人曰，对别人说。汤武，商汤王，周武王。干泽，干求爵禄恩泽。三宿而后出昼，在昼邑停留三天才离开。

濡滞，稽留延滞。兹，此也。士则兹不悦，我尹士对此不悦。

② 高子，赵岐注：“亦齐人，孟子弟子。”（高子又见《告子下》“公孙丑问”章，孟子称之为“高叟”，则不会是孟子弟子。）

③ 庶几，也许可能，表示希望的推测之辞。

④“王如改诸，则必反予”，王如果改变态度，一定会追我返回。此“诸”字同“之”。朱熹集注：“所改，必指一事而言，然今不可考矣。”朱熹之意，谓孟子在齐为卿，一定是在某个事件同齐王发生了矛盾。

⑤ 浩然，朱熹集注：“如水之流，不可止也。”

⑥ 王由足用为善，由，通“犹”。用，以也。孟子对齐王仍怀有希望，认为他犹足以为善政。

⑦“王庶几改之，予日望之”，谓王或许改正，我天天在望着。

⑧ 悻悻然，忿恨不平之貌。见（xiàn）于其面，在脸色上表现出来。

【4.13】

孟子去齐，充虞路问曰：“夫子若有不豫色然①。前日虞闻诸夫子曰：‘君子不怨天，不尤人。’②”

曰：“彼一时，此一时也③。五百年必有王者兴，其间必有名世者④。由周而来，七百有馀岁矣。以其数，则过矣；以其时考之，则可矣。夫天未欲平治天下也；如欲平治天下，当今之世，舍我其谁也⑤？吾何为不豫哉？”

① 路问，在路上发问。不豫，不愉快。

②“不怨天，不尤人”，《论语·宪问》孔子之言，无怨天，也不责怪别人。“闻诸夫子”之“夫子”指孟子，是孟子常转述孔子之言。

③“彼一时，此一时也”，谓不同的时候，情况不同，人的表现也不一样。

④ 王者，仁君，圣主。名世者，有名于世者，犹言“命世之才”。名世者，与前“王”者相对应，指杰出的辅佐人才，如伊尹周公之类。

⑤舍，通“捨”。

★孔子曾说，“苟有用我者，期月而已可也，三年有成”，话说得很有分寸。孔子在鲁定公之世毕竟有过首尾六年从政的经历，而且取得了一定的成就。孟子没有执掌过一天的政务，却对尹士自夸“王如用予，则岂徒齐民安，天下之民举安”。对充虞更大言不惭，“如欲平治天下，当今之世，舍我其谁也？”纵观孟子一生，并未在哪个国家，处理过任何重大事务，解决了什么重大问题；如此之大的口气，不知他自己是否相信！

【4.14】

孟子去齐，居休[①]。公孙丑问曰：“仕而不受禄，古之道乎？”

曰：“非也；于崇，吾得见王。退而有去志，不欲变[②]，故不受也。继而有师命，不可以请。久于齐，非我志也。[③]”

①休，地名，此必孟子去齐而归路上停留之地。阎若璩《四书释地》谓休“在今滕县北十五里，距孟子家约百里”。

②崇，地名，此必齐地。孟子于崇见齐王，必有所不合，而有去齐之志。不欲变，不欲改变去志。

③师命，朱熹集注，“师旅之命也”，指发生了战争。“继而有师命”四句，谓自己已有去齐之志，后来发生了军旅之事，不便于提出。长久留在齐国，不是我的心意。

★本篇叙孟子去齐共五章（加上后“淳于髡”章则多达六章），从他同诸人对话时，不同的态度，不同的语气，反映出内心矛盾重重，甚至是喜怒无常，“三宿而后出昼”，实在是很不想离开。孟子曾说，孔子“去齐，接淅而行，去他国之道也”；现在自己去齐，却说，“不遇故去，岂予所欲哉？予不得已也。予三宿而出昼，于予心犹以为速”，不敢动问，孟老夫子“去他国之道”何在？

〖12.6〗

淳于髡[①]曰："先名实者，为人也；后名实者，自为也。夫子在三卿之中，名实未加于上下而去之[②]，仁者固如此乎？"

孟子曰："居下位，不以贤事不肖者，伯夷也；五就汤，五就桀者，伊尹也；不恶污君，不辞小官者，柳下惠也。三子者不同道，其趋一也[③]。一者何也？仁也。君子亦仁而已矣，何必同？"

曰："鲁缪公之时，公仪子为政，子柳子思为臣，鲁之削也滋甚。若是乎，贤者之无益于国也！[④]"

曰："虞不用百里奚而亡，秦缪公用之而霸。不用贤则亡，削何可得与？[⑤]"

曰："昔者王豹处于淇，而河西善讴；绵驹处于高唐，而齐右善歌；华周杞梁之妻善哭其夫，而变国俗。有诸内必形诸外，为其事而无其功者，髡未尝睹之也。是故无贤者也，有则髡必识之。[⑥]"

曰："孔子为鲁司寇，不用，从而祭，燔肉不至，不税冕而行。不知者以为为肉也，其知者以为为无礼也。乃孔子则欲以微罪行，不欲为苟去。君子之所为，众人固不识也。[⑦]"

① 淳于髡（kūn），姓淳于，名髡，齐稷下人；为齐之赘婿，以滑稽善辩著称。其生平事迹见于《史记·孟轲荀卿列传》《滑稽列传》。齐威王八年，楚大军入侵，淳于髡之赵请兵求救。尝以隐语讽威王罢长夜之饮。《史记·田敬仲完世家》谓齐宣王"喜文学游说之士，自如驺衍、淳于髡、田骈、慎到、环渊之徒七十六人，皆赐列第，为上大夫"。——《公孙丑下》最后五章皆叙"孟子去齐"，本章原在《告子下》(12.6)，章中淳于髡指责孟子"夫子在三卿之中，名实未加于上下而去之"，则也在"孟子去齐"之时，故移至此注释，便于与《公孙丑下》"孟子去齐"诸章对照。原文仍保留《告子下》。

②"先名实者"六句，赵岐注："名者，有道德之名；实者，治国惠民之功实也。齐大国有三卿，孟子尝处此三卿之中矣，未闻名实下济于民，上匡于君，而

速去之，仁者之道固当然邪？”全祖望《经史问答》：“大抵三卿者，指上卿亚卿下卿而言。乐毅初入燕乃亚卿，是其证也。或曰，一卿是相，一卿是将，其一为客卿，而上下本无定员。”《公孙丑上》谓“孟子为卿于齐”（4.6），即为客卿。朱熹集注：“名，声誉也。实，事功也。言以名实为先而为之者，是有志于救民也；以名实为后而不为者，是欲独善其身者也。名实未加于上下，言上未能正其君，下未能济其民也。”

③ 伯夷、伊尹、柳下惠，已见前“夫子加齐之卿相”章（3.2）与“伯夷非其君不事”章（3.9），参见该两章注。趋，趋向，犹言目标。

④ 曰，此淳于髡“曰”。鲁缪公，见《公孙丑下》“孟子去齐宿于昼”章（4.11）注。赵岐注：“髡曰，鲁缪公之时，公仪休为执政之卿。子柳，泄柳也。子思，孔伋也。三人并为鲁国之臣，鲁之削也滋甚，滋，益也，更加；谓鲁国被削弱得更加严重。若此，贤者无所益于国家，何用贤为？”朱熹集注：“髡讥孟子虽不去，亦未必能有为也。”

⑤ 曰，此孟子“曰”。百里奚，见《万章上》“百里奚自鬻于秦”章（9.9）。淳于髡谓贤者无益于国，实指斥孟子无益于齐国。孟子以百里奚为例，说明不用贤则亡国，旨在解释自己之所以无功于齐，是由于不被任用；还暗示自己不被任用，齐国前途危险。

⑥ 曰，此淳于髡“曰”。讴，歌唱。赵岐注：“王豹，卫之善讴者。淇，水名。卫诗《竹竿》之篇曰：‘泉源在左，淇水在右。’《硕人》之篇曰：‘河水汤汤，北流活活。’卫地滨于淇水，在北流河之西，故曰处淇水而河西善讴。绵驹，善歌者也。高唐，齐西邑。绵驹处之，而齐右善歌。华周，华旋也。杞梁，杞殖也。二人齐大夫死于戎事者。其妻哭之哀，城为之崩，国俗化之，则效其哭。髡曰，如是歌哭者尚能变俗，有中则见外，为之而无功者，髡不闻也。有功，乃为贤者；不见其功，故谓之无贤者也。如有之，则髡必识知之矣。”朱熹集注：“髡以此讥孟子仕齐无功，未足为贤也。”

⑦ 曰，此孟子最后辩解。孔子为鲁司寇，见《史记·孔子世家》。朱熹集注：“孔子为鲁司寇，行摄相事，齐人闻而惧，于是以女乐遗鲁君。季桓子与鲁君往观

之，怠于政事。子路曰：‘夫子可以行矣。’孔子曰：‘鲁今且郊，如致燔于大夫，则吾犹可以止。’桓子卒受齐女乐，郊又不致燔俎于大夫，孔子遂行。孟子言以为为肉者固不足道，以为为无礼则亦未为深知孔子者。盖圣人于父母之国，不欲显其君相之失，又不欲为无故而苟去，故不以女乐去，而以膰肉行。其见几明决而用意忠厚，固非众人所能识也。然则孟子之所为，岂髡之所能识哉！”燔（fán），祭肉，字又作“膰”。淳于髡谓如有内在之功必在外部表现出来。真正的贤者“为其事而无其功者，髡未尝睹之也”；今未见有功，“是故无贤者也，有则髡必识之”，明系指责孟子在齐为卿“为其事而无其功”。孟子引孔子“燔肉不至”而去鲁，“乃孔子则欲以微罪行”；言外之意，谓之所以无功，过错全在齐王及其卿相，而孟子“不欲显其君相之失，又不欲为无故而苟去”。然“君子之所为，众人固不识也”，无异于说我孟轲之所为，尔淳于髡辈固不识也。

★（一）“孟子去齐”，实际是迫不得已，“三宿而后出昼”，其实很不想去。齐王谓“不识可继此而得见乎”，孟子曰：“不敢请耳，固所愿也。”其实齐王只是一句客套。“有欲为王留行者”，孟子责怪他未曾劝王使行其道而不予理会，之后又粗暴地加以斥责。充虞问孟子“若有不豫色焉”，孟子予以否认，谓自己之不被任用，是“天未欲平治天下；如欲平治天下，当今之世，舍我其谁也？吾何为不豫哉？”孟子虽一一解释，内心实充满了矛盾。一碰上滑稽多智的淳于髡，孟子便无可奈何。淳于髡和上述诸人完全不同，毫不客气，直斥孟子“在三卿之中，名实未加于上下而去之，仁者固如此乎？”并且说真正的贤者“有诸内必形诸外，为其事而无其功者，髡未尝睹之也”，今未见其功，“是故无贤者也”，明指孟子非贤者也。语言尖刻，气势凌厉，使能言善辩的孟子也难以招架，最终只能以“君子之所为，众人固不识也”加以搪塞，而未作任何具体的辩解。

（二）华周杞梁之妻善哭其夫，赵岐注：“华周，华旋也。杞梁，杞殖也，二人齐大夫死于戎事者，其妻哭之哀，城为之崩。”按，《左传·襄公二十三年》载齐襄公袭莒，杞殖华还遇莒子于蒲侯氏，莒子请盟，华周不肯。战斗中“莒子亲鼓之，从而伐之，获杞梁”。杜预注：“华周，即华还。杞梁，即杞殖。梁战死，妻行迎丧。”(“华周，即华还。”还，音旋，故华周又称华旋。)又,《礼记·檀弓下》:“齐庄公袭莒于夺，杞梁死焉。其妻迎其柩于路，而哭之哀。”《韩诗外传》六所记大体相同。至刘向《列女传》才有杞梁之妻“哭城而城为之崩”。孟子谓“华周杞梁之妻善哭其夫”,《左传》《礼记》《韩诗外传》所记皆无华周之妻哭其夫。赵岐注更为“二人齐大夫死于戎事者，其妻哭之哀，城为之崩”，也把华周扯进去，又据《列女传》谓“城为之崩”，皆属错误。

滕文公章句上

凡五章

【5.1】

滕文公为世子，将之楚，过宋而见孟子[①]。孟子道性善，言必称尧舜[②]。

世子自楚反，复见孟子。孟子曰："世子疑吾言乎？夫道一而已矣[③]。成覸谓齐景公曰：'彼，丈夫也；我，丈夫也，吾何畏彼哉？[④]'颜渊曰：'舜何？人也；予何？人也，有为者亦若是。[⑤]'公明仪[⑥]曰：'文王，我师也，周公岂欺我哉？[⑦]'今滕，绝长补短，将五十里也，犹可以为善国[⑧]。《书》曰：'若药不瞑眩，厥疾不瘳。'[⑨]"

① 滕（téng），《左传·隐公七年》"滕侯卒"，孔颖达疏："滕，姬姓，文王子错叔绣之后，武王封之，居滕，今沛郡公丘县是也。"故城在今山东省滕州市西南。世子，诸侯国之太子。《公羊传》庄公三十二年："君存称世子。"何休注："明当世父位为君。"（世父位，继承父位。）滕文公为世子，赵岐注："文公为世子，使于楚而过宋，孟子时在宋，与相见也。"

② 道性善，谓人之本性生来就是善的。言必称尧舜，每有言总要称道尧舜。朱熹集注："性者，仁之所禀于天以生之理也。浑然至善，人与尧舜初无少异；但众人汩于私欲而失之，尧舜则无私欲之蔽而能充其性尔。故孟子与世子言，每道性善，而必称尧舜以实之。欲其知仁义不假外求，圣人可学而至，而不懈于用力也。"

③ 夫道一而已矣，犹言真理只有一个。赵岐注："夫天下之道，一言而已，惟有行善耳，复何言也？"揣孟子之意，谓滕文公为政，惟有取法圣贤，发愤自强；下文即列举成覸、颜渊、公明仪的言论以为佐证。

④ 成覸（jiàn），赵岐注："成覸，勇果者也。"《说文》谓成覸为"齐景公之勇臣"。丈夫，此特指有力之勇士。句中"我丈夫也"之"我"是成覸自指。

⑤“舜何”五句，颜渊论述人应有此志气，谓舜是人，我也是人，“有为者亦若是”。句中之“予”是泛指，非颜回自指。

⑥公明仪，《礼记·祭义》“公明仪问于曾子”，郑玄注：“公明仪，曾子弟子。”

⑦“‘文王，我师也’，周公岂欺我哉”，朱熹集注：“‘文王，我师也’，盖周公之言。公明仪亦以文王为必可师，故诵周公之言，而叹其不我欺也。”

⑧绝长补短，不成形的国土，算面积时截长补短，拼成方形，便于计算。五十里，方五十里，即纵横各五十里。善国，好国家，足可以成为“善国”。

⑨瞑眩（mián xuàn），头晕目眩。厥，其。瘳（chóu），病愈。“若药”二句，谓如果喝了药不头晕目眩，病就不会痊愈。亦“良药苦口利于病”之意。按，引语乃古《尚书》逸文，伪古文《尚书》采入《说命上》。孟子鼓励滕文公取法古代圣贤俊杰，发政施仁，使方五十里之小国滕为“善国”。然而爱抚百姓，勤于民事，非备极辛劳疲罢不能成功。正如患病服药，“若药不瞑眩，厥疾不瘳”。

★（一）孟子道性善，是孟子论“人性”的重要命题。《公孙丑上》“人皆有不忍人之心”章（3.6）与《告子上》“性犹杞柳”章（11.1）、“性犹湍水”章（11.2）、“生之谓性”章（11.3）、“公都子曰”章（11.6）、“牛山之木”章（11.8）等皆有所论述。孟子“性善论”与荀子“性恶论”是先秦人性论相互对立的两派。参见《尽心上》“食色，性也”章（11.4）星评。

（二）成覸谓齐景公曰：“彼，丈夫也；我，丈夫也，吾何畏彼哉？”王夫之《孟子稗疏》曰：“其言‘吾何畏彼’者，以角力言，孟子借引以喻人之自强。”船山之说甚是。成覸是齐景公之勇臣，必是请战对敌，表示自己可以战胜敌人，与逞勇赌狠者不同。孟子引以为对年轻世子的激励。

（三）颜渊曰：“舜何？人也；予何？人也。有为者亦若是。”赵岐断作“舜何人也？予何人也？有为者亦若是。”并注曰：“言若有所为，当若颜渊庶几。”按，赵氏以颜渊所说之“予”同成覸所说之“我”皆自指，甚为错误。成覸是勇臣请战，“我，丈夫也”之“我”即后一句“吾何畏彼哉”之“吾”，说自己可以战胜敌手。颜渊所谓"予"是泛指，是论述人应有志气，在伟大人物面前也不要自卑，也可以有所作为。故下句曰"有为者亦若是"，两者性质不同。如此理解，才符合颜回谦虚谨慎的为人风格。再说，照赵岐的断句，会使人有"舜是什么人，我算什么人，我怎能同他比"的感觉。今人或断作"舜，何人也；予，何人也"，与赵岐所断有同样的错误。断句不同，意思刚好相反。句读不当或训释有差，都会造成误解。

（四）"公明仪曰"二句，朱熹断句与解释皆正确无误。赵岐断作"文王我师也，周公岂欺我哉"，注曰"师文王，信周公，言其知所法则也"，句读与注释皆不如朱熹准确。

【5.2】

滕定公薨，世子谓然友曰："昔者孟子尝与我言于宋，于心终不忘，今也不幸至于大故，吾欲使子问于孟子，然后行事。①"

然友之邹问于孟子②。

孟子曰："不亦善乎！亲丧，固所自尽也③。曾子曰：'生，事之以礼；死，葬之以礼，祭之以礼，可谓孝矣④，诸侯之礼，吾未之学也；虽然，吾尝闻之矣。三年之丧⑤，齐疏之服，飦粥之食，自天子达于庶人，三代共之。⑥"

然友反命，定为三年之丧。父兄百官皆不欲⑦，曰："吾宗国鲁先君莫之行⑧，吾先君亦莫之行也，至于子之身而反之⑨，不可，且《志》曰：'丧祭从先祖。'⑩"

曰："吾有所受之也。⑪"谓然友曰："吾他日未尝学问，好驰马试剑。今也父兄百官不我足也，恐其不能尽于大事⑫，子为我问孟子！"

然友复之邹问孟子。

孟子曰："然，不可以他求者也。孔子曰：'君薨，听于冢宰⑬，歠粥，面深墨⑭，即位而哭，百官有司莫敢不哀，先之也。⑮'上有好者，下必有甚焉者矣⑯。君子之德，风也；小人之德，草也。草尚之风必偃⑰。是在世子。[18]”

然友反命。世子曰：“然；是诚在我。”

五月居庐[19]，未有命戒[20]。百官族人可，谓曰知[21]。及至葬，四方来观之，颜色之戚，哭泣之哀，吊者大悦。

① 滕定公，滕文公之父。薨（hōng），《礼记·曲礼下》：“诸侯死曰薨。”世子，即滕文公。然友，赵岐注：“世子之傅也。”大故，重大变故，谓其父去世。行事，指办理丧事。

② 邹，孟子家乡。滕与邹地方相距不远。

③ 自尽，《论语·子张》：“曾子曰：‘吾闻诸夫子，人未有自致者，必也亲丧乎！’”自致，尽其极也，为人之真情所不能自已者。意谓在通常情况下人不能尽量抒发自己的感情，只有父母去世时才会如此。“自尽”即“自致”之意。

④ 曾子曰云云，见于《论语·宪问》：“孟懿子问孝。子曰：‘无违。’樊迟御，子告之曰：‘孟孙问孝于我，我对曰，无违。’樊迟曰：‘何谓也？’子曰：‘生，事之以礼；死，葬之以礼，祭之以礼。’”孟子引作曾子曰，故赵岐注“曾子传孔子之言”。

⑤ 三年之丧，《论语·阳货》孔子曰：“子生三年，然后免于父母之怀。三年之丧，天下之通丧也。”意即父母去世，需守孝三年。

⑥ 齐疏之服，朱熹集注：“齐（zī），衣下缝也。不缉曰斩衰（cuī），缉之曰齐衰。疏，粗也，粗布也。”丧服用粗布缝制，丧服下面不缝边者叫“斩衰”，缝边者叫“齐衰”。“齐疏之服”即丧服。飦，同“饘（zhān）”。《礼记·檀弓上》“饘粥之食”，孔颖达疏：“厚曰饘，希曰粥。”孟子之意，谓父母去世，孝子应按丧礼规定，着丧服，喝稀粥。按，《礼记·檀弓上》：“穆公之母卒，使人问于曾子曰：‘如之何？’对曰：‘申也闻诸申之父曰：哭泣之哀，齐斩之情，饘粥之食，自天子达。’”（“问于曾子”之曾子，指曾参之子曾申，“申之父”即曾参。）孟子谓“吾尝闻之矣”，按，孟子“受业于思之门人”，子思为曾子弟子；可知孟子所“闻”亦必原于曾子。但孟子不明言闻于何人。

⑦ 父兄百官，赵岐注："滕之同姓异姓诸臣也。"

⑧ 宗国鲁先君，赵岐注："鲁，周公之后。滕，叔绣之后。敬圣人，故宗周。"叔绣，即错叔绣，周文王子，周公之弟，封于滕。参见《梁惠王下》"滕小国也"章（2.13）注。毛奇龄《经问》："古者立宗法，国君无宗，只以相传之诸君为宗，故除一祖外，馀皆为宗，不立小宗。若天子诸侯之弟，则不敢与天子诸侯为一宗，而别为宗族，使天子之嫡弟立为大宗，而诸兄弟为小宗者宗之。如鲁周公之弟皆宗周公，而称鲁国为宗国。"简言之，周公为武王嫡弟，封于鲁；周公之弟皆宗周公，而称鲁国为"宗国"。吾宗国鲁先君莫之行，谓宗国鲁国之先君皆不行三年之丧。

⑨ 子之身而反之，谓滕文公不从先君的做法，行三年之丧。

⑩ 且《志》曰，父兄百官表达他们自己意见后，又引"志"为证，曰：而且《志》上也说，"丧祭从先祖"。赵岐注："志，记也。《周礼》：'小史掌邦国之志。'"引语见《周礼·春官·小史》。可知父兄百官所引之"志"是滕国之《志》，父兄百官引来作为反对三年之丧的根据。

⑪ 吾有所受之也，父兄百官反对行三年之丧，而且理由充分，宗国鲁不行三年之丧，滕先君也不行三年之丧，而且"志"上有明确的记载。世子没法回答，只能简单地说，"吾有所受之也"，即受之于孟子，所以接着要然友再去问孟子。

⑫ 足，犹"可"也。父兄百官不我足也，谓父兄百官不以我为可也，即不以我行三年之丧为可。"恐其"之"其"是从父兄百官的角度指世子，即他们恐我不能尽大事。

⑬ "君薨，听于冢宰"，原话出《论语·宪问》，子张曰："《书》云：'高宗谅阴，三年不言。'何谓也？"子曰："何必高宗，古之人皆然。君薨，百官总己以听于冢宰三年。"谓国君去世，国政由主要大臣全面纪理三年。（己，通"纪"，理也。）冢宰，古代六卿之首，相当于后世的宰相。《周礼·天官·序官》"乃立天官冢宰"，郑玄注："冢宰，大宰也。"

⑭ 歠（chuò），喝。面深墨，脸色甚黑。赵岐注："深，甚也。墨，黑色。"

⑮ 先之也，犹言带头，领先。

⑯“上有好者，下必有甚焉者矣”，《礼记·缁衣》子曰：“下之事上也，不从其所令，从其所行。上好是物，下必有甚者矣。”

⑰“君子之德，风也”五句，《论语·颜渊》孔子曰：“君子之德风，小人之德草，草上之风必偃。”上，加上，吹上。偃，倒伏。谓在上者行为如风，在下者行为如草，草被风一吹必然倒伏。比喻在上的人带了头，在下的人一定服从，并跟着进行。尚，通“上”。

⑱是在世子，此事如何进行取决于世子。

⑲庐，《周礼·天官·宫正》“大丧则受庐舍”，郑玄注：“庐，倚庐也。”大丧孝子居丧之处。

⑳未有命戒，朱熹集注：“居丧不言，未有命令教戒也。”

㉑可，认可。知，通“智”。谓曰知（智），都说办得合理。《国语·周语下》“言知必及事”，韦昭注：“能处事物为知。”

★礼，是社会人的行为规范。儒家对礼教的重视，应一分为二。重视礼教，对培养人的修养，提高人的品位，处理人事关系，维护社会安宁，都是必要的。但过分强调到不合理的程度，就会成为人们的负担，甚至耽误国家的事务。如《仪礼》中规定的礼仪，有许多既不合理，事实上也不可能实行。孔子孟子提倡的所谓“三年之丧”即是如此。孔子曰：“三年之丧，天下之通丧也。”“君薨，百官总己以听于冢宰三年。”孟子曰：三年之丧，“自天子以达于庶人，三代共之”。不可能是事实。周公制礼，周公的封地鲁国是周王朝执行礼教的典范；但滕国的父兄百官说，三年之丧“吾宗国鲁先君莫之行”，滕之“先君亦莫之行”。他们说的一定是事实，怎么会有“自天子以达于庶人”，都行三年之丧呢！正如宰我所说，“君子三年不为礼，礼必坏；三年不为乐，乐必崩”。更应该说，国君三年行政，国必乱。在这个问题上，宰我远比孔子高明。孟子教滕文公行“三年之丧”的教导极不合理；滕文公痴信孟子之言，在他父亲死后行三年之丧，后来也未必真实行。三年不理政，他的国家怎么办？参见《论语本原·公冶长第五》“宰予昼寝”章（5.10）与《阳货第十七》“宰我问三年之丧”章（17.21）星评。

【5.3】

滕文公问为国[①]。

孟子曰："民事不可缓也。《诗》云：'昼尔于茅，宵尔索绹；亟其乘屋，其始播百穀。[②]'民之为道也，有恒产者有恒心，无恒产者无恒心。苟无恒心，放辟邪侈，无不为已。及陷乎罪，然后从而刑之，是罔民也。焉有仁人在位罔民而可为也[③]？是故贤君必恭俭礼下，取于民有制[④]。（阳虎曰：'为富不仁矣，为仁不富矣。[⑤]'）

"夏后氏五十而贡，殷人七十而助，周人百亩而彻，其实皆什一也[⑥]。彻者，彻也[⑦]；助者，藉也[⑧]。龙子曰：'治地莫善于助，莫不善于贡。'贡者，挍数岁之中以为常[⑨]。乐岁，粒米狼戾，多取之而不为虐，则寡取之；凶年，粪其田而不足，则必取盈焉[⑩]。为民父母，使民盻盻然，将终岁勤动，不得以养其父母，又称贷而益之[⑪]，使老稚转乎沟壑，恶在其为民父母也[⑫]？夫世禄，滕固行之矣[⑬]。《诗》云：'雨我公田，遂及我私。'惟助为有公田。由此观之，虽周亦助也[⑭]。

"设为庠序学校以教之。（庠者，养也；校者，教也；序者，射也。）夏曰校，殷曰序，周曰庠；学则三代共之，皆所以明人伦也[⑮]。人伦明于上，小民亲于下。有王者起，必来取法，是为王者师也[⑯]。

"诗云：'周虽旧邦，其命维新。'文王之谓也。子力行之，亦以新子之国。[⑰]"

① 前两章皆言滕文公为世子，本章以下为滕文公继位后之事。问为国，问如何行政治国。

②《诗》，引诗为《豳风·七月》。朱熹集注："索，绞也。绹，索也（绳索）。乘，升也。"诗意是教导民众，冬天里白天去芟取茅草，夜间绞成绳索，抓紧修缮你们的茅屋，准备好一开春即播种百穀。（旧时用茅盖屋，用绳索纵横系住，防止被大风掀翻。）

③ 民之为道也，犹言民之本性。"有恒产者有恒心"一段，内容已见《梁惠

王上》"齐桓晋文之事"章（1.7）。谓民之本性，必须有一定的可以维持生活的财产，才有安定的心态，如果没有一定的财产也就没有安定的心态，如此各种放纵邪恶的事都会无所不为。统治者如果先不关心他们，使他们生活无着，等他们犯了罪就加以惩罚，那是坑害他们。岂有仁人在位而可以坑害人民？

④ 恭俭，谦恭俭约。礼下，礼敬下人。取于民有制，制，制约，节制。取之于民要有一定的制约，不能随意增加，不过分地剥削。

⑤ 阳虎，《论语》作阳货。鲁季氏家臣，是"陪臣执国命"的代表人物。参见《论语·阳货》"阳货欲见孔子"章注。馀详星评。

⑥ "夏后氏"以下诸句，述说夏、商、周三代的税法。夏代一夫五十亩地行"贡"法，以五亩地的收入献于官府谓之"贡"。殷商一夫七十亩行"助"法。助，按朱熹的解释，"以三百六十亩之地画为九区，区七十亩，中为公田，其外八家各授一区，但借其力以助耕公田，而不税其私田"。周代一夫授田百亩用"彻"法。《论语·颜渊》"哀公问于有若"章（12.9）"盍彻乎"，郑玄曰："周法什一之税谓之彻。彻，通也，为天下之通法也。"三代体制不同，其实皆什一之税，即十分抽一。

⑦ "彻者，彻也"，前一"彻"字周代税法之名，后一"彻"字训解其义。"彻，通也，为天下之通法也。"

⑧ "助者，藉也"，助，殷代税法之名。藉，《国语·周语上》"宣王即位，不藉千亩"，韦昭注："藉，借也，借民力以为之。"古代所谓天子诸侯亲耕藉，只是一种礼仪，《吕氏春秋·孟春纪》谓藉田"天子三推，三公五推，卿诸侯大夫九推"，而后由民力完成，此即"藉，借也，借民力以为之"的含义。

⑨ 龙子，赵岐注，"古贤人也"。挍（jiào），或作"校"，二字古代常混用。《广雅·释诂》："挍，度也。"助，要农民助耕公田，私田不征税；而贡是衡量常年的收入确定一个征税的常数，不管丰收歉收同样征税；故龙子认为土地征税"莫善于助，莫不善于贡"。

⑩ 乐岁，丰收年成。粒，《书·益稷》"烝民乃粒"，孔安国传："米食日粒。"《小尔雅·广物》："縠谓之粒。"粒米，縠米。狼戾（láng lì），犹狼藉，到处散落

之意。则，犹乃也，却也。凶年，灾荒年成。粪其田，赵岐注："粪，治其田。"盈，与"寡"相对，多也。谓丰收年成，穀米到处都是，多征收不为暴虐，征收却很少；灾荒年成，收入用于整地肥田还不够，征收反而很多。

⑪ 盻盻（xì）然，赵岐注："勤苦不休息之貌。"勤动，勤苦劳动。称，赵岐注，"举也"。称贷，即举债，进行借贷。

⑫ 使老稚转乎沟壑，致使饥饿而死的老老少少，弃其尸于沟壑。参见《梁惠王下》"邹与鲁閧"章（2.12）注④。恶（wū）在其为民父母，怎能作为民之父母？

⑬ 世禄，指士大夫世袭的爵禄。意谓士大夫世禄，滕国早已实行，而民众的田地收入却未能保证。

⑭《诗》，引诗为《小雅·大田》。诗谓雨落在公田里，同时也就落在私田里。有税收的助法才有公田，由诗句可知，周也实行助法。

⑮"设为庠序学校以教之"，谓为国之道，首先是"民事不可缓也"，保证民众的基本生活；其后是设立学校，进行教育。并引三代的教育为证，"夏曰校，殷曰序，周曰庠"。(《史记·儒林传》:"闻三代之道，乡里有教，夏曰校，殷曰序，周曰庠。"可知三者皆乡学之名。)"学则三代共之，皆所以明人伦也"，"学"即教学、教育之意。谓夏商周三代乡学之名不同，进行教育之意是共同的，一致的目的都是教授做人的伦理道德。朱熹集注："伦，序也。父子有亲，君臣有义，夫妇有别，长幼有序，朋友有信，此人之大伦也。庠序学校，皆以明此而已。"馀详星评。

⑯ 王者，能兴王业者。朱熹集注："滕国褊小，未必能兴王业，然为王者师，则虽不有天下，而是泽亦足以及天下矣。"

⑰《诗》，引诗为《大雅·文王》。诗谓周虽是旧的诸侯国，但文王的气运却是新的。子，指滕文公。谓只要文公努力行政，也可以新兴滕国。此鼓励文公之语。

★（一）本章回答"滕文公问为国"，谓如何为政治国。基本内容是孟子仁政思想的三个方面。一是关注民生，“民事不可缓也”，要让民众有一定的田产，保证他们的基本生活。二是“取于民有制”，取之于民要有一定的节制，不要坑害他们。具体措施是税用“助”法，只征“什一”之税。三是教育民众，“设庠序学校以教之”。

（二）前段引用阳虎曰：“为富不仁矣，为仁不富矣。”阳虎为季氏家臣，而专鲁国之政。其人跋扈专横，品质恶劣；大欲窃取国家政权，小至偷盗国家“宝玉大弓”。鲁定公八年（前 502），伙同公山不狃作乱，欲尽杀三桓嫡子，更立阳虎所善庶子，并妄图取代孟孙氏。三桓共攻阳虎，定公九年阳虎失败，出奔齐国，而后又投奔晋国赵氏。这样一个乱臣贼子，不解孟子何以要引用他的言语。赵岐解释说：“阳虎非贤者也，言有可采，不以人废言也。”朱熹则说：“虎之言此，恐为仁之害于富也；孟子引之，恐为富之害于仁也。君子小人，每相反而已矣。”赵岐所谓“不以人废言”不適用于阳虎。朱熹界定了君子小人的区别，但原文纯客观地引用这两句话，未能表达出朱熹界定的这种区别。“为富不仁矣，为仁不富矣”，用在此处也很不妥当。文章上句说“贤君必恭谦礼下，取于民有制”，下面即用夏殷周三代皆“什一”之税作为“取于民有制”的典范，前后衔接紧密；中间插入阳虎的两句话，文气甚不顺畅，与上下文也联系不上，成了一种梗阻，很难作出合理的解释。为此将“阳虎曰”三句加上圆括，以示存疑。

（三）“设为庠序学校以教之。庠者，养也；校者，教也；序者，射也。”赵岐注：“养者，养耆老；教者，教以礼乐；射者，三耦四矢以达物导气也。”（“三耦四矢”词语出《仪礼·乡射礼》）朱熹集注：“庠以养老为义，校以教民为义，序以习射为义。”赵朱的训解都值得研究。所谓“夏曰校，殷曰序，周曰庠”，应是教育机构名称的不同，教育的职能应是大体相同的。因此所谓“养也，教也，射也”应该基本同义，都是教养、教育之意。王念孙《广雅疏证》谓“养、射，皆教也”，可知此处“射”也指教育而言。不会是如赵朱所说，“夏曰校”之校专教礼乐，“殷曰序”之序专教射箭，“周曰庠”之庠专教养老；如此解释，不符合教育常理。再者孟子云云，无非是强调教育的重要，对于他的词语不必过于拘泥。

又，“设为庠序学校以教之。庠者，养也；校者，教也；序者，射也。夏曰校，殷曰序，周曰庠；学则三代共之，皆所以明人伦也”，语句稍嫌混乱，还不如《梁惠王上》“寡人之于国也”（1.3）、“齐桓晋文之事”（1.7）两章中“谨庠序之教，申之以孝悌之义”，把话概括地表述更为精警。“庠者，养也；校者，教也；序者，射也”，疑为后人注语。没有这三句，则“设为庠序学校以教之。夏曰校，殷曰序，周曰庠”，文气更为顺畅。故用同样的方式，将这三句加上圆括，表示存疑。

使毕战问井地①。

孟子曰：“子之君将行仁政，选择而使子，子必勉之②！夫仁政，必自经界始。经界不正，井地不钧，穀禄不平。是故暴君污吏必慢其经界③。经界既正，分田制禄可坐而定也④。

“夫滕，壤地褊小⑤，将为君子焉，将为野人焉。无君子，莫治野人；无野人，莫养君子⑥。请野九一而助，国中什一使自赋⑦。卿以下必有圭田，圭田五十亩⑧；馀夫二十五亩⑨。死徙无出乡⑩，乡田同井，出入相友，守望相助，疾病相扶持，则百姓亲睦⑪。方里而井，井九百亩⑫，其中为公田。八家皆私百亩，同养公田；公事毕，然后敢治私事，所以别野人也⑬。此其大略也；若夫润泽之，则在君与子矣。⑭”

① 使毕战问井地，朱熹集注：“毕战，滕文公臣。”“井地，即井田也。”此本章第二部分，其实可以单作一章。

② 子，指毕战。勉之，努力之意。

③ 经界，划定土地区域的界限。钧，通“均”，朱熹集注本即作“均”。穀禄，作为俸禄的田租收入。慢，怠慢，迟缓。经界不划定，井地不均衡，贪婪者可以乘机多占田地，多收穀禄；所以暴君污吏故意拖延，缓划土地区域的经界。

④ 坐，犹言自然。《助字辨略》：“坐，犹云坐见，可待之辞。”经界明确划定，人们该分多少田地，官吏该定多少穀禄，就可以毫不费力地制定了。

⑤ 壤地，土地。褊小，狭小。滕，小国也。“滕文公为世子”章云：“今滕，绝长补短，将五十里也。”

⑥ 将，犹当也，乃也。为，赵岐注，“有也”。君子，官吏。野人，普通民众。谓滕是小国，也有官吏，也有民众。没有官吏，便没有人管理民众；没有民众，便没有人供养官吏。

⑦ 请，犹言建议。野，郊野，乡间。九一而助，征税用九分抽一的“助法”。中，城中。什一使自赋，朱熹集注：“使什而自赋其一，盖用贡法也。”

⑧ 卿以下，卿以下的高官，犹言卿大夫。圭田，朱熹集注：“圭，法也，所以有奉祭祀也。”

⑨ 馀夫二十五亩，朱熹集注引程子曰：“一夫，上父母，下妻子，以五口八口率，受田百亩；如有弟，是馀夫也，年十六，别受田二十五亩。俟其壮有室，然后更受百亩之田。”

⑩ 死，人死埋葬。徙，迁徙住居。即无论死人埋葬还是生人迁徙住居，都不离开本乡本地。

⑪ 乡田同井，指乡田同井的民众。则，乃也，犹言如此。谓同乡之人，出入相互关照，有事守望相助，疾病相互扶持，如此百姓亲睦。

⑫ “方里而井，井九百亩”，赵岐注：“方一里者，九百亩之地也，为一井。”

⑬ 所以别野人也，朱熹集注：“先公后私，所以别君子野人之分也。不言君子，据野人而言，省文耳。”

⑭ 润泽，喻根据具体情况斟酌调整之意。

★本章孟子曰：“方里而井，井九百亩，其中为公田。八家皆私百亩，同养公田；公事毕，然后敢治私事。”按，《穀梁传》宣公十五年（前 594）：“初税亩，非正也。古者三百步为里，名曰井田。井田者，九百亩，公田居一。”与孟子所述相合。《穀梁传》传为子夏弟子穀梁俶（一名赤）所传，然其成书时间未必早于《孟子》，其时所谓井田早已不存在。历史上是否真存在过井田制，具体情况如何并不清楚，要在当时实行井田制并不现实，甚至根本不可能。本章孟子云云的精神实质，在于孟子主张“制民之产”，使民众有一定的土地。故孟子特别强调，“夫仁政，必自经界始。经界不正，井地不钧，穀禄不平。是故暴君污吏必慢其经界。

经界既正，分田制禄可坐而定也。”换言之，即要求经界“定”，井地“钧”，穀禄“平”，对暴君污吏有所限制，使老百姓“死徙不出乡”，生活得以安定。

〖2.13〗

滕文公问曰：“滕，小国也，间于齐楚，事齐乎？事楚乎？①”

孟子对曰：“是谋非吾所能及也②。无已，则有一焉③，凿斯池也，筑斯城也，与民守之，效死而民弗去④，则是可为也。”

① 间（jiàn）于，夹在。事，服从，附从。春秋战国时代，小国夹在大国之间，常受大国的侵凌，他们只好附从某一大国以求得安宁。但战争不断，形势随时变化，附从谁，不附从谁，也时常发生矛盾。

② 谋，谋划。孟子谓这种事情的谋划，不是我所能办到。

③ 无已，如不得已。一，朱熹集注，“谓一说也”。

④ 凿，此挖掘之意。池，护城河。效，朱熹集注，“犹致也”。意谓巩固城池，与民共同守卫；如果得到民心，急难之时，他们生死也不离开，国家的安全就有办法了。

〖2.14〗

滕文公问曰：“滕，小国也。竭力以事大国，则不得免焉，如之何则可？①”

孟子对曰：“昔者大王居邠，狄人侵之。事之以皮币，不得免焉；事之以犬马，不得免焉；事之以珠玉，不得免焉②。乃属其耆老而告之曰③：‘狄人之所欲者，吾土地也。吾闻之也，君子不以其所以养人者害人④。二三子何患乎无君⑤？我将去之。’去邠，逾梁山，邑于岐山之下居焉⑥。邠人曰：‘仁人也，不可失也。’从之者如归市⑦。或曰：‘世守也，非身之所能为也。效死勿去。⑧’君请择于斯二者。⑨”

①本章原在滕文公问“齐人将筑薛”章之后，因内容与滕文公问滕“间于齐楚”章内容紧密相承，故移到“齐人将筑薛”章之前，以便于理解。——上章滕文公问“滕，小国也，间于齐楚，事齐乎？事楚乎？”孟子没有回答这个实际问题，却说了一通巩固城池，“与民共之”的话。滕文公急于解决面临的威胁，于此又问，“滕，小国也，竭力以事大国”，仍不能免于大国的威胁，“如之何则可”？

②大王，即古公亶父。已见前齐宣王问“交邻国有道乎”章（2.3）。邠（bīn），今陕西旬邑县东北。狄，西北少数民族名。事，事奉，供给。皮，虎豹之类的兽皮。币，《说文》，“帛也”。《广韵》：“币，币帛。”不得免焉，未能免狄人入侵的灾难。

③属，朱熹集注，“会集也”。耆老，《礼记·曲礼》“六十曰耆”；《说文》“七十曰老”。此泛指年长者。

④不以其所以养人者害人，朱熹集注：“土地本生物以养人，今争地而杀人，是以其所以养人者害人也。”

⑤二三子，先秦古籍中常用语，犹言你们这些人。何患，何用忧虑，何用担心。

⑥去邠，离开邠地。逾梁山，越过梁山。邑，朱熹集注，“作邑也”，即建立城邑。

⑦从之者如归市，跟从而来的民众如赶集市一样，极言民众归附大王的热烈。

⑧或曰，有人说。孟子先以大王为例提出回避入侵的方案，又引“或曰”的另一个方案。谓故乡的土地乃祖先世守的基业，不是我能随意处置的，应该至死也不放弃。

⑨二者，指回避远走还是“效死勿去”。请择于斯二者，请在这两个方案自行选择。

〖2.15〗

滕文公问曰：“齐人将筑薛，吾甚恐[①]，如之何则可？”

孟子对曰："昔者大王居邠，狄人侵之，去之岐山之下居焉。非择而取之，不得已也[②]。苟为善，后世子孙必有王者矣。君子创业垂统[③]，为可继也。若夫成功，则天也。君如彼何哉？强为善而已矣。[④]"

①薛，杜预《春秋谱释例·世族谱》："薛国，任姓，黄帝之苗裔奚仲，封为薛侯，今鲁国薛县是也。"故城在今山东滕州市东南。薛国后为齐所并。《史记·孟尝君列传》："田婴相齐十一年，宣王卒，湣王即位，而封田婴于薛。"齐人将筑薛，赵岐注："齐人并得薛，筑其城以逼于滕，故文公恐也。"

②大王去之岐山之下，详上章注。非择而取之，并非选择岐山为善而取之，乃避狄人入侵不得已也。

③苟，如果。为善，为善政，即行仁政。创业垂统，创立基业，留下子孙相继的传统。朱熹集注："造基业于前，垂统绪于后。"

④君，指滕文公。彼，指强大的齐国。强（qiǎng），勉力。谓君对他有什么办法，只有自己努力实行善政而已。

★"滕，小国也，间于齐楚"，受到严重威胁；"齐人将筑薛"，滕文公感到非常恐惧。都是极为严峻的形势，滕文公向孟子问计。孟子提不出任何解决措施，却反复大谈大王为回避狄人去邠居岐下的故事。假定大王故事确是历史事实，同滕文公面对的形势也完全不同。在战国后期大国纷争奔亡相继的时代，滕文公能率领他的子民跑到哪儿去？他怎么可能做"创业垂统"，"后世子孙必有王者"的美梦！——孟子的"仁政"思想在中国政治思想史上具有重大意义，但在紧急关头解决实际问题，孟子实远不如当时的谋臣策士。他自己也明确地说，"是谋非吾所能及也"。《史记·孟子荀卿列传》谓战国之时"天下方务于合从连衡，以攻伐为贤，而孟轲乃述唐虞三代之德，是以所如者不合"，确是孟子当时的实际情况。

【5.4】

有为神农之言者许行[①]，自楚之滕，踵门而告文公曰[②]："远方之人闻君行仁政，愿受一廛而为氓。[3]”

文公与之处[4]。

其徒数十人，皆衣褐，捆屦织席以为食[5]。

陈良之徒陈相与其弟辛负耒耜而自宋之滕[6]，曰：“闻君行圣人之政，是亦圣人也，愿为圣人氓。”

陈相见许行而大悦，尽弃其学而学焉。

① 为，从事，信奉。神农，传说为古帝之名。《周易·系辞下》：“古者，包牺氏之王天下也”，“始作八卦”。“包牺氏没，神农氏作。斫木为耜，揉木为耒；耒耜之利，以教天下。”“神农氏没，黄帝尧舜氏作。”晋皇甫谧《帝王世纪》以庖牺、神农、黄帝为“三皇”。按，所谓“神农”是古代农耕社会一个时代的象征性概念，史书所述为传说。《汉书·艺文志》诸子十家中有农家者流。著录农家著作主要有《神农》二十篇。班固注：“六国时诸子疾时怠于农业，道农耕事，托之神农。”著者不详。班固并说明农家之“所长”，是“播百穀，劝农桑，以足衣食”。神农之言者，即农家者流。许行，姓许名行；其弟名辛。

② 踵，至也。

③ 廛（chán），处所，应包括住居和一定的土地。赵岐注：“居也。”愿受一廛而为氓，谓作为外来人希望受一居住之所为滕国之民。参见《公孙丑上》“尊贤使能”章（3.5）注⑤。

④ 与之处，给他们居住之所。

⑤ 衣褐，穿着粗麻布衣服。捆（kǔn）屦，打草鞋。织席，织席子。捆屦织席以为食，即通过劳动过贫民的生活。

⑥ 陈良，后文孟子谓“陈良、楚产也，悦周公仲尼之道，北学于中国，北方之学者未能或之先也；彼所谓豪杰之士也”，必儒家者流。孟子如此赞扬他，当时一定很有名气，然不见于先秦其他典籍。梁启超《先秦政治思想史》猜测陈良即《韩非子·显学篇》所说之“仲良氏之儒”，未必确实。陈相，陈良之弟子。耒耜（sì），古代翻土耕地的农具。自宋之滕，从宋国来到滕国。

陈相见孟子，道许行之言曰：“滕君则诚贤君也；虽然，未闻道也[①]。贤者与民并耕而食，饔飧而治[②]。今也滕有仓廪府库，则是厉民而以自养也，恶得贤？[③]”

孟子曰：“许子必种粟而后食乎？[④]”

曰：“然。”

“许子必织布而后衣乎？”

曰：“否；许子衣褐。”

“许子冠乎？[⑤]”

曰：“冠。”

曰：“奚冠？[⑥]”

曰：“冠素。[⑦]”

曰：“自织之与？”

曰：“否，以粟易之。[⑧]”

曰：“许子奚为不自织？”

曰：“害于耕。[⑨]”

曰：“许子以釜甑爨，以铁耕乎？[⑩]”

曰：“然。”

“自为之与？”

曰：“否；以粟易之。”

“以粟易械器者，不为厉陶冶；陶冶亦以其诫器易粟者，岂为厉农夫哉？且许子何不为陶冶，舍皆取诸其宫中而用之？何为纷纷然与百工交易？何许子之不惮烦？[⑪]”

曰：“百工之事固不可耕且为也。”

“然则治天下独可耕且为与？有大人之事，有小人之事[⑫]。且一人之身，而百工之所为备，如必自为而后用之，是率天下而路也[⑬]。故曰，或劳心，或劳力；劳心者治人，劳力者治于人；治于人者食人，治人者食于人；天下之通义也[⑭]。

① 道，许行之所谓“道”为神农之道。参见前“神农”注。

② 与民并耕，与民同耕种。饔（yōng）飧（sūn），赵岐注：“饔飧，熟食也；朝曰饔，夕曰飧。”此动词，作炊做饭。朱熹集注：“言当自炊爨而食，而兼治民事也。”

③ 仓廪，储藏粮食的仓库。府库，储藏兵甲器物之所。参见《梁惠王下》“邹与鲁鬨”章（2.12）注⑤。厉，朱熹集注，“病也”，损害。恶（wū），何也。恶得贤，怎能叫作贤明。

④ 粟，北方称为穀子，即小米；此通指穀物。

⑤ 冠，帽子。此动词，去声，戴帽子。

⑥ 奚冠，什么帽子。

⑦ 冠素，戴白色丝帽。

⑧ 易，交易，交换。以粟易之，用粮食交换。

⑨ 害于耕，妨碍农耕。

⑩ 釜甑（zèng），炊具。爨（cuàn），烧火做饭。铁，指铁制耕具。由此可知，战国时代已普遍使用铁器。

⑪ 舍，同现代汉语“啥”，什么东西，实指各种东西。宫，室也。《尔雅·释宫》“宫谓之室，室谓之宫”，邢昺疏：“古者贵贱所居皆得称宫，是士庶人皆有宫称也；至秦汉以来，乃定为至尊所居之称。”意谓许子何不自己为陶冶，任何东西都取于自己的处所，何必纷纷与百工交易。不惮烦，不怕麻烦。

⑫ 大人，在上位者；小人，庶民百姓。赵岐注：“孟子言人道自有大人之事，谓人君行教化也；小人之事，谓农工商也。”

⑬ 是率天下而路也，朱熹集注：“路，谓奔走道路，无时休息也。”

⑭ 或劳心，在上位者劳心；或劳力，庶民百姓劳力。治人，统治人；治于人，被人统治。食（sì）人，供养人。食于人，被人供养。朱熹集注：“治于人者，见治于人也。食人者，赋税以给公上也。食于人者，见食于人也。君子无小人则饥，小人无君子则乱。以此相易，正如农夫与陶冶，以粟与械器相易，乃所以相济，而非所以相病也。治天下者，岂必耕且为哉！”通义，普遍的原则。与上章

云“无君子，莫治野人；无野人，莫养君子”，意思相同。

“当尧之时，天下犹未平，洪水横流，泛滥于天下，草木畅茂，禽兽繁殖，五穀不登，禽兽逼人，兽蹄鸟迹之道交于中国[①]。尧独忧之，举舜而敷治焉[②]。舜使益掌火[③]，益烈山泽而焚之，禽兽逃匿。禹疏九河[④]，瀹济漯而注诸海，决汝汉排淮泗而注之江[⑤]；然后中国得而食也。当是时也，禹八年于外，三过其门而不入[⑥]，虽欲耕，得乎？

“后稷教民稼穑，树艺五穀；五穀熟而民人育[⑦]。人之道也，饱食煖衣逸居而无教，则近于禽兽[⑧]。圣人有忧之，使契为司徒，教以人伦[⑨]：父子有亲，君臣有义，夫妇有别，长幼有叙，朋友有信[⑩]。放勋曰[⑪]劳之来之，匡之直之，辅之翼之，使自得之，又从而振德之[⑫]。圣人之忧民如此，而暇耕乎？

“尧以不得舜为己忧，舜以不得禹皋陶为己忧[⑬]。夫以百亩之不易为己忧者[⑭]，农夫也。分人以财谓之惠，教人以善谓之忠，为天下得人者谓之仁。是故以天下与人易[⑮]，为天下得人难。孔子曰：‘大哉尧之为君！惟天为大，惟尧则之，荡荡乎民无能名焉！君哉舜也！巍巍乎有天下而不与焉！[⑯]’尧舜之治天下，岂无所用其心哉？亦不用于耕耳。

“吾闻用夏变夷者，未闻变于夷者也[⑰]。陈良，楚产也，悦周公仲尼之道，北学于中国。北方之学者，未能或之先也。彼所谓豪杰之士也[⑱]。子之兄弟事之数十年，师死而遂倍之[⑲]！昔者孔子没，三年之外，门人治任将归，入揖于子贡，相向而哭，皆失声，然后归[⑳]。子贡反，筑室于场[㉑]，独居三年，然后归。他日，子夏、子张、子游以有若似圣人，欲以所事孔子事之，强曾子[㉒]。曾子曰：‘不可；江汉以濯之，秋阳以暴之，皓皓乎不可尚已。[㉓]’今也南蛮鴃舌之人，非先王之道，子倍子之师而学之，亦异于曾子矣[㉔]。吾闻出于幽谷迁于乔木者，未闻下乔木而入于幽谷者[㉕]。《鲁颂》曰：‘戎狄是膺，荆舒是惩。’周公方且膺之，子是之学，亦为不善变矣。”

① 尧，传为古代圣君。见《书 · 尧典》《史记 · 五帝本纪》。朱熹集注："洪，大也。横流，不由其道，而散溢妄行也。泛滥（fàn làn），横流之貌。畅茂，长盛也。繁殖，众多也。五穀，赵岐注，"稻黍稷麦菽也"。登，成熟也。道，路也。兽蹄鸟迹交于中国，言禽兽多也。"中国，国中也。

② 举，举用，选用。舜，传为继尧之后的圣君。敷，朱熹集注，"布也"。布，施也。敷治，犹言进行治理。

③ 益，伯益。掌火，赵岐注："主火之官，犹古火正也。"《礼记 · 月令 · 孟夏》"其神祝融"，注："祝融，颛顼氏之子曰黎，为火官。"《汉书 · 五行志》："古之火正，谓火官也；掌祭祀火星，行火政。"

④ 禹，夏禹。疏，疏通，疏浚。九河，"九"是概数，"禹疏九河"，谓禹疏通许多河流。此总括一句，下文"瀹济漯，决汝汉，排淮泗"，特别点出几条有名的河。（古人大都注明九河之名，曰徒骇、太史、马颊、覆釜、胡苏、简、絜、钩盘、鬲津，远不如理解为概数更为妥当。）

⑤ 瀹（yuè），朱熹集注，"亦疏通之意"。济、漯（tà），两水名。决，决开；排，排出，皆疏通之义。汝、汉、淮、泗，四水名。（"决汝汉排淮泗而注之江"，按，四水中汝、淮、泗皆汇淮放海，只有汉水注入长江。此随势行文，与实际不符。）

⑥ 食，《释名 · 释饮食》："食，殖也，所以自生殖也。"然后中国可得而食也，谓治理了洪水之患，然后中原之民得以生息繁殖也。三，言其多也。门，自己家门。谓禹八年在外，多次经过家门而不入。

⑦ 后稷，名弃，周之始祖。帝尧"举弃为农师"见《史记 · 周本纪》。"后稷教民稼穑"，《书 · 舜典》，帝曰："弃，黎民阻饥，汝后稷播百穀。"稼穑（sè），《诗 · 魏风 · 伐檀》毛传："种之曰稼，敛之曰穑。"即种植曰稼，收获曰穑。树艺，种植。"育，养育。五穀熟而民人育，五穀成熟得以养育人民。

⑧ 人之有道也，即为人之道，为人的准则。煖，同"暖"。逸居，安居。"饱食煖衣"二句，谓食衣住都已解决，如果没有教育，则近于禽兽。

⑨ 圣人，即尧。有，通"又"。契（xiè），殷之始祖。见《史记 · 殷本纪》。

司徒，主管教化的官。人伦，人的伦理，即人的各种关系。《书·舜典》，帝曰："契，汝为司徒，敬敷五教在宽。"

⑩ 义，道义。《论语·八佾》定公问"君使臣，臣事君，如之何？"孔子对曰："君使臣以礼，臣事君以忠。"可作"君臣有义"的诠释。叙，通"序"，长幼有尊卑之序。信，诚信，信义。

⑪ 放勋，即尧。朱熹集注："放勋，本史臣赞尧之辞，孟子以为号也。"帝尧之名。日，注疏本作"曰"，阮元校勘："石经、闽监、毛三本、韩本同。孔本'曰'作'日'。音义出'日'云：丁音驲（rì），作'曰'误。"赵岐本作"日"，甚是。犹言天天，每天。下文"劳之来之"诸句，皆叙述如何勤于政务；并非尧教训之语。

⑫ 劳之来之，劳（lào），慰劳，劝勉。《类编》："来（lài），劳也。""劳来"双声，是"来"亦"劳"也。匡之直之，《尔雅·释言》："匡，正也。"《广雅·释诂》："直，正也。"是"直"亦"匡"也。辅之翼之，《广雅·释诂》："辅，助也。"又，"翼，辅也。"《广韵·职部》："翼，助也。"是"翼"亦"辅"也。振德之，《国语·周语下》"以振救民"，韦昭注："振，拯也。"《左传·襄公七年》："恤民以德。"《礼记·内则》"降德于众兆民"，郑玄注："德，犹教也。""放勋日"五句，谓帝尧对臣民日日慰劳之，劝勉之，匡正之，辅翼之，使各自得其所，又从而抚恤之教育之。此言帝尧如此系心民事，故下文云："圣人之忧民如此，而暇耕乎？"

⑬ 皋陶（gāo yáo），舜臣。《书·舜典》帝曰："皋陶，蛮夷猾夏，寇贼奸宄，汝作士。"伪孔传："士，理官也。"刑狱之官。

⑭ "百亩之不易"之"易"，朱熹集注，"治也"，治理。百亩之不易，一夫百亩之土地未能耕种。

⑮ "以天下与人易"之"易"，容易。

⑯ 大哉，形容极其伟大。朱熹集注："则，法也。荡荡，广大之貌。君哉，言尽君道也。巍巍，高大之貌。不与，犹言不相关，言其不以位为乐也。""大哉尧之为君"四句，见《论语·泰伯》（8.19），文字小有不同。——"当尧之时"以下三小段，论述圣君劳于政务，不可能从事农耕。

⑰ 夏，华夏。变，改变。夷，蛮夷。二句谓我只听说文明之华夏去改变蛮夷，未听说落后的蛮夷来改变华夏。

⑱ 楚产，生于楚国，陈良必楚国人。中国，中原地区。孟子赞扬陈良学习周公仲尼之道，可谓豪杰之士，用以反衬陈相违背师教的错误。

⑲ 倍，通“背”，背叛。

⑳ 没，去世。三年之外，守丧三年之后。任，赵岐注，“担也”，指行装。

㉑ 场，赵岐注：“孔子冢上祭祀坛场也。”

㉒ “以有若似圣人，欲以所事孔子事之”，《史记·仲尼弟子列传》：“孔子既没，弟子思慕。有若状似孔子，弟子相与共立为师，师之如孔子时也。”强曾子，强使曾子师事有若。

㉓ “江汉以濯之”三句：濯，洗濯。暴，通“曝”，曝晒。朱熹集注：“江汉水多，言濯之洁也；秋日燥烈，言暴之干也。皓皓，洁白貌。尚，加也。”此以物之光辉洁白，喻孔子学问品格无以复加。

㉔ 鴃（jué），鸟名，古人以为即伯劳。鴃舌，谓其语言如伯劳啼叫。南蛮鴃舌之人，指许行。曾子尊重老师，而你陈相却背叛老师，故曰“异于曾子”。

㉕ 乔木，高大的树木。幽谷，幽暗的山谷。《诗·小雅·伐木》：“伐木丁丁，鸟鸣嘤嘤。出自幽谷，迁于乔木。”此以鸟为喻，出于幽谷迁于乔木，喻陈良悦周公仲尼之道北学于中国；下乔木而入幽谷，喻陈相背师道而从许行。前一句是陪衬，后一句为正意。

㉖《诗》，引诗为《鲁颂·閟宫》，传为歌颂鲁僖公之诗。“戎狄是膺，荆舒是惩，则莫我敢承”，毛传：“膺，当。承，止也。”郑玄笺：“僖公与齐桓公举义兵，北当戎与狄，南艾荆及群舒，天下无敢御也。”戎狄为北方少数民族，荆舒为南方国家，荆即楚国。膺（yīng），朱熹集注，“击也”，攻击。惩，讨伐。子是之学，指陈相学许行。不善变，指责陈相本学陈良的所悦周公仲尼之道，却改从许行荒诞之学。

“从许子之道，则市贾不贰，国中无伪；虽使五尺之童適市，莫之或欺。布帛长短同，则贾相若；麻缕丝絮轻重同，则贾相若；五穀多寡同，则贾相若；屦大小同，则贾相若。①”

曰：“夫物之不齐，物之情也；或相倍蓰，或相什百，或相千万。子比而同之，是乱天下也。巨屦小屦同贾，人岂为之哉②？从许子之道，相率而为伪者也，恶能治国家？③”

①道，学说，主张。贾，通“价”。市贾，市场物价。不贰，物价相同，没有两种价格。国中，城里。五尺之童，小孩。布帛，粗布与丝绸。贾相若，价钱相同。麻缕丝絮，麻线与丝绵。五穀，指各种不同类的粮食。屦（jù），鞋。——此陈相听了孟子高论之后，没有话说，就从市场物价问题说明“许子之道”的优越。

② 曰，孟子又说。“物之不齐，物之情也”，同种不同类之物，内含不同（大小、长短、轻重、质量各不一样），是物的实际情况。倍蓰（xǐ），一倍五倍。什百，十倍百倍。千万，千倍万倍。比，并也，合也。巨屦小屦，大鞋小鞋。

③ 相率而为伪，一起来作伪。恶（wū），何也。

★（一）战国百家争鸣中有农家，《汉书·艺文志》诸子十家中“农家者流”，著录代表作有《神农》二十篇。因《神农》书已失传，我们只能间接了解农家的基本理论。班固注：“六国时诸子疾时怠于农业，道耕农事，托之神农。”（注中“诸子”专指农家诸子。）《吕氏春秋·爱类篇》曰：“《神农》之教曰：士有当年而不耕者，则天下或受其饥矣；女有当年而不绩者，则天下或受其寒矣。故身亲耕，妻亲织，所以见致民利矣。”也无疑是农家主张的核心。农家者流唯一见于先秦典籍的代表人物，只有《孟子·滕文公上》这位许行。根据文中叙述许行“其徒数十人，皆衣褐，捆屦织席以为食”，可知农家有他们的组织。他们生活简朴，辛苦劳作，希图用实际行动影响整个社会。他们奔走四方，找到能接受他们的诸侯国，只是“愿受一廛而为氓”；与孟子荀子等思想家周游列国，推行他们的政治主张不同，更与苏秦张仪之类纵横家为各诸侯国君出谋划策，议攻论守完全异趣。由此可知，农家者流的主张和行动代表了下层民众的思想和利益。

但到战国结束以后，再听不到农家者流的消息。农家具有空想的性质，战国之世，战乱缤纷，统治者需要的是如何攻城掠地，在群雄争战中取得胜利，任何政见都与战争紧密相关；农家者流很可能连“愿受一廛而为氓”的生存空间都难以找到。更重要的是庶民百姓只能考虑各自的生存，大都在艰难的处境中挣扎。而士阶层不会有人去追求“身亲耕，妻亲织”，“捆屦织席以为食”的生活。农家也就必然消亡。这与墨家的情况有点相似，而农家的实力较之墨家还无法比拟。

本章的主体即陈相与孟子的这场辩论，许行并没有出面，陈相“道许行之言”，只是打着许行的幌子，未必是许行的意思。农家思想如班固所说是“疾时怠于农业，道农耕事”；他们的行动是“皆衣褐，捆屦织席以为食”，“播百穀，劝农耕以足衣食”，与陈相说的不相干。

陈相的见解，缺乏常识，甚至相当愚昧，认为国之“贤君”，应“与民并耕而食，饔飧而治”。一个国家的最高头领，如果他真是“贤君”，他唯一的任务是正当行政，富国强兵，改善人民的生活；亲自耕田，亲自织布，既不可能也没有必要。没有哪个头脑正常的理论家，会要求一国之君，必须“与民并耕而食，饔飧而治”。至于陈相指责“滕有仓廪府库，则是厉民而以自养也”，尤为荒谬。一个国家，如果连仓廪府库都没有，那个国家还能够生存吗？

听了孟子的长篇大论之后，陈相无话可说了，又提出一个更加荒谬的话题，说什么“市贾不贰，国中无伪”。“布帛长短同，则贾相若；麻缕丝絮轻重同，则贾相若；……屦大小同，则贾相若。”这违背常识。正如孟子所驳斥的，“物之不齐，物之情也”。“巨屦小屦同贾，人岂为之哉？”

孟子用充分的理由，驳斥陈相所谓“贤君”应该亲自耕种；这是本章重要的组成部分。孟子论证充分，无以复加。

（二）但本章文辞颇有瑕疵。孟子用他惯常的手法，“言必称尧舜”，说尧舜如何忧虑国家大事，说所用之人如何如何辛劳，取得巨大的成绩，则是把简单的问题进行复杂的论证，过于烦琐。此其一。其二，论证“贤君”不可能亲耕，是以尧舜为例。谓“尧以不得舜为己忧，舜以不得禹皋陶为己忧”，皋陶与“尧舜禹”不属于同一行列，不应并提。尧舜使用的人，如尧“举舜而敷治焉”，“舜使益掌火”，“使契为司徒”。则“后稷教民稼穑”，也应作“使后稷教民稼穑”，才全文一致。所用诸人中，多有具体工作，如使益“掌火”，禹疏“九河”，后稷“教民稼穑”，使契“为司徒”；而“皋陶”仅有一个名字，前文根本没有提到。此等句例，皆不够严密。其三，特别是引《诗》甚不严谨。《诗·鲁颂·閟宫》，为歌颂鲁僖公之诗，孟子不顾创作的时代与歌颂的对象，移用于周公。“戎狄是膺，荆舒是惩”，郑玄笺：“僖公与齐桓举义兵，北当戎与狄，南艾荆与群舒，天下无敢御也。”其时上距周公四百多年，周公怎么可能“荆舒是惩”？《孟子》书中，这种不严谨的引用比比皆是，是极其严重的缺点。

（三）孟子谓人“或劳心，或劳力；劳心者治人，劳力者治于人；治于人者食人，治人者食于人；天下之通义也”。这是孟子的名言。《国语·鲁语下》公父文伯之母曰：“君子劳心，小人劳力，先王之训也。”可知春秋时代早有此语。近人对这段话多有批判。其实在上位者如果真关心人民，为人民办事，这话并不错；朱熹注即作了正确的解释。问题是有史以来，封建统治者作威作福贪污腐败者多，真正为民为众“劳心”者少，如此“劳心者治人，劳力者治于人；治于人者食人，治人者食于人”，成了统治者遮羞挡箭的“通义”；这是另一性质的问题，而不在于话本身。

（四）有关滕文公内容，《梁惠王下》三章，《滕文公上》四章，共七章。

【5.5】

墨者夷之因徐辟而求见孟子[①]。孟子曰：“吾固愿见，今吾尚病，病愈，我且往见；夷子不来！[②]”

他日又求见孟子。孟子曰：“吾今则可以见矣。不直，则道不见，我且直之[③]。吾闻夷子墨者。墨之治丧也，以薄为其道也，夷子思以易天下，岂以为非是而不贵也；然而夷子葬其亲厚，则是以所贱事亲也。[④]”

徐子以告夷子。

夷子曰：“儒者之道，古之人‘若保赤子’，此言何谓也？之则以为爱无差等，施由亲始。[⑤]”

徐子以告孟子。

孟子曰："夫夷子信以为人之亲其兄之子为若亲其邻之赤子乎？彼有取尔也。赤子匍匐将入井，非赤子之罪也[⑥]。且天之生物也，使之一本，而夷子二本故也[⑦]。盖上世尝有不葬其亲者。其亲死，则举而委之于壑[⑧]。他日过之，狐狸食之，蝇蚋姑嘬之。其颡有泚[⑨]，睨而不视[⑩]。夫泚也，非为人泚，中心达于面目[⑪]；盖归反虆梩而掩之[⑫]。掩之诚是也，则孝子仁人之掩其亲，亦必有道矣。[⑬]"

徐子以告夷子。夷子怃然，为间曰："命之矣。[⑭]"

① 墨者，治墨家之学者。墨家，战国时墨翟创立的学派。墨翟（dí），鲁人，尝为宋大夫。《淮南子·主术篇》谓"孔丘墨翟，修先王之术，通六艺之论"。《要略篇》说"墨子学儒者之业，受孔子之术"，是墨子出于儒家，而后自成家数。为战国"显学"。《汉书·艺文志》墨家者流著录《墨子》七十一篇，今存。夷之，人名。朱熹集注："夷，姓；之，名。"徐辟，朱熹集注，"孟子弟子"。

② 夷子不来，孟子说自己有病，叫夷子不要来。

③ 直，直话，直说。"不见"之"见"，音现（xiàn），显露，显示。孟子对夷子有所不满，故尚未见面即表明态度。谓话不直说，则道理不能显露，故我将把话直说。

④ 墨之治丧也，以薄为其道也，即墨家以薄葬作为他们的主张。思以易天下，想以这种主张改变天下的风气，岂以为非是而不贵，岂不是认为非薄葬则以为不贵。然而夷子却厚葬其父母，则是以"贱"对待他的父母！

⑤ 古之人"若保赤子"，《书·康诰》"若保赤子，惟民其康乂"，夷子所引即《康诰》此文。谓儒家说古代圣君爱护民众如爱护自己的孩子，这话是什么意思呢？之，夷子自称。谓我夷之认为就是"爱无差等"，对谁都一样，施行自应从自己的父母开始。夷子将儒家"若保赤子"解释为墨家的"爱无差等"，为自己厚葬父母辩解。朱熹集注：夷子"推墨而附于儒，以释己所以厚葬其亲之意；皆所谓遁辞也"。

⑥ 信，诚也，真也。亲，爱也。匍匐（pú fú），伏于地；句中为伏地爬行之意。彼有取尔也，谓《书》“若保赤子”是有其用意。难道夷子真以为爱自己的侄儿如同爱邻人的孩子吗?《书》谓“若保赤子”是有其用意的，如看到任何孩子匍匐将堕入井中，由于孩子无知，(是谁都会去救的，并非“爱无差等”。)

⑦ 天之生物，实对人而言。本，人之根本，实指父母。谓人之生，本只有自己的父母，即“一本”。而夷子“爱无差等”，则对他人亦如对父母，对父母亦如对他人，故曰“二本”。此驳斥夷子所谓“爱无差等”。

⑧ 委，委弃。壑，沟壑，山谷。

⑨ 狐狸，兽名。唐石经作“狐貍”，则是狐与貍两种野兽，与下句“蝇蚋”相对。蝇蚋（ruì），苍蝇和蚊子。姑，朱熹解作语助词。按，“姑嘬（chuài）”连读，叮咬，吸吮。

⑩ 颡（sǎng），额。泚（cǐ），出汗。睨，斜视。看到父母的遗体被野兽啮咬，蚊蝇叮吸，因而额上汗出，不敢正视。

⑪ 非为人泚，额上汗出，并非为他人，而是看到父母遗体如此惨象，心中痛苦因而现于面目。

⑫ 盖，于此。虆（léi），竹制盛土之器。梩（lǐ），《方言》:“臿，东齐谓之梩。”木制铲土工具。掩，掩埋。

⑬ 诚，实也，确实。是，正确。“掩之诚”三句，谓掩埋父母遗体是对的，可知孝子仁人在父母去世之后好好安葬，自有他的道理。这是孟子解释安葬父母的缘由。孟子实际上赞成厚葬；他只是反对作为墨家的夷子理论上主张薄葬而行动上却进行厚葬的行为。

⑭ 怃（wǔ）然，朱熹集注，“茫然自失之貌”。为间（jiàn），过了一会儿。命，朱熹集注，“犹教也”。之，夷子自称，命之矣，谓孟子在教育我夷之呀。

滕文公章句下

凡十章

【6.1】

陈代曰："不见诸侯，宜若小然；今一见之，大则以王，小则以霸[①]。且《志》曰，'枉尺而直寻'，宜若可为也。[②]"

孟子曰："昔齐景公田，招虞人以旌，不至，将杀之[③]。'志士不忘在沟壑，勇士不忘丧其元'，孔子奚取焉？取非其招不往也[④]，如不待其招而往，何哉？[⑤]且夫枉尺而直寻者，以利言也；如以利，则枉寻直尺而利，亦可为与？[⑥]昔者赵简子使王良与嬖奚乘，终日而不获一禽。嬖奚反命曰：'天下之贱工也。[⑦]'或以告王良。良曰：'请复之。'强而后可，一朝而获十禽。嬖奚反命曰：'天下之良工也。[⑧]'简子曰：'我使掌与女乘。[⑨]'谓王良。良不可，曰：'吾为之范我驰驱，终日不获一；为之诡遇，一朝而获十[⑩]。《诗》云：'不失其驰，舍矢如破。'我不贯与小人乘，请辞。[⑪]"御者且羞与射者比[⑫]；比而得禽兽虽若丘陵，弗为也[⑬]。如枉道而从彼，何也？且子过矣：枉己者，未有能直人者也。[⑭]"

① 陈代，赵岐注，"孟子弟子也"。不见，不谒见，不干谒。宜，犹殆也，似乎。小，朱熹集注，"谓小节也"。王（wàng），实现王道。霸，称霸天下。

②《志》，赵岐注，"记也"，当是书名。枉尺而直寻，枉，屈也；直，伸也。八尺曰寻。枉屈不过一尺，伸长可达八尺。陈代用以为喻，谓不要自守清高，应该积极干谒。朱熹集注："枉尺直寻，犹屈己一见诸侯，可以致王霸；所屈者小，所伸者大也。"

③ 齐景公，春秋时齐国君，前547至前490年在位。田，打猎。招，召唤。虞人，掌管山泽的官。旌，一种用牛尾鸟羽作竿饰的旗。国君召唤臣下，对不同职务的官用不同的信物。《左传·昭公二十年》："十二月，齐侯田于沛，招虞人以

弓，不进。公使执之。辞曰：'昔我先君之田也，旃以招大夫，弓以招士，皮冠以招虞人。臣不见皮冠，故不敢进。'乃舍之。”招虞人应用皮冠，因所用信物不对，故虞人“不至”。鲁昭公二十年（前522），当齐景公二十六年，与孟子所述当为同一事件，惟招虞人“以旃”与“以弓”所记不同。

④ 元，赵岐注，“首也”。“志士”二句，谓志士勇士即使付出生命也要坚持原则。不忘，即有思想准备。非招不往也，此“招”字指按身份召唤用的信物，没有符合其身份的信物则不往也。按，“志士不忘在沟壑，勇士不忘丧其元”，应是孔子赞赏虞人所说的话，才与下文“孔子奚取焉？取其非招不往也”联系得上。

⑤“如不待其招而往，何哉？”若此则丧失了原则，质问包含着答案。

⑥“且夫”五句是反问陈代。且你所说的“枉尺而直寻”是从“利”的角度说的；如果从“利”的角度，则“枉寻而直尺”，即如果最大地枉屈自己可以得利，也可以干吗？

⑦ 赵简子，晋大夫赵鞅。王良，赵简子有名御者，即驾车者。嬖奚，赵简子嬖人名奚。（嬖人，宠幸之人。）乘，驾车。终日，整天。禽，野兽。《说文》：“禽，走兽总名。”贱，卑下；此与“良”相对，谓其无能；贱工，很坏的车手。

⑧ 请复之，请再来一次。强（qiǎng），勉强。嬖奚不愿再让王良为他御车，勉强而后同意。一朝，一个早上。良工，最好的车手。

⑨ 掌，朱熹集注，“专主也”。女，同“汝”，指嬖奚。谓我叫他为汝御车。

⑩ 范，规范。范我驰驱，即规范地驾车驰驱。诡，诡谲。“遇”为“御”之音借。为之诡遇，即不规范地驾御。王良谓：我为之规范地驾御，整天不获一头野兽；为之不规范地驾御，却一天获得十头野兽。

⑪《诗》，引诗为《小雅·车攻》。舍矢，放箭。如，而也。贯，通“惯”。句意谓御者不失驰驱之法，射者放箭一发即破的，两者配合默契。嬖奚乃小人，不能与王良相互配合，故王良说：我不习惯为小人驾车。

⑫ 比，《诗·大雅·皇矣》“比于文王”，陈奂传疏：“比者，合也。”“御者”三句，谓王良这样的御者且羞与小人嬖奚合作；合作即使获得禽兽多如丘陵，王良亦不为也。

⑬ 彼，指天下诸侯。此回到开头提出的话题，谓如果委屈自己而干谒诸侯，会怎么样？言外之意，将是有失尊严，自取其辱。

⑭ 子，指陈代。枉己者未有能直人者，正己才能正人，枉曲自己者不能端正他人。

★（一）“吾为之范我驰驱”，“范我”一词不好理解。注家一般将“范我驰驱”解作我规范地驾车驰驱，解这个词组勉强可以，但“吾为之范我驰驱”则很不通顺，句中“吾”与“我”重复。焦循正义引《音义》云：“（范我）或作‘范氏’，范氏，古之善御者。”此由于“范我”不得其解而改字，然“吾为之范氏驰驱”更不通顺。按，此“我”字为语助词。朱骏声《说文通训定声》：“我，又发声之词。”为之范我驰驱，为之规范地驰驱；为之诡御，为之不规范地驰驱：两者正相对。

（二）王良曰：“吾为之范我驰驱，终日不获一；为之诡遇，一朝而获十。”原因何在，王良没有说明；孟子既然引用了，却未作解释。这是文中的欠缺，使读者不得其解。

【6.2】

景春[①]曰：“公孙衍[②]、张仪[③]岂不诚大丈夫哉？一怒而诸侯惧，安居而天下熄。[④]”

孟子曰：“是焉得为大丈夫乎？子未学礼乎？丈夫之冠也，父命之[⑤]。女子之嫁也，母命之，往送之门，戒之曰：‘往之女家，必敬必戒，无违夫子！[⑥]’以顺为正者，妾妇之道也[⑦]。居天下之广居，立天下之正位，行天下之大道[⑧]。得志与民由之，不得志独行其道[⑨]。富贵不能淫，贫贱不能移，威武不能屈。此之谓大丈夫。[⑩]”

① 景春，其人生平不详。

② 公孙衍，《史记·张仪列传》附犀首传，谓“犀首，魏之阳晋人也，名衍，

姓公孙氏；与张仪不善”。集解引司马彪曰：“犀首，魏官名，若今虎牙将军。”传即称公孙衍为犀首。公孙衍行事见于《战国策·魏策》，其年代在齐宣王、梁惠王之世。

③ 张仪，著名纵横家。《史记·张仪列传》谓“张仪者，魏人也。始尝与苏秦俱事鬼谷先生学术，苏秦自以为不及张仪”。苏秦说东方六国合纵以抗秦，张仪入秦，相秦惠王，以连横之策说六国，使六国背纵约而事秦国。秦惠王死后，武王立，张仪离秦去魏，为魏相一年后死去。时在秦武王二年，魏哀王十年（前309）；早于孟子去世。

④ 诚，真也。赵岐注：“一怒则构诸侯使强凌弱，故言惧也；安居不用辞说，则天下兵革熄也。”（构，挑拨。）

⑤ 冠（guàn），男子二十行冠礼。

⑥ 女，通“汝”。女（汝）家，丈夫家。“戒之曰”之“戒”，告诫。“必敬必戒”之“戒”，戒慎，小心谨慎，无违夫子，不要有违丈夫。

⑦ 顺，顺从。以顺为正，以顺从为主。

⑧“居天下”三句，朱熹集注：“广居，仁也；正位，礼也；大道，义也。”则居天下之广居，居于仁也。立天下之正位，立于礼也。行天下之大道，行于义也。

⑨ 由，行也。得志之时，与人民一道前进；不得志之时，独自坚持自己的原则。《尽心上》“孟子谓宋勾践”章（13.9），孟子曰：“古之人，得志，泽加于民；不得志，修身见于世。穷则独善其身，达则兼善天下。”思想内容一致。

⑩“富贵不能淫”三句，朱熹集注：“淫，荡其心也；移，变其节也；屈，挫其志也。”

★纵横家张仪与苏秦齐名，公孙衍不足与比肩，景春却不提苏秦。周广业《孟子出处时地考》认为是其时苏秦已死。按，苏秦被刺在燕王哙四年即魏（梁）哀王二年（前317），其时上距孟子见梁惠王已二十馀年。周广业之说如果可信，则景春说孟子公孙衍张仪事已至孟子暮年。

本章后段孟子论大丈夫，谓“居天下之广居，立天下之正位，行天下之大道。

得志与民由之，不得志独行其道。富贵不能淫，贫贱不能移，威武不能屈。此之谓大丈夫"，语言气势磅礴，成为千古名言。尽管孟子系隐然自喻，对后人仍有教育意义。由话中"不得志独行其道"，也说明其时在孟子回国之后。

【6.3】

周霄问曰："古之君子仕乎？①"

孟子曰："仕。《传》曰：'孔子三月无君，则皇皇如也，出疆必载质。②'公明仪曰：'古之人三月无君则吊。'③"

"三月无君则吊，不以急乎？④"

曰："士之失位也，犹诸侯之失国家也。《礼》曰⑤：'诸侯耕助⑥，以供粢盛⑦；夫人蚕缫⑧，以为衣服⑨。牺牲不成⑩，粢盛不絜，衣服不备⑪，不敢以祭。惟士无田，则亦不祭。⑫'牲杀⑬、器皿、衣服不备，不敢以祭，则不敢以宴⑭，亦不足吊乎？"

"出疆必载质，何也？"

曰："士之仕也，犹农夫之耕也；农夫岂为出疆舍其耒耜哉？"

曰："晋国亦仕国也⑮，未尝闻仕如此其急。仕如此其急也，君子之难仕，何也？"

曰："丈夫生而愿为之有室，女子生而愿为之有家⑯。父母之心，人皆有之。不待父母之命、媒妁之言，钻穴隙相窥，逾墙相从，则父母国人皆贱之⑰。古之人未尝不欲仕也，又恶不由其道⑱。不由其道而往者，与钻穴隙之类也。⑲"

① 周霄，赵岐注："周霄，魏人也。"《战国策·魏策》："魏文子、田需、周霄相善，欲罪犀首。"其事当在魏襄王、哀王之世。仕，做官。

② 传（zhuàn），未知其为何书。三月，几个月。无君，未能做官而无君可事。皇皇如也，彷徨急遽之貌。疆，国界。出疆，即出国。质，通"贽"，初见国君时献的礼物。

③ 公明仪，曾子弟子。已见《滕文公上》“滕文公为世子”章（5.1）。吊，安慰，慰问。

④ 以，太也。以急，太急。

⑤《礼》，记述礼仪的书。详星评。

⑥ 耕助，《滕文公上》“滕文公问为国”章（5.3）：“助者，藉也。”《诗·周颂·载芟》序“春藉田而祈社稷也”，传：“籍田，甸师氏所掌，王载耒耜所耕之田，天子千亩，诸侯百亩。籍之言借也，借民力治之，故谓之籍田。”（藉、籍，古字通用。）“助、籍”皆“借”也，“借民力治之也”。“耕助”并列，皆耕田之意，与下句“蚕缫”对应。

⑦ 粢（zī）盛（chéng），祭祀时盛在祭器内的黍稷。《国语·周语上》“上帝之粢盛于是乎出”，韦昭注：“器实曰粢，在器曰盛。”《左传·桓公六年》“粢盛丰备”，杜预注：“黍稷曰粢，在器曰盛。”

⑧ 蚕缫（sāo），养蚕缫丝。

⑨ 衣服，此特指祭祀穿的祭服。

⑩ 牺牲，供祭祀宰杀的牲畜。不成，不成熟，没有长大。

⑪ 絜，通“洁（潔）”。不絜，不洁净。不备，不具备，不完备。

⑫“惟士无田，则亦不祭”，《礼记·王制》：“大夫士，宗庙之祭，有田则祭，无田则荐。”田，供祭祀之田。（荐，遇时节供时物祭祀。）

⑬ 牲杀，王夫之《孟子稗疏》：“畜牧曰牧，渔猎曰杀。”“牲杀”实即“牺牲”。

⑭ 宴，宴会，特指祭祀宴会。“牲杀、器皿、衣服不备，不敢以祭，则不敢以宴”，总结“《礼》曰”诸句内容。

⑮ 晋国，此实指魏国（亦即梁国）。参见《梁惠王上》“晋国天下莫强焉”章（1.5）注①。亦仕国，亦可仕之国。

⑯ 丈夫，男子；与下句“女子“相对。有室，有妻室。有家，有夫家。

⑰ 媒妁（shuò），介绍婚姻的媒人。《说文》：“媒，谋也，谋合二姓。”“妁，酌也，斟酌二姓也。”二字同义并列，但“酌”不能单独使用。钻穴隙，墙壁上钻

孔。“穴隙”二字同义并列，“隙”亦“穴”也。后逾墙，跳越围墙。先钻穴窥视，后逾墙相从，皆不正当男女关系。贱，轻贱。

⑱ 恶（wù），厌恶。恶不由其道，厌恶不由正当的途径。

⑲ 与，如同。仕而不由正当途径，如同男女钻穴逾墙苟合之类也。

★（一）“《礼》曰”诸句，《礼记》中有内容大体相同的语言。《祭统》云：“天子亲耕于南郊，以共（供）齐（粢）盛；王后蚕于北郊，以共（供）纯服。诸侯耕于东郊，亦以共（供）齐（粢）盛；夫人蚕于北郊，以共（供）冕服。”《曲礼下》：“无田禄者不设祭器。”《王制》云：“大夫士宗庙之祭，有田则祭，无田则荐。”今存《礼记》由西汉戴圣编定，故孟子所引“《礼》曰”云云，为先秦旧籍，非《小戴礼记》。

（二）孟子“好辩”，爱用比喻，有的甚不妥当。“士之失位也，犹诸侯之失国家也”，两者大不一样。诸侯失国，往往亡国灭种；士失位并不如此严重。古人不仕或仕而失位后来大有成就者，多不胜举，怎能与诸侯失国相提并论？再说周霄所问谓君子是否出仕，与孟子所谓“失位”并不相同。仕谓无位而求仕，失谓有位而失之。又，“粢盛不絜，衣服不备，不敢以祭”之类，与出仕或失位，没有任何可比性。又，“出疆必载质”，与农夫出疆不舍其耒耜，也完全不同，比拟不伦。此等文辞，瑕疵累累。《孟子》书中，不同章次，高下悬殊，本章文字即极不规范。

（三）首章陈代曰“不见诸侯，宜若小然”，孟子说了一大通道理，说明“不见诸侯”何等正确。本章周霄问“古之君子仕乎”，孟子却引《传》曰“孔子三月无君，则皇皇如也，出疆必载质”，出疆必载质，无疑是为了“见诸侯”。两章所论，思想内容完全相反。孟子随意作答，自相矛盾，也在所不顾。

【6.4】

彭更问曰：“后车数十乘，从者数百人，以传食于诸侯，不以泰乎？[①]”孟子曰：“非其道，则一箪食不可受于人[②]；如其道[③]，则舜受尧之天下不以为泰，子以为泰乎？”

曰：“否。士无事而食，不可也。”

曰：“子不通功易事，以羡补不足，则农有馀粟，女有馀布[④]；子如通之，则梓匠轮舆皆得食于子[⑤]。于此有人焉，入则孝，出则悌，守先王之道，以待后之学者[⑥]，而不得食于子；子何尊梓匠轮舆而轻为仁义者哉？”

曰：“梓匠轮舆，其志将以求食也；君子之为道也，其志亦将以求食与？[⑦]”

曰：“子何以其志为哉？其有功于子，可食而食之矣。且子食志乎？食功乎？[⑧]”

曰：“食志。”

曰：“有人于此，毁瓦画墁，其志将以求食也，则子食之乎？[⑨]”

曰：“否。”

曰：“然则子非食志也，食功也。”

①彭更，古代注家都说是孟子弟子，然无从证实。揣其说话口气，不大可能是弟子。乘（shèng），车辆。以，太也。泰，赵岐注，“甚也”；朱熹集注，“侈也”。不以泰乎，是不是太奢侈，太过分了。根据孟子待弟子的态度，他的弟子不可能提这样质问式的问题。

②非其道，不合理，不合于道。箪（dān），盛饭竹器。一箪食，一筐饭。

③如其道，如果合于道。

④通功易事，以各不相同的工作取得相通的功效。如生产不同的产品，相互交换以各得其用。羡，多馀，过剩。谓如果不以多馀的产品通过交易以弥补不足，那么农民会有过剩的粮食，女工会有过剩的布匹，却都无法生活。

⑤梓匠轮舆，朱熹集注：“梓人、匠人，木工也。轮人、舆人，车工也。”梓匠轮舆制作木器车辆，用以换取粮食布匹。（此即“通功易事”。）

⑥待，对待。以待后之学者，即以“先王之道”教育“后之学者”。

⑦志，心意，思想。彭更之意，谓木工车工他们心里想的就是要吃饭，难道

君子宣扬他们的学说，他们心里想的也是要吃饭吗？

⑧“可食”之“食”（sì），通“饲”，饲养，供养，以食物与人。“食之、食志、食功”之“食”皆同。可食而食之，值得供养而供养之。食志，因他有某种作为的心意而供养之。食功，因他有某种作为的功劳而供养之。

⑨画，此特指乱涂乱画，涂污。墁（màn），粉刷的墙壁。毁瓦画壁，毁坏屋上的瓦，涂污粉刷的墙壁。

★孟子“好辩”，也善辩，但也不乏诡辩。彭更指斥孟子“后车数十乘，从者数百人，以传食于诸侯，不以泰乎？”孟子竟然拉出“舜受尧之天下”与之相提并论。尧舜之事系古代传说，如果“尧舜禅让”确是事实，则舜一定有巨大的功勋、崇高的道德，为人民所拥戴，才得有天下。孟子自认为宣传了仁政，但与传说中舜的事业，哪有一丝一毫的可比性？再说即使宣传了仁义之道，用得着摆如此之大的驾势，“后车数十乘，从者数百人，以传食于诸侯”？

彭更断然予以否定，指出“士无事而食，不可也”。

孟子又说“通功易事”，即人们以各不相同的工作，生产不同的产品，通过交换以弥补各自的不足；与有人“入则孝，出则悌，守先王之道，以待后之学者”，似乎两者相同，都应该“得食”。其实两者完全不同，前者有实效，后者充其量只能说具有某种品格、某种思想，没有具体的实效，不可能相提并论，怎么能说是“尊梓匠轮舆而轻仁义者”？再说如果真有人“入则孝，出则悌，守先王之道，以待后之学者”，与彭更质问的“后车数十乘，从者数百人，以传食于诸侯，不以泰乎”也毫无联系。难道有人“入则孝，出则悌，守先王之道，以待后之学者”就必须“后车数十乘，从者数百人，以传食于诸侯”？

之后孟子提出什么“其有功于子，可食而食之矣。且子食志乎？食功乎？”这个问题根本不能成立，因为既然“有功”，则“食志、食功”是统一的，不可能分开。

彭更回答“食志”，是在既已“有功”的前提下回答的。

孟子却说“有人于此，毁瓦画墁，其志将以求食也，则子食之乎？”彭更所谓“食志”，理所当然是正面的建设性的“志”，而“毁瓦画墁”是作恶行为，其“志”是负面的破坏性的“志”，暴徒恶棍之“志”，两者完全不同，怎么可能混为一谈？

本章孟子说完以后再无下文，决不说明孟子获胜。这场辩论的胜利者是彭更。“后车数十乘，从者数百人，以传食于诸侯，不以泰乎？”任何时代，任何正常的人，不会说他问错了。“士无事而食，不可也。”任何时代，任何正常的人，也不会说他说错了。《论语·卫灵公》孔子曰：“事君敬其事而后其食。”彭更之见与孔子所论完全一致。

【6.5】

万章问曰：“宋，小国也，今将行王政，齐楚恶而伐之[①]，则如之何？”

孟子曰：“汤居亳，与葛为邻，葛伯放而不祀[②]。汤使人问之曰：‘何为不祀？’曰：‘无以供牺牲也。’汤使遗之牛羊[③]。葛伯食之，又不以祀。汤又使人问之曰：‘何为不祀？’曰：‘无以供粢盛也。’汤使亳众往为之耕，老弱馈食[④]。葛伯率其民，要其有酒食黍稻者夺之，不授者杀之[⑤]。有童子以黍肉饷，杀而夺之[⑥]。书曰：‘葛伯仇饷。[⑦]’此之谓也。为其杀是童子而征之[⑧]，四海之内皆曰：‘非富天下也，为匹夫匹妇复雠也。[⑨]’‘汤始征，自葛载[⑩]’，十一征而无敌于天下[⑪]。东面而征，西夷怨；南面而征，北狄怨，曰：‘奚为后我？’民之望之，若大旱之望雨也。归市者弗止，芸者不变[⑫]，诛其君，吊其民，如时雨降。民大悦。《书》曰：‘徯我后，后来其无罚。[⑬]’‘有攸不惟臣，东征[⑭]，绥厥士女，匪厥玄黄[⑮]，绍我周王见休，惟臣附于大邑周。[⑯]’其君子实玄黄于匪以迎其君子，其小人箪食壶浆以迎其小人；救民于水火之中，取其残而已矣[⑰]。《太誓》曰：‘我武惟扬，侵于之疆，则取于残，杀伐用张，于汤有光。[⑱]’不行王政云尔，苟行王政，四海之内皆举首而望之，欲以为君。齐楚虽大，何畏焉？”

①万章，孟子弟子。宋君偃于齐湣王六年（前318）自立为王，“将行王道”

者必宋王偃。孟子去齐之后，曾来宋国，离开宋国时，宋曾馈送重礼七十镒兼金，可见宋王偃对他相当敬重。参见《公孙丑下》“陈臻问”章（4.3）注。恶（wù），恨也。

② 汤，商汤王。亳（bó），殷商都城，地在今河南商丘县北。葛，赵岐注：“夏诸侯，嬴姓之国。”放而不祀，赵岐注：“放纵无道，不祀先祖。”

③ 牺牲，见“周霄问”章（6.3）注。遗（wèi），给予，赠送。

④ 粢盛（zī chéng），见“周霄问”章（6.3）注。馈（kuì），赠送。老弱馈食，“汤使亳众”二句，谓汤使亳之民众青壮年为之耕地，老弱为耕者送饭。

⑤ 要（yāo），通“邀”，拦截。不授者，被抢夺时不肯交出者。

⑥ 饷（xiǎng），朱熹集注，“亦馈也”。以黍肉饷，拿黍肉前往赠送。

⑦《书》，引文为古《尚书》逸文，伪古文《尚书》采入《仲虺之诰》。葛伯仇饷，葛伯仇视馈送饭菜的人。

⑧ 为其杀是童子而征之，谓商汤由于葛伯杀此童子而往讨伐。

⑨ 四海之内，即天下之人。非富天下也，朱熹集注：“言汤之心非以天下为富而欲得之也。”友人储庭焕曰：“朱注非是，语言结构与原文完全不同。按，‘富’是动词，致富也。谓汤始征葛，是因葛伯杀此童子而征之，并非为了使天下致富，而只是为此童子报仇。”储君之说可供参考。匹夫匹妇，平民百姓。复雠，报仇。

⑩“汤始征，自葛载”，《梁惠王下》“齐人伐燕取之”章（2.11）引“《书》曰：汤一征，自葛始”。本章无“《书》曰”二字，实是同一引文。两处引文，有两字不同，意思完全一样。一，始也。载，亦始也。《诗·周颂·载见》“载见辟王”，毛传：“载，始也。”

⑪ 十一征，十一次征伐。朱熹集注：“所征十一国也。”

⑫ 芸，通“耘”，除草。

⑬《书》曰：“徯我后，后来其无罚。”徯，待也，期待。后，君也，指商汤。罚，《国语·周语上》“是有逸罚”，韦昭注：“罚，犹罪也。”谓我们期待君王来到，君子到来我们就不受罪了。“汤居亳”至“后来其无罚”，讲述汤征葛伯故事。——自“汤始征，自葛始”至“徯我后，后来其无罚”一段文字，与《梁惠

王下》“齐人伐燕取之”章（2.11）内容相同，词语小有差异。参见该章星评。

⑭ 有攸，前人解“攸”为“所”，杨伯峻先生理解为国名，谓“甲文和晚商金文有攸国之名”。“不惟”之“惟”，通“为”。绥，安也。厥，其也。士女，男男女女，即攸国民众。三句谓有攸国不肯臣服，故周王东征，安抚那里的民众。

⑮ 匪，“篚”之假借。篚，竹筐。玄黄，采色丝帛。匪厥玄黄，有攸民众用竹筐装着彩色丝帛（迎接周王）。绍我周王见休，大意是有攸民众求见周王，词句不得其解。详见星评。

⑯ 附，归附，归顺。惟臣附于大邑周，谓有攸愿意为臣归服于大周。“有攸不惟臣，东征，绥厥士女，匪厥玄黄，绍我周王见休，惟臣附于大邑周”，这段文字前面没有“《书》曰”，亦必古《尚书》逸文，伪古文《尚书》采入商书《武臣》，曰：“肆予东征，绥厥士女。惟其士女，篚厥玄黄，昭我周王。天休震动，用附我大邑周。”语句与内容都有极大差别，系同一来源还是明显的。

⑰ 君子，指官员。小人，指民众。有攸官员用竹筐装上彩色帛迎接周王官员，民众则用竹器盛饭用壶装水浆迎接士卒。取，杀也。《文选·阮瑀〈为曹公作书与孙权〉》“内取子布”，刘良注：“取，谓杀也。”残，残暴者，即暴君。“其君子”四句，是对前所引逸文的诠释。

⑱《太誓》，同《泰誓》，所引为古《尚书·泰誓》逸文，伪古文《尚书》采入周书《泰誓》中篇。“我武惟扬”五句，朱熹集注：“言武王威武奋扬，侵彼纣之疆界，取其残贼，而杀伐之功因以张大，比于汤之伐桀，又有光焉。引此以证上文‘取其残’之义。”（杨伯峻先生以“侵于、取于”之“于”为国名。引陈梦家《尚书通论》云：“于即是邗。按《通鉴》前编，‘纣十有八祀，西伯伐邗’，注引徐广曰‘大传作于’。”陈说非是，《泰誓》叙武王伐纣，不能说为伐于，朱注以“彼”训“于”，“侵于之疆，则取于残”，即“侵彼之疆，则取彼残”，文辞顺畅，不宜另作别解。）

★（一）《战国策·宋策》谓宋康王（即王偃）“灭滕伐薛，取淮北之地，乃愈自信，欲霸之亟成，故射天笞地，斩社稷而焚灭之，曰‘威服天下鬼神’。骂国老谏者，为无颜之冠以示勇。剖伛之背，锲朝涉之胫，而国人大骇。齐闻而伐之，民散，城不守。王乃逃倪侯之馆，遂得而死”。《史记·宋微子世家》:“君偃十一年，自立为王。东败齐，取五城；南败楚，取地三百里；西败魏军，乃与齐魏为敌国。盛血以韦囊，县而射之，命曰射天，淫于酒妇人，群臣谏者辄射杀之。于是诸侯皆曰‘桀宋，宋其复为纣所为，不可不诛’。告齐伐宋。王偃立四十七年，齐湣王与魏、楚伐宋，杀王偃，遂灭宋，三分其地。”这个宋王偃与《孟子》本章中“将行王道”的宋王偃完全不同，前者似乎是仁君，后者完全是暴君，简直是两个极端。周广业《孟子出处时地考》谓“观孟子与万章问答，意其初政尚有可观者,《战国策》所谓‘射天笞地’,《世家》所书‘淫于酒妇人’、‘诸侯皆谓桀宋’，乃其晚节不终。”如果初“行王道”，即使“晚节不终”，前后也不致如此悬殊。焦循按，“《史记》称宋王为桀纣，与万章‘行王政’之言迥别，或出于齐楚恶之之口，史非其实欤？”所谓“出于齐楚恶之之口”，是说齐楚为讨代宋国找借口，就给宋王偃制造了许多罪名，栽赃诬谄。焦循之说，很有道理。万章与孟子问答是当时记录，应该相对实在；而《战国策》《史记》是后来述说，是胜利者一偏之辞。此其一。其二，谓王偃“盛血以韦囊，县而射之，命曰射天”，与《史记·殷本纪》所记帝武乙（商纣王曾祖）“为革囊盛血，卬而射之，命曰射天”，完全一样；谓王偃“淫于酒妇人”，与商纣王“好酒淫乐，嬖于妇人”，也无不同；其他暴行也多与商纣王相似。栽赃诬陷之迹甚为明显。根据《宋微子世家》简略的记载推测，宋王偃肯定能力很强，但过于自信，不估量自己的国力，“与齐魏为敌国”，引得“齐楚恶而伐之”，加给他这么多罪名也就不足为奇。《论语·子张》子贡曰:“纣之不善，不如是之甚也。是以君子恶居下流，天下之恶皆归焉。”于宋王偃同样可以说:“王偃之不善，不如是之甚也。是以君子恶居下流，天下之恶皆归焉！”历史是胜利者对事实过程的叙述，“胜者英雄败者盗”，“天下是非谁管得”，不能不令人抚卷长叹！

（二）孟子是先秦杰出的思想家，其学说对后来有极大的影响。但孟子缺乏解决具体事务的能力，更不谙外交事务。宋，小国也，“齐楚恶而伐之”。齐楚大国，远较宋国力量强大。大军压境，宋国已岌岌可危，万章问“如之何”，孟子立即提出商汤如何征讨葛伯的故事大说特说。宋国当前面对的形势是如何对付“齐楚恶而伐之”的危难，而不是如何去征伐他人，孟子的回答文不对题，答非所问。战国时代的谋臣策士，纵横捭阖于各诸侯国之间；他们可能没有恒定的政治品格，没有一贯的治国方略。但在紧急关头，出谋划策，总能提出一些办法，往往也能解决问题。孟子没有这种能力。当孟子高谈阔论“苟行王政，四海之内皆举首而望之，欲以为君，齐楚虽大，何畏焉”之时，宋国却正在走向灭亡的绝境；宋王偃送给孟子七十镒兼金完全白送了。

孟子大发高论之时，常常引经据典。有时说明了出处，有时不加说明。同一引文，词语往往不完全一致。本章五引古《尚书》逸文，两处引作“《书》曰”，一处引用篇名《太誓》，两处未说明出处，衔接之处，也缺乏过渡语句，显得夹杂不清；是《孟子》全书中有些章文辞不顺突出的一例。

【6.6】

孟子谓戴不胜曰：“子欲子之王之善与①？我明告子。有楚大夫于此，欲其子之齐语也，则使齐人傅诸②？使楚人傅诸？”

曰：“使齐人傅之。”

曰：“一齐人傅之，众楚人咻之，虽日挞而求其齐也③，不可得矣，引而置之庄岳之间数年④，虽日挞而求其楚，亦不可得矣。子谓薛居州⑤，善士也。使之居于王所。在于王所者，长幼卑尊，皆薛居州也⑥，王谁与为不善？在王所者，长幼卑尊皆非薛居州也，王谁与为善？一薛居州，独如宋王何！⑦”

① 戴不胜，赵岐注，“宋臣”。善，好也。王，宋王。

② 齐语，学习齐国语言。傅，教也。

③ 咻（xiū），喧嚷，吵闹。挞（tà），鞭打。

④ 庄、岳，赵岐注，“齐街里名也”。

⑤ 子谓薛居州，即子（戴不胜）提到的薛居州。薛居州，生平不详，必为当

时宋国的“善士”。

⑥ 皆薛居州，都是薛居州那样的人。

⑦ 独，王引之《经传释词》：“独，犹将也。”

【6.7】

公孙丑问曰：“不见诸侯何义？[①]”

孟子曰：“古者不为臣不见。段干木逾垣而辟之[②]，泄柳闭门而不内[③]，是皆已甚；迫，斯可以见矣[④]。阳货欲见孔子而恶无礼[⑤]，大夫有赐于士，不得受于其家，则往拜其门。阳货瞰孔子之亡也而馈孔子蒸豚[⑥]，孔子亦瞰其亡也而往拜之。当是时，阳货先，岂得不见？曾子曰：‘胁肩谄笑，病于夏畦。[⑦]’子路曰：‘未同而言，观其色赧赧然[⑧]，非由之所知也。[⑨]’由是观之，则君子之所养，可知已矣。[⑩]”

① 义，道理。

② 段干木，姓段干，名木。魏文侯时人。《史记·老子列传》：“老子之子名宗，宗为魏将，封于段干。”是段干为魏邑名，因邑为姓。逾垣而辟，越过围墙回避来访者。《史记·魏世家》：“文侯受子夏经艺，客段干木，过其闾，未尝不轼也。秦尝欲伐魏，或曰：‘魏君贤人是礼，国人称仁，上下和合，未可图也。’文侯由此得誉于诸侯。”皇甫谧《高士传》：“木，晋人也，守道不仕。魏文侯欲见，造其门，干木逾墙而避之。文侯以客礼待之，出过其闾而轼。”（皇甫谧是魏晋时人，《高士传》系据传闻记录。）

③ 泄柳，已见《公孙丑下》“孟子去齐宿于昼”章（4.11）。闭门而不内，关闭房门不接待来访的国君。内（nà），通“纳”。

④ 已甚，太过分。迫，迫切，指国君来见之情迫切。斯可以见，乃可以见。

⑤ 阳货，《左传》《史记》并作阳虎。《论语·阳货》何晏集解引孔安国曰：“阳货，阳虎也。季氏家臣，而专鲁国之政。”见（xiàn），使之来见。而恶（wù）无礼，阳货担心自己的做法无礼。

⑥ 瞰（kàn），暗中窥伺。亡，外出。馈（kuì），馈赠，馈送。蒸豚，蒸小猪。大夫有赐于士，如果未能在家里赐予，则受赐之士必须回拜。阳虎欲使孔子来见，便暗中窥伺孔子外出馈送一头蒸小猪。孔子也窥伺阳货外出时前往回拜。参见《论语本原·阳货》"阳货欲见孔子"章注。

⑦ 胁肩，耸起肩膀（人表示恭敬时低头，则两肩耸起）。谄笑，勉强的笑。病，此为劳累之意。畦（qí，又读 xī），排列整齐的园地。夏畦，朱熹集注，"夏月治畦之人也"。耸起肩膀，装出谄媚的笑容，比夏天辛苦灌园的人还要劳累。此形容谄媚小人的丑态。

⑧ 其色赧赧然，赵岐注："面赤，心不正貌。"朱熹集注："惭而面赤之貌。"不想同别人说话，却勉强说，表现出似乎惭愧的脸色。

⑨ 非由之所知也，这种人我仲由不可理解。

⑩ 君子之所养，可知已矣，君子应有的修养可以知道了。

★（一）大夫有赐于士，此"大夫"指阳货。然阳货是季氏家臣，并非大夫。前代注家对此有两种理解。毛奇龄《四书賸言》以为"季氏家臣原称大夫。季氏是司徒，下有大夫二人，一曰小宰，一曰小司徒，此大国命卿之臣之明称也。故邑宰家臣，当时通称大夫。如郈邑大夫、郕邑大夫，孔子父鄹邑大夫，此邑大夫也"。全祖望《经史问答》则说："《孟子》七篇，所引《尚书》《论语》及诸《礼》，文互异者十之八九。古人援引文字，不必屑屑章句，而孟子为甚。"言外之意，是说孟子"援引文字"极不严谨。全祖望之说，正可以解释前述《梁惠王下》"齐人伐燕取之"（2.11）、《滕文公下》"万章问'宋小国也'"（6.5）等章引用文辞混乱的现象。

（二）本章内容极为混乱。公孙丑问的是"不见诸侯何义"，孟子的回答只有"不为臣不见"算是回答公孙丑的问题。但孟子的回答与孟子的行为不符。孟子见梁惠王，见齐宣王，其时孟子并非梁臣，并非齐臣，为何去见呢？至于下文孔子被迫见阳货如何如何，曾子曰如何如何，子路曰如何如何，都与见不见诸侯无关。《孟子》书中，有不少拙劣的章次，本章即其一例。

【6.8】

戴盈之[①]曰："什一，去关市之征，今兹未能。请轻之，以待来年然后已，何如？[②]"

孟子曰："今有人日攘其邻之鸡者[③]，或告之曰：'是非君子之道。'曰：'请损之[④]，月攘一鸡，以待来年然后已。'如知其非义，斯速已矣[⑤]，何待来年？"

① 戴盈之，其人生平不详。赵岐注，"宋大夫"，可能是主管税收之官。

② 什一，十分抽一的税率。朱熹集注："什一，井田之法也。关市之征，商贾之税也。"兹，《吕氏春秋·任地》"今兹美禾，来兹美麦"，高诱注："兹，年也。"兹，今年。来年，明年，已，止也。

③ 攘（rǎng），《穀梁传·成公五年》"伯尊其无绩乎，攘善也"，范宁集解："攘，盗也。"日攘，每天盗窃。

④ 损，减小。

⑤ 知其非义，明知不合道义。斯速已，即应尽快停止。

★本章与《论语·颜渊》"哀公问于有若"章（12.9）具体内容不同，性质完全一样。"哀公问于有若曰：'年饥，用不足，如之何？'有若对曰：'盍彻乎？'曰：'二，吾犹不足，如之何其彻也？'对曰：'百姓足，君孰与不足？百姓不足，君孰与足？'"饥荒年岁，如果统治者感到用度不足，老百姓无疑更加困难。统治者在这种情况下加重对老百姓的压榨，会带来难以预料的灾难，所以有若认为应该减轻百姓的负担。"百姓足，君孰与不足？百姓不足，君孰与足？"既关注国家的命运，又关心老百姓的生活。态度诚恳而提出的主张切合实际。（参见《论语本原》该章注。）孟子用一个比喻来反驳戴盈之的辩解，尽管相当精彩，但远没有有若的分析诚挚而实在。

【6.9】

公都子[1]曰："外人皆称夫子好辩[2]，敢问何也？"

孟子曰："予岂好辩哉？予不得已也。天下之生久矣，一治一乱[3]。当尧之时，水逆行，泛滥于中国，蛇龙居之，民无所定；下者为巢，上者为营窟[4]。《书》曰：'洚水警余。'洚水者，洪水也[5]。使禹治之。禹掘地而注之海，驱蛇龙而放之菹[6]，水由地中行，江、淮、河、汉是也。险阻既远，鸟兽之害人者消，然后人得平土而居之。

"尧舜既没，圣人之道衰，暴君代作[7]，坏宫室以为污池，民无所安息；弃田以为园囿，使民不得衣食，邪说暴行又作，园囿污池、沛泽多而禽兽至[8]，及纣之身，天下又大乱[9]。周公相武王诛纣[10]，伐奄三年讨其君[11]，驱飞廉于海隅而戮之[12]，灭国者五十，驱虎、豹、犀、象而远之，天下大悦。《书》曰：'丕显哉，文王谟！丕承哉，武王烈，佑启我后人，咸以正无缺。[13]'

"世衰道微，邪说暴行有作[14]，臣弑其君者有之，子弑其父者有之。孔子惧，作《春秋》。《春秋》，天子之事也；是故孔子曰：'知我者其惟《春秋》乎！罪我者其惟《春秋》乎！[15]'

"圣王不作，诸侯放恣，处士横议[16]，杨朱、墨翟之言盈天下[17]，天下之言不归杨则归墨。杨氏为我，是无君也；墨氏兼爱，是无父也。无父无君，是禽兽也。（公明仪曰：'庖有肥肉，厩有肥马；民有饥色，野有饿莩，此率兽而食人也。[18]'）杨墨之道不息，孔子之道不著，是邪说诬民，充塞仁义也[19]。仁义充塞，则率兽食人，人将相食。吾为此惧，闲先圣之道，距杨墨，放淫辞[20]，邪说者不得作，作于其心，害于其事；作于其事，害于其政。圣人复起，不易吾言矣。

"昔者禹抑洪水而天下平，周公兼夷狄驱猛兽而百姓宁，孔子成春秋而乱臣贼子惧[21]。诗云：'戎狄是膺，荆舒是惩，则莫我敢承。[22]'无父无君，是周公所膺也。我亦欲正人心，息邪说，距诐行，放淫辞，以承三圣者[23]；岂好辩哉？予不得已也。能言距杨墨者，圣人之徒也。[24]"

① 公都子，孟子弟子，已见《公孙丑下》“孟子谓蚳蛙”章（4.5）。

② 好（hào）辩，喜爱争辩、辩论。

③ 天下，实指人类社会。天下之生久矣，赵岐注：“生民以来也。”一治一乱，一时治，一时乱；亦即一时太平，一时混乱。

④ 水逆行，朱熹集注：“下流壅塞，故水倒流而旁溢也。”营窟，《说文》：“营，匝居也。”周匝相连之居。故营窟当是相连的窟穴。大水泛滥，人无安定的住居。低下之地被水淹没，人们在树上搭巢，高上之地则挖掘相连的窟穴。

⑤《书》，所引为古《尚书》逸文。洚（jiàng）水，孟子本人有训解，即洪水。伪古文《尚书》采入《虞书·大禹谟》，句作“降水儆予”，伪孔传：“儆，戒也。”“洚水警予”之“警”，先师聂清诚夫子曰：“解作‘驚（惊）’之通假字更切，古‘警、驚’常通用，惊恐、惊吓之意。”

⑥ 菹（zū），长水草的沼泽。

⑦ 没，去世。暴君代作，暴君一代连一代地产生。

⑧ 坏宫室，破坏人住居。污（wū）池，蓄水池。园囿，养育花木禽兽的园林。沛泽，沼泽。

⑨ 又，《广韵》，“犹更也”。天下又大乱，天下更加大乱。

⑩ 周公相武王诛纣，《史记·周本纪》周武王十一年伐纣，灭商。

⑪ 奄，国名。《史记·周本纪》：周成王之时，周公“东伐淮夷残奄，迁其君薄姑”。集解引郑玄曰：“奄国在淮夷之北。”

⑫ 飞廉，朱熹集注，“纣倖臣也”。《史记·秦本纪》：“蜚廉生恶来。恶来有力，蜚廉善走，父子俱以材力事殷纣。”（蜚，通“飞”。）驱飞廉于海隅而戮之，孟子当有所本。

⑬《书》，所引为古《尚书》逸文，伪古文《尚书》采入《周书·君牙》。“丕显哉，文王谟！丕承哉，武王烈！佑启我后人咸以正无缺。”（“佑启”，《君牙》作“启佑”。）丕，大也。谟，谋也。佑，助也。谓文王之谟略显赫，武王承继的事业光烈，帮助启发我们后嗣皆走正道，没有邪缺。（王引之《经传释词》以“丕”是发声词，曰：“显哉！承哉！赞美之词。‘丕’则发声也，字通作‘不’。”）

⑭ 有，通“又”。有作，又起来了。

⑮《春秋》，传为孔子据鲁史修订而成，简要地记载鲁十二公的历史，以用字寓褒贬为其最大特点。因《春秋》寄寓着孔子的政治道德思想，故曰“知我者其惟《春秋》乎”；而“《春秋》，天子之事也”，孔子对统治者的罪恶又不回避，故曰“罪我者其惟《春秋》乎”。

⑯ 放恣，放纵恣肆，随意妄为。处士，《汉书·异姓诸侯王表》“处士横议”，颜师古注：“处士，谓不官于朝而居家者也。”横议，肆意议论。“横议”与“横行”用法相同，皆胡乱不顺道理之意。

⑰ 杨朱，战国时魏人，后于墨翟，早于孟子。其说散见于《孟子》《庄子》《荀子》《韩非子》等书。《列子》有《杨朱篇》，系他人撰述，所记未可尽信。墨翟（dí），战国时鲁人，后于孔子。参见《滕文公上》“墨者夷之”章（5.5）注。

⑱“公明仪曰”五句，已见《梁惠王上》“寡人愿安承教”章（1.4），是孟子揭露梁惠王朝廷腐败的话。本孟子之言，却变成了“公明仪曰”。此处原文“杨氏为我，是无君也；墨氏兼爱，是无父也。无父无君，是禽兽也。杨墨之道不息，孔子之道不著，是邪说诬民，充塞仁义也”，语言通顺流畅，无端插入“公明仪曰”五句，与前后内容都无联系，纯属累赘。此系衍文，特加圆括，以示存疑。

⑲ 不著，不明，不发扬。诬民，欺蒙民众。充，《广雅·释诂三》《广韵·东部》并注：“充，塞也。”故“充塞”为并列结构，阻、堵塞之意。充塞仁义，即阻塞仁义之道。

⑳ 闲，朱熹集注，“卫也”，捍卫。距，通“拒”，抗击。放，《穀梁传·宣公元年》：“放，犹屏也。”放淫辞，屏斥邪淫之辞。

㉑ 抑，赵岐注，“治也”。兼，朱熹集注，“并之也”，兼并。禹抑洪水，周公兼夷狄，孔子成《春秋》，三句总结上文。

㉒《诗》，引诗为《鲁颂·閟宫》，传为歌颂鲁僖公之诗，孟子移用于周公。膺，击也，攻击。惩，惩罚，讨伐。承，朱熹集传，“御也”。莫我敢承，没有人敢抗拒我。参见《滕文公上》“有为神农之言者”章（5.4）引诗注。

㉓ 诐（bì）行，不正当的行为。淫辞，淫乱之辞。承，继承。三圣，禹周公

孔子。

㉔ 徒，徒类，同类的人。圣人之徒也，是圣人那一类人，也就是圣人。（非指圣人的门徒。）

〖13.26〗

孟子曰："杨子取为我[1]，拔一毛而利天下不为也。墨子兼爱，摩顶放踵利天下为之[2]。子莫执中，执中为近之。执中无权，犹执一也[3]。所恶执一者，为其贼道也，举一而废百也。[4]"

① 取，《易·蒙》"勿用取尔"，焦循章句："取，求也。"取为我，犹言只求为我。

② 摩，同"摸"。《陈书·徐陵传》"宝志手摩其顶"，摩其顶，即摸其顶。顶，头顶。放，朱熹集注，"至也"。踵，脚跟。摩顶放踵，即从头到脚，竭尽全身之力。

③ 子莫，其人不详。孙诒让、俞樾、罗根泽都作过考证，莫衷一是。赵岐注"鲁之贤人也"，未知所据。执中，朱熹集注："知杨墨之失中也，故度于二者之间而执其中。近，近道也。权，秤锤也。所以称物之轻重而取中也。执中而无权，则胶于一定之中而不知变，是亦执一而已矣。"

④ 恶（wù），厌恶，厌弃。贼，害也。谓之所以厌恶"执中"，是因为"执中"者"胶于一定之中而不知变"，有害于仁义之道。朱熹归纳本章思想内容，曰："此章言道之所贵者中，中之所贵者权。"——"子莫执中"一段，不好理解，转述朱熹所注，亦未必正确。姑置如此，以俟识者。

〖14.26〗

孟子曰："逃墨必归于杨，逃杨必归于儒。归[1]，斯受之而已矣。今之与杨墨辩者，如追放豚，既入其苙，又从而招之。[2]"

① 归，谓归入儒家。

② 如追放豚，如同追寻走失的猪。入，纳入，关进。苙（lì），养牲畜的围栏，此指猪栏。招之，朱熹集注："招，罥也。羁其足也。"按，招，"绍"之假借。《说文》："绍，紧纠也。"即紧紧系住。谓把猪的脚系住，以防再走失。

★（一）《孟子》书中批判杨朱墨翟者计三章。为便于理解，故将《尽心》上、下各一章提至此一并注释。

（二）公都子问"外人皆称夫子好辩，敢问何也？"孟子借此发如此之大的宏论，他要"正人心，息邪说，距诐行，放淫辞"；这种作为竟然是继承禹平洪水、周公相武王治天下、孔子修《春秋》，亦即上"承三圣"的伟大工程！口气之大，无以复加。

（三）谓战国之世，"杨朱、墨翟之言盈天下。天下之言不归杨则归墨。杨氏为我，是无君也；墨子兼爱，是无父也。无父无君，是禽兽也"。《尽心上》"杨子取为我"章（13.26），谓"杨子取为我，拔一毛而利天下不为也；墨子兼爱，摩顶放踵利天下为之"。所论述的情况，都不符合客观事实。

先秦两汉典籍中涉及杨朱其人其事，除《孟子》上述三章外，还散见于《庄子·骈拇》与《胠箧》《天地》《徐无鬼》《山木》，《韩非子·说林下》与《八说》，《吕氏春秋·不二》，《淮南子·俶真》和《汜论》，《说苑·权谋》，《法言·五百》与《吾子》，《论衡·对作》等篇，但都只是简单几句，其中《吕氏春秋·不二》中有"阳生贵己"之句，除此没有"为我"之类的记录。"贵己"可以说是"为我"。但这是他人的评论，并非杨朱本人的言语，更没有展开论述，有什么根据说他"拔一毛而利天下不为也"，并给他加一个"无君"的罪名，而且遭到"是禽兽也"的侮辱！

战国时代，并未见杨朱有多少非常的活动。《列子·说符篇》"歧路亡羊"如果真是杨朱的故事，则杨朱实有深刻的思想，并非那种与世无闻的人。至于墨学，在战国中期，确相当活跃，韩非子称之为"显学"。墨子"兼爱""非攻"，不遗馀力地反对战争，免使人民遭受战祸，是真心诚意的。纵观墨子的学说，不知有哪一条能说他有“无父”的内容。孟子先给他们戴上“无父”“无君”的帽子，然后谩骂他们是“禽兽”。在《尽心下》“逃墨必归杨”章曰：“今之与杨墨辩者，如追放豚，既入其苙，又从而招之。”把批判杨墨比作追赶走失的猪，竟然使用如此侮辱性的言辞。这就不只是“好辩”而已。在战国之世，杨氏的影响微不足道；墨家的影响也远不足与儒家法家相埒，到孟子之时实已逐渐衰微。不存在“杨朱、墨翟之言盈天下，天下之言不归杨则归墨”的事实。孟子为了神化自己的作用，便将他攻击的对方也无限夸大；这就更不只是“好辩”而已。

（四）今本《列子·杨朱篇》有杨朱曰，“古之人损一毫利天下不为也”，注释家们往往据此证明孟子谓杨子“拔一毛以利天下不为也”确是杨朱的行为，其实完全不然。《汉书·艺文志》著录《列子》八篇，属道家者流。但该书到汉代即已亡佚，今本东晋张湛注《列子》是魏晋以后人所伪托。马叙伦《列子伪书考》有明确的结论，曰：“盖《列子》晚出而早亡，魏晋以来好事之徒聚敛《管子》《晏子》《论语》《山海经》《墨子》《庄子》《尸佼》《韩非》《吕氏春秋》《韩诗外传》《淮南》《说苑》《新语》《论衡》之言，附益晚说，假为向序以见重。”因此《杨朱篇》所述不仅不足为据，而且不是孟子“杨子拔一毛而利天下不为也”来原于《列子》，而是《杨朱篇》的作者据孟子之言编造的伪作。

假定《杨朱篇》这段话出于原本《列子》，也不能说杨子本人“拔一毛而利天下不为也”。《杨朱篇》原文如下：“古之人损一毫利天下不与也，悉天下奉一身不取也，人人不损一毫，人人不利天下，天下治矣。”所有的人既“不与”，也“不取”，大家顺其自然，平静自如地生活，则天下安宁。这与老子的“小国寡民”，“邻国相望，鸡犬之声相闻，民至老死不相往来”有点相似。这种社会理想固然不高，但也并不坏。如果由于杨子说了“古之人损一毫利天下不为也”，就加他一个“拔一毛而利天下不为也”的罪名；那么他同时又说了古之人“悉天下奉一身不取也”，那他简直就是许由、务光式的化身，该又作何解释呢？因此，不管《杨朱篇》纯是魏晋以后人所伪托，还是先秦原本《列子》的遗留，都不能据以指责“杨子取为我，拔一毛以利天下不为也”。这是孟子横加给杨子的罪名。

（五）本章又一次引用歌颂鲁僖公的诗《閟宫》“戎狄是膺，荆舒是惩”当作周公时代的诗，说“无父无君，是周公所膺也”。膺，击也。周公早于僖公四百多年、早于杨墨六百多年，怎么可能攻击杨朱墨翟“无父无君”？再说“荆舒是惩”这句诗怎么会有惩罚“无父无君”的内涵？如此引诗，莫名其妙！

【6.10】

匡章[①]曰：“陈仲子岂不诚廉士哉？居於陵，三日不食，耳无闻，目无见也。井上有李，螬食实者过半矣，匍匐往将食之[②]；三咽，然后耳有闻，目有见。”

孟子曰：“于齐国之士，吾必以仲子为巨擘焉[③]。虽然，仲子恶能廉？充仲子之操，则蚓而后可者也[④]。夫蚓，上食槁壤，下饮黄泉[⑤]。仲子所居之室，伯夷之所筑与？抑亦盗跖之所筑与？所食之粟，伯夷之所树与？抑亦盗跖之所树与[⑥]？是未可知也。”

曰：“是何伤哉？彼身织屦，妻辟纑，以易之也。[⑦]”

曰：“仲子，齐之世家也；兄戴，盖禄万钟[⑧]。以兄之禄为不义之禄而不食也，以兄之室为不义之室而不居也，辟兄离母[⑨]，处于於陵。他日归，则有馈其兄生鹅者[⑩]，己频颇曰：‘恶用是鶃鶃者为哉？[⑪]’他日，其母杀是鹅也，与之食之。其兄自外至，曰：‘是鶃鶃之肉也。’出而哇之[⑫]。以母则不食，以妻则食之；以兄之室则弗居，以於陵则居之。是尚为能充其类也乎？若仲子者，蚓而后充其操者也[⑬]。[仲子，不义与之齐国而弗受，人皆信之[⑭]，是舍箪食豆羹之义也[⑮]。人莫大焉亡亲戚君臣上下[⑯]。以其小者信其大者，奚可哉？[⑰]”]

① 匡章，齐人，先后为齐国率军出征。详见《离娄下》“匡章，通国皆称不孝焉”章（8.30）注。

② 陈仲子，赵岐注：“齐一介之士，穷不苟求者，是以绝粮而馁也。”於（wū）陵，地名。螬，虫子。螬食实者过半，李子被虫吃了一大半。将食之，拿来吃了。

③ 巨擘（bò），大拇指。以之“为巨擘”，犹言首屈一指。

④ 恶（wū）能廉，哪能算诚廉之士。充仲子之操，朱熹集注："充，推而满也。"犹今言充其量。操，操守。"充仲子之操，则蚓而后可也"，谓陈仲子的操守，充其量只像蚯蚓那样算是可以，（别的就算不上）。是高度藐视的话。

⑤ 槁壤，干土。黄泉，土地中的水。

⑥ 伯夷，作为廉洁之士的象征。盗跖（zhí），传为古代有名的大盗，作为暴虐之人的象征。"所树"之"树"，种植。

⑦ 曰，此匡章回答孟子。是何伤哉，仲子所居之室由谁所筑，所食之粟由谁所种，对他有什么防害？屦，草鞋。辟纑，绩麻。赵岐注："缉绩其麻曰辟，练麻缕曰纑，故曰辟纑。"以易之也，用以交换生活用品。

⑧ 世家，大家族。兄戴，兄名陈戴。盖，大略之词，乃也。谓其兄有万钟之禄。（旧注以"盖"为陈戴之采邑，解作虚词更为顺畅。盖禄万钟，与古籍中"盖弓二十有八""盖去者半""盖均无贫""盖榛以为笄"，用法皆同。《公孙丑下》"王使盖大夫王驩为辅行"（4.6），盖既为王驩邑，不得同时又为陈戴邑。《水经注·济水》引《孟子》："仲子，齐国之世家，兄戴，禄万钟，仲子非而不食。"郦道元即以"盖"为虚词删去。）钟，古代计量单位，一钟六斛四斗；禄万钟为很高的俸禄。

⑨ 辟，通"避"。

⑩ 馈，赠送。

⑪ 频顣，朱熹集注："频，与颦（pín）同，顣与蹙（cù）同。"紧皱眉头，表示极不高兴。恶（wū）用，何用。鶃鶃（yì），鹅叫声，代指鹅。

⑫ 哇（wā）之，吐掉。

⑬ 居于於陵仲子的行为就达到了极点吗？充其量蚯蚓式的操守吧。

⑭ "不义与之齐国而弗受"，这是一种设想的语气，谓陈仲子好像如果"不义"，即使把齐国给他也不会接受，而人们都相信他。

⑮ 舍，放弃。箪，一种竹筐，可用以盛饭。豆，一种形似高足盘的食器。谓陈仲子的表现只是那种放弃一筐饭一豆汤式的小意思。

⑯ 焉，王引之《经传释词》："焉，犹于也。"亡，通"无"，不要。谓人没有

比不要亲戚君臣上下更大的过错。

⑰“以其小者信其大者，奚可哉”，谓人们由于他小的表现便相信他真有大的操守，怎么可以呢？这是对开头匡章曰“陈仲子岂不诚廉士哉”的回答。——“仲子”五句，在《尽心上》（13.34）单作一章，内容与本章衔接紧密，移至此一并注释，加方括以示区别。

★陈仲子究竟为何等样人并不清楚，人们更不了解他的家族情况，反正在孟子眼中谁都卑下，并不惜使用侮辱性词语。孟子既说“于齐国之士，吾必以仲子为巨擘”，又说陈仲子只是蚯蚓式的操守，一棒子横扫偌大一个齐国的士人，何况当时稷下还有那么多杰出的学者似乎也包括在内；任何人即使自己再高明也不应如此藐视他人。

离娄章句上

凡二十八章

【7.1】

孟子曰："离娄之明，公输子之巧[①]，不以规矩，不能成方圆[②]；师旷之聪[③]，不以六律[④]，不能正五音[⑤]；尧舜之道，不以仁政，不能平治天下。今有仁心仁闻而民不被其泽，不可法于后世者，不行先王之道也[⑥]。故曰，徒善不足以为政，徒法不能以自行[⑦]。《诗》云：'不愆不忘，率由旧章。[⑧]'遵先王之法而过者，未之有也[⑨]。

"圣人既竭目力焉，继之以规矩准绳，以为方员平直不可胜用也；既竭耳力焉，继之以六律，正五音不可胜用也[⑩]；既竭心思焉，继之以不忍人之政而仁覆天下矣[⑪]。故曰：为高必因丘陵，为下必因川泽[⑫]。为政不因先王之道，可谓智乎？

"是以惟仁者宜在高位。不仁而在高位，是播其恶于众也[⑬]。上无道揆也，下无法守也，朝不信道，工不信度，君子犯义，小人犯刑，国之所存者幸也[⑭]。故曰：城郭不完，兵甲不多，非国之灾也；田野不辟，货财不聚，非国之害也。上无礼，下无学，贼民兴，丧无日矣[⑮]。

"《诗》曰：'天之方蹶，无然泄泄。'泄泄犹沓沓也[⑯]。事君无义，进退无礼，言则非先王之道者，犹沓沓也。故曰：责难于君谓之恭，陈善闭邪谓之敬，吾君不能谓之贼。[⑰]"

① 离娄，古代传说人物，见于《庄子·骈拇》《天地》与《列子·汤问》，并作"离朱"。《列子》张湛注："黄帝时明目人，能百步望秋毫之末。"公输子，名般，一作盘，一作班，鲁国人，故称鲁班，古代著名巧匠，其事迹散见于《左传》《国语》及诸子，其著名事迹是"为楚造云梯之械，将以攻宋"，后为墨子制止。见《墨子·公输》与《战国策·宋卫策》。

② 规，圆规，画圆的工具。矩，曲尺，画直角与方形的工具。方圆，方形与圆形。

③ 师旷，春秋晋平公之乐师。《吕氏春秋·长见》："晋平公铸为大钟，使工听之，皆以为调矣。师旷曰'不调'，请更铸之。"聪，听觉灵敏。

④ 六律，古代调音的准则。相传黄帝时伶伦截竹为管，以管的长短，分别声音的高低清浊，乐器的音调。乐律阴阳各六。阳律六：黄钟、太族、姑洗、蕤宾、夷则、亡射；阴律六：大吕、夷钟、中吕、林钟、南吕、应钟。共为十二律。

⑤ 五音，五声音阶，即宫、商、角、徵（zhǐ）、羽。

⑥ 心，心意。闻，声誉。朱熹集注："仁心，爱人之心也。仁闻，有爱人之声闻于人也。先王之道，仁政是也。"被，沾惠，受到。泽，恩泽，恩惠。法于后世，为后世效法。

⑦ 徒善，仅仅有善意。徒法，仅仅有法制。朱熹集注："徒，犹空也。有其心无其政，是谓徒善；有其政无其心，是谓徒法。"

⑧《诗》，引诗为《大雅·假乐》。朱熹集注："愆，过。率，循也。旧章，先王之礼乐政刑也。"不出偏差，不要遗忘，一概必须遵循传统的规章。

⑨ 过，错误。遵守先王之法而造成错误者，是从来没有的。

⑩ 竭，尽也。准，水平，平物的量具。《汉书·律历志》："准者，所以揆平取正也。"绳，墨线。《书·说命上》："惟木从绳则正。"胜（shēng），尽也。不可胜用，即用之不完。

⑪ 不忍人之政，不忍人民受苦受难之政。仁覆天下，仁政覆盖天下。《公孙丑上》孟子曰："先王有不忍人之心，斯有不忍人之政。"（3.6）含义相同。

⑫ 因，就也，凭借。筑高台必凭借地势高的丘陵，挖掘河池必凭借地势低的川泽。朱熹集注："丘陵本高，川泽本下，为高下者因之，则用力少而成功多矣。"用以比喻为政必须依靠先王之道。

⑬ 播，传播，播散。

⑭ 揆，度也，犹言规范。法，法制。朝（cháo），朝廷，代指国君。工，《尚书·尧典》"允厘百工"，孔传："工，官也。"犯义，违反道义。犯刑，犯法。幸，

侥幸。“上无道揆也”七句，谓在上位者无道德规范，在下位不以法度自守；朝廷不信道义，百官不信法制；君子违反道义，小人违犯刑法；这样的国家能存在下来是侥幸的。

⑮ 完，完备，巩固。辟，开垦，开辟。贼民，有害之民，为非作歹之民。丧，灭亡。

⑯《诗》，引诗为《大雅·板》。蹶，毛传，“动也”。泄泄，《说文》引作“呭呭”，又作“詍詍”，“多言也”。意谓如果治国不行仁政，上天震动，就不用喋喋多言，喋喋不休已毫无意义。沓沓，亦多言之貌。

⑰ 责，责求。陈，陈述。闭，堵塞。贼，害也。赵岐注：“人臣之道，当进君于善，责难为之事，使君勉之，谓行尧舜之仁，是为恭也。陈善法以禁闭君之邪心，是为敬君。言吾君不肖，因不谏正，此为贼其君也。”

★本章中心思想在于平治天下必须行仁政。“不以仁政，不能平治天下。”“遵先王之法而过者，未之有也”，开头一段即说得非常清楚。第二段进一步说明，“为政不因先王之道”，则不可谓智。

第三段却转向什么人应该在位。“惟仁者宜在高位”，如果“不仁而在高位，是播其恶于众也”。结果造成巨大灾难，“上无礼，下无学，贼民兴，丧无日矣”。

第四段又转向为臣应如何事君。结论是，“责难于君谓之恭，陈善闭邪谓之敬，吾君不能谓之贼”。三句结构不一致，“责难”“陈善、闭邪”都是动宾词组，而“吾君”之前却没有动词。赵岐注曰“言吾君不肖”，加上动词“言”，语句才通顺。

【7.2】

孟子曰：“规矩，方员之至也；圣人，人伦之至也[①]。欲为君，尽君道；欲为臣，尽臣道。二者皆法尧舜而已矣。不以舜之所以事尧事君，不敬其君者也；不以尧之所以治民治民，贼其民者也[②]。孔子曰：‘道二，仁与不仁而已矣。[③]’暴其民甚则身弑国亡，不甚则身危国削[④]。名之曰

‘幽’‘厉’⑤，虽孝子慈孙，百世不能改也。《诗》云：‘殷鉴不远，在夏后之世。⑥’此之谓也。”

① 至，赵岐注，“极也”，准则。人伦，人的伦理，即人的各种关系。

② 贼，害也。

③ 道二，为国行政的原则只有正反两方面，即仁与不仁。

④ 暴，凌暴，残害。弑，被杀。下杀上曰弑。削，削弱。

⑤ 名之曰“幽”“厉”，朱熹集注：“幽，暗；厉，虐；皆恶谥也。”古代对暴虐的统治者，死后给一个“恶谥”。《逸周书·谥法》：“雍遏不通曰幽。”《左传·宣公十年》“改葬幽公”，孔疏引《谥法》：“动静乱常曰幽。”《逸周书·谥法》：“杀戮无辜曰厉。”《周礼·秋官·序官》“司厉”，郑玄注：“犯政为恶曰厉。”周厉王暴虐，国人谤王，厉王杀谤者。“国人莫敢言，道路以目”。三年之后，被国人流放于彘；故谥曰“厉王”。周幽王嬖爱褒姒，废王后申后并太子宜白，任用佞臣虢石父，国人皆怨。后为申侯及犬戎所杀，故谥曰“幽王”。

⑥《诗》，引诗为《大雅·荡》。鉴，铜镜。镜能照见人的面目是否干净；以史为镜，通过前朝的成败得失作为借鉴。朱熹集注：“言商纣之所当鉴者，在夏桀之世。而孟子引之，欲后人以幽厉为鉴也。”

【7.3】

孟子曰：“三代之得天下也以仁，其失天下也以不仁①。国之所以废兴存亡者亦然②。天子不仁，不保四海；诸侯不仁，不保社稷；卿大夫不仁，不保宗庙；士庶人不仁，不保四体③。今恶死亡而乐不仁，是犹恶醉而强酒。④”

① 三代，夏、商、周。朱熹集注：“禹汤文武，以仁得之；桀纣幽厉，以不仁失之。”

② 国，指诸侯国。

③ 四海，古代泛指整个中国。社稷，《周礼·春官·大宗伯》"以血祭社稷"，郑氏注："社稷，土穀之神。"《白虎通义·社稷》："人非土不立，非穀不食。""故封土立社，示有土也；稷，五穀之长，故立稷而祭之也。"古代每个王朝建立必建社稷坛墠，故以"社稷"代指国家。宗庙，祖庙；不保宗庙，实即家族都会灭亡。四体，手足四肢，代指身体；不保四体，实即不保生命。

④ 恶（wù），害怕。乐不仁，乐于不仁行为。恶醉而强（qiǎng）酒，害怕酒醉却强行喝酒。

【7.4】

孟子曰："爱人不亲，反其仁[①]；治人不治，反其智[②]；礼人不答，反其敬[③]。行有不得者皆反求诸己，其身正而天下归之[④]。《诗》云：'永言配命，自求多福。'[⑤]"

① "反其仁"之"其"，通"己"。全章四"其"字皆同。朱熹集注："我爱人而人不亲我，则反求诸己，恐我之仁未至也。'智''敬'放此。"

② 治，《礼记·大传》"上治祖祢，尊尊也；下治子孙，亲亲也；旁治兄弟，合族以食"，郑氏注："治，犹正也。"治人，即正人，教人行正。

③ 礼人，礼敬别人。不答，别人却不相应地回答。

④ 行有不得者皆反求诸己，任何待人的行为如得不到预期的效果都要反躬自问。归，归顺，归向。

⑤《诗》，引诗为《大雅·文王》。言，犹"念"也，记住。配，合也。命，天命。诗意谓永远记住要配合天命，以自求多福。

★孔子曰："子帅以正，孰敢不正？其身正，不令而行；其身不正，虽令不从。苟正其身矣，于从政乎何有？不能正其身，如正人何？"即"其身正而天下归之"之意。其，皆通"己"。参见《论语本原·颜渊》"季康子问政于孔子"章星评。

《荀子·法行》引曾子曰:“同游而不见爱者,吾必不仁也;交□而不见敬者,吾必不长也;临财而不见信者,吾必不信也。三者在身,曷怨人。怨人者穷,怨天者无识。失之己而反诸人,岂不亦迂哉?”(交□而不见敬者”,缺字疑为“友”字。)与此章孟子之言意思相近。按,孟子受业于子思之门人,子思受学于曾子。或孟子云云即原于曾子之言。《穀梁传·僖公二十二年》:“故曰:礼人而不答则反其敬,爱人而不亲则反其仁,治人而不治则反其知。”与孟子云云顺序小有差别,内容完全相同。既云“故曰”,显系引用,或亦原于曾子。

【7.5】

孟子曰:“人有恒言,皆曰‘天下国家’[①]。天下之本在国,国之本在家,家之本在身。[②]”

① 恒言,赵岐注:“恒,常也;人之常语也。天下,谓天子之所主;国,谓诸侯之国;家,谓卿大夫也。”

② 本,根基。

★《礼记·大学》:“古之欲明明德于天下者,先治其国;欲治其国者,先齐其家;欲齐其家者,先修其身。”“身修而后家齐,家齐而后国治,国治而后天下平。自天子以至于庶人,壹是皆以修身为本。”《大学》云云,或即原于孟子。

【7.6】

孟子曰:“为政不难,不得罪于巨室[①]。巨室之所慕,一国慕之;一国之所慕,天下慕之;故沛然德教溢乎四海。[②]”

① 巨室,朱熹集注,“世臣大家也”。

② 慕,思慕,向往。沛然,朱熹集注:“沛然,盛大流行之貌。溢,充满也。”

★本章甚不好理解。所谓“为政”，只能是就国君或执政大臣而言；因为他人不存在得不得罪巨室，更没有资格说“德教溢乎四海”。所谓“不得罪”，必然是非常害怕，才不敢得罪。如果作为国君或者执政大臣，对世家大族不敢得罪，其所谓“德教”怎么可能沛然溢乎四海？

孟子如此宣扬仁政，反复强调只要推行仁政，即天下无敌，却提出所谓“为政不难，不得罪于巨室”即可解决问题，他的“仁政”还有什么必要？还有什么意义？

孔子在鲁定公之世，主张“臣无藏甲，大夫毋百雉之城”，命子路堕毁三桓的都城，矛头直指鲁国典型的“巨室”三桓家族。如果孔子“不得罪于巨室”，他岂敢如此作为？尽管孔子最终失败了，但他维护国君的权力，敢于得罪“巨室”的政治态度是极其鲜明的。孟子如此钦敬孔子，却提出所谓“为政不难，不得罪于巨室”，与孔子为政的思想和行动完全不同，实在不可理解。

《孟子》书中言论不少地方相互矛盾，注家往往为之曲解。如“巨室”，赵岐注为“谓贤卿大夫之家”，杨伯峻译作“有影响的贤明的卿大夫”。诸如“有影响的”“贤明的”之类的称誉是注释者加上去的，孟子说的只是“巨室”，注释者无权代为增加内涵。再说即使是“贤卿大夫之家”“有影响的贤明的卿大夫”，对国君或执政大臣就不应有得罪不得罪的问题。春秋时代如鲁之三桓、晋之六卿、齐之陈氏，有哪一家不是权势烜赫，彼此之间明争暗斗，扩展自己的势力。到了战国尤为激烈，由争斗发展而为吞并篡弑，有何“贤明”“德教”之可言？曲解不解决问题，正确做法应该是具体问题具体分析，取其精华，弃其糟粕；再说《孟子》诸章，思想内容错误，文辞高下悬殊，真伪尤为复杂，只能尽可能澄清是非，而不要为之曲解。

【7.7】

孟子曰：“天下有道，小德役大德，小贤役大贤；天下无道，小役大，弱役强①。斯二者，天也。顺天者存，逆天者亡②。齐景公曰：‘既不能令，又不受命，是绝物也。’涕出而女于吴③。今也小国师大国而耻受命焉，是犹弟子而耻受命于先师也。如耻之，莫若师文王④。师文王⑤，大国五年，小国七年，必为政于天下矣。《诗》云：‘商之孙子，其丽不亿。上帝既命，侯于周服。[⑥]’‘侯服于周，天命靡常。殷士肤敏，祼将于京。[⑦]’孔子曰：‘仁不可为众也[⑧]。夫国君好仁，天下无敌。’今也欲无敌于天下而不以仁，是犹执热而不以濯也[⑨]。诗云：‘谁能执热，逝不以濯？’[⑩]”

①役，役使，事奉，服从。小德役大德，实为“小德役于大德”。下文“小贤役大贤”“小役大”“弱役强”三句皆同。六句谓天下有道之时，由道德高下决定：故小德役于大德，小贤役于大贤；天下无道之时，由势力强弱决定：故势力小者役于势力大者，势力弱者役于势力强者。

②“斯二者天也”四句，赵岐注：“此二者天时所遭也；当顺从之，不当逆也。”朱熹集注：“天者，理势之当然也。”据赵朱注，天指客观形势。

③齐景公，姜齐国君。已见《梁惠王下》“齐宣王见孟子于雪宫”章（2.4）。朱熹集注：“令，出令以使人也；受命，听命于人也。物，犹人也。女，以女与人也。吴，蛮夷之国也。景公羞与为昏，而畏其强，故涕泣而以女与之。”孟子引此作为小役于大、弱役于强的事例。《说苑·权谋篇》记其事较详，曰：“齐景公以其子妻阖庐，送诸郊，泣曰：‘余死不汝见矣！’高梦子曰：‘齐负海而县山，纵不能全收天下，谁干我君！爱则勿行。’公曰：‘余有齐国之固，不能以令诸侯，又不能听，是生乱也。寡人闻，不能令，则莫若从。’遂遣之。”

④“师大国”之“师”，学也；实为事奉服从之意。

⑤“师文王”之“师”，学也，效法之意。

⑥《诗》，引诗为《大雅·文王》第四章、第五章中诗句。朱熹集注：“丽，数也。十万曰亿。侯，维也。”“言商之子孙众多，其数不但十万而已。上帝既命周以天下，则凡是商之孙子，皆臣维服于周矣。”

⑦靡常，无常，不是固定不变。朱熹集注：“商士，商孙子之臣也。肤，大也。敏，达也。祼（guàn），宗庙之祭，以郁鬯之酒，灌地而降神也。将，助也。”“以天命不常，归于有德故也。是以商士之肤大而敏达者，皆执祼然之礼，助王祭祀于周之京师也。”（郁鬯之酒，取郁金花合黍酿成的酒，取郁金的香气。）

⑧ 为，通“谓”。仁不可为众也，行仁政不是说要人多；国君行仁政，则天下无敌。

⑨ 濯（zhuó），洗，以水洗手。

⑩《诗》，引诗为《大雅·桑柔》。逝，语助词。诗意谓谁能执持烫手之物而不赶快以水洗手。

★《滕文公上》“有为神农之言”章（5.4）“劳心者治人，劳力者治于人；治于人者食人，治人者食于人”，治人，治于人；食人，食于人：语言清楚明白。本章“小德役大德，小贤役大贤”，“小役大，弱役强”，从全章文意揣知，四句实际说的是“小德役于大德，小贤役于大贤”，“小役于大，弱役于强”。原文语句表现的内容，同文章实际表达的意思完全相反。古书中往往有些语句不通顺，《孟子》也不例外，甚至相当严重。上述四句即很不通顺，表意不明。

所引孔子之言“仁不可为众也”也不好理解。赵岐注曰：“行仁者，天下之众不能当也。”朱熹集注曰：“有仁者，则虽有十万之众不能当之。”同原文对不上号。按，为，通“谓”。本帙将“仁不可为众也”解作“行仁政不是说要人多”，聊备一说，不敢以为是也。

【7.8】

孟子曰：“不仁者可与言哉？安其危而利其灾，乐其所以亡者[①]。不仁而可与言，则何亡国败家之有[②]？有孺子歌曰：‘沧浪之水清兮，可以濯我缨；沧浪之水浊兮，可以濯我足。[③]’孔子曰：‘小子听之！清斯濯缨，浊斯濯足矣。自取之也。[④]’夫人必自侮，然后人侮之；家必自毁，而后人毁之；国必自伐，而后人伐之。《太甲》曰：‘天作孽，犹可违；自作孽，不可活。[⑤]’此之谓也。”

① 不仁者可与言哉，即不可与言。他们不知自己的所作所为的危恶灾殃而反以为安利，不知自己荒淫暴虐是自取灭亡却乐在其中。

②“不仁”二句，谓如果不仁而可以言，则不存在亡国败家之事。

③孺子，儿童。沧浪（cāng làng），水清之貌。（古人解作水名，地名者非是。何以下文有“水浊”之语，古代河水通常是清的，但有“水浊”的时候或“水浊”的区间。）濯，洗。缨，冠缨，系冠的带子。

④自取，根据客观对象，自己选取。

⑤《太甲》，《尚书》篇名。孽，罪孽。违，回避。参见《公孙丑上》“仁则荣”章（3.4）注。

★孺子歌又见于《楚辞·渔父》，我，作“吾”。“渔父”表现的是道家思想，清斯濯缨，浊斯濯足，是说在任何情况下都安然自处；所以他劝屈原“与世推移”，没有必要“深思高举，自令放为？”孔子解释的是，根据客观对象，自己选取。孟子引用孔子之言，意在说明仁者可与之言，不仁者不可与之言。同一首民歌，引用者思想不同，理解也完全两样。

【7.9】

孟子曰：“桀纣之失天下也[①]，失其民也。失其民者，失其心也。得天下有道：得其民，斯得天下矣[②]。得其民有道：得其心，斯得民矣。得其心有道：所欲与之聚之，所恶勿施尔也[③]。民之归仁也，犹水之就下、兽之走圹也[④]。故为渊敺鱼者，獭也；为丛敺爵者，鹯也；为汤武敺民者，桀与纣也[⑤]。今天下之君有好仁者，则诸侯皆为之敺矣。虽欲无王，不可得已[⑥]。今之欲王者，犹七年之病求三年之艾也[⑦]。苟为不畜，终身不得。苟不志于仁，终身忧辱，以陷于死亡[⑧]。《诗》云，‘其何能淑，载胥及溺。[⑨]’此之谓也。”

①桀纣，夏桀商纣，夏商两代的亡国之君。

②斯，乃也。

③所欲，民所需要者。与之聚之，给他们积聚起来。所恶（wù），民所厌恶

者。勿施尔也，对他们不要施行。《国语·吴语》，伍员谏吴王所谓“施民所善，去民欲恶”，与此意思相近。

④圹，旷野。水之就下，水向下流。兽之走圹，野兽奔向旷野。

⑤渊，深潭，也泛指水深处。敺，同“驱”，驱赶。獭（tǎ），水獭。丛，深林，丛林。爵，通“雀”，泛指小鸟，鹯（zhān），猛禽名，鹰鹞之类。三句谓替深潭赶鱼来的是吃鱼的水獭，替丛林赶鸟雀来的是抓鸟雀的鹰鹞，替商汤周武赶人民来归顺的是残害人民的夏桀和商纣。

⑥今天下之君有好（hào）仁者，谓今天下之君如有好仁者，系假定语气。诸侯皆为之敺，因天下诸侯皆暴虐，如有仁君，则民皆避暴虐而来归顺。王（wàng），统一天下。

⑦今之欲王（wàng）者，当今想统一天下的国君。艾，一种草，即艾蒿，贮藏愈久则疗效愈佳。句意谓当今欲统一天下，急需行仁政，犹七年之病求三年之艾，喻亟其迫切。

⑧“苟为不畜，终身不得”，谓如果从来不积畜陈艾，则终身不得治愈；比喻如果总不行仁政，则终身不可能统一天下。故下句云“苟不志于仁，终身忧辱”，结果是“陷于死亡”。

⑨《诗》，引诗为《大雅·桑柔》。朱熹集注：“淑，善也。载，则也。胥，相也。言今之所为，其何能善，则相引以陷于乱亡而已。”诗意与“苟不志于仁，终身忧辱，以陷于死亡”，内涵一致。

★“苟不志于仁，终身忧辱，以陷于死亡”，与“三代之得天下也以仁”章（7.3）“今恶死亡而乐不仁，是犹恶醉而强酒”，“天下有道”章（7.7）“今也欲无敌于天下而不以仁，是犹执热而不以濯也”，思想内容都一致。

【7.10】

孟子曰：“自暴者，不可与有言也；自弃者，不可与有为也[①]。言非礼义，谓之自暴也；吾身不能居仁由义，谓之自弃也[②]。仁，人之安宅也；

义，人之正路也。旷安宅而弗居，舍正路而不由，哀哉！[③]”

① 暴，朱熹集注，“害也”。自暴，指多有荒唐暴戾的行为，最终贻害自己。不可与有言，不可同这种人谈论什么道理。弃，抛弃，放弃。指懒散怠惰，毫无作为。不可与有为，不可同这种人从事什么事业。

② 非，朱熹集注，“犹毁也”。吾身不能居仁由义，即毫无自信。谓自己不能修养仁义。

③ 安宅，安舒的住宅。正路，正确的道路。旷，《汉语·贾山传》“旷日十年”，颜师古注：“旷，空也，废也。”空旷安宅而不居住，舍弃正路而不行走；此以放弃安宅正路比喻不能居仁由义而自暴自弃，是可悲的。

★“仁，人之安宅也；义，人之正路也。旷安宅而弗居，舍正路而弗由，哀哉！”《尽心上》“王子垫问”章（13.33）：“居恶在？仁是也；路恶在，义是也。居仁由义，大人之事备矣。”两章皆以仁居义路为喻，可以互参。

【7.11】

孟子曰：“道在迩而求诸远[①]，事在易而求之难：人人亲其亲、长其长[②]，而天下平。”

① 迩，近。

② 亲其亲，亲爱其父母。长（zhǎng）其长，尊敬其长辈。

【7.12】

孟子曰：“居下位而不获于上，民不可得而治也[①]。获于上有道；不信于友[②]，弗获于上矣。信于友有道：事亲弗悦[③]，弗信于友矣。悦亲有道，反身不诚，不悦于亲矣[④]。诚身有道：不明乎善[⑤]，不诚其身矣。是故诚者天之道也；思诚者人之道也[⑥]。至诚而不动者，未之有也；不诚，未有能动者也。[⑦]”

① 不获于上，不得其上之信任。治，治理，管理。

② 信于友，取信于友，即得到朋友的信任。

③ 事亲，事奉父母。悦，欢悦，欢心。

④ 反身不诚，反身自问，事奉父母的心意是否诚实；不诚实就不会得到父母的欢心。

⑤ 明乎善，弄清楚什么是善；亦即善恶分明。

⑥ 诚者天之道也，诚实是自然的原则，亦即本来就应该诚实。思诚者人之道，总是记住必须诚实是做人的原则。

⑦ 动，感动，使人感动。谓做人极其诚实而不能感动人是没有的事；而如果不诚实，是不可能使人感动的。

★本章基本内容又见于《礼记·中庸》第二十章，曰:“在下位不获乎上，民不可得而治矣。获乎上有道，不信乎朋友，不获乎上矣。信乎朋友有道，不顺乎亲，不信乎朋友矣。顺乎亲有道，反诸身不诚，不顺乎亲矣。诚身有道，不明乎善，不诚乎身矣。诚者天之道也，诚之者人之道也。诚者不勉而中，不思而得，从容中道，圣人也。诚之者，择善而固执之者也。”——题解引郑玄曰:“孔子之孙子思作之，以昭明圣祖之德也。”朱熹集注引程子曰:“此篇乃孔门传授心法。子思恐其久而差也，故笔之于书以授孟子。”郑程之说皆不可信，《礼记》不可能是子思所作，子思也不可能亲授孟子；事实恰好相反，只能是《中庸》作者将孟子这段文字采入《中庸》。郑玄程颐的解释源流倒置。

【7.13】

孟子曰:“伯夷辟纣，居北海之滨[①]，闻文王作[②]，兴曰:‘盍归乎来！吾闻西伯善养老者。[③]’太公辟纣，居东海之滨[④]，闻文王作，兴曰:‘盍归乎来！吾闻西伯善养老者。’二老者，天下之大老也，而归之，是天下之父归之也。天下之父归之，其子焉往[⑤]？诸侯有行文王之政者，七年之内，必为政于天下矣。”

① 伯夷，殷末孤竹君之子，与弟叔齐，以殷纣王暴虐，隐遁北海之滨。参见《公孙丑上》“夫子加齐之卿相”章（3.2）注。孤竹，在今河北卢龙县南。北海，渤海。

② 文王，周文王。作，《说文》，“起也”，兴起，振兴。

③ 兴，兴奋，高兴。盍（hé），何不。归，归往，谓归西伯也。来，助词。（陶渊明《归去来辞》之“来”同此。）西伯，即周文王，殷末为西伯。

④ 太公，即姜太公吕尚。《史记·齐世家》：“吕尚盖尝穷困，年老矣，以渔钓奸周西伯。”“尝事纣，纣无道，去之。游说诸侯，无所遇，而卒西归周西伯。”

⑤“天下之父归之，其子焉往”，谓天下之老父受伯夷太公的影响归向西伯，他们的儿子自然都会归往。

★前“天下有道”章（7.7）曰：“师文王，大国五年，小国七年，必为政于天下矣。”本章也说：“诸侯有行文王之政者，七年之内，必为政于天下矣。”这种算命先生式的语言毫无意义。

【7.14】

孟子曰：“求也为季氏宰，无能改于其德，而赋粟倍他日①。孔子曰：‘求非我徒也，小子鸣鼓而攻之可也。②’由此观之，君不行仁政而富之，皆弃于孔子者也。况于为之强战③。争地以战，杀人盈野；争城以战，杀人盈城。此所谓率土地而食人肉，罪不容于死④。故善战者服上刑，连诸侯者次之，辟草莱、任土地者次之。⑤”

① 求，孔子弟子冉求，字子有。季氏，季康子。宰，家臣。德，德性，德行。此用于贬义，指季氏的恶劣行为，谓冉求无能改变季氏的恶劣做法。赋粟，征收的粮食。倍于他日，比从前加倍征收。（此“他日”，指从前，与通常指后来者不同。）

② 徒，徒属。《左传·襄公三十年》“岂为我徒”，杜预注：“徒党也。”小子，

孔子谓其弟子。鸣鼓而攻之，朱熹集注：“声其罪而责之也。”《论语·先进》：“季氏富于周公，而求也为之聚敛而附益之。子曰：‘非吾徒也。小子鸣鼓而攻之可也。’”（11.18）参见《论语本原》该章注。

③ 强战，激烈的战争。为之强战，谓将帅们为为国统治者进行残酷的战争。下文“争地以战，杀人盈野；争城以战，杀人盈城”，即对“强战”的描述。

④ 率土地而食人肉，为争夺土地而使大量人员死亡。罪不容于死，犹言死有馀辜。

⑤ 善战者，善于作战大量杀人的将军。服，用也。应服上刑，处以重刑。连诸侯者，纵横家者流。朱熹集注：“连结诸侯，如苏秦、张仪之类。”辟草莱，开辟荒莽。任土地，占领土地。辟草莱，任土地，此指抢占者而言。

★孟子极力反对残酷的战争，《尽心下》一而曰，“春秋无义战”，再而曰，“有人曰：‘我善为陈，我善为战。’大罪也”。本章“争地以战，杀人盈野；争城以战，杀人盈城。此所谓率土地而食人肉，罪不容于死”，反映得更为激烈。修辞也极其精警。

但本章结构却极不完美，由“求也为季氏宰，无能改于其德”，“不行仁政而富之”，之后用“况于为之强战”一句，转向反对战争，中心内容不统一。

【7.15】

孟子曰：“存乎人者，莫良于眸子[①]。眸子不能掩其恶。胸中正，则眸子瞭焉；胸中不正，则眸子眊焉[②]。听其言也，观其眸子，人焉廋哉？[③]”

① 存，《礼记·礼运》“处其所存”，孔颖达疏：“存，谓观察也。”良，朱熹集注，“善也”。眸子，瞳人，眼神。

② 瞭，明瞭。眊，朱熹集注：“眊者，蒙蒙目不明之貌。”

③ 廋（sōu），赵岐注，“匿也”，藏匿。

【7.16】

孟子曰："恭者不侮人，俭者不夺人[①]。侮夺人之君，惟恐不顺焉，恶得为恭俭[②]？恭俭岂可以声音笑貌为哉？"

① 恭，敬也，肃也，真诚，严肃。俭，《说文》，"约也"，俭约，检束。夺，侵夺，侵凌。

② 恶（wū）得，怎能。侮辱侵凌他人的国君，唯恐他人不顺从，怎么可能恭俭？

★"恭者不侮人，俭者不夺人"，恭者，俭者，指自身的修养；不侮人，不夺人，指对待他人的行为。两句内涵一致。

恭，不能简单地理解为恭恭敬敬。《说文》，"恭，肃也"。《广雅·释诂》，"诚，敬也"，则敬亦诚也。真诚严肃之意。凶残暴戾者才侮辱别人，严肃真诚的人自然不侮辱别人。

俭，不能理解为生活上节俭。贪婪的人也可能生活节俭，为了积累财富正需要侵夺他人。《论语·学而》子贡谓"夫子温良恭俭让"，五者应是同类内涵的修养，"俭"不只是生活节俭而已。《说文》"俭，约也"，段玉裁注："约，缠束之也。俭，不敢放侈之意。"《荀子·非十二子》"俭然恀然"，杨倞注："俭然，自卑谦之貌。"《老子》第六十七章："我有三宝：一曰慈，二曰俭，三曰不敢为天下先。"三者也应是同类内涵的概念。慈，慈柔也；俭，俭约也；不敢为天下先，正是"自卑谦"之意。——可知"恭俭"之"俭"为"俭约、检束、自卑谦、不敢放侈"之意，与"恭"内涵一致，非指日常生活上节俭，含义较"节俭"要深刻得多。

【7.17】

淳于髡[①]曰："男女授受不亲，礼与？[②]"

孟子曰："礼也。"

曰："嫂溺则援之以手乎？[③]"

曰:“嫂溺不援，是豺狼也。男女授受不亲，礼也；嫂溺援之以手者，权也。[④]”

曰:“今天下溺矣，夫子之不援，何也？[⑤]”

曰:“天下溺，援之以道；嫂溺，援之以手。子欲手援天下乎？[⑥]”

①淳于髡（kūn），见《公孙丑下》后附“淳于髡曰先名实者”章注。

②授受，授予和接受，即交接。男女授受不亲，男女不亲手交接。礼，礼制。

③溺，溺水。援，拉。援之以手，用手拉起。

④权，秤锤随重量移动位置以保持平衡，引申为变通之意。嫂溺而援之以手，是变通不得已的办法。

⑤天下溺矣，天下之人皆溺水，喻天下之人长期陷于战乱。夫子之不援何也，朱熹集注:“言今天大乱，民遭陷溺，亦当从权以援之，不可守先王之正道也。”

⑥子欲手援天下乎，朱熹集注:“言天下溺，惟道可以救之，非若嫂溺可援也。今子欲援天下，乃欲使我枉道求合，则先失其所以援之亡具矣。”

★“今天下溺矣，夫子之不援，何也？”淳于髡提的这个问题荒谬之极，“嫂溺”与“天下溺”没有任何可比性，故孟子回答“子欲手援天下乎？”

【7.18】

公孙丑曰:“君子之不教子[①]，何也？”

孟子曰:“势不行也。教者必以正；以正不行，继之以怒。继之以怒，则反夷矣[②]。‘夫子教我以正，夫子未出于正也。[③]’则是父子相夷也。父子相夷，则恶矣[④]。古者易子而教之，父子之间不责善。责善则离，离则不祥莫大焉。[⑤]”

①不教子，不亲自教育自己的儿子。

② 势，情势。正，正道。夷，《易·明夷》“明夷”，郑玄注：“夷，伤也。”

③ 夫子，儿子称其父亲。“夫子教我以正，夫子未出于正也”，此设为儿子指责父亲之语。

④ 父子相夷，父亲怒待儿子，儿子指责父亲，则是父子相互伤害。恶，坏。

⑤ 易子而教之，交换教育儿子。责善，责求过高。责善则离，责求过高则感情产生隔阂。不祥，不好，不善。

★父亲待儿子往往过于亲爱，反而不便于教育。如果要求过严，感情会产生隔阂。“古者易子而教之”，有一定的道理。老师的话会比父母更有效。但不绝对，没有父母不教育孩子的道理；这有个方法问题，父母方法得宜，还是可以教育好孩子的。

【7.19】

孟子曰：“事孰为大？事亲为大[①]；守孰为大？守身为大[②]。不失其身而能事其亲者，吾闻之矣；失其身而能事其亲者，吾未之闻也。孰不为事？事亲，事之本也；孰不为守？守身，守之本也[③]。

“曾子养曾皙，必有酒肉；将彻，必请所与[④]。问有馀，必曰：‘有。’曾皙死，曾元养曾子，必有酒肉；将彻，不请所与；问有馀，曰：‘亡矣。’将以复进也[⑤]。此所谓养口体者也。若曾子，则可谓养志也[⑥]。事亲若曾子者，可也。”

① 事，由下句“事亲为大”推断，“事”为事奉人之意。大，《荀子·性恶》“大齐信而轻货财”，杨倞注：“大，重也。”重要。事亲为大，事奉父母最为重要。

② 守，守护。守身为大，守护自身最为重要。赵岐注：“守身，使不陷于不义也。失不义，则何能事父母乎？”按，所谓“守身”即坚守自身的节操，不失做人的尊严。

③ 孰不为事？谓各种事奉的事都得做，但事奉父母是根本。孰不为守？谓各种该守护的事都得做，但守护自身的节操是根本。

④ 曾子，即曾参。曾皙（xī），名点，曾参之父。父子都是孔子弟子。彻（撤），通“撤”。将彻，指饭后撤去剩下的菜肴。必请所与，问剩下的菜肴给谁。

⑤ 曾元，曾子之子。亡（wú），通“无”。将以复进也，剩下的菜肴下一顿饭将继续进用。

⑥ 养口体，只是养其口腹，没有尽心。养志，满足父母的心意，尽到了心。

★本章两段。前段论述“事孰为大？事亲为大；守孰为大？守身为大”，事涉人生操节的重大内容；论述甚为精辟。

后段仅仅比较曾子、曾元对待父母用餐后剩下菜肴的不同处理，表现出不同的心态，既不能概括“事亲、守身”的重大内涵，所举事例也不正确。“问有馀，必曰：‘有’”，未必餐餐都有；“问有馀，曰：‘亡矣’”，可能确实“亡矣”。曾子、曾元两代人供奉父母，前后数十年，总不会天天如此。孟子根据传闻，对父子二人作出如此不同的评论，甚为荒唐；没有这段毫无道理的文字，文章更为精警。

【7.20】

孟子曰：“人不足与適也，政不足间也。唯大人为能格君心之非[①]。君仁莫不仁，君义莫不义，君正莫不正。一正君而国定矣。[②]”

① “人不足”之“人”，指小人，与下句“大人”相对。適（zhé），通“讁”，谴责，指责。间，非也，非议。大人，大德之人。格，正好，纠正。君心之非，国君的错误。故赵岐注：“时皆小人居位，不足过责也，政教不足复非訧（yóu）；独得大人为辅臣，乃能正君之非法度也。”（非訧，犹“非议”。）

② 定，安定。

★单从“人”这个词无法判断是什么人，要从下文“唯大人为能格君心之非”，才能推知上句“人不足与適也”之“人”指小人，也才能推知“政不足间也”之“政”指小人之政。如此用词极不严谨。

【7.21】

孟子曰:“有不虞之誉，有求全之毁。[①]”

① 虞，赵岐注:“度也”，意度，意料。不虞之誉，意想不到的称誉。求全，要求完备无缺。求全之毁，苛刻求全的毁谤。

★这是两种不正常的社会舆论。有些人并无实在，却浪得虚名，甚至获得高位。有些人本来不错，由于苛刻地求全责备而受到非议。

【7.22】

孟子曰:“人之易其言也，无责耳矣。[①]”

① 易，轻易。易其言，没有根据轻易地讲话，对这种人不用责备了。因为他们不负责任，没有责备的价值。

★人不要轻易说话。孔子对这种现象论述甚多。《论语·为政》子曰:“先行其言而后从之。”(2.13)《里仁》子曰:“君子欲讷于言而敏于行。”(4.24)“古者言之不出，耻躬之不逮也。”(4.22)《宪问》子曰:“君子耻其言而过其行。”(14.28)“其言之不怍，则为之也难。”(14.20)但孔孟表现的态度大不一样:孔子总是反复告诫人们，要慎于言辞，敏于行动；孟子则说“无责耳矣”，对这种人连责备的价值都没有，简直无可救药。

【7.23】

孟子曰:“人之患在好为人师。[①]”

① 患,《吕氏春秋·诬徒》“此不能学者之患也”，高诱注:“患，害也。”又《士容》“此愚者之患也”，高诱注:“患，犹病也。”好(hào)，喜爱。为人师，作

他人的老师。某些人的毛病，在于自己并不高明，却喜欢教训别人。

【7.24】

乐正子从于子敖之齐。

乐正子见孟子。孟子曰："子亦来见我乎？"

曰："先生何为出此言也？"

曰："子来几日矣？"

曰："昔者。"

曰："昔者，则我出此言也，不亦宜乎？"

曰："舍馆未定。"

曰："子闻之也，舍馆定，然后求见长者乎？"

曰："克有罪。"

【7.25】

孟子谓乐正子曰："子之从于子敖来，徒餔啜也。我不意子学古之道，而以餔啜也。"

★以上两章已提到《公孙丑下》"孟子出吊于滕"章（4.6）之后注释，原文仍保留于此。

【7.26】

孟子曰："不孝有三，无后为大。舜不告而娶，为无后也；君子以为犹告也。"

★（一）本章五句应是《万章上》"《诗》云娶妻如之何"章（9.2）文字，已并入该章，原文仍保留于此。

（二）不孝有三，赵岐注："于礼有不孝者三事，谓阿意曲从，陷亲不义，一不孝也；家贫亲老，不为禄仕，二不孝也；不娶无子，绝先祖祀，三不孝也。三者之中，无后为大。”赵岐之说，不知所据；古籍中“三”往往是虚词，人不孝也远不止这三个方面，“陷亲不义”也远不只是“阿意曲从”。注释者的责任是将原文含义说清楚，不能擅自增加内容，尤其不要代为立论。赵岐对“不孝有三”解释得如此具体，《离娄下》“匡章通国皆称不孝焉”章（8.30）孟子曰“不孝者五”并非“有三”，也说明此处“三”是泛指而非实数，赵岐的理解并不正确。

【7.27】

孟子曰：“仁之实，事亲是也；义之实，从兄是也①。智之实，知斯二者弗去是也②；礼之实，节文斯二者是也③；乐之实，乐斯二者，乐则生矣④；生则恶可已也，恶可已，则不知足之蹈之手之舞之。⑤”

① 实，实际，言最为重要。事亲，事奉父母。从，顺也，引申为敬重之意。从兄，敬重兄长。

② 知斯二者而弗去，懂得这两者而不放弃。

③ 节文斯二者，对两者用一定仪式表现出来。

④ 乐（yuè）之实，音乐之实。乐（lè）斯二者，乐（lè）则生矣，理解这两者的快乐就会更加快乐。

⑤ 生则恶（wū）可已，快乐发生怎会停止，即总是很快乐。

【7.28】

孟子曰：“天下大悦而将归己，视天下悦而归己，犹草芥也，惟舜为然。不得乎亲，不可以为人；不顺乎亲，不可以为子。舜尽事亲之道而瞽瞍厎豫，瞽瞍厎豫而天下化，瞽瞍厎豫而天下之为父子者定，此之谓大孝。”

★本章已移到《万章上》“象日以杀舜为事”章（9.3）之后注释，原文仍保留于此。

离娄章句下

凡三十三章

【8.1】

孟子曰："舜生于诸冯，迁于负夏，卒于鸣条，东夷之人也[①]。文王生于岐周，卒于毕郢，西夷之人也[②]。地之相去也，千有馀里；世之相后也，千有馀岁。得志行乎中国[③]，若合符节[④]，先圣后圣，其揆一也。[⑤]"

① 舜，虞舜。赵岐注："诸冯、负夏、鸣条，皆地名；在东方夷服之地，故曰东夷之人也。"

② 文王，周文王。赵岐注："岐周，毕郢，地名也。岐山下，周之旧邑，近畎夷。畎夷在西，故曰西夷之人也。"

③ 得志行乎中国，朱熹集注："谓舜为天子，文王为方伯，得行其道于天下也。"

④ 符节，朱熹集注："以玉为之，篆刻文字，而中分之，彼此各藏其半，有故则左右相合，以为信也。若合符节，言其同也。"（古代国君任命将军领兵外出，便将符节分为两半，一藏王宫，一交将军。中间国君如有特殊使命，便派使者带藏在王宫符节的一半，前往军中与将军所带符节的一半相合，以证明使者传达者确是国君的命令。《史记·信陵君列传》记信陵君窃符救赵，尽管信陵君的符是如姬盗窃得来，但所记合符的事却是典型的例证。孟子所谓"若合符节"是用作比喻。）

⑤ 其揆一也，朱熹集注："揆，度也。其揆一者，言度之而道无不同也。"揆，度，犹言准则；谓先圣后圣，他们对待社会人生的准则是相同的。

【8.2】

子产听郑国之政[①]，以其乘舆济人于溱洧[②]。

孟子曰："惠而不知为政[③]。岁十一月，徒杠成；十二月，舆梁成，民未病涉也[④]。君子平其政，行辟人可也[⑤]。焉得人人而济之？故为政者，每人而悦之，日亦不足矣。[⑥]"

① 子产（？—前 522），郑穆公之孙，子国之子，名侨，字子产，春秋时代杰出的政治家。参见《左传》与《史记·郑世家》。

② 乘舆，所乘的车。济，渡也。溱（zhēn）洧（wěi），二水名。古代的车，主体为木制，上有车箱，急难之时，可以浮水渡河。

③ 惠，恩惠，惠爱。

④ 徒杠（gāng），步行过河的木桥。舆梁，车行过河的桥。民未病涉也，修了桥梁，民众不用为涉水过河发愁。

⑤ 平，《公羊传·隐公元年》"公将平国而反之桓"，何休注："平，治也。"平其政，即治其政，亦即很好地行政。辟，通"避"，回避。古代大官出行，要路上行人回避。这是联系前文"以其乘舆济人于溱洧"说的，意谓只要"平其政"，不仅不用以乘车载人渡河，即使乘车出行要路人回避都是可以的；反之如果政务不治，却以乘车载人渡河，总不是办法，故下句曰"焉得人人而济之"。

⑥"每人而悦之，日亦不足矣"，如果像用行车济人渡河那样行小恩小惠使每个人都欢悦，即使每天去做，时间也不够。

★《韩非子·外储说左上》："子产相郑"，"为政五年，国无盗贼，道不拾遗，桃枣荫于街者莫有援也，锥刀遗道三日可反，三年不变，民无饥也"。子产在郑国为政远不只五年。郑简公十二年（前 554）以子产为卿。历定公、献公、声公三朝，前后执政五十六年。其时郑国弱小，子产周旋于晋楚两大强国之间，使郑国得以安定。据《史记·郑世家》，郑简公二十二年，"吴使延陵季子于郑，见子产如旧交"。二十三年，郑国内部诸公子发生争斗，有人欲杀子产，公子或谏曰："子产仁人，郑所以存者，子产也。"二十五年，郑使子产于晋，问平公疾。谓平公曰："若君疾，饮食哀乐女色所生也。"平公及叔向曰："善，博物君子也。"孔子尝过郑，“与子产如兄弟云”。郑声公五年（前496）子产卒，“郑人皆哭泣，悲之如亡亲戚”。孔子闻之，为之泣曰：“古之遗爱也！”吴季札、晋叔向，更不用说孔子，都是春秋时代杰出的思想家、政治家，都对子产如此敬重。连郑国争权夺利的公子们，也有人承认子产是使郑国得以“存”的“仁人”。子产更得到普通民众的爱戴，他去世时人们“悲之如亡亲戚”。而孟子对子产却似乎不值一谈。子产“以其乘舆济人于溱洧”，揆诸情理，只能是特殊情况下的临时措施，决不会是一种常态，不会是年年月月都如此。即使是常人也不会，何况子产。子产在民众突遇急难之时，用自己的乘车济人过河，表现了子产爱护民众的高尚品格，孟子却无端加以指责。《论语·公冶长》子谓子产，“有君子之道四焉：其行己也恭，其事上也敬，其养民也惠，其使民也义”。“以其乘舆济人于溱洧”，应该说是子产“养民也惠”的事例。孔子对子产就其整体政绩进行充分肯定，孟子却就其本应肯定的单一事例，一句话加以否定，说他“惠而不知为政”！与孔子对子产的评价，何啻相悬天壤！孟子一生没有在哪个诸侯国执政过一天，而子产在郑国处境艰难之时执政达半个多世纪之久，孟子竟然以居高临下的口气教导这位早他一百五十多年的先哲应该如何如何。而且说，“君子平其政，行辟人可也”，一副封建大官僚的架势，此种言论，极不可取。

【8.3】

孟子告齐宣王曰：“君之视臣如手足[①]，则臣视君如腹心；君之视臣如犬马，则臣视君如国人；君之视臣如土芥，则臣视君如寇雠。[②]”

王曰：“礼，为旧君有服，何如斯可为服矣？[③]”

曰：“谏行言听，膏泽下于民[④]；有故而去，则君使人导之出疆，又先于其所往；去三年不反，然后收其田里[⑤]。此之谓三有礼焉。如此，则为之服矣。今也为臣。谏则不行，言则不听；膏泽不下于民；有故而去，则君搏执之，又极之于其所往[⑥]；去之日，遂收其田里。此之谓寇雠[⑦]。寇雠何服之有？”

①“君之”之“之”，犹若也，如果。王引之《经传释词》:“之，犹若也。”举例甚多。《左传·成公二年》“大夫之许，寡人之愿也；若其不许，亦将见也”，上言“之”而下之言“若”，“之”亦“若”也。《荀子·正名》“假之有人欲南而恶北”，《性恶》“假之有弟兄资财而分者”，“假之”皆谓“假若”也。

②国人，一般国民。土芥，泥土草芥；芥，亦草也。寇雠，盗贼仇敌；雠，通“仇”。

③为旧君有服，《仪礼·丧服》:“大夫为旧君，何以服齐衰三月也？”“言其以道去君，而犹未绝也。”齐宣王显然对孟子的话不中听，认为照礼仪，臣离开国君但并未断绝，国君死后仍为之服丧，因问在什么情况下为“旧君”服丧。

④谏行言听，臣进谏则国君执行，臣建言则国君听从；犹“言听计从”之意。膏泽，恩惠。

⑤使人导之出疆，派人引导他离开国境。先，先容，即先为之介绍。《史记·郦生陆贾列传》“莫为我先”，司马贞索隐:“先，谓先容，言无人为我作绍介也。”朱熹集注:“导之出疆，防剽掠也。先于其所往，称道其贤，欲其收用之也。”

⑥搏执，抓住捆绑。极，《说文》，“穷也”，穷困。极之于其所往，使其在所往之地陷于穷困。

⑦寇雠，仇敌。

【8.4】

孟子曰:“无罪而杀士，则大夫可以去；无罪而戮民，则士可以徙。①”

①戮（lù），亦杀也。“杀”与“戮”，“去”与“徙”，字异义同；两句相对，文辞更为生动。

★本章赵岐注:“恶伤其类，视其下等，惧次及也。”朱熹集注:“言君子当见机而作，祸已迫则不能去矣。”赵朱之说非是。孟子之意，谓如果统治者残暴不仁，无端杀士戮民，则臣下可以弃之而去，决不是说他们应该畏惧祸至而逃跑；

按照赵朱的解释，由于惧祸而逃跑，是懦夫怯弱的表现，那些所谓大夫士就无操守可言。孟子的原意，因国君暴虐而离去，则是正直之士的反抗行为。

【8.5】

孟子曰："君仁莫不仁，君义莫不义。"

★本章二句已见《离娄上》"人不足与適也"章（7.20）。

【8.6】

孟子曰："非礼之礼，非义之义，大人弗为。[①]"

①《礼记·中庸》"不议礼"，郑玄注："礼，谓人所服行也。"即人的行为规范。非礼之礼，不合规范的"礼"，"大人"弗为。《礼记·中庸》："义者，宜也。"非义之义，不合事宜之"义"，"大人"弗为。大人，大德之人。

★后"可以取"章（8.23），谓"可以死，可以无死，死伤勇"，亦即"非义之义，大人弗为"之意，且最为典型。

【8.7】

孟子曰："中也养不中，才也养不才[①]，故人乐有贤父兄也。如中也弃不中，才也弃不才，则贤不肖之相去，其间不能以寸。[②]"

① 中，《论语·尧曰》"允执厥中"，皇侃疏："中，谓中正之道也。"《中庸》题解朱熹集注引程子曰："中者，天下之正道。"才，赵岐注："才者，谓人之有俊才者。""中"与"才"，正道与俊才，两者相对，贤者也。养，养育教诲。

② 弃，放弃，遗弃。贤，中也，才也；不肖，即不中、不才。其间不能以寸，即相差不远。

★“中者养不中，才也养不才”，即贤者养育教诲不贤者。故人乐有贤父兄也，贤父兄能养育教诲不贤者也。反之，如果贤者放弃不贤者，则所谓贤者亦不贤，两者相差就不大了。

【8.8】

孟子曰:“人有不为也，而后可以有为。①”

① 不为，谓不做不正当不合理之事；有为，谓做正当合理之事。

★“人有不为也，而后可以有为”，话当然精辟。但将两者构成因果关系则过于绝对。人是复杂的，有些人可能干不正当不合理之事，但不一定完全不干正当合理之事。孟子此言，后人演绎为“有所为，有所不为”，则完全正确。

【8.9】

孟子曰:“言人之不善，当如后患何？”

★说别人的不好，必须考虑可能引起的“后患”，如影响关系，甚至由此结怨，发生矛盾等等；此诫人“慎言”之意。

【8.10】

孟子曰:“仲尼不为已甚者。①”

① 已，朱熹集注，“犹太也”。已甚，过份。

★《论语·泰伯》子曰:“人而不仁，疾之已甚，乱也。”当为孟子所本。然孔子所谓“疾之已甚”，有明确的前提“人而不仁”；没有前提，“不为已甚”则含义不明。

【8.11】

孟子曰:“大人者,言不必信,行不必果,惟义所在。[①]”

① 信,信守,遵守。必,朱熹集注,“期也”,预期。果,成也,犹言实现,兑现。义,《礼记·中庸》:“义者,宜也。”合理。谓大德之人,说话不一定预期遵守,行动上不一定预期实现;遵不遵守,实不实行,取决于合不合乎义,亦即取决于合不合理。

★《论语·子路》子贡问“何如斯可谓之士矣”章(13.20)孔子曰:“言必信,行必果。硁硁(kēng)然小人哉。”“言必信,行必果”,应该说是一种好的品格;《为政》篇子曰“人而无信,不知其可也”,怎么回答子贡又说那是“硁硁然小人哉”?在《卫灵公》篇孔子对此有所解释,曰:“君子贞而不谅。”(15.37)贞,正也,正道。谅,小信也。谓君子遵守正道,而不拘泥于小信。

本章孟子谓“言”如何则“信”,“行”如何则“行”,提出了一个原则:“惟义所在。”语句较上一章严谨。

【8.12】

孟子曰:“大人者,不失其赤子之心者也。[①]”

① 大人,大德之人。赤子,婴儿。谓大德之人,尽管学识广博,经验丰富,却不失赤子之心,即仍然天真纯朴。

【8.13】

孟子曰:“养生者不足以当大事,惟送死可以当大事。[①]”

① 养生,指供养在生的父母。送死,谓父母死后丧葬事宜。朱熹集注:“事生因当爱敬,然亦人道之常耳。至于送死,则人道之大变,孝子之事亲,舍此无以

用其力矣，故尤以为大事而必诚必信，不使少有后日之悔也。”

★“养生者不足以当大事，惟送死可以当大事”，“送死”竟然比“养生”更重要，极不合理。而今不少人父母在生不好好供养，死了却大操大办，这种风气相当普遍，无疑是封建社会歪风的遗留。

【8.14】

孟子曰：“君子深造之以道[①]，欲其自得之也[②]。自得之，则居之安；居之安，则资之深；资之深，则取之左右逢其原，故君子欲其自得之也。[③]”

① 造，赵岐注，“致也”；朱熹集注，“诣也”。深造之以道，即以道深造之，亦即按道的标准更好地提高自己；指提高自己的修养学识。朱熹集注：“深造之者，进而不已之意；道，则其进为之方也。”

② 欲其自得之也，要求自己努力而有所得。

③ 居，处也。安，安稳，坚实。资，《说文·贝部》段玉裁注：“资者，积也。”《史记·魏公子列传》“如姬积之三年”，司马贞索隐：“资，畜也。”积畜之意。原，同“源”，水之源。谓由于自己努力所得，则处之安稳牢固；处之安稳牢固，则积蓄深厚；积蓄深厚，则取用之如水之左右逢源，取之不尽，用之不竭。

★此孟子论为学之道，实亦他自己的心得。

【8.15】

孟子曰：“博学而详说之，将以反说约也。[①]”

① 博学，广博地学习。详说，详尽地解说。将以反说约也，用以达到简约地表述出来。即“由博反约”之意。

【8.16】

孟子曰："以善服人者，未有能服人者也①；以善养人，然后能服天下②。天下不心服而王者，未之有也。③"

① 善，谓道德修养。服人，使人服。仅仅以自身的道德修养，还不能使他人内心归服。

② 以善养人，以道德修养教养熏陶人，才能使天下人内心归服。朱熹集注："服人者，欲以取胜于人；养人者，欲其同归于善。"

③ 王（wàng），王道，此处为统一天下之意，谓天下之人不心服而能统一天下是没有的事。

★"天下不心服而王者，未之有也"，话说得过于绝对。人类社会的历史永远在艰难曲折中前进，"天下不心服"而以暴力统一天下者比比皆是，决不是"未之有也"。秦王朝统一天下，元蒙进入中原，天下何曾"心服"？

【8.17】

孟子曰："言无实不祥。不祥之实，蔽贤者当之。①"

① 不祥，不好，不善。"不祥之实"之"之"，犹"而"也。蔽，遮蔽，妨碍。当，任也，用也。谓言而内容不实是不好的；那种居心不好而内容却实在之言，遮蔽贤人者往往用之。

★《礼记·中庸》"有弗学，学之弗能弗措也；有弗问，问之弗知弗措也；有弗思，思之弗得弗措也；有弗辨，辨之弗明弗措也；有弗行，行之弗笃弗措也"，五句中之"之"，犹"而"也；《淮南子·氾论》"及夫强之弱，弱之强，危之安，安之危，存之亡，非圣人孰能观之"，"强之弱"以下五句中之"之"，犹"而"也。"不祥之实"之"之"，用法相同。"不祥之实，蔽贤者当之"，指那种为了中伤贤人，说贤人的坏话，居心不善，但说的内容却是真实的（如恶意告密、揭发隐私之类）。小人出于嫉妒，为了遮蔽贤人往往如此。

【8.18】

徐子曰："仲尼亟称于水，曰：'水哉，水哉！'何取于水也？①"

孟子曰："原泉混混，不舍昼夜。盈科而后进，放乎四海②，有本者如是，是之取尔③。苟为无本，七八月之间雨集，沟浍皆盈；其涸也，可立而待也④。故声闻过情，君子耻之。⑤"

① 徐子，赵岐注，"徐辟也"，即《滕文公上》"墨者夷之"章之徐辟，不知是否有据；故朱熹不注。亟，通"极"。亟称，极其称许。《论语·子罕》子在川上曰："逝者如斯夫，不舍昼夜！"是仲尼亟称于水也。

② 原泉，有原之泉水。混混（gǔn），《说文》"混，丰流也"，段玉裁注："盛满之流也。孟子曰'原泉混混'，古音读如滚。"不舍昼夜，日夜不停。科，赵岐注，"坎也"，低洼之地。盈科而后进，灌满低洼之地而后向前奔流。放乎四海，放入大海。

③ 有本者如此，言水有本原，故能不舍昼夜，放乎四海；比喻凡有本原的事物都是如此，故仲尼取之如此。

④ 苟，如果。沟浍（kuài），水沟。涸，干也。立，立即。七八月之间大雨下来，沟浍皆满；但没有本原，来势凶猛而消失迅速，故沟浍很快就会干涸。亦即《尽心上》"于不可已而已"章（13.44）"其进锐者，其退速"之意。

⑤ 声闻（wèn），名声，声望。情，实。如果声望超过实际，即名不符声，君子以为耻。

★"盈科而后进，放乎四海，有本者如是，是之取尔"，《尽心上》"孔子登东山"章（13.24）"水之为物也，不盈科不行；君子之志于道也，不成章不达"，旨意正可互参。

【8.19】

孟子曰："人之所以异于禽兽者几希，庶民去之，君子存之。舜明于庶物，察于人伦，由仁义行，非行仁义也。"

★本章移至《万章上》与舜有关诸章后一并注释，原文仍保留于此。

【8.20】

孟子曰："禹恶旨酒而好善言[①]。汤执中，立贤无方[②]。文王视民如伤，望道而未之见[③]。武王不泄迩，不忘远[④]。周公思兼三王，以施四事[⑤]；其有不合者，仰而思之，夜以继日；幸而得之，坐以待旦。"

① 禹，夏禹。恶（wù），讨厌，憎恶。旨酒，美酒。《战国策·魏策二》："昔者，帝女令仪狄作酒而美，进之禹，禹饮而甘之，遂疏仪狄，绝旨酒，曰：'后世必有以酒亡其国者。'"好（hào），喜爱。好善言，《书·皋陶谟》："禹拜昌言。"《说文》："昌，美言也。"

② 汤，商汤。中，正也，正道。赵岐注："执中正之道，惟贤速立之，不问其从何方来，举伊尹以为相也。"立贤无方，任用贤人，不论其地位高低，声名大小，亲疏远近等等。《史记·殷本纪》："伊尹欲干汤而无由，乃为有莘氏媵臣，负鼎俎以滋味说汤，致于王道。"赵氏举以为例。（媵臣，诸侯女儿出嫁时陪嫁小臣。）

③ 文王，周文王。视民如伤，看到民众觉得他们身有伤痛，言其对民众非常爱怜。而，犹"如"也，望道而未之见，看到了大道仍似乎尚未看到，谓其追求大道自我要求极为严格。（两句中"视"与"望"相对，"如"与"而"通用，词义皆同。）

④ 武王，周武王。朱熹集注："泄，狎也。迩者，人之所易狎而不泄；远者，人之所易忘而不忘。德之甚，仁之至也。"（狎，狎昵，轻佻地亲近。）

⑤ 周公，周公旦。三王，朱熹集注："三王，禹也，汤也，文武也。"施，施行。四事，即上述禹汤文武之事。

★三王，谓夏商周三朝开国之王，故周文王武王合称一王，禹汤文武称为“三王”。后世有“春夏秋冬为四季，禹汤文武号三王”的联对。

【8.21】

孟子曰：“王者之迹熄而《诗》亡，《诗》亡然后《春秋》作[①]。晋之《乘》[②]，楚之《梼杌》，鲁之《春秋》，一也：其事则齐桓、晋文[③]，其文则史[④]。孔子曰：‘其义则丘窃取之矣。’”

①王者，古代圣王，具体指西周圣王。迹，成迹，引申为遗传的功业。朱熹集注：“王者之迹熄谓平王东迁而政教号令不及于天下也。”《诗》亡，赵岐注：“太平道衰，王迹止熄，颂声不作，故《诗》亡。”《诗》三百大约终于春秋中期。《陈风·株林》传为刺陈灵公淫乱之作，《左传》宣公九年、十年（前600、前599）记其事，通常以该篇为《诗》最晚的篇章。“王者之迹熄而《诗》亡”，概而言之也。《春秋》是鲁史，记述自鲁隐公至鲁哀公二百四十二年的史实，为鲁史官所记录，孔子对所记历史事件按一定的义例作或褒或贬的修订。

②《乘》（shèng）、《梼杌》（táo wù），当为晋楚史书之名。

③其事则齐桓、晋文，谓那些史书所记为齐桓公晋文公之类的史实。

④其文则史，其文辞所记只是历史事实。语本《论语·雍也》子曰“文胜质则史”，“史”与下文“义”相对：“史”指史实，“义”则指对这些史实按一定的义例所作的“书法”，即所谓微言大义。故下句引孔子曰“其义则丘窃取之矣”。取，取得。

★（一）王者之迹熄而《诗》亡——

《说文·丌部》：“辺，古之遒人以木铎记诗言。”《汉书·食货志》曰：“孟春之月，行人振木铎徇于路以采诗，献之大师，比其音律，以闻于天子。故曰：‘王者不窥牖户而知天下。’”此即所谓“遒人以木铎记诗言”。朱骏声《说文通训定声》谓“孟子‘王者之迹熄而《诗》亡’，‘迹’即‘辺’之误”。自朱骏声之说出，“王者之迹熄而《诗》亡”就出现了全不同于赵岐、朱熹的解释，谓孟子说的是由于周朝廷废弃了行人采诗之制度所以“《诗》亡”。按，朱骏声之说远不如赵岐、朱熹解释正确。朱骏声并未提供《孟子》有什么别的版本或引文作“王者之迒熄”，也未曾证明“迹”何以是“迒”之误，纯系主观臆断。再说用“迒”一个字来表现行人采诗也不合理。赵岐、朱熹从整个时代变迁，“太平道衰”，“政教号令不及于天下”来解释“王者之迹熄”，远比解作单一项行人采诗之制度更为全面。“太平道衰”，“政教号令不及于天下”，概括了社会风气、政治体制各个方面的变化，行人采诗之制度自亦包含在内。

（二）晋之《乘》，楚之《梼杌》，鲁之《春秋》，一也——

赵岐注：“此三大国史记之名异。《乘》者，兴于田赋乘马之事，因以为名。《梼杌》者，嚚凶之类，兴于记恶之戒，因以为名。”赵氏之说，未知所据。孟子既说是“一也”，记史的内容性质应该大体相同。《春秋》虽然简略，但相当全面地记载历史重大事件。“晋之《乘》”怎么专记“田赋乘马之事”？朱熹表示怀疑，集注曰：“乘，义未详。赵氏以为兴于田赋乘马之事。或曰，取记载当时行事而名之也。”他采取存疑的态度。“楚之梼杌”，更不好理解。朱熹基本上采用赵岐之说。集注曰：“梼杌，恶兽名，古者因以为凶人之号，取记恶垂戒之义也。”一部国史，怎么会只“记恶之戒”，“取记恶垂戒之义”，而且用这么一个嚚凶之名为书名，都无法理解。内容既然如此，则与《春秋》大不相同，孟子怎么说同《春秋》“一也”？故赵岐之说，未必可信。

（三）书法——

孔子修《春秋》，对史记记的人物、事件，不直接进行评论，而是通过叙述的词语表现其“褒”还是“贬”，即赞许还是批判。全书褒贬词语有一定的义例。这种褒贬方式即称为“书法”。《左传》《公羊》《穀梁》三传对《春秋》义例都有所解释。如《春秋·隐公元年》：“夏五月，郑伯克段于鄢。”《左传》解释说：“段不弟，故不言弟。如二君，故曰克。称郑伯，讥失教也；谓之郑志。”意思是郑庄公的弟弟共叔段没有做弟弟的德性，不像个弟弟，故不言其为“弟”，而直称其名“段”。兄弟俩为争夺权力，如“二君”发生战争，“故曰克”，而不说战胜。郑庄公为共叔段之兄，却不言兄，而称“郑伯”，是讥刺他未能教育弟弟。郑庄公故意纵容其弟，让他扩展野心，然后把他打败，这实际是郑庄公内心的本意，故“谓之郑志”。《公羊》《穀梁》同样进行了解释，却不完全相同，而更为复杂。仅举此一例，以见《春秋》书法之一斑。所谓一字寓褒贬，后代经学家给予了极高的评价。唐孔颖达《春秋正义序》云：“一字所嘉，有同华衮之赠；一言所黜，无异萧斧之诛。所谓不怒而人威，不赏而人劝，实永世而作则，历百王而不朽者也。”唐杨士勋《春秋穀梁传注疏序》曰：“一字之褒，宠踰华衮之赠；片言之贬，辱过市朝之挞。”尊崇之无以复加。

【8.22】

孟子曰：“君子之泽五世而斩①，小人之泽五世而斩。予未得为孔子徒也，予私淑诸人也。②”

①泽，惠泽，遗风。朱熹集注：“泽，犹言流风馀韵也。”五世，五代。斩，断也。孔子之卒到孟子出生，相隔约一百年。孔子二十岁时，儿子伯鱼出生，到孔子去世，孙子也应有二十多岁。故就孔子子孙而言，到孟子之时已过了五代。本章肯定是有人问到孟子和孔子的关系，孟子所作的回答。

②徒，弟子。孔子之卒至孟子出生，相隔约一百年，故孟子未得为孔子弟子。赵岐注：“淑，善也。我私善之于贤人耳，故恨其不得学于大圣也。”

★（一）君子、小人，有两个概念：就地位言，君子指在上位者，小人指平民百姓；就德行言，君子指有道德修养者，小人指无道德修养者。按照孟子的观念，无论就地位言，就德行言，小人都无“泽”可言。而且联系下文孟子谈自己学业的传受，更与小人毫不相干。焦循显然有见于此，他作了独特的解释，曰：“近时通解以君子为圣贤在位者，小人为圣贤不在位者。”这解释并不准确。既是“圣贤”即使“不在位”也是君子而不是小人。此处小人应指在位而非圣贤者，因不在位之小人则无“泽”可言。本章重在“君子之泽五世而斩”，“小人之泽五世而斩”只是作为陪衬。

（二）孟子肯定有师传，《史记·孟子荀卿列传》谓孟子“受业子思之门人”。荀子《非十二子》将子思孟子联在一起，荀子与孟子并世约二十年，了解子思孟子的关系。在孟子心目中只有一个孔子，连孔子的高足都不在话下。那位“子思之门人”肯定地位不高，故孟子从不提起，而诡称“予私淑诸人也”。孟子谈他的师传，何以要提到“君子之泽五世而斩”，就在于表明他从学的时代，孔子之“泽”，已经“斩”了，没有人可以做他的老师，自然也包括那位出自子思之门的先生。从前学子入学中举，甚至中进士，回家庆贺开宴，请蒙师坐第一位，是尊师重道的优良传统，孟子似乎丝毫没有那种意识。

（三）私淑诸人，注仍按赵岐、朱熹训“淑，善也”，私淑诸人即私善于人；其实只是一说。又，朱熹注“私，窃也”。《诗·陈风·东门之池》“彼美淑姬”，释文“淑本亦叔”。《诗·豳风·七月》“九月叔苴”，毛传：“叔，拾也”，则“淑”亦可训“拾”，拾取。予私淑诸人，即予私窃取于人也，犹今言自学成才。如此解释，可能更合孟子的本意。——在孟子的潜台词中，他是天生圣人，生而仁义；没有人可以做他的老师，他也不需要任何老师！

【8.23】

孟子曰：“可以取，可以无取，取伤廉；可以与，可以无与，与，与伤惠；可以死，可以无死，死伤勇。[①]”

①伤，伤害。与，施与。可以取，可以不取，就应该不取；滥取总出于贪心，故有伤廉洁。可以施与，可以不施与，就不必施与；随便施与未免炫耀之嫌，故有伤惠泽。可以死，可以不死，就不应该死；无价值地抛弃生命，算不上勇敢。

【8.24】

逢蒙学射于羿[①]，尽羿之道，思天下惟羿为愈己[②]，于是杀羿。

孟子曰：“是亦羿有罪焉。”

公明仪曰："宜若无罪焉。[3]"

曰："薄乎云尔，恶得无罪[4]？郑人使子濯孺子侵卫，卫使庾公之斯追之[5]。子濯孺子曰：'今日我疾作[6]，不可以执弓，吾死矣夫！'问其仆曰[7]：'追我者谁也？'其仆曰：'庾公之斯也。'曰：'吾生矣。'其仆曰：'庾公之斯，卫之善射者也；夫子曰吾生，何谓也？'曰：'庾公之斯学射于尹公之他，尹公之他学射于我。夫尹公之他，端人也，其取友必端矣。[8]'庾公之斯至，曰：'夫子何为不执弓？'曰：'今日我疾作，不可以执弓。'曰：'小人学射于尹公之他，尹公之他学射于夫子。我不忍以夫子之道反害夫子。虽然，今日之事，君事也[9]，我不敢废。'抽矢扣轮去其金[10]，发乘矢而后反。[11]"

① 逢（péng）蒙学射于羿，赵岐注："羿，有穷后羿。逢蒙，羿之家众也。"《春秋传》曰："羿将归自田，家众杀之。"《左传·襄公四年》记有穷后羿，恃其射也，不修民事，而淫于原兽，任用寒浞，以为己相。浞行媚于内，而施赂于外。愚弄其民，而娱羿于田。"将归自田，家众杀而烹之。"《楚辞·离骚》："羿淫游以佚田兮，又好射夫封狐。固乱离其鲜终兮，浞又贪夫厥家。"王逸注："浞，寒浞，羿相也。言羿因夏衰乱，代之为政，娱乐畋猎，不恤民事。信任寒浞，使为国相。浞行媚于内，施赂于外，树之诈慝，而专其权势。羿畋将归，使家臣逢蒙射而杀之。"综上所记，知逢蒙本后羿家臣，而学射于羿。

② 尽羿之道，全学到羿射箭的本领。思天下惟羿为愈己，想到天下只有羿超过自己。

③ 公明仪，已见《滕文公上》"滕文公为世子"章（5.1）。宜，义也，理也。宜若无罪焉，论道理好像没有罪。

④ 薄，轻也。薄乎云尔，这是轻淡看来才这样说；即表面看来似乎无罪。"薄乎云尔"是就对问题的认识而言，朱熹注作"言其罪薄耳"非是。下句云"恶（wū）能无罪"，即安能无罪。

⑤ "庾公之斯、尹公之他"之"之"，朱熹集注，"语助也"。卫使庾公之斯

追之，必因子濯孺子侵卫失败，败退之时，卫使庾公之斯追之。

⑥ 疾作，疾病发作。

⑦ 仆，朱熹集注，“御也”。

⑧ 端人，品格端正的人。其取友必端，谓尹公之他自身端正，选取的学友也必然端正。

⑨ 君事，国君派遣之事。

⑩ 扣，通“叩”，敲也。金，指金属箭头。抽矢扣轮去其金，抽出箭来在车轮上敲掉金属箭头。庾公之斯不愿射杀子濯孺子，敲去箭头，即使射中对方也不会受伤。

⑪ 发乘矢而后反，连发四箭之后返回。

★“是亦羿有罪焉”，孟子对逄蒙杀羿的评论是有理的。（实际寒浞杀羿，逄蒙不过是奴才奉命而已。）后羿是侵略者，野心家，又是不恤民事，荒嬉无度的暴君；寒浞是奸贼；他们养的家臣逄蒙也是歹徒：一窝狼虎，都是罪犯。

但孟子讲子濯孺子的故事却值得研究。“端人也，其取友必端”，什么样的老师，就会有什么样的弟子，一般说来有一定的道理。但并不尽然，人是复杂的，“端人”取友未必都“端”。耶稣弟子中尚有犹大，何况他人。特别是在那种封建的畸形社会里，道德沦丧，在某种压力下，弟子迫害师尊者比比皆是。甚至愈是亲密，斗争也愈加残酷。

庾公之斯奉君命追击敌人，敌人却是自己的师爷，他便放过。庾公之斯说，“今日之事，君事也，我不敢废”，实际已经废了，还说什么“不敢废”。朱熹即不以孟子所说为然，他说：“夷羿篡弑之贼，蒙乃逆俦；庾斯虽全师恩，亦废公义，其事皆无足论者。”但朱熹还是给孟子留点馀地，最后说一句，“孟子盖特以取友而言耳”，这是聪明的朱文正公惯常采用的“巧妙”做法。

孟子所述的故事，《左传·襄公十四年》有近似的史实。但孟子所说为郑人使子濯孺子侵卫，卫人使庾公之斯追之，《左传》所记为卫献公出奔，卫人使孙林父追之。孟子说的是庾公之斯学射于尹公之他，《左传》所记为尹公佗学射于庾公差。人物、事件、内容都不相同。按，孟子说的是传闻故事，无须考证清楚，也不可能。

【8.25】

孟子曰："西子[①]蒙不洁，则人皆掩鼻而过之[②]。虽有恶人，齐戒沐浴，则可以祀上帝。[③]"

① 西子，即西施，传为古代典型的美人，在《孟子》《管子》《庄子》等书中提到美人，即以西施作代表，但莫知其来源。(先秦史籍如《左传》《国语》和汉代司马迁《史记》吴越世家都无西施其人。直到东汉赵晔《吴越春秋》才有越国献西施于吴王故事，亦甚简略。其后传为汉袁康撰《越绝书》、题为唐陆广微著《吴地记》，乃有吴王夫差宠幸西施以至于亡国等许多内容。由于这些作者的创造，就使这位绝代佳人永远处于尴尬的地位。)

② 蒙不洁，朱熹集注："蒙，犹冒也。不洁，污秽之物。"掩鼻，捂着鼻子，怕闻其臭气。

③ 恶，《庄子·德充符》"卫有恶人焉"，郭象注："恶，丑也。"恶人，容貌丑陋的人。齐，通"斋"。祀，祭祀。

★本章孟子云云可能只是一个比喻，谓人之尊严在于其内在修养，而不在其外部形象。

【8.26】

孟子曰："天下之言性也，则故而已矣。故者以利为本[①]。所恶于智者，为其凿也[②]。如智者若禹之行水也，则无恶于智矣[③]。禹之行水也，行其所无事也[④]。如智者亦行其所无事，则智亦大矣[⑤]。天之高也，星辰之远也，苟求其故，千岁之日至，可坐而致也。[⑥]"

① 天下之言性，赵岐注："言天下万物之情性。" 故，朱熹解作"已然之迹"，即本来情况。利，朱熹集注，"犹顺也，语其自然之势也"。意谓论天下万物之情性，就是探索其本来面目，最根本的方式就是顺其自然。

② 恶（wù），厌恶。之所以厌恶那些所谓"智"者，是因为他们穿凿附会，（而不是顺其自然。）

③ 行水，治水。谓如果"智"者像大禹治水一样，那"智"就不会令人厌恶了。

④ "行其所无事"之"事"，指极其劳苦费力之事。谓大禹治水，顺其自然，因势利导，使之不用过于劳苦即获得成功。

⑤ 大，意义重大。谓如所谓"智"者也不用过于劳苦行事，那种"智"才意义重大。

⑥ 至，至日，即夏至、冬至。每年六月二十二日前后地球公转到黄经 90° 时开始为夏至；十二月二十二日前后公转到黄经 270° 时开始为冬至。坐，言极其容易，不用费力，自然而然。致，得也。谓天如此之高，星辰如此之远，如果顺其自然进行推算，即使千年之后的至日，也可以容易得到。

★本章论述的道理并不深奥，无非是说研究事物的情性，必须顺其自然，求其本来的情况，而不要穿凿附会。

但孟子故弄玄虚，文辞怪僻。文中一些重要的词所表达的并非通常的词义：如"性"不是"性相近，习相远"、"性善""性恶"的人性，而是万物之性。"天下之言性也"，赵岐转述为"言天下万物之情性"。单一个"性"字，谁能知道是"万物之情性"？如"故"，如"利"，不特别界定在本文中的特别含义则无法理解。"所恶于智者"之"智"含贬义，与下文四个"智"字感情色彩都不同。"行其无所事"之"事"尤不好解释，赵岐解作"行其空虚无事之处"，本帙注作"极其劳苦费力之事"都很勉强，而且都不得不添字为解，还不知道是否正确。孔子"于其所不知则付诸阙如"，故"夫子之言性与天道不可得而闻也"。孟子却不然，"天之高也，星辰之远也，苟求其故，千岁之日至，可坐而致也"，说得何等轻淡！

《孟子》书中凡此等章次，皆不足为范。

【8.27】

公行子有子之丧，右师往吊，入门，有进而与右师言者，有就右师之位而与右师言者。孟子不与右师言，右师不悦曰："诸君子皆与驩言，孟子独不与驩言，是简驩也。"

孟子闻之，曰："礼，朝廷不历位而相与言，不逾阶而相揖也。我欲行礼，子敖以我为简，不亦异乎！"

★本章注见《公孙丑下》"孟子为卿于齐"章（4.6）之后，原文仍保留于此。

【8.28】

孟子曰："君子所以异于人者，以其存心也。君子以仁存心，以礼存心。仁者爱人，有礼者敬人。爱人者人恒爱之，敬人者人恒敬之[①]。

"有人于此，其待我以横逆，则君子必自反也：我必不仁也，必无礼也，此物奚宜至哉？其自反而仁矣，自反而有礼矣，其横逆由是也，君子必自反也，我必不忠。自反而忠矣，其横逆由是也，君子曰：'此亦妄人也已矣。如此则与禽兽奚择哉？于禽兽又何难焉？'是故君子有终身之忧，无一朝之患也[②]。

"乃若所忧则有之：舜，人也，我，亦人也。舜为法于天下，可传于后世，我由未免为乡人也，是则可忧也。忧之如何？如舜而已矣。若夫君子所患则亡矣。非仁无为也，非礼无行也。如有一朝之患，则君子不患矣。[③]"

① 存心，存在心中的思想。恒，常也。——第一段谓君子与一般人不同之处，在于内心的思想不同。"君子以仁存心，以礼存心；仁者爱人，有礼者敬人。"你爱别人，别人也总会爱你；你敬重别人，别人也总会敬重你。

② 横逆，朱熹集注，“谓强暴不顺理也”，即横蛮无理。“有人于此”，特指“待我以横逆”之人，亦即横蛮无理之人。自反，犹反躬自问。物，事也。此物，指以横逆待我之事。奚，何也。由，通“犹”；由是也，仍然如此。妄人，狂妄之人。奚择，朱熹集注，“何异也”，没有什么区别。难，责难，朱熹集注，“言不足与之较也”，即没有必要与之计较。——第二段谓如果有人横蛮无理，君子会反躬自问：一定是我自己不仁，我自己无礼，要不这种横蛮无理之事怎么会发生呢？君子反躬自问以后，有仁有礼了，而对方横蛮无理仍然如此。君子还会反躬自问：一定是我还不够忠。君子反躬自问已够尽忠了，而对方仍横蛮无理。到此君子才说，这是一个狂妄之徒。这种狂徒同禽兽没有区别；对这种禽兽何必去责难呢？即没有责难的价值。君子有“终身之忧”，即忧虑自己一生有什么建树；下文“舜为法于天下，可传于后世，我由未免为乡人也，则是可忧也”，即“终身之忧”的内涵。“无一朝之患”，君子“以仁存心，以礼存心”，爱人，敬人，有高尚的风格，对“待我以横逆”的“妄人”，也能坦然处之，从容应对，故在日常生活中没有什么忧虑，无一朝之患。

③ 法，度也，法度。《论语·尧曰》“审法度”，皇侃疏：“法度，谓可治国之制典也。”朱熹集注：“法度，礼乐制度皆是也。”犹言功业。又，《管子·形势解》：“法度，万民之仪表也。”犹言道德仪范。舜为法于天下，就为政治国而言，谓道德仪范于天下。句中二义兼而有之。——第三段论述君子的“终身之忧”，其实是君子的人生理想，是君子思谋树立楷模建功立业于天下，传之于后世。谓君子忧的是“舜为法于天下，可传于后世，我由未免为乡人也，是则可忧也”。那怎么办呢？则只有效法虞舜。君子之“忧”如此崇高，一般忧患就没有了，因为君子“非仁无为也，非礼无为也”。即使有一朝之患，如遇上“待我以横逆”之事，君子也应付裕如，不会以为忧患。

【8.29】

禹稷当平世，三过其门而不入，孔子贤之。颜子当乱世，居于陋巷。一箪食，一瓢饮。人不堪其忧，颜子不改其乐，孔子贤之[①]。孟子曰：“禹稷颜回同道[②]。禹思天下有溺者，由己溺之也；稷思天下有饥者，由己饥之也，是以如是其急也[③]。禹稷颜子，易地则皆然[④]。今有同室之人斗者，救之，虽被髪缨冠而救之可也[⑤]。乡邻有斗者，被髪缨冠而往救之则惑也，虽闭户可也。[⑥]”

①禹稷，“三过其门而不入”为大禹事，此由禹而及稷。《滕文公上》“有为神农之言者许行”章（5.4）：“禹八年于外，三过其门而不入。”平世，清平时代。贤之，以之为贤，赞赏之。《论语·泰伯》子曰：“禹，吾无间然矣。菲饮食而致孝乎鬼神，恶衣服而致美乎黻冕，卑宫室而尽力乎沟洫。禹，吾无间然矣。”颜子，颜回。乱世，战乱时代。陋巷，简陋的居屋。箪，盛饭的竹器。食（sì），吃饭。瓢，瓠子瓢。（瓠子老化，从中剖开可以为瓢。）孔子贤之，《论语·雍也》子曰：“贤哉回也！一箪食，一瓢饮，在陋巷，人不堪其忧，回也不改其乐。贤哉回也！”

②禹稷颜回同道，谓禹稷颜回所处的环境不同，但他们人生处世之道是相同的。朱熹集注：“圣贤之道，进则救民，退则修己，其心一也。”

③溺，落水。由己溺之，感到如自己使之溺水。饥，饥饿。由己饥之，感到如自己使之饥饿。所以他们救援民众是如此急迫。

④禹稷颜子，易地则皆然，由于他们人生处世之道相同，如果他们调换地位，他们的表现都一定相同。朱熹集注：“圣贤之心，无所偏倚，随感而应，各尽其道。故使禹稷居颜子之地，则亦能乐颜子之乐；使颜子居禹稷之任，亦能忧禹稷之忧也。”

⑤斗，斗殴。被，通“披”。缨，系帽子的带子。此动词，结缨。被髪缨冠，形容急迫匆忙之状：来不及束髮，故披散着头髮；怕帽子掉落，故匆忙用帽缨系住。所谓“救之”，应为劝阻之意。

⑥惑，糊涂。闭户，把门关上。

★“禹稷颜子，易地则皆然”，所谓圣贤之道即使相同，禀赋各异，“易地”未必“皆然”。这是一种永远也不可能发生的事情，纯系凭空制造的理论。

“有同室之人斗者，救之，虽被髮缨冠而救之可也。乡邻有斗者，被髮缨冠而往救之则惑也，虽闭户可也”，与前文论“禹稷颜子，易地则皆然”有什么联系？前代注家多谓同室之人相斗则“救之”，喻禹稷之道，乡邻相邻相斗则不救，喻颜子之道。这种解释极其错误，前后内容，没有任何相似之处。

又，“乡邻有斗者”，“虽闭户可也”，同样无法理解。乡邻也有各种不同的关系，不能一概而论。如果乡邻在门外斗死斗伤，颜子却关起门来不予理会，那还算个什么圣人之徒？文章本身比拟不伦，注家不必勉为解释。

《孟子》书的编辑过程不很清楚。有些篇章清顺规范，有些扞格不通。文辞之所以高下悬殊，当是记录者水平高下悬殊所致。本章开头一段似是记录者的叙述，“孟子曰”以下才是孟子的评论。

【8.30】

公都子曰：“匡章，通国皆称不孝焉[①]。夫子与之游，又从而礼貌之[②]，敢问何也？”

孟子曰：“世俗所谓不孝者五，惰其四支，不顾父母之养，一不孝也；博弈好饮酒，不顾父母之养，二不孝也；好货财，私妻子，不顾父母之养，三不孝也；从耳目之欲，以为父母戮，四不孝也；好勇斗很，以危父母，五不孝也[③]。章子有一于是乎？夫章子，子父责善而不相遇也[④]。责善，朋友之道也；父子责善，贼恩之大者[⑤]。夫章子，岂不欲有夫妻子母之属哉[⑥]？为得罪于父，不得近。出妻，屏子，终身不养焉[⑦]。其设心以为不若是，是则罪之大者，是则章子已矣。[⑧]”

① 公都子，孟子弟子，已见《公孙丑下》“孟子谓蚳蛙”章（4.5）。匡章，赵岐注，“齐人也”。《战国策·齐策一》：“秦假道韩魏以攻齐，齐威王使章子将而应之。与秦交和而舍，使者数相往来，章子为变其徽章，以杂秦军。候者言章子以齐入秦，威王不应。顷之间，候者复言章子以齐兵降秦，威王不应。而此者三。有司请曰：‘言章子之败者，异人而同辞，王何不发将而击之？’王曰：‘此不

叛寡人明矣，曷为击之！’顷间，言齐兵大胜，秦军大败。于是秦王称西藩之臣而谢于齐。左右曰：‘何以知之？’曰：‘章子之母启得罪其父，其父杀之而埋马栈之下。吾使章子将也，勉之曰：“夫子之强，全兵而还，必更葬将军之母。”对曰：“臣非不能更葬先妾也。臣之母启得罪臣之父，臣之父未教而死，夫不得父之教而更葬母，是欺死父也。故不敢。”夫为人子而不欺死父，岂为人臣欺生君哉！’”可知匡章是颇有智略的将军，其家庭生活却极为不幸，而且还得“通国皆称不孝”的罪名。通国，全国。

② 礼貌，《论语·乡党》：“虽亵，必以貌。”朱熹集注：“貌，礼貌。”故“礼貌”为平列结构。礼貌之，即以礼相待。

③ 惰其四支，支，通“肢”，四肢懒惰。不顾父母之养，不顾父母的供养。博弈，赌博弈棋。好（hào），贪也。从，通纵，放纵。戮，朱熹集注，“羞辱也”。以为父母戮，成为父母的耻辱。以危父母，因而危及父母。

④ 责善，责其为善。子父责善而不相遇，朱熹集注：“遇，合也。相责以善而不相合，故为父所逐也。”全祖望《经史问答》曰：“所云责善，盖必劝其父弗为已甚而父不听，遂不得近，此自是人伦之大变。”

⑤ 贼，害也。贼恩之大者，是伤害恩情极其重大者。

⑥ 属，《周礼·地官·州长》“各属其州之民而读法”，陆德明释文：“属，聚也。”谓章子难道不想夫妻母子团聚？

⑦ 屏，《荀子·强国》“屏己之私欲必以道”，杨倞注：“屏，弃也。”出妻，屏子，休出妻子，舍弃儿子。终身不养，终身得不到妻子的供养。

⑧ 设心，犹设想。章子设想，得罪了父亲，以为不如此，自己的罪过就更大了。

★《战国策·齐策》谓“齐威王以章子为将”以抗秦，而《孟子》本章谓孟子与章子游，是清人考证孟子在威王之世即已至齐的重要证据。全祖望《经史问答》谓威王之时齐秦未曾发生战争，“章子之事未必在威王之世。威王未曾与秦交兵，而齐人伐燕之役将兵者正是章子，则恐其误编在威王策中者”。“齐人伐燕之役”为齐宣王时事。参见《梁惠王下》“齐人伐燕”诸章（2.10；2.11）注释。可知孟子与匡章游，必在齐宣王之时不在齐威王之世。

【8.31】

曾子居武城，有越寇①。或曰：“寇至，盍去诸？”（曾子）曰：“无寓人于我室，毁伤其薪木。②”寇退，则曰：“修我墙屋，我将反。”寇退，曾子反③。左右曰：“待先生如此其忠且敬也，寇至则先去以为民望④；寇退，则反，殆于不可。⑤”沈犹行⑥曰：“是非汝所知也。昔沈犹有负刍之祸，从先生者七十人，未有与焉。⑦”

子思居于卫，有齐寇。或曰：“寇至，盍去诸？⑧”子思曰：“如伋去，君谁与守？⑨”

孟子曰：“曾子、子思同道⑩。曾子，师也，父兄也；子思，臣也，微也⑪。曾子、子思，易地则皆然。⑫”

① 武城，朱熹集注，“鲁邑名”。有越寇，有越军入侵。盍，何不。去，离去；离开回避越寇。

② 寓，寄寓，借住。曾子离开时嘱咐留守人员，房子不要借住别人，毁伤那些树木。“曾子”二字原缺，按第二段“子思曰”例补“曾子”二字。

③ 反，返回。

④ 先去以为民望，赵岐注：“寇至则先去，使百姓瞻望而效之。”朱熹集注：“为民望，言使民望而效之。”友人储庭焕曰：“赵朱注疑非是。‘望而效之’，系添字为注，原文无‘效之’之意。按，望，怨也。《资治通鉴·魏纪三》‘当时以此见望’，胡三省注：‘望，责望也，怨望也。’‘先去以为民望’之‘望’，正责望怨望之意。百姓‘待先生如此其忠且敬’，而先生‘寇至则先去’，故民怨望。前后句内涵相应。”

⑤ 殆，《礼记·檀弓下》“殆不可伐也”，孔颖达疏：“殆，近也，为疑辞也。”殆于不可，犹言似乎不可。

⑥ 沈犹行，朱熹集注，“弟子姓名也”；姓沈犹，名行。下文“沈犹”则为地名，沈犹家族所居之地；犹今言李姓张姓所居之地称为李湾张湾。

⑦ 有负刍之祸，赵岐注：“时有作乱者曰负刍，来攻沈犹氏。”则负刍为人名。（朱熹注作“时有负刍者作乱”，以负刍为背运柴草的人群；亦通。）未有与焉，谓没有遭受灾祸。

⑧ 子思，孔子之孙，名伋，字子思。卫，卫国。有齐寇，有齐军入侵。

⑨ “如伋去，君谁与守”，谓如果我孔伋也走了，卫君与谁守城。

⑩ 道，事理。谓曾子与子思做法似乎不同，遵守的事理是相同的。

⑪ 微，低微。谓“曾子，师也，父兄也”，所以寇至他可以离开；“子思，臣也，微也”，所以他必须居守。

⑫ 易地则皆然，谓两人如果调换地位，做法都会如此。

★曾子是孔子弟子，在孔门高足中年龄较小，“少孔子四十六岁”。子思学于曾子，孟子“受业子思之门人”。故曾子子思是孔子传承到孟子之间的桥梁。公孙丑曾问孟子：“子夏、子游、子张皆有圣人之一体，冉牛、闵子、颜渊则具体而微，敢问所安？”孟子不予回答，而后说“乃所愿，则学孔子也”。在孟子心目中只有一个孔子，连孔子的高足颜渊、闵子等都不在话下，曾子、子思更不用说；故尽管孟子多次谈论曾子、子思的行事言论，但从不提及同他们的师承关系。参见《公孙丑上》“夫子加齐之卿相”章注。

【8.32】

储子[①]曰：“王使人瞯夫子，果有以异于人乎？[②]”

孟子曰：“何以异于人哉？尧舜与人同耳。”

① 储子，赵岐注，“齐人也”。储子又见《告子下》“孟子居邹”章（12.5），该章谓“储子为相”。

② 瞯（jiàn），暗中窥视。果，犹诚也，真也。有以异于人，真和一般人有所

不同。

★《滕文公下》“彭更问”章（6.4），彭更问曰：“后车数十乘，从者数百人，以传食于诸侯，不以泰乎？”孟子曰：“……舜受尧之天下不以为泰，子以为泰乎？”本章储子问孟子“果有以异于人乎？”孟子曰：“何以异于人哉？尧舜与人同耳。”孟子用以与自己作比较的都是尧舜，表现出这位大圣人何等自负。

【8.33】

齐人有一妻一妾而处室者，其良人出，则必餍酒肉而后反[①]。其妻问所与饮食者，则尽富贵也[②]。其妻告其妾曰：“良人出，则必餍酒肉而后反；问其与饮食者，尽富贵也，而未尝有显者来，吾将瞷良人之所之也。[③]”

蚤起，施从良人之所之[④]，遍国中无与立谈者。卒之东郭墦间，之祭者，乞其馀[⑤]；不足，又顾而之他。此其为餍足之道也[⑥]。

其妻归，告其妾曰：“良人者，所仰望而终身也，今若此！”与其妾讪其良人，而相泣于中庭[⑦]。而良人未之知也，施施从外来，骄其妻妾[⑧]。

由君子观之，则人之所以求富贵利达者，其妻妾不羞也而不相泣者，几希矣[⑨]。

① 良人，丈夫。餍（yàn），吃饱。餍酒食，酒醉饭饱。反，反回家。

② 尽富贵也，全是富贵人物。

③ 显，显贵。瞷（jiàn），暗中窥视。所之，所往，往哪里去。

④ 蚤，通“早”。施（yí），朱熹集注：“邪施而行，不使良人知也。”

⑤ 卒，后也。郭，外城。墦（fán），坟墓。卒之东郭墦间之祭者乞其馀，最后走到东城郊外那些祭扫坟墓的人那里，讨些残馀的饭菜。

⑥ 此其为餍足之道，这就是他吃喝饱足的办法。

⑦ 讪，毁谤，怨恨地谈论。相泣于中庭，相对哭泣于庭中。

⑧ 施施（shī），朱熹集注，“喜悦自得之貌”。骄其妻妾，骄傲地在妻妾面前

表现自己。

⑨ 不羞也，而不相泣，不感到羞耻而不相对哭泣。几希，很少。

★本章近似短篇小说，揭露那种卑劣地追求虚荣的人。这是《孟子》全书唯一没有“孟子曰”的一章。如果是孟子叙述的故事并发表议论，则开头应有“孟子曰”；如果是他人讲述的故事，则结尾一段应有“孟子曰”。

万章章句上

凡九章

【9.1】

万章问曰："舜往于田，号泣于旻天[①]，何为其号泣也？"

孟子曰："怨慕也。[②]"

万章曰："'父母爱之，喜而不忘；父母恶之，劳而不怨[③]'，然则舜怨乎？"

曰："长息问于公明高曰：'舜往于田，则吾既得闻命矣[④]；号泣于旻天，于父母，则吾不知也。'公明高曰：'是非尔所知也。[⑤]'夫公明高以孝子之心，为不若是恝[⑥]，我竭力耕田，共为子职而已矣，父母之不我爱，于我何哉[⑦]？帝使其子九男二女，百官牛羊仓廪备，以事舜于畎亩之中[⑧]；天下之士多就之者；帝将胥天下而迁之焉。为不顺于父母，如穷人无所归[⑨]。天下之士悦之，人之所欲也，而不足以解忧；好色，人之所欲，妻帝之二女，而不足以解忧；富，人之所欲，富有天下，而不足以解忧；贵，人之所欲，贵为天子，而不足以解忧。人悦之、好色、富贵，无足以解忧者，惟顺于父母可以解忧[⑩]。人少，则慕父母；知好色，则慕少艾[⑪]；有妻子，则慕妻子；仕则慕君，不得于君则热中[⑫]。大孝终身慕父母。五十而慕者，予于大舜见之矣。[⑬]"

① 万章，赵岐注："万，姓；章，名，孟子弟子也。"往于田，前往田里耕作。旻（mín）天，《诗·小雅·小旻》"旻天疾威"，朱熹集传："旻，幽远之意。"此泛指天。朱熹集注："号泣于旻天，呼天而泣也。"

② 慕，思慕，依恋之意。怨慕，朱熹集注："怨己之不得于亲而思慕也。"

③ "父母爱之，喜而不忘；父母恶之，劳而不怨"：恶，厌恶。劳，忧也。爱与恶，喜与劳（忧），忘与怨，皆一一相对。按，《礼记·祭义》："曾子曰：父母

爱之，喜而弗忘；父母恶之，惧而无怨。”语又见《大戴礼记·曾子大孝篇》与《尸子·劝学篇》引曾子云。可知万章是引用曾子之言发问。

④ 长息，人名。赵岐注：“长息，父明高弟子。公明高，曾子弟子。”既得闻命矣，犹言已经听到老师的教导了。

⑤ 长息谓舜“号泣于旻天，于父母，则吾不知也”，与万章问舜“何为其号泣也”，“然则舜怨乎”意思相同，都是对于舜如此对待父母的感情表示不理解。公明高回答长息说“是非尔所知也”，孟子借用作为对万章的回答。后面整段文章皆孟子的解释。

⑥ 恝（jiá），赵岐注，“无愁之貌”。以孝子之心，为不若是恝，赵岐注：“夫公明高以为孝子不得意于父母，自当怨悲，岂可恝恝然无忧哉！”（以，认为。公明高以孝子之心，谓公明高认为“孝子之心”，指舜之心，非公明高自己。）

⑦ 共，通“恭”。《国语·周语下》“夙夜，恭也”，韦昭注：“夙夜敬事曰恭。”严肃认真之意。于我何哉，谓我竭力耕田，严肃认真地尽到为子的责任，而父母不爱我，我有什么办法呢！不是怨恨，但不能无忧。这是公明高也是孟子揣摩舜的心情。

⑧ 帝，帝尧。仓廪，储藏穀米的仓库。畎亩，田间。赵岐注：“尧使九子事舜以为师，以二女妻舜，百官致牛羊仓廪，致粟之饩，备贝馈礼，以奉事舜于畎亩之中。”（饩，饲料。馈，赠送。）

⑨ 天下之士，此泛指天下之人。就，归向。胥，《尔雅·释诂下》，“皆也”。胥天下，犹言整个天下。迁之，赵岐注：“将迁位而禅之。”顺，赵岐注，“爱也”。（此由顺从顺心之意引申而为“爱也”。）谓天下之人多归向于舜，尧将整个天下禅让与舜，而舜却因不顺于父母，仍如穷人无所归。

⑩ 欲，欲望。解忧，削除忧愁。好色，爱好女色。朱熹集注：“孟子推舜之心如此，以解上文之意。极天下之欲不足以解忧，而惟顺于父母可以解忧。”

⑪ 艾，赵岐注，“美好也”。少艾，年青美女。

⑫ 仕，做官。不得于君，得不到国君的欢心。热中，赵岐注：“心热恐惧也。”

⑬ 五十而慕，朱熹集注：“年五十者，舜摄政时年五十也。五十而慕，则其

终身慕可知矣。”

【9.2】

万章问曰：“《诗》云：‘娶妻如之何？必告父母。’信斯言也，宜莫如舜。舜之不告而娶，何也？①”

孟子曰：“告则不得娶。男女居室，人之大伦也。如告，则废人之大伦，以怼父母，是以不告也②。[不孝有三，无后为大。舜不告而娶，为无后也；君子以为犹告也。③”]

万章曰：“舜之不告而娶，则吾既得闻命矣；帝之妻舜而不告，何也？”

曰：“帝亦知告焉则不得妻也。”

万章曰：“父母使舜完廪，捐阶，瞽瞍焚廪。使浚井，出，从而揜之④。象曰：‘谟盖都君咸我绩⑤。牛羊父母，仓廪父母，干戈朕，琴朕，弤朕，二嫂使治朕栖。⑥’象往入舜宫，舜在床琴⑦。象曰：‘郁陶思君尔。’忸怩⑧。舜曰：‘惟兹臣庶，汝其于予治。⑨’不识舜不知象之将杀己与？”

曰：“奚而不知也？象忧亦忧，象喜亦喜。⑩”

曰：“然则舜伪喜者与？”

曰：“否。昔者有馈生鱼于郑子产，子产使校人畜之池。校人烹之⑪，反命曰：‘始舍之，圉圉焉；少则洋洋焉；攸然而逝。⑫’子产曰：‘得其所哉！得其所哉！’校人出，曰：‘孰谓子产智？予既烹而食之，曰：得其所哉，得其所哉。’故君子可欺以其方，难罔以非其道⑬。彼以爱兄之道来，故诚信而喜之，奚伪焉？⑭”

①《诗》，引诗为《齐风·南山》。赵岐注：“言娶妻之礼，必告父母。舜合信此诗之言，何为违礼，不告而娶也？”

② 人之大伦，谓男女结合，是人生最重大伦理。怼（duì），《说文》，“怨也”。赵岐注：“告则不听其娶，是废人之大伦，以怨怼于父母也。”

③ 不孝有三，“三”是虚数，谓不孝有许多方面，“无后”是最重大的不孝。

舜不告而娶，是担心没有后人，所以君子以为不告“犹告也”。——“不告有三”五句原在《离娄上》单作一章，当为本章文字，插置于此，内容衔接紧密。

④ 瞽瞍，舜父，《史记·五帝本纪》作“瞽叟”。正义引孔安国曰：“无目曰瞽。舜父有目不能分别好恶，故时人谓之瞽，配字曰叟。”完廪，修理仓廪。捐，去也。阶，梯子。浚井，疏浚水井。揜，覆盖，掩蔽。《五帝本纪》：“舜母死，瞽叟更娶妻而生象，象傲。瞽叟爱后妻子，常欲杀舜。”“使舜上涂廪，瞽叟从下纵火焚廪。舜乃以两笠自扞而下，去，得不死。后瞽叟又使舜穿井，舜穿井为匿空旁出。舜既入深，瞽叟与象共下土实井，舜从匿空出，去。”

⑤ 谟，《书·大禹谟》“大禹谟”，孔安国传：“谟，谋也。”赵岐注：“盖，覆也。”指舜浚井时象用土石覆井欲掩埋舜。都君，指舜。《五帝本纪》谓舜“一年而所居成聚，二年成邑，三年成都”，故称“都君”。咸，皆也。绩，功绩。象谓谋划覆井害舜都是他的功绩。

⑥ 牛羊父母，即牛羊归父母；句中省去动词，下诸句同。干戈，盾与戟。朕（zhèn），我，象自称。先秦人无贵贱皆可称朕，至秦始皇帝才议定“天子自称曰朕”，他人不得使用，沿用直至清末。弤（dǐ），赵岐注，“雕弓也”。《广韵》引《埤苍》：“弤，舜弓名。”二嫂，即帝尧之二女，舜之二妃。治，整理。栖，赵岐注，“床也”。按，栖，栖息之所，应指居室。朱熹集注：“象欲使为己妻也。”

⑦ 舜宫，舜的房间。在床琴，坐在床边弹琴。

⑧ 郁陶（yù yáo），双声联绵词，忧思貌。忸怩（niǔ ní），双声联绵词，羞惭貌。《书·五子之歌》“郁陶乎予心，颜厚有忸怩”，伪孔传：“郁陶，言哀思也。”孔颖达疏：“忸怩，羞不能言，心惭之状。”“郁陶乎予心，颜厚有忸怩”，正可用以表述象当时的神情。

⑨ 惟兹臣庶，《尔雅·释诂》：“惟，思也。”“兹，此也。”“庶，众也。”汝其于予治，汝，指象。于，王引之《经传释词》：“于，为也，助也。”舜谓象曰：惟念此臣众，汝其助我治理。

⑩ 奚，何也。奚而不知也，哪能不知道呢？但舜的态度是“象忧亦忧，象喜亦喜”。

⑪ 馈，赠送。郑子产，已见《离娄下》“子产听郑国之政”章（8.2）。校人，赵岐注：“主池沼小吏也。”畜，养也。烹之，煮来吃了。

⑫ 始舍之，开始放下去。朱熹集注：“圉圉，困而未舒之貌。洋洋，则稍纵矣。攸然而逝者，自得而远去也。”

⑬ “君子可欺以其方，难罔以非其道”，欺，欺骗。方，指似乎合理的方式。罔，蒙蔽。道，犹言正常的原则。谓君子可以用似乎合理的方式欺骗他，难以用违背正常的原则蒙蔽他。

⑭ 诚，真也，实也。诚信而喜之，真诚地相信而高兴。奚伪焉，怎么会是虚伪呢。

★（一）万章引《诗》云：“娶妻如之何？必告父母。”按，舜之时没有《诗》，万章只是从道理上说；但毕竟是文章疵病。赵岐注：“舜合信此诗之言。”合，应也，当也。赵注谓舜应信此诗之言，极为荒谬，舜何从知有此《诗》？

（二）谟盖都君咸我绩，阮元《释“盖”》谓“‘盖’即‘害’字之借”。按，赵注“盖，覆也”甚确。凡本义可以讲通者，不应再用假借另作别解。

【9.3】

万章问曰：“象日以杀舜为事，立为天子则放之①，何也？”

孟子曰：“封之也；或曰，放焉。②”

万章曰：“‘舜流共工于幽州，放驩兜于崇山，杀三苗于三危，殛鲧于羽山③，四罪而天下咸服④’，诛不仁也。象至不仁，封之有庳。有庳之人奚罪焉？仁人固如是乎⑤，在他人则诛之，在弟则封之？”

曰：“仁人之于弟也，不藏怒焉，不宿怨焉⑥，亲爱之而已矣。亲之，欲其贵也；爱之，欲其富也。封之有庳，富贵之也。身为天子，弟为匹夫，可谓亲爱之乎？⑦”

“敢问或曰放者，何谓也？”

曰：“象不得有为于其国，天子使吏治其国而纳其贡税焉，故谓之放。

岂得暴彼民哉[⑧]？虽然，欲常常而见之，故源源而来[⑨]。‘不及贡，以政接于有庳。’此之谓也。[⑩]”

① 日，每天。放，流放。

② 或曰，放焉，有人说是流放。

③ “舜流共工”至“四罪而天下咸服”，万章引《书·舜典》文，唯“杀三苗”《舜典》原文作“窜三苗”。殛，亦杀也。《国语·周语下》“尧用殛鲧于羽山”，韦昭注：“殛，诛也。”共工，驩兜、三苗、鲧，传为舜时之“四凶”。幽州、崇山、三危、羽山，皆边远之地。

④ 罪，《吕氏春秋·仲秋》“行罪无疑”，高诱注：“罪，罚也。”咸，皆也。四罪而天下咸服，即四凶得到惩罚而天下皆服。

⑤ 有庳（bēi），又作“有鼻”，其地据传在今湖南道县北。固，犹乃也。

⑥ 不藏怒，不把怒气放在心里。宿，《战国策·齐策五》“则其国无宿忧也”，吴师道校注：“宿，留也。”与上句“藏”实同义。不宿怨，不把怨恨留在胸中。

⑦ “身为天子，弟为匹夫，可谓亲爱之乎？”这是孟子用反问回答万章何以“在弟则封之”的问题，谓如果舜“身为天子，弟为匹夫”，能说是亲爱兄弟吗？

⑧ 不得有为，不可能有所作为。天子，即舜。朱熹集注：“孟子言象虽封为有庳之君，然不得治其国，天子使吏代其治，而纳其所收之贡税；于象有似于放，故或者以为放也。如此则既不失吾亲爱之心，而彼亦不得虐有庳之民也。”

⑨ 源源而来，朱熹集注：“源源，若水之相继也。来，谓来朝觐也。”言象与舜不断相见。

⑩ “不及贡，以政接于有庳”，谓即使不是朝贡之时，也以政事为由与有庳联系。二句似为古籍中成语，故下文曰“此之谓也”。

★在《孟子》书中论及虞舜故事以与万章问答最为突出。尧舜下距孟子两千多年，尧舜事迹纯是传闻，即使《尚书·尧典》也是西周以后之作；孟子如此言之凿凿，其可信度其实很成问题。古人为了塑造舜这位圣人，给他编造了一个特别恶劣的生存环境。《尧典》谓舜为“瞽子，父顽，母嚚，弟傲”（顽，顽固，愚妄。嚚 yín，愚蠢，奸诈。傲，骄横，傲慢），这样一个险恶的家族，竟成就了一个至高无上的圣人，简直不可思议。作为舜的父亲瞽瞍，爱后妻少子，厌弃长子舜，这种情况世间常有。——按，《尚书·尧典》与《孟子》本书都没有记舜母为后母，《史记·五帝本纪》才有“舜母死，瞽瞍更娶妻而生象”。即使如此，父子之间，毕竟并无深仇大恨，而且舜无比孝顺，瞽瞍却如此狠毒，必欲置之死地。叫舜上仓廪修理，瞽瞍拔掉梯子，从下面放火要把他烧死。叫舜下去疏浚水井，瞽瞍和象从上面用土石填到井里，要将他活埋。

万章显然不相信这种荒唐的编造，他提的问题非常尖锐。舜“不知象之将杀己与？”孟子回答，“奚而不知也”，谓舜当然知道；但又说舜见到象很高兴，“象喜亦喜”。万章不相信，问“然则舜伪喜者与？”孟子不直接回答，却引用郑子产被校人欺骗的故事，说“君子可欺以其方”，并说“彼以爱兄之道来，故诚信而喜之”。象哪有丝毫“爱兄之道”？舜怎么可能“喜”得起来？——校人对子产的欺骗，同象对舜的迫害，性质也完全不同，没有任何可比性。再说孟子先回答万章，明说舜知道象“将杀己”，后又说舜同子产一样是“君子可欺以其方”，如此回答，前后矛盾。——舜竟封象于有庳。万章问“象至不仁，封之有庳，有庳之人奚罪焉？仁人固如此乎，在他人则诛之，在弟则封之？”孟子的解释是“仁人之于弟也，不藏怒焉，不宿怨焉，亲爱之而已矣。”人世间哪会有这样的“亲爱”！在万章所提的问题中，实包含着万章自己的看法，而且甚为正确。而孟子的解答，除了说舜不告而娶，是因为“告则不得娶”的解释，勉强说得过去，馀外所有的回答都很牵强，不合情理。

〖7.28〗

孟子曰：“天下大悦而将归己。视天下悦而归己，犹草芥也，惟舜为然①。不得乎亲，不可以为人；不顺乎亲，不可以为子。舜尽事亲之道而瞽瞍厎豫②，瞽瞍厎豫而天下化，瞽瞍厎豫而天下之为父子者定③，此之谓大孝。”

〖13.35〗

桃应问曰:“舜为天子,皋陶为士,瞽瞍杀人④,则如之何?”

孟子曰:“执之而已矣。⑤”

“然则舜不禁与?”

曰:“夫舜恶得而禁之?夫有所受之也。⑥”

“然则舜如之何?”

曰:“舜视弃天下犹弃敝蹝也。窃负而逃,遵海滨而处,终身䜣然,乐而忘天下。⑦”

① 天下大悦而将归己,天下之人极其欢悦将归顺自己。——语句不完整。前文并没有说明天下“将归己”的原由,怎么会“天下大悦而将归己”?——草芥,《方言》:“芥,草也。自关而西或曰草或曰芥。”犹草芥也,喻极其轻贱,微不足道。惟舜为然,只有舜能如此。

② 底(zhǐ)豫,《尔雅》:“底,致也;豫,乐也。”瞽瞍原伙同后妻之子象陷害舜,舜为天子而尽事亲之道,瞽瞍终于悦乐。(厎豫,一作“底豫”,义同。)

③ 化,感化。定,安定,确定。舜尽事亲之道而瞽瞍终于悦服,使天下之人为之感化,使天下之父子伦常得以确定。

④ 桃应,赵岐注:“孟子弟子。”士,刑狱之官。瞽瞍杀人,假若瞽瞍杀人。

⑤ 执之,抓捕。按法律办理。

⑥ 恶(wū)得,怎么可能。朱熹集注:“言皋陶之法,有所传受,非所敢私;虽天子之命,亦不得而废之也。”

⑦ 敝蹝(xǐ),破草鞋。遵,循也,沿着。䜣然,同“欣然”。

★(一)以上两章,“天下大悦”章原属《离娄上》,“桃应问”章原属《尽心上》,因都涉舜对瞽瞍的孝顺,故移至“万章问”三章之后注释。

(二)桃应问,如果舜为天子,瞽瞍杀人,将如之何?孟子的回答极不合理。“窃负而逃”,则瞽瞍虞舜父子皆成了逃犯,如果朝廷发布“红通令”,舜又将“如之何”？孟子又将如何解答？

〖3.8〗

孟子曰：“子路，人告之以有过则喜，禹闻善言则拜[①]。大舜有大焉，善与人同[②]，舍己从人，乐取于人以为善[③]。自耕稼陶渔以至为帝[④]，无非取于人者。取诸人以为善，是与人为善者也[⑤]。故君子莫大乎与人为善。”

〖8.19〗

孟子曰：“人之所以异于禽兽者几希，庶民去之，君子存之[⑥]。舜明于庶物，察于人伦[⑦]，由仁义行，非行仁义也。[⑧]”

〖13.16〗

孟子曰：“舜之居深山之中，与木石居，与鹿豕游[⑨]，其所以异于深山之野人者几希[⑩]。及其闻一善言，见一善行，若决江河，沛然莫之能御也。[⑪]”

〖14.6〗

孟子曰：“舜之饭糗茹草也，若将终身焉[⑫]；及其为天子也，被袗衣，鼓琴，二女果[⑬]，若固有之。[⑭]”

① 子路，即仲由。人告之以有过则喜，朱熹集注：“喜其得闻而改之，其勇于自修如此。”禹闻善言则拜，《书·皋陶谟》：“禹拜昌言。”《说文》：“昌，美言也。”《夏本纪》即作“禹拜美言”。——叙子路夏禹仅此两句，用以反衬“大舜有大焉”，言大舜更为伟大。

② 同，《国语·郑语》“以同于王庭”，韦昭注：“共处曰同。”善与人同即善与人相处。下文“舍己从人，乐取于人以为善”，即“善与人同”的表现。

③ 舍己从人，放弃自己的利益或意见以听从别人（当然是在不影响原则的情

况下)。取，吸取。取于人，指吸取别人的优良之处。善，美好，美好的品德、言语、行为。

④ 耕稼，耕田地，种庄稼。渔，捕鱼。陶，制作陶器。《史记·五帝本纪》:“舜耕历山，历山之人皆让畔；渔雷泽，雷泽之人皆让居；陶河滨，河滨器皆不苦窳。一年而所居成聚，二年成邑，三年成都。”按，此皆“善与人同”的体现。

⑤ 与人为善，朱熹集注:“与，犹许也，助也。取彼之善而为之于我，则彼益劝于为善矣，是我助其为善也。”

⑥ 几希，朱熹集注，“少也”。庶民，平民百姓；与之相对的君子则是统治者。

⑦ 庶物，各种事物。人伦，人与人之间的各种关系。“明”与“察”互文备义，深刻地了解。

⑧ “由仁义行，非行仁义也”，谓仁义于舜为其本性，出乎自然，非有意行之也。朱熹集注:“在舜则生而知之也，‘由仁义行，非行仁义’，则仁义已根于心，而所行皆由此出，非以仁义为美而后勉强行之，所谓安而行之也。此则圣人之事，不待存之，而无不存矣。”

⑨ 木石，树木与石头。鹿豕，野鹿与野猪。

⑩ 此处“异于深山之野人者几希”就一般生活而言，谓舜和普通山里人没有多大不同。

⑪ 沛然，水流盛大之貌。谓舜“闻一善言，见一善行”，他会加以发挥，形成巨大的力量，如江河决口，大水急流直下，没有谁能够阻挡。与“深山之野人”就有了极大的距离。

⑫ 饭，动词，吃饭。糗(qiǔ)，干饭。茹(rú)，吃。草，指野菜。若将终身焉，好像一生都要过这样的生活。

⑬ 袗(zhěn)衣，朱熹集注:“画衣也。”即华丽的衣服。鼓琴，弹琴。二女，尧之二女。果，“婐”之假借。《说文》:“女侍曰婐。”二女果，二女侍奉。

⑭ 若固有之，好像本来如此。谓舜不管处于什么地位，生活不改常态。

★(一)以上四章，“子路，人告之以有过则喜”章原属《公孙丑上》，“人告之所以异于禽兽者几希”章原属《离娄下》，“舜之居深山之中”章原属《尽心上》，“舜之饭糗茹草”章原属《尽心下》，四章都是歌颂舜不同凡响的修养，故提至本篇有关舜诸章之后一并注释。

（二）“人之所以异于禽兽者几希”，谓其相差甚微；而这相差甚微的一点也只有“君子存之”，而“庶民”连这微小的一点也没有。朱熹为之解释说得更为明白：“众人不知此而去之，实无异于禽兽”。“舜明于庶物，察于人伦，由仁义行，非行仁义也”，认为舜仁义已根于心，非以仁义为美而有意行之。孔子论人之资质，说“生而知之者，上也；学而知之者，次也；困而学之，又其次也；困而不学，民斯为下矣”（《论语·季氏》）。孔子所论，意在鼓励人们努力学习，无论哪种资质，通过“学”都可以获得知识。而且孔子自己就说“我非生而知之者”（《论语·述而》），实际上也就否定了“生而知之”的存在。孟子却认为圣人“生而知之”。孔子所谓“民斯为下矣”之“民”，指“困而不学”的那种人，并非指庶民百姓。孟子竟然认为“人之所以异于禽兽者”，只有“君子存之”，而“庶民去之”，按照这种逻辑，则庶民无异于禽兽！孟子把庶民放在什么地位！

【9.4】

咸丘蒙问曰：“语云：‘盛德之士，君不得而臣，父不得而子。①’舜南面而立，尧帅诸侯北面而朝之，瞽瞍亦北面而朝之。舜见瞽瞍，其容有蹙。孔子曰：‘于斯时也，天下殆哉，岌岌乎！②’不识此语诚然乎哉？”

孟子曰：“否；此非君子之言，齐东野人之语也。尧老而舜摄也③。《尧典》④曰：‘二十有八载，放勋乃徂落，百姓如丧考妣，三年，四海遏密八音。⑤’孔子曰：‘天无二日，民无二王。⑥’舜既为天子矣，又帅天下诸侯以为尧三年丧，是二天子矣。⑦”

咸丘蒙曰：“舜之不臣尧⑧，则吾既得闻命矣。《诗》云：‘普天之下，莫非王土；率土之滨，莫非王臣。’而舜既为天子矣，敢问瞽瞍之非臣，如何？⑨”

曰：“是诗也，非是之谓也；劳于王事而不得养父母也。曰：‘此莫非王事，我独贤劳也。[10]’故说诗者，不以文害辞，不以辞害志。以意逆志，是为得之。如以辞而已矣，《云汉》之诗曰：‘周馀黎民，靡有孑遗。’信斯言也，是周无遗民也[11]？孝子之至，莫大乎尊亲；尊亲之至，莫大乎以天下养。为天子父，尊之至也；以天下养，养之至也[12]。《诗》曰：‘永言孝思，孝思维则。[13]’此之谓也。《书》曰：“祇载见瞽瞍，夔夔齐栗，瞽瞍亦允若。’是为父不得而子也？[14]”

① 咸丘蒙，《春秋·桓公七年》“焚咸丘”，杜预注：“咸丘，鲁地。”此以地名为姓氏；名蒙。赵岐注：“咸丘蒙，孟子弟子。”语，或是当时俗语。

② 蹙（cù），不安貌。朱熹集注：“颦蹙不自安也。”殆，危也。岌岌乎，危殆不安貌。殆哉岌岌乎，即岌岌乎殆哉。朱熹集注：“言人伦乖乱，天下将危也。”天子朝臣，父亲朝子，故曰“人伦乖乱”。

③ 齐东野人，泛指齐东的乡下人。舜当时尚非天子，而是为尧“摄政”，自然不存在舜北面而朝的事实。朱熹集注：“孟子言尧但老不治事，而舜摄天子之事耳。尧在时舜未尝即天子位，尧何由北面而朝乎？”

④《尧典》，所引为今本《舜典》文，毛奇龄《四书賸言》：“按，伏生《尚书》原只《尧典》一篇。至齐建武年，吴兴姚方兴于大航头得孔氏传古文，始分《舜典》为二。”即从《尧典》中分出《舜典》，一篇书分成两篇。

⑤ 二十有八载，指尧年老，舜摄政二十八年。放勋，赵岐注，“尧名”。按，应为称号。徂落，《尔雅·释诂》：“徂落，死也。”《尧典》作“殂落”，“殂”通“徂”。百姓，百官。阎若璩《四书释地》：“‘百姓’义二：有指百官言者，《书》‘百姓’与‘黎民’对、《礼·大传》‘百姓’与‘庶民’对是也。有指小民言者，不必夏代，亦始自唐虞之时，‘百姓不亲，五品不逊’是也。四书中‘百姓’凡二十五见，惟‘百姓如丧考妣三年’指百官；盖有爵土者为天子服斩衰三年，礼也。”如丧考妣，如同父母去世。三年，指服丧三年。四海，指整个天下。遏密，《尔雅·释诂》：“遏，止也。”“密，静也。”按，密，通“谧”。《说文》：“谧，静语也；一曰无声也。”八音，《舜典》伪孔传：“八音：金、石、丝、竹、匏、土、

革、木也。”指八种乐器演奏的声音，实指所有音乐。遏密八音，谓天下停止各种音乐，实即停止一切娱乐活动。

⑥“天无二日，民无二王”，《礼记·曾子问》引孔子曰：“天无二日，土无二王。”《坊记》《丧服四制》所引皆作“土无二王”。

⑦“舜既为天子矣，又帅天下诸侯以为尧三年丧，是二天子矣”，这是针对咸丘蒙问题中“舜南面而立，尧帅诸侯北面而朝之”说的。说明当时舜为摄政，并非天子。如果舜既为天子，而后来又与天下诸侯为尧三年丧，则是二天子矣。

⑧不臣尧，不以尧为臣。

⑨《诗》，引诗为《小雅·北山》。赵岐注：“普，遍也。率，循也。遍天下，循土之滨，无有非王者之臣，而曰瞽瞍非臣如何也？”意谓整个天下之人都是王的臣仆，而瞽瞍却不是臣，怎么解释？

⑩孟子回答，此诗说的不是这个意思（即不涉及瞽瞍“非臣”不“非臣”）。曰：此莫非王事，“我独贤劳”也。诗原文作“大夫不均，我从事独贤”。毛传：“贤，劳也。”（孟子引作“贤劳”，则为联合词组，犹言“劬劳”；劬，勤也，劳也。）《北山》诗原意是朝夕从事王事的士子，埋怨大夫不公，都是臣仆，而我“从事独贤”（特别劳苦）。

⑪文，文字。辞，语句。害，妨碍，误解。意，本意。逆，《玉篇》，“度也”，揣度，探索。志，内在的思想。谓解释诗，不要由表面词句误解内在的思想，应据创作的本意去揣度作品的意思。之后孟子又举《云汉》为例加以说明。谓如果只从词语去理解《大雅·云汉》篇中“周馀黎民，靡有孑遗”，谓周馀的黎民，没留下一个；如果相信这两句，不是周没有任何遗民了？事实当然不是如此，作者的本意是形容黎民遭受的命运极其悲惨。

⑫至，赵岐注，“极也”，极点，最高限度。以天下养，以天下之大供养父母。朱熹集注：“言瞽瞍既为天子之父，则当享天下之养，此舜所以为尊亲养亲之至也。”

⑬《诗》，引诗为《大雅·下武》。“永言孝思，孝思维则”，永，长也。则，法也。朱熹集传：“以其长言孝思而不忘，是以其孝可为法耳。”谓长久地讲究孝

道，其孝道可为天下的法则。

⑭《书》，赵岐注："《尚书》逸篇。"又曰："祗（zhī），敬也。载，事也。夔夔（kuí）齐（zhāi）栗，敬慎战惧貌。"齐，通"斋"。朱熹集注："允，信也。若，顺也。言舜敬事瞽瞍，往而见之，敬谨如此，瞽瞍亦信而顺之也。孟子引此，而言瞽瞍不能以不善及其子，而反见化于其子。则是所谓父不得而子，而非如咸丘蒙之说也。"是为父不得而子也？是反问句，犹言难道父不得以为子吗？

【9.5】

万章曰："尧以天下与舜，有诸？"

孟子曰："否；天子不能以天下与人。"

"然则舜有天下也，孰与之？"

曰："天与之。"

"天与之者，谆谆然命之乎？[①]"

曰："否；天不言，以行与事示之而已矣。[②]"

曰："以行与事示之者，如之何？"

曰："天子能荐人于天，不能使天与之天下；诸侯能荐人于天子，不能使天子与之诸侯；大夫能荐人于诸侯，不能使诸侯与之大夫。昔者，尧荐舜于天[③]，而天受之；暴之于民[④]，而民受之；故曰，天不言，以行与事示之而已矣。"

曰："敢问荐之于天，而天受之；暴之于民，而民受之，如何？"

曰："使之主祭，而百神享之，是天受之；使之主事，而事治[⑤]，百姓安之，是民受之也。天与之，人与之，故曰，天子不能以天下与人。舜相尧二十有八载，非人之所能为也，天也。尧崩，三年之丧毕，舜避尧之子于南河之南[⑥]，天下诸侯朝觐者，不之尧之子而之舜；讼狱者，不之尧之子而之舜；讴歌者，不讴歌尧之子而讴歌舜[⑦]，故曰，天也。夫然后之中国，践天子位焉[⑧]。而居尧之宫，逼尧之子，是篡也，非天与也[⑨]。《泰誓》曰，'天视自我民视，天听自我民听[⑩]'，此之谓也。"

① 谆谆（zhūn），《说文》：“谆，告晓之熟也。”《广韵》：“谆，告之丁宁也。”《玄应音义》：“谆谆，诚恳貌。《诗》云‘诲尔谆谆’是也。”

② 以行与事示之，以行为与事实表示出来。

③ 荐，举荐。

④ 暴（pù），朱熹集注，“显也”，显露，表现。

⑤ 主祭，主持祭祀。主事，主持事务。事治，事情得到治理。

⑥ 南河，朱熹集注：“南河，在冀州之南，其南即豫州也。”

⑦ 朝觐，朝见。讼狱，诉讼案件。讴歌，歌颂。

⑧ 之中国，即由避居之地回到都城。践天子位，即天子之位。

⑨ 而，如也。谓如果舜不是天下诸侯拥护，即居尧之宫，逼尧之子，那就是篡逆，“非天与也”。

⑩《泰誓》，孟子所引为古《尚书·泰誓》，伪古文《尚书》仍采入《泰誓中》。“天视自我民视，天听自我民听”，谓天之所视原自民之所视，天之所听原自民之所听；即天的意志原自民的意志。

★全章意思在于说明舜继尧为天子，并非尧的赐予，而是由于舜的作为得到天下人的拥戴。而孟子偏要把天扯进来，加上一层神秘的色彩，然后又用《泰誓》“天视自我民视，天听自我民听”，解释“天与之”的含义。简单明了的道理弄得非常复杂。

【9.6】

万章问曰：“人有言：‘至于禹而德衰，不传于贤，而传于子。[①]’有诸？”

孟子曰：“否，不然也。天与贤，则与贤；天与子，则与子。昔者，舜荐禹于天，十有七年，舜崩，三年之丧毕，禹避舜之子于阳城，天下之民从之，若尧崩之后不从尧之子而从舜也。禹荐益于天，七年，禹崩，三年之丧毕，益避禹之子于箕山之阴[②]。朝觐讼狱者不之益而之启，曰：‘吾君之子也。’讴歌者不讴歌益而讴歌启，曰：‘吾君之子也。’丹朱之不肖，舜之子亦不肖[3]。舜之相尧、禹之相舜也，历年多，施泽于民久。启贤，能敬承继禹之道。益之相禹也，历年少，施泽于民未久。舜、禹、益相去久远，其子之贤不肖，皆天也，非人之所能为也[4]；莫之为而为者，天也；莫之致而至者，命也[5]。

“匹夫而有天下者，德必若舜禹，而又有天子荐之者；故仲尼不有天下[6]。继世以有天下，天之所废，必若桀纣者也，故益、伊尹、周公不有天下[7]。伊尹相汤以王于天下，汤崩，太丁未立，外丙二年，仲壬四年，太甲颠覆汤之典刑，伊尹放之于桐，三年，太甲悔过，自怨自艾，于桐处仁迁义，三年，以听伊尹之训己也，复归于亳[8]。周公之不有天下，犹益之于夏，伊尹之于殷也。孔子曰：‘唐虞禅，夏后殷周继，其义一也。’[9]”

① 人有言，翟灏《四书考异》：“《新序·节士篇》：‘禹问伯禽子高曰：昔者尧治天下，吾子立为诸侯。尧授舜，吾子犹存焉。及吾在位，子辞诸侯而耕，何故？子高曰：昔尧之治天下，举天下而传之他人，至无欲也。择贤而与之，至公也。舜亦犹然。今君之所怀者私也，百姓知之，贪争之端自此始矣。德自此衰，刑自此繁矣。吾不忍见，以此野处也。’《韩非子·外储说右下》：‘潘寿对燕王曰：禹爱益，而任天下于益；已而以启人为吏；及老，而以启为不足任天下，而传天下于益，而势重尽在启也。已而启与友党攻益，而夺之天下。是禹名传天下于益，而实令益自取之也。此禹之不及尧舜明矣。’万章所谓人言，盖此等言也。”启，禹之子。据历史记载，尧禅位与舜，舜禅位与禹；禹建立夏朝，不再传贤而传子启，成为中国“家天下”之始。从此四千年间，不断改朝换代，存亡相继，直至清末。

② 禹避舜之子于阳城，益避禹之子于箕山之阴，赵岐注：“阳城，箕山之阴，皆嵩山之下深谷之中以藏处也。”益，伯益。《舜典》：“帝曰：‘畴于上下草木鸟兽？’佥曰：‘益哉。’帝曰：‘俞，咨益，汝作朕虞。’”孔氏传：“虞，掌山泽之官。”即伯益为掌山泽之官。

③ 丹朱，帝尧之子。丹朱之不肖，应作“尧之子丹朱不肖”，才与下句“舜之子亦不肖”相应。不肖，《风俗通·佚文》：“生子鄙陋，不似父母，曰不肖。”

王充《论衡·自然》:“不肖者，不似也。”犹言不像东西。

④ 舜、禹、益相去久远，谓“舜荐禹于天，十有七年”，“禹荐益于天，七年”，时间久远不同。其子之贤不肖，指尧舜之子不肖，而禹之子贤。两者“皆天也，非人之所能为也”。

⑤“莫之为而为者”四句，谓没有去做的事竟然做了，那是天意；没有想得到的东西竟然得到，那是命运。这仍是为启解释，谓启并未想追求帝位而竟继位为帝。

⑥ 匹夫，一般人，普通人；此与地位极高者相对。“匹夫而有天下者”四句，谓匹夫而有天下，需有两个条件，一是“德必若舜禹”，二是“又有天子荐之”；孔子虽有德，但没有“天子荐之”，故“不有天下”。

⑦“继世以有天下”四句，谓继承前代而有天下的王朝，天所要废弃的，一定是出现了像夏桀商纣那样的暴君，圣人才可能取得天下；由于没有碰上那样的暴君，所以伯益、伊尹、周公“不有天下”。赵岐注:“益值启之贤，伊尹值太甲能改过，周公值成王有德，不遭桀纣，故以匹夫而不有天下。”

⑧“伊尹相汤”一段：伊尹相汤以有天下，建立殷商王朝。汤崩之后，太子太丁未立先卒，伊尹立太丁之弟外丙。外丙在位仅二年卒，伊尹立外丙之弟仲壬。仲壬在位仅四年卒，伊尹立太丁之子太甲。太甲破坏汤的法规，伊尹乃放逐太甲于桐，自行摄政。三年，太甲悔过，自怨自艾，修仁行义，听从伊尹的教训。于此伊尹乃迎太甲回都城亳而授之政。参见《史记·殷本纪》。艾（yì），赵岐注，“治也”。自怨自艾，怨恨自己的错误，修治自己的德行。桐，地名，太甲放逐于此。亳（bó），殷商都城。

⑨ 禅（shàn),《书·尧典》“让与虞舜”，孔氏传:“遂禅之”，陆德明释文:“禅，让也，授也。”唐虞禅，唐尧将帝位让与虞舜，虞舜让与夏禹。夏后殷周继，夏商周三代帝位由子孙继承。其义一也，其意义是一样的。

★（一）孟子对万章问“至于禹而德衰，不传于贤，而传于子”问题的解答，分前后两段：前段为禹不传于贤而传于子辩护，后段与万章所问无直接联系。

禹何以不传贤而传子，孟子仍然把“天”拉出来作幌子，谓“天与贤，则与贤；天与子，则与子”，这种论调毫无意义。又把尧传舜的故事如法炮制用之于禹传启，方式过程完全一样。其实两者完全不同。按照史籍记载，舜是尧选的接班人，经过长期考验，“摄政”二十八年，“禅位”也就水到渠成。而启是禹的儿子，实是直接继位。如按《韩非子·外储说》中潘寿之说，禹为了将帝位传给启，还玩弄了阴谋。禹“任天下于益，而以启入为吏”；又“以启为不足任天下而传之于益，而势重尽在启也”。表面上欲传位于益，而让启掌握实权，而且最终是启用暴力夺取权位，“与友党攻益而夺天下”。潘寿说“是禹名传天下于益，而实令益自取之也”。先秦典籍反映启并非贤圣，而且相当荒淫。《楚辞·离骚》云:“启九辩与九歌兮，夏康娱以自纵。不顾难以图后兮，五子用失乎家巷。”《天问》云:“启代益作后，卒然离蠥；何启惟忧，而能拘是达?”《墨子·非乐》引《武观》云:“启乃淫溢康乐，野于饮食，将将铭苋磬以力（此句字词有错）。湛浊于酒，渝食于野，万舞翼翼，章闻于大（当作“天”），天用弗式。”屈原远在荆楚，墨子近在鲁国，他们所述启的行为品格，孟子不会不清楚，却对启如此赞扬。王先谦《尚书孔传参正》引皮锡瑞曰:“孟子以为贤者，为世立教耳。”可知皮锡瑞、王先谦也认为孟子所论并不真实，之所以如此赞扬启只是“为世立教耳”。如果编造虚假的故事“为世立教”，岂不是欺蒙后人？如此“立教”，何其荒诞。

文章后段着重说明只有在暴君肆虐的情况下圣贤才可能“有天下”。由于伯益、伊尹、周公没有碰上夏桀商纣那样的暴君，所以他们“不有天下”。这是什么理论？又有什么意义？最后引孔子曰，“唐虞禅，夏后殷周继，其义一也”。孔子怎么可能发表这样的高论？尧舜禅让，成为千古美谈，竟然同父传子，“家天下”没有区别！“其义一也”，怎么“一”得起来？因此所引“孔子曰”是否孔子所“曰”，大可怀疑，孟子所言，有何根据？

（二）尧舜与夏禹是先秦思想家们以儒家为主树立的至高无上的圣君，其实先秦史料有另一种记录完全不同。《晋书·束皙传》记:“太康二年，汲郡人不准盗发魏襄王墓，或言安釐王冢，得竹书数十车。其《纪年》十三篇，记夏以来至周幽王为犬戎所灭，以事接之，三家分，仍述魏事至安釐王之二十年。盖魏国之史书，大略与《春秋》皆多相应。其中（与）经传大异，则云夏年多殷；益干启位，启杀之；太甲杀伊尹，文丁杀季历。自周受命，至穆王百年，非穆王寿百岁也。幽王既亡，有共伯和者摄行天子事，非二相共和也。”（不准，人名。）李白《远别离》云：“君失臣兮龙为鱼，权归臣兮鼠变虎。或言尧幽囚，舜野死。九疑联绵皆相似，重瞳孤坟竟何是？”可知李白读过《竹书纪年》。王琦注引《括地志》云：“故尧城在濮阳鄄城县东北十五里。《竹书》云：‘昔尧德衰，为舜所囚也。’又有偃朱故城，在县西北十五里。《竹书》云：‘舜囚尧，复偃塞丹朱，使不与父相见也。’《广弘明集·汲冢竹书》云：‘舜囚尧于平阳，取之帝位，今见有囚尧城。’”王琦按：“今《竹书》并无此荒谬之说。”《竹书纪年》原书于宋代亡佚，今本为后人辑录，故《括地志》所引《竹书》文字王琦未能见到。孟子对尧舜夏禹历史说得煞有介事，其实都是传闻故事，且未必无孟子本人编造文字。如果《竹书纪年》原书现存，则尧舜夏禹历史会有另一种完全不同的版本。孟子对虞舜的歌颂，大多牵强附会，强拉硬压。孟子曰：“尽信书，则不如无书。”对孟子本人的书，也未尝不可以如此对待。

【9.7】

万章问曰：“人有言，伊尹以割烹要汤[①]，有诸？”

孟子曰：“否，不然。伊尹耕于有莘之野，而乐尧舜之道焉。非其义也，非其道也，禄之以天下，弗顾也；系马千驷，弗视也[②]。非其义也，非其道也，一介不以与人，一介不以取诸人[③]，汤使人以币聘之，嚣嚣然曰：‘我何以汤之聘币为哉？我岂若处畎亩之中[④]，由是以乐尧舜之道哉？’汤三使往聘之，既而幡然改曰：‘与我处畎亩之中，由是以乐尧舜之道，吾岂若使是君为尧舜之君哉？吾岂若使是民为尧舜之民哉[⑤]？吾岂若于吾身亲见之哉？天之生此民也，使先知觉后知，使先觉觉后觉也。予，天民之先觉者也；予将以斯道觉斯民也，非予觉之，而谁也？[⑥]’思天下之民匹夫匹妇有不被尧舜之泽者，若已推而内之沟中[⑦]。其自任以天下之重如此，故就汤而说之以伐夏救民[⑧]。吾未闻枉己而正人者也，况辱己以正天下者乎[⑨]？圣人之行不同也，或远，或近；或去，或不去；归洁其身而已矣[⑩]。吾闻其以尧舜之道要汤，未闻以割烹也。《伊训》[⑪]曰：‘天诛造攻自牧宫，朕载自亳。’[⑫]”

① 割烹，切肉烹调，都是庖人的做法。庖人，厨师。要（yāo），干也，求也。汤，商汤。谓伊尹通过烹饪干求商汤。《墨子·尚贤中》：“伊挚，有莘氏女之私臣，亲为庖人，汤得之，举以为己相，与接天下之众，治天下之民。”有莘，古国名，地在今河南开封陈留镇境。《吕氏春秋·本味》故事更详。谓有侁氏得婴儿于空桑之中，令烰人养之，名曰伊尹。汤请有侁为婚，有侁以伊尹为媵送女。伊尹说汤以至味，极论水火调剂之事。即所谓“伊尹以割烹要汤”。有侁氏，即有莘氏。烰人，即庖人。媵，陪嫁。

② 禄之以天下，即以天下之俸禄。系（jì）马千驷，系着马的车千辆。一驷四马，千驷则马四千匹。谓如果不合道义即使厚禄高官也不屑一顾。“视”与“顾”意思相同。

③ 介，同草芥之“芥”，喻极小之物。谓如果不合道义，即使如草芥之物既不与人，也不取之于人。

④ 币，《说文》：“币，帛也。”以帛为聘礼，此即代指聘礼。嚣嚣（xiāo）然，赵岐注：“自得之志，无欲之貌。”何以，何用。“何以汤之聘币为哉”之“为”，助词，岂若，岂能比得上，犹言“不如”。畎亩，田亩。

⑤ 幡然，同“翻然”，完全改变之貌。与，与其。赵岐注：“聘既至，而后幡然改本之计，欲就汤聘，使君为尧舜之君，使民为尧舜之民。”为，成为。

⑥ “天之生此民”之“民”，指所有的人。予，伊尹自指。赵岐注：“觉，悟也。天欲使先知之人悟后知之人。我，先悟觉者也。我欲以此仁义之道觉悟未知之民。非我悟之，将谁教乎？”朱熹集注：“知，谓识其事之所当然；觉，谓悟其理之所以然。”——自“与我处畎亩之中”至“非予觉之而谁也”，皆作伊尹之言。

⑦ 匹夫匹妇，指老百姓，普通男女。被，得到，受到。泽，恩惠，恩泽。内，通“纳”。

⑧ 其，代指伊尹。说（shuì），陈述，劝说，建议。就汤而说之以代夏救民，向汤建议讨伐暴君夏桀以救民。

⑨“吾未闻”二句，吾未闻枉屈自己而能匡正他人者，何况污辱自己而能匡正天下。意谓如果伊尹“以割烹要汤”，不仅是枉屈自己，而且是污辱自己。

⑩ 圣人之行不同，谓圣人行事各不相同。朱熹集注：“远，谓隐遁也；近，谓仕近君也。言圣人之行虽不必同，然其要归洁其身而已。”归洁其身，总归是保持自身干净，实即维护自身的尊严。

⑪《伊训》，孟子所引为古《尚书》逸文，伪古文《尚书》将孟子所引采入《伊训》，文辞小有不同，作“造攻自鸣条，朕哉自亳”。

⑫“天诛造攻自牧宫，朕载自亳”：天诛，谓汤是奉天命诛灭夏桀。造，始也。牧宫，赵岐注，“桀宫”（夏桀之宫）。朕，我。载，亦始也。亳，商都城。意谓天要诛灭夏桀，是夏桀自己在他宫中的暴虐行为造成的，我则从亳邑出发进攻。（按，“造攻自牧宫”，古人有不同的解释，文辞真伪相当混乱。全章内容至“吾闻其以尧舜之道要汤，未闻以割烹也”已完满结束；引用《伊训》与全章内容没有多大联系。）

【9.8】

万章问曰：“或谓孔子于卫主痈疽，于齐主侍人瘠环[①]，有诸乎？”

孟子曰：“否，不然也；好事者为之也[②]。于卫主颜雠由[③]。弥子之妻与子路之妻，兄弟也。弥子谓子路曰：‘孔子主我，卫卿可得也。’子路以告。孔子曰：‘有命。’孔子进以礼，退以义，得之不得曰‘有命’[④]。而主痈疽与侍人瘠环，是无义无命也[⑤]。孔子不悦于鲁卫[⑥]，遭宋桓司马将要而杀之，微服而过宋[⑦]。是时孔子当阨，主司城贞子，为陈侯周臣[⑧]。吾闻观近臣，以其所为主；观远臣，以其所主。若孔子主痈疽与侍人瘠环，何以为孔子？[⑨]”

① 卫，《史记·卫康叔世家》：“卫康叔名封，周武王同母少弟也。”武王死后，

成王立。周公旦平武庚之乱后，“以武庚殷遗民封康叔为卫君，居河淇间故商墟”。春秋后期徙都楚丘，今河南滑县东北。《史记·孔子世家》：鲁定公十四年（前496）孔子因与季孙的矛盾“去鲁适卫”。到了卫国，“主于子路妻兄颜浊邹家”，之后又“主蘧伯玉家”。于卫主痈疽，朱熹集注：“主，谓舍于其家为主人也。”赵岐注：“痈疽，痈疽之医也。”钱大昕《潜研堂答问》：“《孔子世家》‘卫灵公与夫人同车，宦者雍渠骖乘’……雍渠即《孟子》所称痈疽。赵氏以为痈疽之医者，似是臆说。”于齐主侍人瘠环，赵岐注：“瘠，姓；环，名。侍人也。”侍人，同“寺人”，宦官。

② 好（hào）事者，朱熹集注：“谓喜造言生事之人也。”

③ 颜雠由，《史记·孔子世家》：“孔子遂适卫，主于子路妻兄颜浊邹家。”颜雠由，即颜浊邹。

④ 弥子，卫灵公幸臣弥子瑕。兄弟，姊妹。弥子瑕想通过亲戚关系，拉拢孔子，说“孔子主我，卫卿可得也”。孔子回答，“有命”的解释，谓“孔子进以礼，退以义，得之不得曰‘有命’”。无论“进”还是“退”都依礼义行事，得不得到官位都由命运决定。（孟子谓弥子瑕之妻与子路之妻兄弟也，不见于《史记·孔子世家》，不知何据。）

⑤“而主”之“而”，如也。谓如果孔子主于痈疽与瘠环，便是忽视道义与命运。

⑥ 悦，《吕氏春秋·似顺》“夫顺令以取容者，众能之”，高诱注：“容，说也。”则“说”亦“容”也。说，通“悦”。不见悦于鲁卫之君，即不见容于鲁卫之君。

⑦ 遭宋桓司马将要而杀之，《史记·孔子世家》：“孔子去曹适宋，习礼大树下，宋司马桓魋欲杀孔子，拔其树，孔子去。”要（yāo），拦截，阻拦。微服，为隐蔽身份而改换平民服装。过，离开。《淮南子·览冥》“过归雁于碣石”，高诱注：“过，去也。”微服而过宋，改换服装，逃离宋国。

⑧ 阨（è），困阨，危难。谓是时处于危难，至陈主司城贞子，为陈侯周之臣。《史记·孔子世家》：“孔子遂到陈，主于司城贞子家。”（赵岐注：“司城贞子，宋卿

也。”朱熹集注：“司城贞子，亦宋大夫之贤者也。”并误，《史记·孔子世家》明说“至陈主于司城贞子家”，司城贞子肯定不是宋卿。原文交代不很清楚，造成赵朱的误解。）陈侯周，赵岐注：“陈怀公子也，为楚所灭，故无谥，但云陈侯周。”（据《史记·陈杞世家》，陈怀公之子为陈湣公，名越，不名周。所记不同。）

⑨ 近臣，朱熹集注，“在朝之臣”；远臣，朱熹集注，“远方来仕者”。谓观察在朝之臣，看他作什么样的主人，实即接待什么样的人。观察远来求仕之人，看他以什么样的人作主人。换言之，即什么样的主人就有什么样的来客；贤人自不会以佞幸作为主人。结论是孔子自不会“主痈疽与侍人瘠环”；如果是那样，还成个什么孔子！

【9.9】

万章问曰：“或曰：‘百里奚自鬻于秦养牲者五羊之皮，食牛以要秦穆公。①’信乎？”

孟子曰：“否，不然；好事者为之也。百里奚，虞人也。晋人以垂棘之璧与屈产之乘假道于虞以伐虢。宫之奇谏②，百里奚不谏。知虞公之不可谏而去之秦，年已七十矣；曾不知以食牛干秦穆公之为污也，可谓智乎③？不可谏而不谏，可谓不智乎？知虞公之将亡而先去之，不可谓不智也。时举于秦，知穆公之可与有行④也而相之，可谓不智乎？相秦而显其君于天下，可传于后世，不贤而能之乎？自鬻以成其君，乡党自好者不为⑤，而谓贤者为之乎？”

① 百里奚，姓百里，名奚。“百里奚自鬻于秦养牲者五羊之皮，食牛以要秦穆公”，即百里奚以五羊之皮自鬻于秦之养牲者，食牛以要秦穆公。鬻（yù），卖也。食（sì），通“饲”，喂养。要（yāo），干，求。谓百里奚以五张羊皮，将自己卖给秦之“养牲者”，为之喂牛，得以入秦以干秦穆公。《史记·秦本纪》：“晋献公灭虞，虏虞君与其大夫百里傒。既虏百里傒，以为秦缪公夫人媵于秦。百里傒亡秦走宛，楚鄙人执之。缪公闻百里傒贤，欲重赎之。恐楚人不与，乃使人谓楚曰：

‘吾媵臣百里傒在焉，请五羖羊皮赎之。’楚人遂许与之。当是时也，百里傒年已七十馀。缪公释其囚，与语国事。语三日，缪公大说，授以国政，号曰五羖大夫。百里傒让曰：‘臣不及臣友蹇叔，蹇叔贤而世莫知。’于是缪使人厚币迎蹇叔，以为上大夫。”（傒，通“奚”。缪公，即穆公。羖 gǔ，公羊。秦穆公夫人为晋献公之女，出嫁时以百里奚为媵，即为陪嫁。）据《史记》，是秦穆公以五羖羊皮赎百里奚，比百里奚以五羊皮“自鬻”较为合理。秦之所以用五羖皮赎百里奚是为了迷惑楚人，表示百里奚不过是一个媵臣并不重要，以免楚人留难。百里奚与其友蹇叔后来成为秦穆公重臣，使之成为霸主。但，《史记·商君列传》赵良说商君曰：“夫五羖大夫，荆之鄙人也，闻秦缪公之贤而愿望见，行而无实，自粥于秦客，被褐食牛。期年，缪公知之，举之牛口之下，而加之百姓之上。”（粥，“鬻”之假借。）可知战国时代即有此传闻，谓百里奚“自鬻于秦”，万章因此发问。

② 垂棘之璧与屈产之乘假道于虞以伐虢，赵岐注：“垂棘，美玉所出地名。屈，产地，良马所生。乘，四马也。皆晋国之所宝。”《左传》僖公二年、五年记载：晋以屈产之乘垂棘之璧假道于虞以伐虢，虞公许之。宫之厅谏曰：“虢，虞之表也；虢亡，虞必从之。”虞公不听。晋灭虢，师还，馆于虞，遂袭虞，灭亡。《穀梁传》并记其事。

③ 曾，乃也，竟也。污，辱也。曾不知以食牛干秦穆公之为污也，谓如果百里奚竟不知用为人喂牛的方式干秦穆公是一种污辱的行为，“可谓智乎”？

④ 举，用也。有行，犹言“有为”。谓百里奚用于秦，知秦穆公可与有所作为。

⑤ 自鬻以成其君，用卖掉自己的方式以成就其国君。自好（hào）者，自我爱惜者。

★本章孟子认为百里奚不会是以五羊皮“自鬻”入秦、以“食牛”干秦穆公，全用推理的方式回答万章，“百里奚不谏”也是推想如此，史籍并无记载。连用五个反问句，结论是“自鬻以成其君，乡党自好者不为，而谓贤者为之乎”；百里奚当然不会如此。但任何问题都必须用事实才能真正说明，推想毕竟缺乏充分的说服力。

万章章句下

凡九章

【10.1】

孟子曰："伯夷目不视恶色，耳不听恶声。非其君不事，非其民不使。治则进，乱则退。横政之所出，横民之所止，不忍居也。思与乡人处，如以朝衣朝冠坐于涂炭也[①]。当纣之时，居北海之滨，以待天下之清也。故闻伯夷之风者，顽夫廉，懦夫有立志[②]。

"伊尹曰：'何事非君？何使非民？'治亦进，乱亦进，曰：'天之生斯民也，使先知觉后知，使先觉觉后觉。予，天民之先觉者也。予将以此道觉此民也。'思天下之民匹夫匹妇有不与被尧舜之泽者，若己推而内之沟中；其自任以天下之重也[③]。

"柳下惠不羞污君，不辞小官。进不隐贤，必以其道。遗佚而不怨，阨穷而不悯。与乡人处，由由然不忍去也。'尔为尔，我为我，虽袒裼裸裎于我侧，尔焉能浼我哉？'故闻柳下惠之风者，鄙夫宽，薄夫敦[④]。

"孔子之去齐，接淅而行；去鲁，曰，'迟迟吾行也，去父母国之道也。'可以速而速，可以久而久，可以处而处，可以仕而仕，孔子也。[⑤]"

孟子曰："伯夷，圣之清者也；伊尹，圣之任者也；柳下惠，圣之和者也；孔子，圣之时者也[⑥]。孔子之谓集大成。集大成也者，金声而玉振之也。金声也者，始条理也；玉振之也者，终条理也。始条理者，智之事也；终条理者，圣之事也[⑦]。智，譬则巧也；圣，譬则力也。由射于百步之外也，其至，尔力也；其中，非尔力也。[⑧]"

① 伯夷"非其君不事"，已见《公孙丑上》"夫子加齐之卿相"章（3.2）与"伯夷非其君不事"章（3.9）。横（hèng）政，横暴之政。横民，横暴之民。

② 风，风节，操守。顽夫廉，《尽心下》"圣人百世之师也"章（14.15）"顽

夫廉”赵岐注：“顽，贪。”毛奇龄《四书賸言》：“《孟子》‘顽夫廉’，‘顽’字，古皆是‘贪’字。”《韩诗外传》《汉书·王吉传》《后汉书·王龚传》《晋书·羊祜传》等并引作“贪夫廉”。作“贪夫廉”更准确。懦夫，赵岐注作“懦弱之人”。立志，立身之志，振奋之志。

③“伊尹曰”一段，参见《公孙丑上》“夫子加齐之卿相”章（3.2）与《万章上》“人有言伊尹以割烹要汤”章（9.7）注。

④“柳下惠不羞污君”，已见《公孙丑上》“伯夷非其君不事”章（3.9）。鄙，鄙陋，狭隘。宽，宽弘。薄，刻薄，浅薄。敦，敦厚。

⑤去齐，离开齐国。接淅（xī）而行，朱熹集注：“接，承也。淅，渍米水也。渍米将炊，而欲去之速，故以手承水，取米而行，不及炊也。”可以速而速，即“可以速则速”，而，犹则也。下文“久而久，处而处，仕而仕”之“而”皆同。

⑥清，清高。任，负责任。“其自任以天下之重也”，可作为“任”的注释。和，谐和。时，合时宜，识时务。

⑦集大成，《广雅·释诂三》：“集，聚也。”谓孔子聚集诸家之长而取得最大的成就。朱熹集注：集大成也者，“犹作乐者，集众音之小成而为一大成也。成者，乐之一终，《书》所谓‘箫韶九成’是也。金，钟属。声，宣也，如声罪致讨之声。玉，磬也。振，收也。如‘振河海而不泄，之振。始，始之也。终，终之也。条理，犹言脉络，指众音而言也。智者，知之所及；圣者，德之所就也。盖乐有八音，金石丝竹匏土革木。若独奏一音，则其一音自为始终而为一小成”。“八音之中，金石为重，故特为众音之纲纪。又金始震而玉终诎然也。故并奏八音，则于其未作而先击镈钟以宣其声。俟其既阕，而后击磬以收其韵。宣以始之，收以终之；二者之间，脉络贯通，无所不备，则合众小成而为一大成，犹孔子之知无不尽，而德无不全也。”（箫韶九成，今见于《书·益稷》。振河海而不泄，今见于《礼记·中庸》。）

⑧由，通“犹”。朱熹集注：“此复以射之巧力，发明圣智二字之义。见孔子巧力俱全，而圣智兼备。”——孟子好用比喻，“比喻都是蹩脚的”，很难得恰如其分。用音乐、躬箭来比喻孔子道德操守的成就未必妥当，甚至治丝而益棼。姑录

朱熹集注，亦勉为解释而已。

★（一）《公孙丑上》“伯夷非其君不事”章（3.9）叙述伯夷、柳下惠行为风格，内容与本章所述基本相同，该章孟子评论曰“伯夷隘，柳下惠不恭。隘与不恭，君子不由也”。本章却说“伯夷，圣之清者也”，“柳下惠，圣之和者也”；“故闻伯夷之风者，顽夫廉，懦夫有立志”，“闻柳下惠之风者，鄙夫宽，薄夫敦”。前后褒贬完全相反。都是孟子在“曰”，他今天这样“曰”，明天那样“曰”，不知到底哪一次“曰”的算数？

《孟子》书中如此矛盾之处非只一处，而内容错误的章节更多。因此对《孟子》的研究，必须综合全书，从整体上进行分析，才有可能得出相对合理的结论。此事相当复杂，不能不慎重对待。

（二）《韩诗外传》卷三第三十四章照抄本章内容，只没有伊尹一段。薄夫敦，作“薄夫厚”。谓“孔子圣之中者也”。结末引“《诗》曰‘不竞不絿，不刚不柔’，中通和庸之谓也”。

〖14.15〗

孟子曰：“圣人，百世之师也，伯夷、柳下惠是也。故闻伯夷之风者，顽夫廉，懦夫有立志；闻柳下惠之风者，薄夫敦，鄙夫宽。奋乎百世之上，百世之下闻者莫不兴起也。非圣人而能若是乎？而况于亲炙之者乎？[①]”

① 奋，奋发。兴起，朱熹集注，“感动奋发也”。炙，熏也，引申为熏陶之意。谓百世之后闻圣人之风尚能感动奋发，何况亲受熏陶之人。

★本章原属《尽心下》，基本内容已见“伯夷目不视恶色”章，故提至此注释。

【10.2】

北宫锜问曰：“周室班爵禄也，如之何？[①]”

孟子曰:“其详不可得闻也。诸侯恶其害己也,而皆去其籍;然而轲也尝闻其略也[②]。天子一位,公一位,侯一位,伯一位,子、男同一位,凡五等也。君一位,卿一位,大夫一位,上士一位,中士一位,下士一位,凡六等[③]。

“天子之制,地方千里,公侯皆方百里,伯七十里,子、男五十里,凡四等。不能五十里,不达于天子,附于诸侯,曰附庸。天子之卿受地视侯,大夫受地视伯,元士受地视子、男[④]。

“大国地方百里,君十卿禄,卿禄四大夫,大夫倍上士,上士倍中士,中士倍下士,下士与庶人在官者同禄,禄足以代其耕也。次国地方七十里,君十卿禄,卿禄三大夫,大夫倍上士,上士倍中士,中士倍下士,下士与庶人在官者同禄,禄足以代其耕也。小国地方五十里,君十卿禄,卿禄二大夫,大夫倍上士,上士倍中士,中士倍下士,下士与庶人在官者同禄,禄足以代其耕也[⑤]。

“耕者之所获,一夫百亩;百亩之粪,上农夫食九人,上次食八人,中食七人,中次食六人,下食五人。庶人在官者,其禄以是为差。[⑥]”

① 北宫锜,赵岐注,“卫人”。周室,指西周。班,赵岐注,“列也”,指当时制定爵位的等次。爵禄,爵位与俸禄。

② 诸侯恶(wù)其害己,各国诸侯都想强大,掠夺甚至兼并他人,恐怕原来制定的爵位等次妨碍他们的扩张。经过几百年错综复杂的斗争,到了战国时代,西周制定的“爵禄”规定已被打乱,原来的文籍也已不存。

③ 本段言天子与各级诸侯的爵位。一位,犹言一级。朱熹集注:“此班爵之制也,五等通于天下,六等施于国家。”即五等是天子与诸侯的爵位,六等是诸侯朝廷臣僚的次等。《礼记·王制》:“王者之制禄爵:公、侯、伯、子、男,凡五等。诸侯之上大夫卿、下大夫、上士、中士、下士,凡五等。”与孟子所述不完全相同。按,《礼记》至西汉才编定,或另有先秦旧籍,不全原于《孟子》,故内容小有差别。问题在于,各级诸侯由天子所封,天子不应列入等次。诸侯之各级臣僚由诸侯之君任命,诸侯之君同样不应列入等次。又,子与男分明是两位,怎么会

是“子男同一位”？故《王制》所述，似更合理。

④ 本段言天子与诸侯以及天子朝廷臣僚所占土地的等次。地方千里，所辖土地纵横各千里。（土地不可能是方形，按土地面积取长补短，按方形计算。）下文“方百里、方七十里、方五十里”，照此类推。凡四等，四个级别。朱熹集注：“不能，犹不足也。小国之地，不足五十里者，不能自达于天子，因大国以姓名通，谓之附庸。若春秋郳仪父之类是也。”“天子之卿受地视侯”三句，赵岐注：“视，比也。天子之卿大夫所受采地之制也。”此言朝廷卿大夫士所受采地同各级诸侯土地的比例。元士，朱熹集注，“上士也”。

⑤ 本段言诸侯国各级臣僚俸禄的等次。全国诸侯分大国、次国、小国，凡三等。君十卿禄，国君俸为卿十倍。大夫倍上士，大夫的俸禄较上士多一倍。馀可类推。庶人在官者，《礼记 · 王制》郑氏注：“庶人在官，谓府吏之属。”孔颖达疏：“谓工人贾人及胥徒也。”禄足以代其耕，俸禄足以代替他种田的收入。“卿禄二大夫，大夫倍上士”，两句中“二”与“倍”数量相同，都是多一倍。故朱熹特别注明：“二，倍也。”（如此用词，为严重语病，极不可取。）

⑥ 本段言庶人种田者的收入。耕者，耕种田地者。获，收获，收入。一夫百亩，一夫一妇，种田百亩。粪，肥料，此指施肥。百亩之粪，百亩田施上肥料，（进行耕种）。食（sì），通“饲”，此处为养活之意。上农夫食九人，上农夫的收入可以养活九人。馀可类推。“庶人之在官者，其禄以是为差”，谓庶人在官府做事者俸禄不都相同，他们的俸禄收入与农夫种田的收入是一样的等差，即同样分五等。

★本章孟子简要地叙述周代的封建制度。《礼记 · 王制》所记颇详，但不完全相同。

【10.3】

万章问曰：“敢问友。[①]”

孟子曰：“不挟长，不挟贵，不挟兄弟而友[②]。友也者，友其德也[③]，不可以有挟也。孟献子，百乘之家也[④]，有友五人焉：乐正裘，牧仲，其三人，则予忘之矣。献子之与此五人者友也，无献子之家者也。此五人者，亦有献子之家，则不与之友矣[⑤]。非惟百乘之家为然也，虽小国之君亦有之。费惠公曰，'吾于子思，则师之矣；吾于颜般，则友之矣；王顺、长息则事我者也[⑥]。'非惟小国之君为然也，虽大国之君亦有之。晋平公之于亥唐也，入云则入，坐云则坐，食云则食；虽疏食菜羹，未尝不饱，盖不敢不饱也[⑦]。然终于此而已矣。弗与共天位也，弗与治天职也，弗与食天禄也；士之尊贤者也，非王公之尊贤也[⑧]。舜尚见帝，帝馆甥于贰室，亦飨舜，迭为宾主，是天子而友匹夫也[⑨]。用下敬上，谓之贵贵；用上敬下，谓之尊贤。贵贵尊贤，其义一也。[⑩]"

①敢问，发问时自谦冒昧之词。问友，问交友之道。

②挟，倚仗，恃仗。长（zhǎng），年长。贵，显贵。不挟兄弟，赵岐注："兄弟有富贵者。"即不挟兄弟富贵而以为友。

③友其德也，因其品德高尚而以为友。

④孟献子，春秋鲁国大夫仲孙蔑。鲁襄公时人。百乘之家，有车百辆的大夫之家。

⑤五人"无献子之家"，即不是如献子一样为有车百乘的大夫之家，献子"不挟贵"，故与之为友。亦，犹若也，如也。若五人也有车百乘的大夫之家，则献子不会与之为友。

⑥费惠公，赵岐注，"小国之君"；朱熹集注，"费邑之君"。师之，以之为师。友之，以之为友。事我者，事奉我之人，即为其下属。

⑦晋平公，春秋晋国国君，周灵王十五年（前557）至周景王十三年（前532）在位。赵岐注："亥唐者，晋人也。晋平公时，朝多贤臣，祁奚、赵武、师旷、叔向，皆为卿大夫，名显诸侯，唐独不仕，隐于穷巷。平公闻其贤，致礼相见而请事焉。平公待于门，唐曰'入'，公乃入。唐曰'坐'，唐曰'食'，公乃'食'。唐之食公也，虽蔬食菜羹，公不敢不饱。"

⑧ 天位，天职，天禄，指公侯的爵位、职务，俸禄。“士之尊贤也，非王公之尊贤也”，谓晋平公待亥唐，只如同士之尊贤，而非同王公之尊贤。

⑨ 尚，通“上”。帝，帝尧。馆，馆舍；此动词，止宿。甥，女婿，指舜。《尔雅·释亲》“妻之父为外舅”，郭璞注：“谓我舅者，吾谓之甥，然则亦宜呼婿为甥。”贰室，赵岐注，“副宫也”。飨，宴请。“迭为宾主，是天子而友匹夫也”，谓尧与舜互为宾主，是天子而与匹夫为友。

⑩ 用，以也。贵贵，尊敬高者。尊贤，尊重贤人。

★（一）不挟兄弟而友，本帙引用赵岐之说勉为解释，其实未必正确。不挟兄弟富贵，此意可以包括在“不挟贵”之内。兄弟是亲属，然亲属不只有兄弟。或解作不挟兄弟多人为友，更不对，江永《群经评议》就说：“兄弟多人有何可挟乎？”赵佑《四书温故录》别作新解，曰：“兄弟，等夷之称。必其人之与己等夷而后友之，则不肯与胜己处，不能不耻下问矣。”所谓“等夷”就是彼此境况相同。然“兄弟，等夷之称”，没有任何根据，他的解释也就没有意义。故此句实不得其解。

（二）万章问友，孟子回答如果只说“不挟长，不挟贵，友也者友其德也，不可以有挟也”，似更好，甚至不失为名言。孟子下文举的例证，不少语句令人费解，以至后人注释极为分歧。如“无献子之家”“有献子之家”，朱熹显然感到不好理解，就用他惯常采用的方式，自己不说话，而用他人出面，引张子曰：“献子忘其势，五人者忘人之势。”似乎理解为献子心目中忘却自己“百乘之家”之势，五人心目中忘却他人（指孟献子）“百乘之家”之势；杨伯峻先生就是照这个意思翻译的。然如此解释，离原文语句相距太远。又如说“晋平公之于亥唐也，入云则入，坐云则坐，食云则食；虽疏食菜羹，未尝不饱，盖不敢不饱也”。把晋平公看望亥唐，描述得像个穷措大到一个富贵的亲戚家那么卑弱不堪。再如尧已招舜为婿，称之为“甥”，《万章上》也说尧“使其子九男二女”，则他们早已不是一般“友”的关系，却仍说“是天子而友匹夫”！——内容如此之不好理解，前后相距上千年的注释家们的解说如此歧异，只能说明原文甚不规范。

（三）所谓友，彼此真诚相待即可。如果要考虑对方地位如何，往来关系有那么多讲究，哪种情况该“师之”，哪种该“友之”，哪种该“事我者”，那还谈什么友情？

【10.4】

万章问曰：“敢问交际何心也？[①]”

孟子曰：“恭也。[②]”

曰：“却之，却之为不恭，何哉？[③]”

曰：“尊者赐之，曰，‘其所取之者义乎，不义乎？’而后受之，以是为不恭，故弗却也。[④]”

曰：“请无以辞却之，以心却之，曰，‘其取诸民之不义也’，而以他辞无受，不可乎？[⑤]”

曰：“其交也以道，其接也以礼，斯孔子受之矣。[⑥]”

万章曰：“今有御人于国门之外者，其交也以道，其馈也以礼，斯可受御与？[⑦]”

曰：“不可。《康诰》曰：‘杀越人于货，闵不畏死，凡民罔不譈。[⑧]’是不待教而诛者也。殷受夏，周受殷，所不辞也[⑨]。于今为烈，如之何其受之？[⑩]”

曰：“今之诸侯取之于民也，犹御也。苟善其礼际矣，斯君子受之，敢问何说也？[⑪]”

曰：“子以为有王者作，将比今之诸侯而诛之乎？其教之不改而后诛之乎[⑫]？夫谓非其有而取之者盗也，充类至义之尽也[⑬]。孔子之仕于鲁也，鲁人猎较，孔子亦猎较[⑭]。猎较犹可，而况受其赐乎？”

曰：“然则孔子之仕也，非事道与？[⑮]”

曰：“事道也。”

“事道奚猎较也？”

曰：“孔子先簿正祭器，不以四方之食供簿正。[⑯]”

曰:“奚不去也?⑰”

曰:“为之兆也。兆足以行矣,而不行,而后去⑱;是以未尝有所终三年淹也⑲。孔子有见行可之仕,有际可之仕,有公养之仕也。于季桓子,见行可之仕也;于卫灵公,际可之仕也;于卫孝公,公养之仕也。⑳”

① 交际,朱熹集注:“际,接也。交际,谓人以礼仪币帛相交接也。”——按,际,交也,合也;“交际”是联合结构,即交结、交往之意。朱熹注“以礼仪币帛相交接”是迁就下文“却之”而作的解释。敢问交际何心也,谓交际当存何心。

② 恭也,谓存心恭敬。

③ 却,拒绝。“却之,却之为不恭,何哉?”赵岐注:“万章问却不受尊者礼谓之不恭,何然也?”——“却之”句,前人断作“却之却之为不恭,何哉?”何以连说“却之却之”,不可理解,故朱熹特别注曰:“再言之未详。”本帙断作“却之,却之为不恭,何哉?”以第一个“却之”为假定语气。万章之意谓“人以礼仪币帛相交接”,如果“却之”,而“却之为不恭,何哉?”如此断句,似较前人所断为好。(“人以礼仪币帛相交接”,朱熹注语。)

④ 尊者,地位尊贵者。“尊者赐之,曰”,此“曰”是受赐者的内心活动。孟子回答,尊者之赐,如果心中暗想,所赐之物是以义还是不义得来的;这样想而后受之,是不恭敬的。意即不应该怀疑,不应该拒绝。

⑤ 万章又问,不明说拒绝,只在心中暗想,所赐礼物是取之于民的不义之财,就用别的言辞拒绝,不可以吗?

⑥ 孟子回答,交也以道,即以道相交;接之以礼,即以礼相接。只有如此,孔子才接受礼物。

⑦ 御人于国门之外,朱熹集注:“御,止也;止人而杀之,且夺其货也。国门之外,无人之处也。万章以为苟不问其物之所从来,而但观其交接之礼;则设有御人者用其御得之货,以礼馈我,则可受之乎?”——按,御(原文作禦),禁也,止也,敌也,当也,典籍中“御”为禁止、抵抗之意,无抢劫之义。朱熹注

作“御，止；止人而杀之，且夺其货也”；将“御人于国门之外”，解作抢劫于国门之外，也是为了迁就下文杀人越货的内容而作的解释。

⑧《康诰》,《尚书》篇名。今本《尚书·康诰》原文作“杀越人于货，暋不畏死，罔弗憝”。无“凡民”二字。越,《大戴礼记·曾子事父母》“则是越之也”，王聘珍解诂:“越，疾也。”按，疾，害也；故“越”亦“害”也。于,《诗·豳风·七月》“一之日于貉”，毛传:“于貉，谓取狐狸皮也。”则“于，取也”。闵，同“暋”，伪孔传，“强也”，强暴，横蛮。譈，同“憝”,《说文》:“憝，怨也。”罔弗憝，犹言无不怨恨。谓将人杀害，抢夺财货，而且强横不怕死；这种暴徒，没有人不痛恨。故这种人的馈赠不可以接受。

⑨是不待教而诛者，即对这种暴徒，不须教戒即可诛杀。“殷受夏，周受殷，所不辞也”，赵岐注:“三代相传以此法，不须辞问也。”

⑩“于今为烈，如之何其受之”，这种强暴行为于今更剧烈，如此抢劫来的财物怎能接受？

⑪礼际，犹言以礼馈送。万章问如今天下诸侯取于民间的财物，也同抢劫一样。如果他们以善意的礼节馈送而君子却受之，该怎么说呢？——赵岐注:“君子，谓孟子。”赵岐领会万章之意谓孟子接受了这样的馈赠，故特此发问。

⑫比,《资治通鉴·宋纪十一》“比当尽虔”，胡三省注:“比，并也，总也。”犹言全部。孟子回答，你以为如果有圣王起来，将今之诸侯全都杀掉还是教育他们而不悔改再杀掉呢？

⑬“夫谓非其所有而取之者盗也，充类至义之尽也”，朱熹集注:“夫御人于国门之外与非其有而取之，二者固皆不义之类；然必御之乃为真盗。其为非有而取之为盗者，乃推其类至于义之至精至密之处而极言之耳，非便以为真盗也。然则今之诸侯虽取非其有，而岂可遽以同于御人之盗也？”孟子之意，谓今之诸侯虽取非其有，并非真的盗贼；称之为盗，是将此类行为的性质提高到极点这个意义上说的。

⑭“鲁人猎较，孔子亦猎较”，赵岐注:“孔子随鲁人之猎较。猎较者，田猎相较取夺禽兽。得之以祭，时俗所尚，以为吉祥，孔子不违而从之。猎较尚犹可

为，况受其赐而不可也？”按赵岐注，猎较，即田猎时抢夺禽兽。赵岐所谓“相较取”，犹言你抢夺我也抢夺。（朱熹不理解赵岐对“猎较”的解释，特注曰：“猎较，未详。”）

⑮ 事道，事之以道，即推行其道。

⑯ 先簿正祭器，朱熹集注：“未详。”又引徐氏曰：“先以簿书正其祭器，使有定数，而不以四方难继之物实之。夫器有常数，实有常品，则正其本矣。”按徐氏之说，所谓簿，指登记器物的文书。“先簿正祭器，不以四方之食供簿正”，谓孔子先按簿书规定祭祀的食器，看需要多少祭品，但“不以四方之食供簿正”，因此要亲自夺取猎场之禽兽。

⑰ 奚不去也，谓既然孔子需要亲自“猎较”之食以“供簿正”，何不离去？

⑱ 兆，征兆。为之兆也，为看事情发展的征兆。“兆足以行矣，而不行，而后去”，看征兆似乎可以行道但还是不能行道，然后才离去。

⑲ 淹，淹留，滞留。由于孔子始终没有在哪个诸侯国得到行道的机会，所以没有在哪里滞留过三年。

⑳“孔子有见行可之仕”九句：行，行道。见行可之仕，看来可以行道而出仕，在季桓子那儿就是如此。际，接待。际可之仕，国君以礼接待而出仕，在卫灵公那儿就是如此。养，供养。公养之仕，由国君公费供养而出仕，在卫孝公那儿就是如此。（《左传》与《史记·卫世家》都无卫孝公，故朱熹“疑出公辄也”。按，出公辄即位以后，其父蒯聩流亡在外，赵简子以兵送蒯聩入卫，卫人发兵抗拒，父子竟以兵戎相对。后蒯聩通过阴谋入卫，即卫庄公，辄被迫出奔。这位卫君实在算不上“孝”；故卫孝公何人，仍不可解。）

★本章很不好理解。

万章第一问“交际何心也”，孟子回答“恭也”，谓当存心恭敬。这好理解。——但朱熹为了使内容与下文“却之”有联系，特地将“交际”注作“以礼仪币帛相交接”。

万章第二问“却之，却之为不恭，何哉？”对什么人却之？为什么要却之？

孟子回答，“尊者赐之”，心中暗想，所赐礼物“‘取之者义乎，不义乎？’而后受之”，是不恭的，不应该却之。——对什么“尊者”所赐会这样暗想？有各式各样的“尊者”，同尊者有各式各样的关系，亲疏的程度各不一样，总不会无缘无故都这么想。

万章第三问，我口里不说，心中暗想，“不可乎？”万章为什么要“请无以辞却之，以心却之”？为什么认为“其取诸民之不义也”？又为什么要“以他辞无受”？都不可理解。问孟子“不可乎？”，孟子却不回答，而扯出孔子来，说孔子“其交也以道，其接也以礼，斯孔子受之”，却不回答万章具体的问题。

万章第四问，就孟子的话提出新的问题。今有人礼物是抢夺来的，但“其交也以道，其馈也以礼”，是否可以接受？孟子于此大做文章，扯到《康诰》，扯到殷周，扯到“于今为烈”，说明抢夺之物，“如之何其受之”？也就是决不能接受。

万章第五问，又就孟子的话题发问。今天下诸侯取之于民众，就同抢劫一样，而“君子受之，敢问何说也？”赵岐注：“君子，谓孟子。”赵岐领会到万章是看到孟子不断接受诸侯的馈赠，就“将”了他一“军”；只是万章不直说孟子，而委婉地说“君子”。孟子当然听懂了，刚才还那么硬，对那些杀人越货的强盗，“是不待教而诛者也”，他们的馈赠，“如之何其受之”！现在突然转换了口气，说“夫谓非其有而取之者盗也，充类至义之尽也”，如有“王者”出来，并不会尽皆诛之。而万章并没有提到“王者”出来对诸侯如何。孟子又扯出孔子来，说孔子也与鲁人“猎较”，“况受其赐乎”？显然是用孔子的做法为自己辩护。

万章第六问，又就孟子所引孔子的行为发问：孔子之仕，“非事道与”？孟子回答：“事道也。”

万章第七问，是立即追问，既然事道，为何又与鲁人“猎较”？孟子回答，孔子之所以“猎较”，去抢夺猎场禽兽，是不要“四方之食”供祭祀，所以要用亲自“猎较”的禽兽。

万章第八问，孔子需要亲自“猎较”以供祭祀，那他为何不离去？孟子回答，孔子要看看那些诸侯表现如何，观察他们的“征兆”，才作决定。

唯孟子之言是听的万章，在本章的表现却非常特殊。万章第四问以后，简直是步步进逼，孟子的回答远没有以往硬朗，可以说全是敷衍，而且说的未必是事实：孔子会亲自到猎场同他人“猎较”？“猎较”禽兽难道真是为了充祭器，供祭祀？在先秦典籍中找不到任何根据。孔子“未尝有所终三年淹也”，据《史记·孔子世家》，孔子于鲁哀公六年“自楚反乎卫”以后，直到哀公十一年，孔子一直待在卫国，“淹留”卫国的时间远远不止三年。鲁定公十四年，孔子同季桓子发生尖锐矛盾，被迫“去鲁适卫”，终季桓子之世，孔子不回鲁国。“于季桓子，见行可之仕也”，与事实恰好相反（参见《论语本原·孔子世家》）。——本章文辞极不顺畅。以朱熹之识见，对章中词语，三次说“不详”，文辞之不顺，由此可见。整个这一章，孟子万章师徒的问答都甚无谓；勉为注释，未必正确。

【10.5】

孟子曰：“仕非为贫也，而有时乎为贫；娶妻非为养也，而有时乎为养①。为贫者，辞尊居卑，辞富居贫②。辞尊居卑，辞富居贫，恶乎宜乎？抱关击柝③。孔子尝为委吏矣，曰：‘会计当而已矣。’尝为乘田矣，曰：‘牛羊茁壮长而已矣。④’位卑而言高，罪也；立乎人之本朝而道不行，耻也。”

①“仕非为贫也”四句：养，育也，养育后代。赵岐注：“仕本为行道济民也，而有以居贫亲老而仕者；娶本为继嗣也，而有以亲执釜灶，不择妻而娶者。”朱熹集注：“仕本为行道，而亦有家贫亲老或道与时违，而但为禄仕者。如娶妻本为继嗣，而亦有为不能亲操井臼而资其馈养者。”馀详星评。

②“辞尊居卑，辞富居贫”，辞高官，居卑位；辞厚禄，取低薪。何为如此？居高官显位，则必须行道济民；既不行道，仅仅为了衣食，就宁可处于下位。《韩诗外传》：“曾子仕于莒，得粟三秉。方是之时，曾子重其禄而轻其身。亲没之后，齐迎以相，楚迎以令尹，晋迎以上卿，方是之时，曾子重其身而轻其禄。”故“任重道远者，不择地而息；亲老家贫，不择官而仕；亲操井臼，不择妻而娶”。东汉庐江毛义，家贫，以孝行称。府檄以义为守令，义奉檄而入，喜动颜色。及母死，义去官行服。后举贤良，公车征，遂不至。“亲老家贫，不择官而仕也。”见《后

汉书·刘平传序》。都可作为"仕非为贫也，而有时乎为贫"的事例。

③ 恶（wū），何也。宜，适合。抱关，守门。击柝，打更。（柝，夜间打更者敲击的木具。）句意谓辞尊居卑，辞富居贫，干什么适宜呢？抱关击柝都可以。

④ 委吏，负责保管仓库的小官。会（kuài）计，管理钱量财物。当，准确无误。保管仓库计算账目，必须准确。乘（shèng）田，管理牧场饲养牲畜的小官。茁（zhuó）壮，生长旺盛肥壮。"会计当而已矣"，"牛羊茁壮长而已矣"，谓孔子为委吏、乘田，便只言委吏、乘田之事，不"位卑而言高"。

★"娶妻非为养也，而有时乎为养"，赵岐注："娶妻本为继嗣。"朱熹同赵岐注。这两句只是作为前两句陪衬的话却极不合理。《离娄上》孟子明说"不孝有三，无后为大"（7.26），话说得如此郑重，怎么又可以轻易地说"娶妻非为养也"，仅仅是"有时乎为养"？

由于这两句不好理解，如此有些学者将两句中"养"理解为供养父母。杨伯峻先生即翻译为"娶妻不是为孝养父母，但有时也为了孝养父母"。这样理解肯定不对。孟子不致无缘无故申明娶妻不是为孝养父母，只是"有时"孝养而已。两句仍应遵照赵岐、朱熹注，理解为养育后代。供养父母有别的方式可以替代，不娶妻也可以供养；而养育后代，除娶妻以外，没有任何别的方式可以替代。没有父母需要供养之时，养育后代仍非娶妻不可。故赵岐、朱熹的注释，正确无误。

【10.6】

万章曰："士之不托诸侯[①]，何也？"

孟子曰："不敢也。诸侯失国，而后托于诸侯[②]，礼也；士之托于诸侯，非礼也。"

万章曰："君馈之粟[③]，则受之乎？"

曰："受之。"

"受之何义也？"

曰："君之于氓也，固周之。[④]"

曰：“周之则受，赐之则不受[⑤]，何也？”

曰：“不敢也。”

曰：“敢问其不敢何也？”

曰：“抱关击柝者皆有常职以食于上。无常职而赐于上者[⑥]，以为不恭也。”

曰：“君馈之，则受之，不识可常继乎？[⑦]”

曰：“缪公之于子思也，亟问，亟馈鼎肉。子思不悦。于卒也，摽使者出诸大门之外，北面稽首再拜而不受[⑧]，曰：‘今而后知君之犬马畜伋！[⑨]’盖自是台无馈也[⑩]。悦贤不能举，又不能养也，可谓悦贤乎？[⑪]”

曰：“敢问国君欲养君子，如何斯可谓养矣？”

曰：“以君命将之，再拜稽首而受。其后廪人继粟，庖人继肉，不以君命将之。子思以为鼎肉使己仆仆尔亟拜也，非养君子之道也[⑫]。尧之于舜也，使其子九男事之，二女女焉，百官牛羊仓廪备，以养舜于畎亩之中，后举而加诸上位[⑬]。故曰，王公之尊贤者也。”

① 托，赵岐注，“寄也”。士之不托诸侯，谓不仕而寄食于诸侯。

② 西周建国之初，大封天下诸侯，公、侯、伯、子、男，数量之多，已无从稽考。经过几百年战争兼并，许多诸侯国逐渐灭亡。有些亡国之君，或因原先的各种关系，寄食于其他诸侯国，此即所谓“诸侯失国，而后托于诸侯”。

③ 馈，赠送。粟，泛指粮食。

④ 氓，来自外地之民谓之“氓”。参见《公孙丑上》“尊贤使能”章（3.5）注。周，朱熹集注，“救也”，救济。

⑤ 周，是救济行为；赐，是礼仪行为。穷困受到救济则接受，无功而受赐则不接受。

⑥ 有常职以食于上，有一定的职务而受上面的给养。无常职而赐于上，没有一定的职务而受上面的赐予。（食于上，受食于上；赐于上，受赐于上。）

⑦ 常继，经常继续。可常继乎，可以继续不断（馈送）乎？

⑧ 缪公，《史记·鲁周公世家》作穆公。子思，即孔伋，孔子之孙，曾子弟子。朱熹集注："亟，数也。鼎肉，熟肉也。卒，末也。摽（biāo），麾也。"（麾，通"挥"。）北面，面向北。古代君上坐北朝南，臣下北向朝拜。稽首，跪拜头叩至地。鲁缪公多次使人问候子思，馈送鼎肉。国君馈送，必须拜受，子思厌烦，后使者来，子思挥手要他退出大门之外，北面稽首，而不接受馈送。此即回答万章"可常继乎"。

⑨ 今而后，犹言现在。犬马畜伋，用畜养犬马的方式养我孔伋。表示极为不满。

⑩ 台无馈，赵岐注："台，贱官主使令者。从此之后，台不持馈来，缪公愠也。"

⑪ 举，起用。不能养，谓不能正常地供养。意谓既然缪公心悦贤人，就应正式任用，正常供养，而不是常来问候馈赠。

⑫ 将，《庄子·应帝王》"不将不迎"，成玄英疏："将，送也。"廪人，主管穀米仓库的官员。庖人，主管庖厨的官吏。仆仆，烦扰之貌。"以君命将之，再拜稽首而受。其后廪人继粟，庖人继肉，不以君命将之，（则可以不用再拜稽首）。"以上四句，回答国君应如何"养君子"。后面"子思以为"两句再回到缪公"亟问亟馈鼎肉"事件上来，谓子思认为缪公"亟馈鼎肉"使自己要不断"仆仆尔亟拜"；如此烦扰，"非养君子之道也"。

⑬ "尧之于舜也"内容，参见《万章上》"舜往于田"章（9.1）。举，举用。举而加诸上位，即使为摄政。

★（一）"尧之于舜也，使其子九男事之，二女女焉，百官牛羊仓廪备，以养舜于畎亩之中，后举而加诸上位"，这段叙述尧用舜的过程，违反常情。假定尧之用舜确是历史事实，也必有一个过程；当舜尚在"畎亩之中"，尧即"使其子九男事之，二女女焉，百官牛羊仓廪备"，怎么可能？孟子为了强调自己的观念，不惜夸大事实，甚至妄加编造；这种文字，决不可信。

（二）文章的中心主题，孟子是为他自己服务的，认为国君应该信任他，而不是一般的馈赠。“孟子致为臣而归”，齐王“欲中国而授孟子室，养弟子以万钟”。孟子不受，就因为齐王没有用他。“有欲为王留行者”，孟子不理，即认为来人应先劝说齐王任用孟子。来人未曾办到，故孟子指责他“子绝长者”。参见《公孙丑下》“孟子致为臣而归”章（4.10）与“孟子去齐宿于昼”章（4.11）注。

【10.7】

万章曰：“敢问不见诸侯，何义也？”

孟子曰：“在国曰市井之臣，在野曰草莽之臣[①]，皆谓庶人。庶人不传质为臣，不敢见于诸侯[②]，礼也。”

万章曰：“庶人，召之役，则往役；君欲见之，召之，则不往见之，何也？[③]”

曰：“往役，义也；往见，不义也[④]。且君之欲见之也，何为也哉？”

曰：“为其多闻也，为其贤也。[⑤]”

曰：“为其多闻也，则天子不召师，而况诸侯乎？为其贤也，则吾未闻欲见贤而召之也。缪公亟见于子思，曰：‘古千乘之国以友士[⑥]，何如？’子思不悦，曰：‘古之人有言曰，事之云乎，岂曰友之云乎？[⑦]’子思之不悦也，岂不曰：‘以位，则子君也，我臣也，何敢与君友也？以德，则子事我者也，奚可以与我友？[⑧]’千乘之君求与之友而不可得也，而况可召与？齐景公田，招虞人以旌，不至，将杀之。‘志士不忘在沟壑，勇士不忘丧其元’，孔子奚取焉？取非其招不往也。[⑨]”

曰：“敢问招虞人何以？[⑩]”

曰：“以皮冠。庶人以旃，士以旂，大夫以旌[⑪]。以大夫之招招虞人，虞人死不敢往；以士之招招庶人，庶人岂敢往哉？况乎以不贤人之招招贤人乎？欲见贤人而不以其道，犹欲其入而闭之门也。夫义，路也；礼，门也。惟君子能由是路，出入是门也。诗云，‘周道如底，其直如矢；君子所履，小人所视。’[⑫]”

万章曰：“孔子君命召，不俟驾而行[⑬]；然则孔子非与？”

曰："孔子当仕有官职，而以其官召之也。⑭"

① 国，都城，也泛指城中。《礼记·曲礼上》"入国而问俗"，郑玄注："国，城中也。"市井，《史记·聂政传》"政乃市井之人"，正义："古者相聚汲水，有物便卖，因成市，故云市井。"后用以泛指街市。按，生活在城中必须买卖，买卖则有市；必须汲水，汲水则有井。故称城中街道为市井。野，郊野。草莽，野草丛生。谓庶人在城中曰市井之臣，在郊野曰草莽之臣。

② 质，通"贽"，又通"挚"，君臣相见的信物。谓庶人不通过传见的信物，则不敢见于诸侯。

③ 役，劳役，兵役。《说文·殳部》段玉裁注："凡事劳皆曰役。"问君主召庶人服役即往服役，欲召之相见却不相见，此是为何？

④ "往役，义也；往见，不义也"，赵岐注："庶人法当服役，故往役，义也。庶人非臣也，不当见君，故往见不义也。"

⑤ 多闻，谓见闻广博，知识丰富。贤，谓其贤明，道德高尚。

⑥ 缪公，鲁缪公。亟见，多次见。千乘之君，有千辆兵车的诸侯国君。友士，与士交友。

⑦ "事之云乎，岂曰友之云乎"，谓国君之于士，说的是如何事奉，难道说是如何交友吗？意即国君与士不是交友的关系。

⑧ "岂不曰"是孟子推想子思如此说。谓就爵位而言，你是君，我是臣，我何敢与君为友？就道德修养而言，则应该是你事奉我，安能与我为友？

⑨ 齐景公田，已见《滕文公下》"陈代曰"章（6.1），详见该章。"招虞人"之"招"，动词，召唤。"非其招不往"之"招"，名词，指召唤使用的信物。

⑩ 招虞人何以，以，用也，谓招虞人应用何物。

⑪ "以皮冠"四句，赵岐注："皮冠，弁也。旃，通帛也，因章曰旃。旂，旌有铃者。旌，注旄竿首者。"

⑫《诗》，引诗为《小雅·大东》。周道，《周南·卷耳》"置彼周行"，朱熹集传："周行，大道也。"底，诗原文作"砥"，"底"假借字。砥，磨刀石。砥，言

其平也。矢，射出的箭。如矢，言其直也。履，行走。视，《广雅·释诂》，“视，效也”，效法。朱熹集注：“引此以证上文‘能由是路’之义。”

⑬ 俟，等待。驾，车驾。“君命召，不俟驾而行”，《论语·乡党》：“君命召，不俟驾行矣。”

⑭ 孔子当仕，谓孔子当时有官职，故“君命召，不俟驾而行”。

★（一）上章孟子曰：“缪公之于子思也，亟问，亟馈鼎肉。子思不悦。于卒也，摽使者出诸大门之外，北面稽首再拜而不受，曰：‘今而后知君之犬马畜伋！’”子思竟如此粗暴地对待国君的馈赠，甚至挥手不让使者进门。本章孟子曰：“为其多闻也，则天子不召师，而况诸侯乎？为其贤也，则吾未闻欲见贤而召之也。”又引用子思不悦与缪公为友，都不知有何根据。尤其是推想子思的心态，曰“以位，则子君也，我臣也，何敢与君友乎？以德，则子事我者也，奚可以与我友？”孟子有什么权力把这种极端自负的言论硬说是子思的意思？孟子反复强调这种言论，无非是为他这位大圣人应受诸侯国君的尊重制造理论根据。

（二）万章问“孔子君命召，不俟驾而行；然则孔子非与？”孟子回答，“孔子当仕有官职，而以其官召之也”。事实并非如此。鲁哀公十一年孔子自卫国返回鲁国以后，鲁哀公多次与孔子相见问政，未尝不是召见，其时孔子并非“仕有官职”。又，《滕文公下》“周霄问”章（6.3），孟子说孔子“出疆必载质”，孔子“出疆”之时，人还在路上，还没有进入任何诸侯国，决不可能先有“官职”。再说如果孔子不见诸侯，又何需“载质”？孟子这些回答，前后矛盾，没有定准；不管怎么解释，都无法自圆其说。

【10.8】

孟子谓万章曰：“一乡之善士斯友一乡之善士，一国之善士斯友一国之善士，天下之善士斯友天下之善士[①]。以友天下之善士为未足，又尚论古之人。颂其诗，读其书，不知其人，可乎？是以论其世也。是尚友也。[②]”

①斯，犹言才能够。朱熹集注："言己之善盖于一乡，然后能友一乡之善士；推而至于一国天下皆然。"

②尚，通"上"。论，犹言研究，追索。颂，"诵"之假借。诵古人之诗，读古人之书，还需知其人。论其世，探索其时代背景。此尚友也，此即上与古人为友。

【10.9】

齐宣王问卿[①]。孟子曰："王何卿之问也？[②]"

王曰："卿不同乎？"

曰："不同；有贵戚之卿，有异姓之卿。"

王曰："请问贵戚之卿。"

曰："君有大过则谏，反覆之而不听，则易位。[③]"

王勃然变乎色[④]。

曰："王勿异也。王问臣，臣不敢不以正对[⑤]。"

王色定，然后请问异姓之卿。

曰："君有过则谏，反覆之而不听，则去。[⑥]"

①卿，《礼记·王制》"诸侯之上大夫卿"，郑氏注："上大夫曰卿。"是中原诸侯朝最高官职。问卿，问卿的职权作用，实际是想知道国君和卿的关系。

②何卿，哪一种卿。由下文可知，有贵戚之卿，有异姓之卿。贵戚之卿，即国君同宗族之卿。

③大过，严重的过错。谏，劝谏，谏诤。反复之，反复规谏。易位，改变君位；即废掉大过之君，另立新君。

④勃然变乎色，因失惊而突然变了脸色。齐宣王听到孟子竟然说"反覆之而不听，则易位"，故大为吃惊。

⑤以正对，以正当的道理严肃地对答；亦即不敷衍应付。

⑥则去，异姓之卿如果反复规谏国君仍然不听便离去。

告子章句上

凡二十章

【11.1】

告子[①]曰："性犹杞柳也，[仁]义犹杯棬也。以人性为仁义，犹以杞柳为杯棬。[②]"

孟子曰："子能顺杞柳之性而以为杯棬乎？将戕贼杞柳而后以为杯棬也？如将戕贼杞柳而以为杯棬，则亦将戕贼人以为仁义与？率天下之人而祸仁义者，必子之言夫！[③]"

① 告子，《公孙丑上》孟子曰"告子先我不动心"，照孟子口气，告子似较孟子年长；其生平不详。详后"食色，性也"章（11.4）星评。

② 性，人的本性。杞（qǐ）柳，木名，其枝条柔韧，可以编织成为器具。"[仁]义，犹杯棬也"，赵岐注："告子以人性为才干，义为成器，犹以杞柳之木为杯棬也。杯棬，杯素也。"焦循疏：杯棬，"盖杯盏之类，饰以雕漆，华以金玉。未饰未雕之先，以杞柳之物为之质，故为素也"。即先用杞柳枝条编织成杯盏之类的雏形，称为杯棬，赵岐称为杯素，"饰以雕漆，华以金玉"，才成为杯盏之类的器皿。《礼记·玉藻》"母没而杯圈不能饮焉"，郑氏注："圈，屈木所为，谓卮匜之属。"可作为"以杞柳为杯棬"的旁证。告子之意谓将人性规范于仁义，就像将杞柳矫揉成为杯棬，违背人的本性。朱熹集注："告子言人性本无仁义，必待矫揉而后成。"（"[仁]义犹杯棬也"，原文作"义犹杯棬也"。全章论辩的都是仁义，则此句也应作"仁义犹杯棬也"，故补[仁]字。）

③ 戕（qiāng）贼，残害。祸，祸害，损害。孟子质问，你能顺杞柳的本性为杯棬呢？还是将残害杞柳的本性为杯棬呢？如果是残害杞柳为杯棬，照你的意思，也就是残害人的本性为仁义吗？率天下之人为害仁义的一定是你这种言论。

【11.2】

告子曰："性犹湍水也，决诸东方则东流，决诸西方则西流。人性之无分于善不善也，犹水之无分于东西也。①"

孟子曰："水信无分于东西，无分于上下乎？人性之善也，犹水之就下也。人无有不善，水无有不下。今夫水，搏而跃之，可使过颡；激而行之，可使在山。是岂水之性哉？其势则然也。人之可使为不善，其性亦犹是也。②"

① 湍（tuān）水，急速奔流的水。决，打开堵塞的缺口，导引水流。谓人性无所谓善与不善，导引向善就善，导引向不善就不善；就像水流一样，导引向东便向东流，导引向西便向西流。与孟子人性善之说相反。

② 信，诚也，确实。搏而跃之，将水激起来。颡，前额。孟子主张性善，就像水向下流一样，"人无有不善，水无有不下"。人之所以有不善，就像水"搏而跃之，可使过颡；激而行之，可使在山"，是外力影响的结果。

★告子与孟子论人性都用水作比喻。两者的不同在于：告子认为人性无所谓善与不善，善与不善都是后天导引的结果；孟子则认为人性本来是善的，不善才是后天导引的结果。

【11.3】

告子曰："生之谓性。①"

孟子曰："生之谓性也，犹白之谓白与？"

曰："然。"

"白羽之白也，犹白雪之白，白雪之白犹白玉之白与？"

曰："然。"

"然则犬之性犹牛之性，牛之性犹人之性与？"

①生，指人与动物的生命现象。性，本性，谓人与动物的生命现象是其本性，而“无分于善不善也”。告子所说的“性”是生理的本性，不是人“性善、性恶”之性。下章“食色，性也”，即“生之谓性”最好的说明。朱熹集注：“生，指人物之所以知觉运动者而言。告子论性前后四章，语虽不同，然其大指不外乎是。”

★白，只是外形的色彩，与“性善、性恶”之“性”不同类，没有可比性；如此类比，不合逻辑。如白狗与黑狗，毛色不同，其生理本性并无不同，而无关于“善与不善”。故本章孟子对告子的质问，道理不能成立。

【11.4】

告子曰：“食色，性也①。仁，内也，非外也；义，外也，非内也。②”

孟子曰：“何以谓仁内义外也？”

曰：“彼长而我长之，非有长于我也；犹彼白而我白之，从其白于外也，故谓之外也。③”

曰：“（异于④）白马之白也，无以异于白人之白也；不识长马之长也，无以异于长人之长与？且谓长者义乎？长之者义乎？⑤”

曰：“吾弟则爱之，秦人之弟则不爱也，是以我为悦者也，故谓之内。长楚人之长，亦长吾之长，是以长为悦者也，故谓之外也。⑥”

曰：“耆秦人之炙，无以异于耆吾炙，夫物则亦有然者也，然则耆炙亦有外与？⑦”

①“食色，性也”，食欲与性欲是人的本性。

②“仁，内也，非外也；义，外也，非内也”，朱熹集注：告子谓“仁爱之心生于内，而事物之宜由乎外。学者但当用力于仁，而不必求合于义也”。

③“彼长”（zhǎng）之“长”，年长。“我长之”之“长”，敬重长者。朱熹集注：告子谓“我长之，我以彼为长也。我白之，我以彼为白也”。

④异于，朱熹集注引张氏曰：“上‘异于’二字疑衍。”又引李氏曰：“或有阙

文焉。”按，张氏之说甚是，故加上圆括。

⑤ 长马之长，对老马的爱重。长人之长，对老人的敬重。朱熹集注：“白马白人，所谓彼白而我白之也。长马长人，所谓彼长而我长之也。白马白人不异，而长马长人不同。是乃所谓义也。义不在彼之长，而在我长之之心也，则义之非外明矣。”亦即无所谓“仁内义外”。

⑥ 悦，喜悦，与“爱”实同义。告子之意谓“吾弟则爱之，秦人之弟则不爱”，因为兄弟是亲骨肉，故发自内心的喜悦，“故谓之内”。尊重楚人的长者，也尊重自己的长者，因为他们都是长者，“故谓之外”。朱熹集注：“言爱主于我，故仁在内；敬主于长，故义在外。”

⑦ 耆，古通“嗜”，嗜好。炙（zhì），烤肉。孟子谓嗜好秦人的烤肉与嗜好自家的烤肉，都是烤肉，也都是自己嗜好，难道“亦有外与”？朱熹集注：“言长之嗜之，皆出于心也，（也就无所谓‘外’）。”

★（一）“食色，性色”，是“生之谓性”重要的甚至是主要的内涵。《礼记·礼运》“饮食男女，人之大欲存焉”，与告子之说相同。孟子也不能否认，故不置一词。

（二）在告子论“性”前后四章中，所谓“仁内义外”系无谓的论争。朱熹似亦有感于此，其注释很耐人寻味：凡告子之言，即按告子之意解释；凡孟子之言，即按孟子之意说明，而不置褒贬。

（三）告子其人——

先秦典籍中“告子”之名见于《墨子·公孟》，又见于《孟子》。

《墨子·公孟》曰：

二三子复于子墨子曰：“告子曰‘［墨子］言义而行甚恶’，请弃之。”子墨子曰：“不可。称我言而毁我行，愈于亡。”（孙诒让注：“亡，无，字同。”）有人于此，翟甚不仁。尊天事鬼爱人，甚不仁，犹愈于亡也。今告子言谈甚辩，言仁义而不吾毁，犹愈亡也。”（孙诒让注：“上下文两言‘毁’，则此不当云‘不吾毁’，‘不’字当是衍文。”）

二三子复于子墨子曰：“告子胜为仁。”子墨子曰：“未必然也。告子为仁，犹跂以为长，［偃］以为广，不可久也。”

告子谓子墨子曰：“我［能］治国为政。”子墨子曰：“政者，口言之，身必行之。今子口言之而身不行，是子之身乱也。子不能治子之身，恶能治国［为］政！子姑亡，子之身乱矣！”（子姑亡，孙诒让注引毕云：“言子姑无若此。”）

《墨子》原文，文字多有错误，注家解析亦有分歧，引文取内容较顺畅者选录。

《孟子·告子上》赵岐题解：“告子者，告，姓也。名不害。兼治儒墨之道者。尝学于孟子。”“以告子能执弟子之礼，故以题篇。”

按，墨子早于孟子八九十年，而《墨子》中的告子与墨子同时，即使较墨子年轻也不可能与孟子同时。《孟子·告子上》中的告子提出了“生之谓性”“食色，性也”“性无分于善不善也”等重要命题，《墨子·公孟》中的告子没有这方面的言论。所谓“告子胜为仁”也是别人说的，并当即为墨子所否定。因此，《墨子》中之告子与《孟子》中之告子，不会是同一个人；当是告氏家族中之前后两“子”。

在《墨子·公孟》中，告子与墨子近乎相互诋毁；在《孟子·告子上》中，告子与孟子也互相对立。可见无论是《墨子》中之告子还是《孟子》中之告子，都既不治儒也不治墨，何来的“兼治儒墨之道”？更何曾“执弟子之礼”“学于孟子”？《公孙丑上》孟子曰“告子先我不动心”，照孟子口气，《孟子》中之告子可能年长于孟子，决不会是孟子弟子。——赵岐注《孟子》，错讹附会之处多不胜举，其注告子即其一例。

翟灏《四书考异》节引《公孟》曰：“‘二三子曰：告子言仁义而行甚恶，请弃之。墨子曰：不可。告子言谈甚辩，言仁义而不吾毁。’又告子受教于墨子之实验。”按，翟氏节引有误，忽视了“言仁义而不吾毁”与上文“称我言以毁吾行”的矛盾，以致理解错误。后孙诒让指出“‘不吾毁’，‘不’字疑是衍文”，孙说甚是。上文“称我言以毁我行”，则下句应作“言仁义而吾毁”，不应作“言仁义而不吾毁”，前后内容才一致。

在《墨子》与《孟子》中，告子都只著其姓“告”，未著其名讳。赵岐注谓告子“名不害”，《尽心下》“浩生不害”章（14.25），赵岐也注：“浩生，姓；不害，名。”似告子与浩生为同一个人。如前所述，告子年长于孟子，而此称之为“浩生”，称呼不同，辈分亦异，不会是同一个人。阎若璩《四书释地续》曰：“浩生，复氏；不害，其名。与《公孙丑》之告子以及《告子》题篇者，自各一人。赵氏偶于《告子》篇误注曰‘名不害’。”阎氏之说如可信，浩生决非告子，告子则只知姓告，不知名讳。然赵岐何以会误注告子“名不害”，殆不可解。

【11.5】

孟季子[①]问公都子曰：“何以谓义内也？[②]”

曰：“行吾敬[③]，故谓之内也。”

“乡人长于伯兄一岁，则谁敬？”

曰：“敬兄。”

“酌则谁先？[④]”

曰：“先酌乡人。”

“所敬在此，所长在彼，果在外，非由内也。”

公都子不能答，以告孟子。

孟子曰：“敬叔父乎？敬弟乎？彼将曰：‘敬叔父。’曰：‘弟为尸[⑤]，则谁敬？’彼将曰：‘敬弟。’子曰：‘恶在其敬叔父也？’彼将曰：‘在位故也。’子亦曰：‘在位故也。庸敬在兄，斯须之敬在乡人。’[⑥]”

季子闻之，曰：“敬叔父则敬，敬弟则敬，果在外，非由内也。”

公都子曰：“冬日则饮汤，夏日则饮水[⑦]，然则饮食亦在外也？”

① 孟季子，其人不详。

② 义内，谓义出于内心。

③ 行，犹为也。行吾敬，犹言是我敬他人。

④ 酌，敬酒。

⑤ 尸，朱熹集注："祭祀所主以象神。虽子弟为之，然敬之当如祖考也。"按，《楚辞·天问》"载尸载战"，洪兴祖补注："尸，神象也，以人为之。"《仪礼·士虞礼》"祝迎尸"，郑玄注："尸，主也。孝子之祭，不见亲之形象，心无所系，立尸而主意焉。"古代祭祀，没有神像，用活人坐在神座，代神（包括祖先）受祭；这就是尸。

⑥ 位，指尸位。在位故也，是他在尸位的缘故。庸，常也，平时。斯须，临时，暂时。谓平时敬自己的兄长，临时与乡人饮酒，则先敬乡人。

⑦ 汤，热水，开水。"夏日则饮水"之水，凉水。

【11.6】

公都子曰："告子曰：'性无善无不善也。'或曰：'性可以为善，可以为不善。是故文武兴则民好善，幽厉兴则民好暴。[①]'或曰：'有性善有性不善。是故以尧为君而有象，以瞽瞍为父而有舜；以纣为兄之子，且以为君，而有微子启、王子比干。[②]'今曰'性善'，然则彼皆非与？[③]"

孟子曰："乃若其情，则可以为善矣，乃所谓善也。若夫为不善，非才之罪也[④]。恻隐之心，人皆有之；羞恶之心，人皆有之；恭敬之心，人皆有之；是非之心，人皆有之。恻隐之心，仁也；羞恶之心，义也；恭敬之心，礼也；是非之心，智也[⑤]。

仁义礼智，非由外铄我也，我固有之也，弗思耳矣[⑦]。故曰：'求则得之，舍则失之。'或相倍蓰而无算者，不能尽其才者也[⑧]。《诗》曰：'天生蒸民，有物有则。民之秉彝，好是懿德。[⑨]'孔子曰：'为此诗者，其知道乎！故有物必有则；民之秉彝也，故好是懿德。'"

① 告子曰"性无善无不善也"，即第二章告子曰人性"无分于善不善也"，语句小异，内容全同。并引"或曰"（前一"或曰"）加以说明：既然"性无善无不

善”，故“性可以为善，可以为不善”。文武，周文王武王。兴，起也。幽厉，周幽王厉王。暴，赵岐注，“恶也”。（据《史记·周本纪》，周厉王为幽王祖父。厉王暴虐，被国君流放于彘。中经共和十四年，而后有宣王中兴。宣王在位四十六年，死后幽王继位。幽王淫乱，在位十一年为犬戎所灭。西周到此终结，周室东迁，进入春秋时代。）

② 或曰（后一“或曰”）“有性善有性不善”，王充《论衡·本性篇》记“周人世硕以为人性有善有恶”。或曰“有性善有性不善”与世硕以为“人性有善有恶”，词句小异，内容全同。可知所谓“或曰”（后一“或曰”）即世硕之说。详后星评。尧、舜、象、瞽瞍、舜，并见《万章上》前四章注。纣，商纣王。微子启、王子比干，商末贤人。纣王暴虐，比干进谏，被纣王杀害。周武王伐纣，微子启持其祭器，投奔武王。参见《公孙丑上》“夫子当路于齐”章（3.1）注。据《史记·宋微子世家》，微子为纣王庶兄，比干为“纣之亲戚”，不言辈分。本章称纣为微子比干“兄之子”，则二人为纣王叔父，所记不同。

③ 性善，即孟子的观点。彼，指上文告子曰“性无善无不善也”与或曰“有性善有性不善”之说。

④ 乃若、若夫，王引之《经传释词》均解作“转语词也”“发语词也”。由语句内容需要而表示“如、至于”等语气。情，犹言实质。则，即也。谓其实质可以为善，“乃所谓善”。此针对“性善”而言，意即性本来就善。才，朱熹集注，“犹材质”；与上句“情”实同义，本质。谓至于为不善，并非其本质的过错。此针对“性不善”而言，谓人性本善，其为不善，乃后天的原因，并非其本性不善。孟子维护其“性善”说，故强调无论“为善”还是“为不善”，其本性都是善的。

⑤ “恻隐之心”一段，参见《公孙丑上》“人皆有不忍人之心”章（3.6）注。

⑥ 铄（shuò），《慧琳音义》“镕金”，注：“铄金曰镕。”则“铄”亦可训“镕”；镕铸、铸造之意。谓仁义礼智，并非外力镕铸在我身上，“我固有之也”，只是人们不去思索探求而已。朱熹集注：“四者之心，人所固有，但人自不思而求之耳。”

⑦ “求则得之，舍则失之”，谓仁义礼智之善，人固有之，自己探求即可得

到，自己放弃便会失掉。

⑧倍，一倍。蓰（xǐ），五倍。算，数也；无算，无数。谓人对善的探求用力各不相同，相差一倍、五倍，乃至无数倍，都未能穷尽人本性之善。

⑨《诗》，引诗为《大雅·烝民》。朱熹集注："蒸，《诗》作烝，众也。物，事也。则，法也。夷，《诗》作彝，常也。懿，美也。有物必有法。如有耳目，则有聪明之德；有父子，则有慈孝之心，是民所秉持之常性也。故人之情，无不好此懿德者。由此观之，则人性之善可见。"物，指一切客观外物，既指一般的物，也包括人事。朱熹解释，符合孟子引诗的用意。孟子用诗来佐证其"性善"论。谓天生众民，生来就"有物有则"，生来就能秉持常性，好是美德。后又引孔子曰来支持他的理论。

★（一）朱熹集注谓公都子问性"三说"，戴震《孟子字义疏证》也说"公都子问性，列三说之与孟子言性善异者"。一直到近代，注释家们无不以公都子所问"告子曰"、前一"或曰"、后一"或曰"，为问性三说。按，公都子问性为两说，并非三说。

告子曰："性无善无不善也。"其后或曰（前一"或曰"）"性可以为善，可以为不善。是故文武兴则民好善，幽厉兴则民好暴"是对"无善无不善"的解释。此公都子问性前一问。赵岐注："告子以为人性在化，无本善不善也。""或人以为可教以善不善，亦由告子之意也。"可知赵岐也认为两者相承为同一问。后一"或曰'有性善有性不善'"，此公都子问性后一问。公都子问性即此两说，而非三说。赵岐注正确，朱戴之说非是。

从文章结构也可以说明问题。第一段"告子曰'性无善无不善也'，或曰'性可以为善，可以为不善'"，后以"是故"云云举例说明。第二段"或曰'有性善有性不善'"，后以"是故"云云举例说明。两段界划分明，内容明白，亦可证公都子问性为两说，而非三说。

（二）先秦四家人性论：孟子道"性善"，荀子论"性恶"，告子谓"性无分于善不善"与世子（世硕）谓"人性有善有恶"亦即"有性善有性不善"。

孟子道性善。详《公孙丑上》“人皆有不忍人之心”章注。

荀子论性恶。《荀子·性恶篇》曰:“人之性恶，其善者伪也。今人之性，生而有好利焉，顺是，故争夺生而辞让亡焉；生而有疾恶（wù）焉，顺是，故残贼生而忠信亡焉；生而有耳目之欲，有好声色焉，顺是，故淫乱生而礼义文理亡焉。然则，从人之性，顺人之情，必出于争夺，合于犯分乱理而归于暴。故必将有师法之化，礼义之道，然后出于辞让，合于文理，而归于治。用此观之，然则人之性恶明矣，其善者伪也。”伪者，人为也。谓人性恶，其善是“人为”的结果。荀子认为人生而有欲，有欲就必然发生“争夺”，发生“残贼”，发生“淫乱”；所以人必要“师法之化，礼义之道”，即需要教育熏陶，需要管理约束。考察千百年来人类发展的过程，或改朝换代之际，或侵略肆虐之时，社会一旦失去控制，便“乱离瘼矣”，各种凶残暴行都会发生。因此，荀子提出，“人之性恶，必将待师法然后正，得礼义然后治”。正是从这里出发，荀子成为由儒入法的桥梁。

告子谓“性无分于善不善也”，亦即本章所谓“性无善无不善也”。

世子“意谓人性有善有恶”。《汉书·艺文志》著录“《世子》二十一篇”，注:“名硕，陈人也，七十子之弟子。”《世子》书已失传，赖王充《论衡·本性篇》保存其基本内容，曰:“周人世硕以为人性有善有恶。举人之善性，养而致之则善长；性恶，养而致之则恶长。”“善恶在所养焉。故世子作《养书》一篇。宓子贱、漆雕开、公孙尼子之徒亦论情性，与世子相出入，皆言性有善有恶。”按，举，用也，以也。养，教育培养。致，《汉书·尹赏传》“致令辟为郭”，颜师古注:“致，谓积累之也。”长，应读上声（zhǎng），长进。“举人之善性，养而致之则善长”，谓以人之善性，受到良好的培养而积累其善，则其善便得到发扬。“性恶，养而致之则恶长”，以人之恶性，受到不好的教育，则其恶会更加滋长。所论甚为平实。世子谓“人性有善有恶”，与公都子所引“或曰‘有性善有性不善’”，内容完全相同，“有恶”即“不善”。

宓子贱、漆雕开，孔子弟子。公孙尼子，《汉书·艺文志》著录“《公孙尼子》二十八篇”，注:“七十子之弟子。”

《汉书·古今人表序》引《传》曰“譬如尧舜，禹稷契与之为善则行；鲧讙兜欲与之为恶则诛。可以为善，不可与为恶，是谓上智。桀纣，龙逢比干欲与之为善则诛，于莘崇侯与之为恶则行。可与为恶，不可与为善，是谓下愚”。所引《传》曰，与公都子所引后一“或曰‘有性善有性不善。是故以尧为君而有象，以瞽瞍为父而有舜；以纣为兄之子，且以为君，而有微子启、王子比干”，思想内容相同，与《论衡·本性篇》所引“周人世硕以为人性有善有恶。举人之善性，养而致之则善长；性恶，养而致之则恶长”，也相一致。

如上所述，公都子引后一“或曰‘有性善有性不善’”，《论衡·本性篇》引“周人世硕以为人性有善有恶”，“宓子贱、漆雕开、公孙尼子之徒”“皆言性有善有恶”。可知战国时代，谓人性“有善有不善”即“有善有恶”之说者人数众多，相当热烈。

（三）但《汉书·古今人表序》将孔子论人的资质与战国时人论人性善恶混为一谈则甚为错误。不嫌重复，将该段文字引录如下：“孔子曰：‘生而知之者，上也；学而知之者，次也；困而学之，又其次也；困而不学，民斯为下矣。’又曰：‘中人以上，不可以语上也。’‘唯上智与下愚不移。’《传》曰：‘譬如尧舜，禹稷契与之为善则行；鲧讙兜欲与之为恶则诛。可与为善，不可与为恶，是谓上智。桀纣，龙逢比干欲与之为善则诛，于莘崇侯与之为恶则行。可与为恶，不可与为善，是谓下愚。齐桓公，管仲相之则霸，竖貂辅之则乱。可与为善，可与为恶，是谓中人。’”——按，《论语·季氏》孔子曰：“生而知之者，上也；学而知之者，次也；困而学之，又其次也；困而不学，民斯为下矣。”全章内容都是论人资质的高下及其与学识之间的关系，旨在鼓励人们努力学习；无论哪种资质，都可以获得知识。“生而知之者，上也”，孔子称之为“上智”。但这种资质并不存在，孔子自己就说“我非生而知之者，好古敏以求之者也”，事实上否定了“生而知之”的存在。“学而知之者，次也；困而学之，又其次也”，反正只要学就行。“困而不学，民斯为下矣”，孔子称之为“下愚”，对这种人没有办法。朱熹集注：“人之气质不同，大约有此四等。”四等，无论“上也”，“次也”，“又其次也”，“斯为下也”，说的是人资质的高下，不涉及人本性的善恶。孔子是脚踏实地的思想家，不愿涉足人性善恶之类渺茫莫测的论争，他的高足子贡说得明白：“夫子之言性与天道不可得而闻也。”班孟坚把孔子论人的资质与学识的内容同论人的“性善、性恶”混在一起是错误的。清代的学人受班氏的影响，也将两者混为一谈者颇不为少；杨伯峻先生也说孔子所论，“与此说相类似”，其实完全不相类似。参见《论语本原·季氏》“生而知之者上也”章（16.9）星评。

【11.7】

孟子曰：“富岁子弟多赖，凶岁子弟多暴；非天之降才尔殊也，其所以陷溺其心者然也①。今夫麰麦，播种而耰之，其地同，树之时又同，浡然而生，至于日至之时，皆熟矣②。虽有不同，则地有肥硗，雨露之养、人事之不齐也③。故凡同类者举相似也，何独至于人而疑之？圣人与我同类者④。故龙子曰：‘不知足而为屦，我知其不为蒉也。⑤’屦之相似，天下之足同也。口之于味，有同耆也；易牙先得我口之所耆者也。如使口之于味也，其性与人殊，若犬马之与我不同类也，则天下何耆皆从易牙之于味也？至于味，天下期于易牙，是天下之口相似也⑥。惟耳亦然。至于声，天下期于师旷，是天下之耳相似也⑦。惟目亦然。至于子都，天下莫不知其姣也。不知子都之姣者，无目者也⑧。故曰，口之于味也，有同耆焉；耳之于声也，有同听焉；目之于色也，有同美焉⑨。至于心，独无所同然乎？心之所同然者何也？谓理也，义也。圣人先得我心之所同然耳⑩。故理义之悦我心，犹刍豢之悦我口。⑪”

① 富岁，丰收年成。赖，《国语·齐语》“必足赖也”，韦昭注：“赖，恃也。”凶岁，饥荒年成。暴，凶暴，暴戾。才，通“材”，材质，本质。陷溺，坑害淹没，使其败坏之意。“非天之降才”二句，谓并非天生的资质如此不同，（而是没有良好的教养），客观环境败坏了他们的心地。

② 麰（móu）麦，赵岐注，“大麦也”。耰（yōu），农具名，平整土地之用；此指播种后平土覆盖种子。浡（bó）然而生，蓬勃地生长。至日，夏至日。《管子·轻重乙》：“九月种麦，日至而获。”又，《轻重己》：“以春日至始，数九十二

日，谓之夏至而麦熟。”

③ 虽，如也。吴昌莹《经词衍释》：“虽，犹若也。”肥，指肥沃之地；硗（qiāo），贫瘠之地。谓收成如有不同，是由于土地的肥瘠、雨露的多少、人下的工夫不同的原因。

④ 凡同类者举相似也，凡属同类之物，其本性都相同，圣人也与一般人同类。我，泛指一般人。朱熹集注：“圣人亦人耳，其性之善，无不同也。”

⑤ 龙子，其人不详。赵岐注：“古贤者也。”不知足，指不知足之大小。屦（jù），草鞋。蒉（kuì），草筐。

⑥ 耆，通“嗜”，嗜好，指口味。易牙，朱熹集注：“古之知味者。言易牙所调之味，则天下皆以为美也。”《左传》僖公十七年：“雍巫有宠共姬，因寺人貂以荐羞于公。”杜预注：“雍巫，雍人，名巫，即易牙。”《战国策·魏策》：“齐桓公夜半不嗛，易牙及煎熬燔炙，和调五味而进之。桓公食之而饱，至旦不觉。”

⑦ 惟，语首助词。声，声音，此指音乐。师旷，朱熹集注：“能审音者也。言师旷所知之音，则天下皆以为美也。”参见《离娄上》“离娄之明”章（7.1）注。

⑧ 姣，美也，美貌。子都，传为美男子。《诗·郑风·山有扶苏》“不见子都，乃见狂且”，毛传：“子都，世之美好者也。”

⑨ 味，口味，味觉。听，听觉。色，美色。美，美感。

⑩“理”与“义”，内涵相同，故下句“理义”相并。朱熹引程子曰：“在物为理，处物为义，体用之谓也。”则“理”指客观的道理；“义”指主观正确的对待。

⑪ 刍豢（chú huàn），赵岐注：“草食曰刍，穀食曰豢。”朱熹集注：“草食曰刍，牛羊是也；穀食曰豢，犬豕是也。”实概指精美的肉食肴馔。馀详星评。

★（一）“富岁子弟多赖，凶岁子弟多暴”，赵岐注：“赖，善。暴，恶也。”此处以“善”训“赖”，甚不确切。朱熹有感于此，便转个弯加以解释，曰：“赖，藉也。丰年衣食饶足，藉以为善。”然衣食饶足，未必就“藉以为善”，下文“非天之降才尔殊也，其所以陷溺其心者然也”，是针对前两种情况说的，并非只对凶岁子弟而言，故训“赖”为“善”甚为不当：“陷溺其心”可以为恶，决不能说“陷溺其心”因而为善。焦循正义引阮元云：“赖，即懒。”可知阮元即认为赵岐以“善”训“赖”错误。但阮氏谓“赖即懒”也不确切。按，赖，恃也。富岁子弟，如果没有良好的教养，衣食饶足，有所倚恃，就可能走上邪路，“放辟邪侈，无不为已”，不只是“懒”而已。

（二）本章也没有出现“性善”之类的词语，实际孟子仍是宣讲其人性善的观念。“富岁子弟多赖，凶岁子弟多暴；非天之降才尔殊也”，其本性原是善的，而是客观环境“陷溺其心者然也”。所谓“心之所同然者何也？谓理也，义也。”理也，义也，其本质就是人之性善也。孟子总用各种方式，维护其人“性善”的理论。

赵岐概括本章旨意，谓“人禀性俱有好憎，耳目心口，所悦者同，或为君子，或为小人，犹麰麦不齐，雨露使然也”。第一句总括“人禀性俱有好憎”，违背孟子“性善”之说，倒与上章公都子所引后一“或曰”，谓人“有性善有性不善”大致相同。只需修改一句，谓“人禀性善，耳目心口，所悦者同，或为君子，或为小人，犹麰麦不齐，雨露使然也”，则与孟子原意基本相符。

（三）刍豢，《国语·楚语下》“刍豢几何”，韦昭注：“草养曰刍，穀养曰豢。”《左传·襄公三十年》“众给而已”，杜预注：“众臣祭祀以刍豢已足。”释文：“牛羊曰刍，犬豕曰豢。”《庄子·齐物论》“民食刍豢”，释文引司马彪云：“牛羊曰刍，犬豕曰豢，所以食得名也。”《荀子·荣辱》“今使人生而未尝睹刍豢稻粱也”，杨倞注：“牛羊曰刍，犬豕曰豢。”《吕氏春秋·季冬》“供寝庙之刍豢”，高诱注：“牛羊曰刍，犬豕曰豢。”《礼记·月令》“案刍豢”，孔颖达疏：“草食曰刍，穀食曰豢。”所有这些注释都不完整。按，刍，饲养牛羊的草料；豢，饲养牲畜，也指饲养猪狗的穀食。以“刍”饲牛羊，因以“刍”代指牛肉羊肉；以“豢”养猪狗，因以“豢”代指猪肉狗肉；又以“刍豢”概指肉食肴馔。如此怪诞的修辞，竟是先秦典籍中常用词。

【11.8】

孟子曰：“牛山之木尝美矣，以其郊于大国也，斧斤伐之，可以为美乎[①]？是其日夜之所息，雨露之所润，非无萌蘖之生焉，牛羊又从而牧之，是以若彼濯濯也[②]。人见其濯濯也，以为未尝有材焉，此岂山之性也哉[③]？虽存乎人者，岂无仁义之心哉？其所以放其良心者，亦犹斧斤之于木也，旦旦而伐之，可以为美乎[④]？其日夜之所息，平旦之气，其好恶与人相近也者几希，则其旦昼之所为，有梏亡之矣[⑤]。梏之反复，则其夜气不足以存；夜气不足以存，则其违禽兽不远矣[⑥]。人见其禽兽也，而以为未尝有才焉者，是岂人之情也哉[⑦]？故苟得其养，无物不长；苟失其养，无物不消[⑧]。孔子曰：'操则存，舍则亡；出入无时，莫知其乡：惟心之谓与！'[⑨]"

① 牛山，山名。大国，大城，指齐国都临淄。郊于大国，即在大国之郊。《列子·力命篇》："齐景公游于牛山，北临其国而流涕。"可知牛山必在临淄城南郊。斧斤，伐木工具，斤亦斧也。

② 息，生长。润，润泽，滋润。萌蘖（niè），萌芽。朱熹集注："萌，芽也。蘖，芽之旁出者。"濯濯（zhuó），光秃无草木之貌。

③ 材，朱熹集注，"材木也"，高大的树木。性，本性。

④ 虽，通"唯"，转换口气时发语词。存乎人者，存在于人心者。放，丧失之意。良心，即"性善"之心，仁义之心。意谓人本有善良之心，如果由于客观环境"陷溺其心"，"亦犹斧斤之于木也，旦旦而伐之"，则其心不美不善矣。

⑤ 平旦，清晨。朱熹集注："平旦之气，谓未与物接之时清明之气也。"好恶（hào wù），犹爱与恨。几希，极少；朱熹集注，"不多也"。其好恶与人相近也者几希，实即其好恶之心与他人差别不大。旦昼，白天。梏（gù），本意是关养牛马的圈栏，此处实与"桎"同义，障碍干扰之意。"其日夜"五句，谓人日夜生长的善心，天亮之时的清明之气，其好恶与他人差别不大；到了白天，这种善心因各种干扰阻碍而丧失了。

⑥ 梏之反复，即反复地扰乱。夜气，夜间滋长的良善之气，与上文"日夜之所息"的本性、善心，内涵一致。违，离也。谓丧失本性，丧失善心，则离禽兽不远；换言之，即如同禽兽。

⑦ 才，材质，本质，指人的善心。情，本性。参见前“公都子曰”章（11.6）注④。

⑧ 养，养育，滋养。长（zhǎng），生长。物，包括草木人心，统而言之。赵岐注：“诚得其养，若雨露于草木，法度于仁义，何有不长也。诚失其养，若斧斤牛羊之消草木，利欲之消仁义，何有不尽也。”朱熹集注：“草木人心，其理一也。”

⑨ 操，操持，掌握。存，存在。舍，放弃。亡，失去。乡，通“向”，去向。出入无时，谓“操”与“舍”没有定准。莫知其乡，即不知所往，亦即丧失。惟，乃也，此也。心，本心，亦即本性。——历来注释者都以孔子曰“操则存，舍则亡；出入无时，莫知其乡”四句后“惟心之谓与”为孟子之言。按，《孟子》书中凡引“《书》曰”“《诗》曰”之言，主题都是明白的，引文之后孟子往往以“此之谓也”作结。然孔子曰“操则存，舍则亡；出入无时，莫知其乡”，“操”什么？“舍”什么？主题不明确。此四句为韵文，当是孔子所引的佚诗或谚语（出处不详）；孔子引用之后，归纳为“惟心之谓与”。孟子以孔子之言作结，支持其“苟得其养，无物不长；苟失其养，无物不消”“学问之道无他，求其放心而已矣”的理论。

★本章同样没有出现“性善”一词，同样是宣扬“性善论”重要的一章。孟子认为，生长是牛山之木的本性。如果不加保养，斧斤砍伐牛羊糟蹋就无法成长。仁义之心是人的本性。如果不加保养，“放其良心”，就会“违禽兽不远”。

树木生长属于植物生理现象。而所谓“仁义之心”，则属于人的心理现象。在正常地理环境下凡是树木都会生长，而人皆有“仁义之心”是孟子的主观设想。两者完全不同，无从比较，如此比较也就不能成立。

【11.9】

孟子曰：“无或乎王之不智也[①]。虽有天下易生之物也，一日暴之，十日寒之，未有能生者也。吾见亦罕矣，吾退而寒之者至矣，吾如有萌焉何哉[②]？今夫弈之为数，小数也；不专心致志，则不得也[③]。弈秋，通国之善弈者也[4]。使弈秋诲二人弈[5]，其一人专心致志，惟弈秋之为听。一人虽听之，一心以为有鸿鹄将至，思援弓缴而射之[6]；虽与之俱学，弗若之矣。为是其智弗若与？曰，非然也。"

①或，通"惑"，怀疑。无或，不用怀疑。王，《孟子》书中孟子所见主要为梁惠王、齐宣王，孟子在梁时间不长，故赵岐、朱熹都疑此章之王为齐王，但无法确定。

②易生之物，特指易生之草木五穀之类的植物。暴（pù），适于植物生长的温暖气候。寒，不適于植物生长的寒冷气候。罕，少也。朱熹集注："我见王之时少，犹一日暴之也。我退则谄谀杂进之日多，是十日寒之也。虽有萌蘖之生，我安能如之何哉！"

③弈（yì），《说文》："弈，围棋也。"数，赵岐注，"技也"，技术。专心致志，一心一意，聚精会神。

④弈秋，名"秋"之围棋高手。通国，全国。

⑤诲，教。

⑥鸿鹄（hú），朱骏声《说文通训定声》："凡鸿鹄连文者，即鹄也。"鹄，即天鹅。援，拉。缴（zhuó），《说文》："缴，生丝缕也。"因称系有丝缕的箭为缴。用以射鸟，如果射中鸟带箭飞走，落到树上时，丝缕缠在树枝上，鸟仍无法逃脱。

【11.10】

孟子曰："鱼，我所欲也，熊掌，亦我所欲也；二者不可得兼，舍鱼而取熊掌者也[1]。生，亦我所欲也，义，亦我所欲也；二者不可得兼，舍生而取义者也[2]。生亦我所欲，所欲有甚于生者，故不为苟得也；死亦我所恶，所恶有甚于死者，故患有所不辟也[3]。如使人之所欲莫甚于生，则凡可以得生者，何不用也？使人之所恶莫甚于死者，则凡可以辟患者，何不为也？由是则生而有不用也，由是则可以辟患而有不为也。是故所欲有甚于生者，所恶有甚于死者。非独贤者有是心也，人皆有之，贤者能勿丧耳[4]。一箪食，一豆羹，得之则生，弗得则死，嘑尔而与之，行道之人弗受；蹴尔而与之，乞人不屑也[⑤]。万钟则不辩礼义而受之，万钟于我何加焉[⑥]？为宫室之美、妻妾之奉、所识穷乏者得我与？乡为身死而不受[⑦]，今为宫室之美为之；乡为身死而不受，今为妻妾之奉为之；乡为身死而不受，今为所识穷乏者得我而为之，是亦不可以已乎？此之谓失其本心。[⑧]”

①欲，喜爱。熊掌，熊的脚掌，一种珍贵的美味。二者不可得兼，两种不能同时得到。朱熹集注：“鱼与熊掌皆美味，而熊掌尤美也。”

②生，生命。义，道义。

③有甚于生者，有比生命更重要者。不为苟得，不苟且得到。恶（wù），厌恶，憎恨。患，灾难，祸害。辟，通“避”，逃避，拒绝。

④丧，丧失。“是故所欲”五句，谓义甚于生，恶甚于死，凡人皆有此心，只有贤者能不丧失而已。

⑤箪，盛饭食的圆筐。食，饭食。豆，一种器具。羹，汤。嘑，同“呼”，此指态度恶劣地呼唤。蹴（cù），践踏，用脚踢。

⑥万钟，钟为古代的计量单位，六斛四斗为一钟，万钟为极高的俸禄，亦即极高的官位。万钟于我何焉，万钟的俸禄对我增加了什么，亦即有什么好处。

⑦乡，通“向”，从前，从往。

⑧“不可以已”之“已”，止也，不要。本心，本性，即本来的善心。

★（一）这是《孟子》中重要的一章。《论语·卫灵公》孔子曰：“志士仁人，无求生以害仁，有杀身以成仁。”（15.9）本章孟子曰：“生，亦我所欲也，义，亦我所欲也；二者不可得兼，舍生而取义者也。”都是教导人们，在关键时刻，宁可丧失生命，以成全仁义道德，维护自身的尊严与操守。宋末民族英雄文天祥于宋亡之后，在大都从容就义，其衣带上留有遗言：“孔曰成仁，孟曰取义；唯其义尽，所以仁至。读圣贤书，所学何事，而今而后，庶几无愧！”文信国遵循圣贤的教导，成为千古的楷模，永远为后代人民所钦敬。

（二）“一箪食，一豆羹，得之则生，弗得则死，嘑尔而与之，行道之人弗受；蹴尔而与之，乞人不屑也。”谓即使乞讨之人，也会维护其人性的尊严。《礼记·檀弓下》：“齐大饥，黔敖为食于路以待饿者而食之。有饿者蒙袂辑屦贸贸然来。黔敖左奉食，右执饮，曰：‘嗟！来食！’扬其目而视之，曰：‘予唯不食嗟来之食以至于斯也！’从而谢焉，终不食而死。”这是“乞人不屑”的典型事例。

【11.11】

孟子曰：“仁，人心也；义，人路也。舍其路而弗由，放其心而不知求，哀哉！人有鸡犬放则知求之，有放心而不知求。学问之道无他，求其放心而已矣。”

★（一）所谓“放其心”者，即不“专心致志”之意。前章谓二人从弈秋学弈，其“一人虽听之，一心以为有鸿鹄将至，思援弓缴而射之”，即“放心”的事例。“学问之道无他，求其放心而已矣”，鼓励人们，做任何事情，只要专心致志，心无旁骛，总可以学到。

（二）“仁，人心也；义，人路也。”仁与义，两者是同类的概念；心与路，不同类。这种语言貌似相当精辟，其实不伦不类。

【11.12】

孟子曰：“今有无名之指屈而不信，非疾痛害事也，如有能信之者，则不远秦楚之路，为指之不若人也①。指不若人，则知恶之；心不若人，则不知恶，此之谓不知类也。②”

① 无名之指，手第四指。信，通“伸”。无名之指屈而不信，指一种畸形无名指弯曲不能伸直。如有人信之者，谓如果有人能使其伸直。秦楚之路，喻道路相距遥远。不若人，不如人。

② 恶（wù），厌恶。不知类，不能辨别类型，即不知轻重。

【11.13】

孟子曰："拱把之桐梓，人苟欲生之，皆知所以养之者[①]。至于身，而不知所以养之者，岂爱身不若桐梓哉？弗思甚也。"

①拱把，言树干不大。朱熹集注："拱，两手合围也。把，一手所握也。"（两手合围，左右大指与大指相接，中指与中指相接；直径在十五厘米左右。一手所握，大指与中指相接，直径在五厘米左右。）桐梓，木名。养，养育，培养。

【11.14】

孟子曰："人之于身也，兼所爱。兼所爱，则兼所养也[①]。无尺寸之肤不爱焉，则无尺寸之肤不养也。所以考其善不善者，岂有他哉[②]？于己取之而已矣[③]。体有贵贱，有小大。无以小害大，无以贱害贵。养其小者为小人，养其大者为大人。今有场师，舍其梧槚，养其樲棘，则为贱场师焉[④]。养其一指而失其肩背，而不知也，则为狼疾人也[⑤]。饮食之人，则人贱之矣，为其养小以失大也[⑥]。饮食之人无有失也，则口腹岂適为尺寸之肤哉？[⑦]"

①兼，《广雅·释诂》："兼，同也。"兼所爱，对身体的每个部分同养爱护。养，保养。

②考，考察，检查。取，《易·蒙》"勿用取女"，焦循章句："取，犹求也。"要了解自己身体好不好，只能反求于自己。朱熹集注："人于一身，固当兼养。然欲考其所养之善否者，惟在反之于身。"

③尺寸之肤，代指身体的每一小部分。

④场师，园林管理人员。赵岐注："场师，治场圃者。"舍（shě），放弃，不要。养，养育，栽培。朱熹集注："梧，桐也；槚，梓，皆美材也。樲棘，小枣，非美材也。"赵岐注："言此以喻人舍大养小，故曰贱场师也。"

⑤狼疾，犹狼藉，混乱之貌。谓如有人保养一个手指而丧失其肩背，而自己

还不知道，则一定是混乱糊涂的人。

⑥ 饮食之人，只会饮食之人。贱，轻贱，轻视。朱熹集注："饮食之人，专养口腹者也。"

⑦ 口腹，满足口腹之意。适，调适。谓如果认为饮食之人没有损失，那么满足口腹难道只是调适身体的那一小部分吗？

★"孟子道性善"，认为人性本有"善心"，书中或称"本心、良心、仁义之心"，甚至分解出"不忍人之心"，"恻隐之心、羞恶之心、恭敬之心、是非之心"，基本内涵都一致。孟子往往以不同的方式将这种观念贯注到诸多章次之中，有的较为明显，有的却相当隐晦。本章即极为隐晦的一章。

既说"人之于身也，兼所爱。兼所爱，则兼所养也。无尺寸之肤不爱焉，则无尺寸之肤不养也"，却又说"体有贵贱，有小大。无以小害大，无以贱害贵。养其小者为小人，养其大者为大人"。——这些文句，很不好理解。身体各个部分，哪有小大贵贱的区别？更何以"养其小者为小人，养其大者为大人"？赵岐注曰："小，口腹。大，心志也。务口腹者为小人，治心志者为大人。"朱熹集注亦曰："贱而小者口腹也，贵而大者心志也。"赖赵岐、朱熹的解释，大致了解了这些文句的意思。但极不合理。养其小者即养其口腹者为小人，难道所谓"大人"就不需养其口腹？

"今有场师，舍其梧檟，养其樲棘，则为贱场师焉"——赵岐注曰："言此以喻人舍大养小。"亦即养其口腹失其心志，"以小害大"，"以贱害贵"。如此比喻，不仅不伦不类，同样极不合理。樲棘可以不养，难道口腹也可以不养？下文"养其一指失其肩背"的比喻更为荒诞，因为人世间决不存在这样的事实，又何从比起？

赵朱注释的"心"或"心志"，即孟子性善论中的"本心、善心、良心"，然全章原文中一个字也没有出现。《孟子》书中如此晦涩、文辞极不明畅的章次，并非个别，而本章最为突出，最不足为范。

【11.15】

公都子问曰:“钧是人也，或为大人[①]，或为小人，何也?”

孟子曰:“从其大体为大人，从其小体为小人。[②]”

曰;“钧是人也，或从其大体，或从其小体，何也?”

曰:“耳目之官不思，而蔽于物[③]。物交物，则引之而已矣[④]。心之官则思[⑤]，思则得之，不思则不得也[⑥]。此天之所与我者[⑦]。先立乎其大者，则其小者不能夺也。此为大人而已矣。[⑧]”

① 钧，通“均”，同也。大人，犹君子，道德高尚之人。

② 从，犹“求”也，追求之意。赵岐注:“大体，心思礼义；小体，纵恣情欲。”

③ 官，职责，作用。《国语·晋语八》“固医官也”，韦昭注:“官，犹职也。”思，思考，思想。蔽，蒙蔽。物，外物，物欲。谓耳目不会思考，为外物所蒙蔽。

④ 物交物，前“物”指耳目，后“物”指外物。“引之”之“之”，代指“从其小体”。谓耳目与外物交接，乃引向“从其小体”，纵恣情欲，(故“为小人”)。

⑤ 心之官则思，心的作用乃在思考。

⑥ “思则得之，不思则不得也”，犹“性无善无不善”章(11.6)之“求则得之，舍则失之”，谓思则得其仁义礼智之善，不思不得也。(参见该章注⑦。)

⑦ 此，代指人的本性。我，我们，指所有的人。

⑧ 立，树立。先立乎其大者，即先“从其大体”，亦即从其仁义礼智之善。小者，即“小体”，亦即外物情欲。赵岐注:“先立乎其大者，谓生而有善性也。小者，情欲也。善胜恶，则恶不能夺。”

★本章同样不可理解。“耳目之官”与“心之官”怎么可能截然分开?“耳目之官”“蔽于物”，难道耳目能脱离“心之官”独立进行“物交物”?这种理论莫名其妙!

【11.16】

孟子曰:“有天爵者,有人爵者。仁义忠信,乐善不倦,此天爵也;公卿大夫,此人爵也[①]。古之人修其天爵,而人爵从之[②]。今之人修其天爵,以要人爵;既得人爵,而弃其天爵,则惑之甚者也,终亦必亡而已矣。[③]”

①天爵、人爵,孟子自有解释:“仁义忠信,乐善不倦,此天爵也”,即自身的道德修养。“公卿大夫,此人爵也”,即很高的社会地位。(古之人,实指古之圣贤;今之人,实指今之贪婪的统治者。)

②修,修养。从之,随之而来。朱熹集注:“修其天爵,以为吾分之当然耳。人爵从之,盖不待求之而自致耳。”

③要,追求。惑,糊涂,愚昧。终亦必亡,谓有了很高的社会地位,即忽视道德修养,胡作非为,终必自取灭亡。

★孟子谓“古之人”着力修养道德,自然获得高位;而“今之人”开始也注意修养,取得高位以后,即放松警惕,走上歧途。思想内容非常之好,很有教育意义。自古至今,无数的贪官污吏,开始并非全都很坏,正是爬上权势地位以后,忘乎所以,贪得无厌,终至自取灭亡。——但本系简单明了的道理,孟子却无端制造出“天爵、人爵”这样纯属多馀的概念。孔子曰:“辞,达而已。”孟子往往反其道而行之,故弄玄虚,制造一些极其不“达”之“辞”,使人不好理解。

【11.17】

孟子曰:“欲贵者,人之同心也[①]。人人有贵于己者,弗思耳矣[②]。人之所贵者,非良贵也。赵孟之所贵,赵孟能贱之[③]。《诗》云:‘既醉以酒,既饱以德。[④]’言饱乎仁义也,所以不愿人之膏粱之味也;令闻广誉施于身,所以不愿人之文绣也。[⑤]”

①贵,尊贵,贵重。

② 人人有贵于己者，即本性之善，本性之仁义礼智。赵岐注："在己者，谓仁义广誉也。"弗思耳矣，一般人不知去思考"有贵于己者"。

③ 赵孟，赵岐注："晋卿之贵者。"此以赵孟作为权势人物的代表。唯其权高势重，可以使人贵，也可以使人贱；可以今日提拔，明日予以贬逐。

④《诗》，引诗为《大雅·既醉》。既，已也，尽也。朱熹集传谓诗为答谢君王"享其饮食恩意之厚"，感其酒食之丰，恩德之重。孟子断章取义，重在"既饱以德"，言"贵于己"者"饱乎仁义"，与诗原意不同。

⑤ 所以，犹言"因此"。愿，《礼记·祭义》"国人称愿然"，孔颖达疏："一国之人，称扬美愿然。""美愿"连文，"愿"亦"美"也。膏粱，《国语·晋语七》"夫膏粱之性难正"，韦昭注："膏，肉之肥者；粱，食之精者。"指丰美的食物。令闻广誉，美好的名声，广泛的称誉；此专指仁义之德者的声誉。文绣，朱熹集注："衣之美者。"此实指高爵大官的衣着。谓具有高尚的仁义之德，就不冀望享受精美的食物；得到社会广泛的赞扬称誉，就不期求华美的衣服。前后两句，互文见义。

【11.18】

孟子曰："仁之胜不仁也，犹水胜火。今之为仁者[①]，犹以一杯水救一车薪之火也；不熄，则谓之水不胜火，此又与于不仁之甚者也，亦终必亡而已矣。[②]"

① 为仁者，行仁政者。由下文可知，此指虽行仁政，但并不坚定而终将失败。

② 与，同也。不仁之甚者，即甚不仁者。谓今之所谓行仁政者，并不得力，如用一杯水去救一车燃烧的柴薪之火；火浇不灭，却说"水不胜火"，就同极不仁者一样了，他们的所谓仁政也会终于失败。

【11.19】

孟子曰："五榖者，种之美者也[①]；苟为不熟，不如荑稗[②]。夫仁，亦在乎熟之而已矣。"

① 五榖，五种粮食作物。《周礼·夏官·职方氏》"其榖宜五种"，郑氏注："五种，黍稷菽麦稻。"或泛指榖物。

② 荑，通"稊"（tí）。稊稗（bài），两种近似榖物的草本植物，其子食甚小，荒时乏月饥民也用以取食。

★五榖，其本质皆为美者，如不加培养使其不熟，则不如荑稗。比喻人其本质皆有仁心，如不加培养，则可能不仁。

【11.20】

孟子曰："羿之教人射，必志于彀，学者亦必志于彀[①]。大匠诲人必以规矩，学者亦必以规矩。[②]"

① 羿，古代著名射手。参见《离娄下》"逢蒙学射于羿"章（8.24）注。必志于彀（gòu），朱熹集注："志，犹期也。彀，弓满也。"谓射手专心拉开弓对准标的。

② 大匠，工匠，通常指木工。规矩，量圆形与方形的工具。参见《离娄上》"离娄之明"章（7.1）注。

★学者亦必志于彀，彀，比喻学习的目的。学者亦必有规矩，规矩，比喻学习的原则方法。

告子章句下

凡十六章

【12.1】

任人有问屋庐子曰："礼与食孰重？[①]"

曰："礼重。"

"色与礼孰重？"

曰："礼重。"

曰："以礼食，则饥而死；不以礼食，则得食，必以礼乎？亲迎，则不得得妻；不亲迎，则得妻，必亲迎乎？[②]"

屋庐子不能对，明日之邹以告孟子[③]。

孟子曰："于答是也何有[④]？不揣其本，而齐其末，方寸之木可使高于岑楼[⑤]。金重于羽者，岂谓一钩金与一舆羽之谓哉[⑥]？取食之重者与礼之轻者而比之，奚翅食重？取色之重者与礼之轻者而比之，奚翅色重[⑦]？往应之曰：'紾兄之臂而夺之食，则得食；不紾，则不得食，则将紾之乎？逾东家墙而搂其处子，则得妻；不搂，则不得妻；则将搂之乎？'[⑧]"

① 任，国名。阎若璩《四书释地》："任，国名，太皓之后，风姓。汉为任成县，后汉为任城国，今济宁州东任城废县是。去古邹城仅百二三十里。"地在今山东济宁市。屋庐子，赵岐注为"孟子弟子屋庐连"。孰重，何者为重。

② 亲迎，古代婚礼，新郎亲往迎接新娘。"以礼食""不以礼食""亲迎""不亲迎"，皆假定语气。

③ 不能对，不能回答。邹，孟子家乡。

④ 于答是也何有？朱熹集注："何有，不难也。"

⑤ 揣（chuǎi），揣度，度量。本，指句中岑楼与木条下方的高度。末，指岑楼与木条的末端。岑楼，朱熹集注："楼之高锐似山者。"即高楼。高楼比方寸之

木高得多，但将方寸之木举过高楼的顶端，方寸之木反而比楼还高。

⑥ 金，金属，古代指铜。羽，羽毛。钩，带钩。舆，车，此指货车。铜本比羽毛重，难道能说一个铜带钩比一车羽毛还重吗？

⑦ 翅，通“啻”（chì）。奚翅，犹言何只是。

⑧ 紾（zhěn），扭住，揪住。臂，手臂。踰，跳越。搂，抱住。处子，处女。

【12.2】

曹交[①]问曰：“人皆可以为尧舜[②]，有诸？”

孟子曰：“然。”

“交闻文王十尺，汤九尺，今交九尺四寸以长，食粟而已[③]，如何则可？”

曰：“奚有于是？亦为之而已矣[④]。有人于此，力不能胜一匹雏，则为无力人矣；今曰举百钧，则为有力人矣。然则举乌获之任，是亦为乌获而已矣[⑤]。夫人岂以不胜为患哉？弗为耳。徐行后长者谓之弟，疾行先长者谓之不弟[⑥]。夫徐行者，岂人所不能哉？所不为也。尧舜之道，孝弟而已矣。子服尧之服，诵尧之言，行尧之行，是尧而已矣。子服桀之服，诵桀之言，行桀之行，是桀而已矣。”

曰：“交得见于邹君，可以假馆[⑦]，愿留而受业于门。”

曰：“夫道若大路然，岂难知哉？人病不求耳。子归而求之，有馀师。[⑧]”

① 曹交，赵岐注：“曹君之弟，交，名也。”按，《左传》哀公八年（前 487）宋灭曹。哀公八年下距孟子一百四五十年，哪能还有曹君？注家考证莫衷一是，赵岐之说不知所据。故曹国在今山东菏泽市定陶区境，与邹相距甚远，下文“交得见于邹君”，曹交似为邹人，与曹君无关。

② “人皆可以为尧舜”，不知出于何处。朱熹集注：“疑古语，或孟子所尝言也。”

③ 食粟，犹言吃饭。

④ 奚，何也。奚有于是，何至如此。亦为之而已，谓事情只要去做，总可以

做到。

⑤ 匹，量词。雏，《说文》，“鸡子也”，小鸡。一匹雏，一只小鸡。百钧，三十斤为一钧，百钧，三千斤。乌获，秦武王有力士曰乌获，武王在位不到四年，卒于齐湣王十七年（前 307），上距孟子见齐宣王近三十年，其时孟子未必还在世。故赵岐、朱熹并注乌获为“古之有力人也”，而不提秦之乌获，两者不是同一个人。或古有力士乌获，秦之力士袭用其名。如尧时有羿上射九日，夏代有穷氏善射国君亦名羿。

⑥ 徐行后长者，慢慢地走在年长者之后。弟，通“悌”。《尔雅·释亲》：“弟，悌也，言顺于兄。”《礼记·大学》：“弟者，所以事长也。”疾行先长者，快走抢在年长者之前。

⑦ 假馆，借居馆舍。

⑧ 人病不求耳，人怕的是不求师。有馀师，只要诚恳求师，有的是老师。似孟子以曹交不够诚恳，故如此说。

★“有人于此，力不能胜一匹雏，则为无力人矣；今曰举百钧，则为有力人矣。然则举乌获之任，是亦为乌获而已矣。”此节文辞并不深奥，却无法理解，不知与凡事“为之而已”的主旨如何联系。或曰，谓孟子意思谓即使是“无力人”，只要“为之”，亦可以为“有力人”。故下文曰“然则举乌获之任，是亦为乌获而已矣”。如此解释不能成立。一则文辞本身很难如此解释。再说事实决不可能，无力“胜一匹雏”，不管怎样“为之”，也决不可能“举百钧”。朱熹似亦不得其解，故于此节内容，不作任何解说。

【12.3】

公孙丑问曰：“高子[①]曰：《小弁》[②]，小人之诗也。”

孟子曰：“何以言之？”

曰：“怨。”

曰：“固哉，高叟之为诗也！有人于此，越人关弓而射之，则己谈笑而道之；无他，疏之也。其兄关弓而射之，则己垂涕泣而道之；无他，戚之也[③]。《小弁》之怨，亲亲也[④]。亲亲，仁也。固矣夫，高叟之为诗也！”

曰：“《凯风》[⑤]何以不怨？”

曰：“《凯风》，亲之过小者也；《小弁》，亲之过大者也。亲之过大而不怨，是愈疏也[⑥]；亲之过小而怨，是不可矶也[⑦]。愈疏，不孝也；不可矶，亦不孝也。孔子曰：‘舜其至孝矣，五十而慕。’[⑧]”

① 高子，已见于《公孙丑下》“孟子去齐，尹士语人”章（4.12）。

②《小弁（pán）》，《诗·小雅》篇名。朱熹集传：“幽王娶于申，生太子宜臼。后得褒姒而惑之，生子伯服。信其馋，黜申后，逐宜臼，而宜臼作此自怨也。”朱熹集传原于毛传。

③ 固，固陋，不通达。为诗，犹言谈论诗，解释诗。越人，“喻远方不相干的人”。关弓，朱熹集注：“关，与弯同。”远来不相干的人弯弓而射，后果与己无关，故可嬉笑谈论，“疏之也”。其兄弯弓而射，万一伤了人后果严重，故“垂涕泣”进行劝说，“戚之也”，戚，亲也。自己的亲人，生怕伤人惹祸。馀详星评。

④ 亲亲，爱自己的亲人。谓宜臼之所以怨，正是出于对亲人的爱。

⑤《凯风》，《诗·国风·邶风》篇名。诗是一位母亲的七个儿子伤怀母亲之作。伤心“母氏劬劳”，而他们自恨“莫慰母心”。孟子谓“《凯风》，亲之过小者也”，诗中没有那位母亲有任何“过”的痕迹，不知孟子有何根据。但认为七子之母有“过”，一定早有此说，并非出自孟子，要不然公孙丑就不会有“《凯风》何以不怨”的问题。馀详星评。

⑥“亲之过大而不怨，是愈疏也”，因为亲之大“过”造成严重的后果，也伤害了亲自身，之所以怨是出于对亲的关切。所以“不怨，是愈疏也”。

⑦ 矶，赵岐注，“激也”。朱熹集注：“矶，水激石也。不可矶，言微激而遽怒也。”意即如果怨，会“微激而遽怒”，故不怨。

⑧ 五十而慕，朱熹集注：“言舜犹怨慕，《小弁》之怨，不为不孝也。”按，《万章上》万章问曰：“舜往于田，号泣于旻天，何为其号泣也？”孟子曰：“怨慕

也。”此朱熹集注所本。

★（一）“关弓而射之”之“之”——

“有人于此，越人关弓而射之，则己谈笑而道之；无他，疏之也。其兄关弓而射之，则己垂涕泣而道之；无他，戚之也。”“关弓而射之”之“之”，古注一般不加解释，今人或理解为代词。代指谁？或以为代“有人于此”之“有人”。杨伯峻先生即译作“若是越国人张开弓去射他，他可以有说有笑地讲述着这事”。如此理解，如此翻译，都不合情理。有人拉开弓对着你射，这何等危险，怎么可能谈笑而道之？按，“关弓而射之”之“之”是语尾助词，不是代词。关弓而射，是玩弄弓矢，并非争斗射人，但容易误伤。孟子之意，谓不相干的越人弯弓而射，伤不伤人与己无关，“疏之也”，故可以嬉笑谈论。其兄弯弓而射，万一射伤人不可收拾，故“垂涕泣”劝阻。“戚之也”，因为是亲人，生怕他伤人惹祸。现在有些西方国家允许私人持枪，玩枪走火伤人的事时有发生。弯弓而射伤人，正与玩枪走火相同。

（二）《凯风》为何而作——

《凯风》四章，反复伤叹：“棘心夭夭，母氏劬劳！”“母氏圣善，我无令人！”“有子七人，母氏劳苦！”“有子七人，莫慰母心！”表现了这些儿子们对母亲的怀思，心情诚挚而且相当沉重。孟子说这位母亲“过小者也”，他没有说明究竟有何小过，从诗中看不到这位母亲任何过错。毛诗序可能根据孟子“过小”之说，加以编造，曰：“《凯风》，美孝子也。卫之淫风流行，虽有七子之母犹不能安其室。故美七子能尽其孝道，以慰母心而成其志尔。”郑玄又进一步挑明：“不安其室，欲去嫁也。”诗序之说，属于胡编乱造，诗明明是儿子们敬重“母氏圣善”，伤痛“母氏劬劳”，惭愧自己“我无令人”，“莫慰母心”，怎么说是他人“美孝子也”？诗中除痛感“母氏劬劳”“母氏劳苦”以外，没有涉及母氏任何别的情况，有什么根据说她“不安其室”，“欲去嫁也”？诗序还无端把这位母亲同郑国的“淫风”联系起来，“淫风流行”，“欲去嫁也”，把这位抚育了七子长大，勤劳而圣善的妇女丑化成了淫荡妇人，这是极大的污蔑和侮辱！那七位伤心的儿子如果地下有灵，该是何等愤恨？那位母亲当时境况不很清楚，诗系怀伤母亲之意是明明白白的。评注古人的作品，必须严格尊重原文的内涵，不能随意编造。对待古人，哪怕是平凡男女，也要维护他们的尊严，不要玷污他们的人格。毛诗序集牵强附会之大成，它堆砌在《诗经》上的尘垢，历千百年洗刷不净！《凯风》序只是一斑而已。高明如郑玄，竟也参预如此无端的诬蔑！

【12.4】

宋牼[①]将之楚，孟子遇于石丘，曰："先生将何之？"

曰："吾闻秦楚搆兵，我将见楚王说而罢之。楚王不悦，我将见秦王说而罢之。二王我将有所遇焉。[②]"

曰："轲也请无问其详，愿闻其指[③]。说之将何如？"

曰："我将言其不利也。"

曰："先生之志则大矣，先生之号则不可[④]。先生以利说秦楚之王，秦楚之王悦于利，以罢三军之师，是三军之士乐罢而悦于利也。为人臣者怀利以事其君，为人子者怀利以事其父，为人弟者怀利以事其兄，是君臣、父子、兄弟终去仁义[⑤]，怀利以相接，然而不亡者，未之有也。先生以仁义说秦楚之王，秦楚之王悦于仁义，而罢三军之师，是三军之士乐罢而悦于仁义也。为人臣者怀仁义以事其君，为人子者怀仁义以事其父，为人弟者怀仁义以事其兄，是君臣、父子、兄弟去利，怀仁义以相接也[⑥]，然而不王者，未之有也。何必曰利？"

① 宋牼（kēng），赵岐注："宋人，名牼。"《庄子·天下》："不累于俗，不饰于物，不苟于人，不忮于众，愿天下之安宁以活民命，人我之养毕足而止，以此白心。古之道术有在于此者，宋钘尹文闻其风而悦之。""见侮不辱，救民之斗，禁攻寝兵，救世之战。以此周行天下，上说下教，虽天下不取，强聒而不舍者也。"《荀子·非十二子》："不知壹天下，建国家之权称，上功用，大俭约而僈差等，曾不足以容辨异，县君臣；然而其持之有故，其言之成理，足以欺惑愚众。

是墨翟宋钘也。”杨倞注：“宋钘，宋人，与孟子、尹文子、彭蒙、慎到同时。《孟子》作宋牼。牼与钘同音，口茎反。”本章谓宋牼欲说秦楚罢兵，正是“禁攻寝兵，救世之战”，“愿天下之安宁以活民命”。孟子称宋牼为“先生”，对其人似乎颇为尊敬。石丘，地名。何之，何往。

② 構（gòu），《慧琳音义》“交構”，注引《考声》：“構，交也。”秦楚構兵，即秦楚交兵，两国将发生战争。张宗泰《孟子诸国年表说》：“当孟子时，齐秦所共争者惟魏。若楚，虽近秦，时方强盛，秦尚未敢与争。惟梁襄王癸卯，有楚与五国共击秦不胜之事。而独与秦战，则在怀王十七年（前312）。先是十六年秦欲伐齐，而楚与齐从亲，惠王患之，乃使张仪南见楚王，王为仪绝齐，而不得秦所许商於之地。怀王大怒，发兵西攻秦，秦亦发兵击之。十七年春，与秦战丹阳，大败，虏大将军屈丐等，遂取汉中。王复怒，悉发兵袭秦，战于蓝田，又大败。韩魏闻之，袭楚至邓，楚乃引兵归。此事恰当孟子时。”据张说，秦楚交兵始于楚怀王十七年（前312），孟子遇宋牼于石丘，当在其时。然张氏之说亦只供参考。说（shuì），以某种理由去说服他人。罢之，指罢兵，停止战争。有所遇，朱熹集注：“遇，合也。”宋牼谓我将说秦王楚王罢兵，二王中总有与我投合者，因而制止这场战争。

③ 指，通“旨”，旨意，犹言主张。

④ 号，号令，名义；与“愿闻其指”之“指”实同义。

⑤ 终，全也，尽也。《吕氏春秋·音律》“数将几终”，高诱注：“终，尽也。”谓宋牼以利说秦楚之王，将尽失仁义之德。

⑥ 接，交也，会也。相接，犹言相处，相互对待。

★《梁惠王上》首章（1.1）孟子谓梁惠王，曰：“王何必曰利，亦有仁义而已矣。”本章孟子反对宋牼“以利说秦楚之王”，主张说以仁义。两章思想内涵一致，然客观背景大不相同。同梁惠王问答，是一般情况下的为政治国；而与宋牼问答，两国交兵在即，形势紧迫。孟子是理论家，面对外交争战之类的严重形势，并无解决具体问题的能力。外交场合之所谓“利”，即事情发展的利害关系。宋牼以利说秦楚之王，后来是否进行，效果如何，不得而知。(事情是否发生在楚怀王十七年与秦国的战争，也并无确证。)但春秋战国之世，说之以利害解决战争危局的事例颇不为少。而在两国大军对阵之际，说之以仁义而制止战争者似无任何例证。因为大军对阵之际，箭上弦，刀出鞘，不是谈论仁义之道的时候。——孟子谓宋牼："先生之志则大矣，先生之号则不可。"宋牼又何尝不可以回敬孟子："先生之志亦大矣，先生之号则未必可。"

【12.5】

孟子居邹，季任为任处守，以币交，受之而不报①。处于平陆，储子为相，以币交，受之而不报。他日，由邹之任，见季子；由平陆之齐，不见储子。

屋庐子喜曰："连得间矣。②"问曰："夫子之任，见季子，之齐，不见储子，为其为相与？③"

曰："非也。《书》曰：'享多仪，仪不及物曰不享，惟不役志于享。'④为其不成享也⑤。"

屋庐子悦。或问之。屋庐子曰："季子不得之邹，储子得之平陆。⑥"

① 邹，孟子家乡。任，国名。赵岐注："季任，任君季弟也。任君朝会于邻国，季任为之居守其国也。致币帛之礼以交孟子，受之而未报也。平陆，齐下邑也。储子，齐相也，亦致礼以交孟子，受之而未答也。"

② 连，屋庐子之名。间，间隙。得间，得到提问的间隙。

③ 为其为相与，屋庐子看到孟子回访季任而不见储子，问是否因为任季为君守国地位高于为相的储子。

④《书》，引文见《尚书·洛诰》。享，献也，奉献。多，重视，贵重。仪，礼仪。不及，不如，赶不上。物，礼物。役，用也。志，心意。谓奉献之礼贵在礼仪(实指礼仪表达的敬意)，如果礼仪不如所献的礼物，等于没有奉献，因为其用心不在真诚地奉献。换言之，即不够真诚，缺乏敬意。

⑤“为其不成享也”，既是对引文的解释，又是对屋庐子问何以“之齐不见储子”的回答。意即储子虽奉献币帛之类的礼物，却缺乏真诚的敬意。

⑥“季子不得之邹，储子得之平陆”，屋庐子听懂了孟子的意思。因为任季“为任处守”，即任君外出之时代“守其国”，不能离任到邹向孟子献礼，故孟子“之任见季子”；而储子“为相”可以外出，而未亲到平陆献礼孟子，礼数不周，故孟子“之齐不见储子”。屋庐子谓“储子得之平陆”，阎若璩《四书释地续》有所解释，曰：“平陆为今汶上县，去齐都临淄几六百里，而储子既相，必朝夕左右为王办政事，亦非王命似亦未易出郊外，何以孟子望其亲至六百里以外之下邑，方为礼称其币？既思《范雎列传》云：‘秦相穰侯东行县邑，东骑至湖关。’湖今阌乡县，去秦都咸阳亦几六百里，是当日国相皆得周行其境之内，非令所禁，故曰储子得之平陆。”

★本章表现人物的心理状态颇为有趣。屋庐子捉摸到孟子因季任摄理国政，地位高于为相的储子，故见季子不见储子；因此问，是否“为其为相与”？孟子不敢承认因对方地位高低而采取了不同的态度，曰，“非也”。却引用《尚书》，转弯抹角，说明储子不够诚心。“屋庐子悦”，“悦”的其实不是从孟子学到了什么知识，而是“悦”自己摸准了孟子的心态。他不用孟子解释，就准确地回答：孟子之所以见季子不见储子是因为“季子不得之邹，储子得之平陆”，恰好是“为其为相”也。

【12.6】

淳于髡曰：“先名实者，为人也；后名实者，自为也。夫子在三卿之中，名实未加于上下而去之，仁者固如此乎？”

孟子曰：“居下位，不以贤事不肖者，伯夷也；五就汤，五就桀者，伊尹也；不恶污君，不辞小官者，柳下惠也。三子者不同道，其趋一也。一者何也？仁也。君子亦仁而已矣，何必同？”

曰：“鲁缪公之时，公仪子为政，子柳子思为臣，鲁之削也滋甚。若是乎，贤者之无益于国也！”

曰：“虞不用百里奚而亡，秦缪公用之而霸。不用贤则亡，削何可得与？”

曰：“昔者王豹处于淇，而河西善讴；绵驹处于高唐，而齐右善歌；华周杞梁之妻善哭其夫，而变国俗。有诸内必形诸外。为其事而无其功者，髡未尝睹之也。是故无贤者也，有则髡必识之。”

曰：“孔子为鲁司寇，不用，从而祭，燔肉不至，不税冕而行。不知者以为为肉也，其知者以为为无礼也。乃孔子则欲以微罪行，不欲为苟去。君子之所为，众人固不识也。”

★本章已提至《公孙丑下》“孟子去齐居休”章（4.14）之后注释，原文仍保留于此。

【12.7】

孟子曰：“五霸者，三王之罪人也[①]；今之诸侯，五霸之罪人也；今之大夫，今之诸侯之罪人也。天子适诸侯曰巡狩，诸侯朝于天子曰述职。春省耕而补不足，秋省敛而助不给[②]。入其疆，土地辟，田野治，养老尊贤，俊杰在位，则有庆；庆以地。入其疆，土地荒芜，遗老失贤，掊克在位，则有让[③]。一不朝，则贬其爵；再不朝，则削其地；三不朝，则六师移之[④]。是故天子讨而不伐，诸侯伐而不讨[⑤]。五霸者，搂诸侯以伐诸侯者也[⑥]，故曰，五霸者，三王之罪人也。五霸，桓公为盛。葵丘之会[⑦]，诸侯束牲载书而不歃血[⑧]。初命曰，诛不孝，无易树子，无以妾为妻[⑨]。再命曰，尊贤育才，以彰有德[⑩]。三命曰，敬老慈幼，无忘宾旅[⑪]。四命曰，士无世官，官事无摄，取士必得，无专杀大夫[⑫]。五命曰，无曲防，无遏籴，无有封而不告[⑬]。曰，凡我同盟之人，既盟之后，言归于好[⑭]。今之诸侯皆犯此五禁，故曰，今之诸侯，五霸之罪人也。长君之恶其罪小，逢君之恶其罪大[⑮]。今之大夫皆逢君之恶，故曰，今之大夫，今之诸侯之罪人也。”

① 五霸，赵岐注："齐桓、晋文、秦穆、宋襄、楚庄是也。"（先秦有不同的说法，如《荀子·五霸》即以齐桓、晋文、楚庄、吴阖闾、越勾践为五霸。汉以后则通以赵岐所注为是。）三王，朱熹集注："夏禹、商汤、周文武也。""三王"，可以理解为夏商周三代开国之王，故夏禹、商汤、周文王武王称为三王。

② "天子适诸侯曰巡狩"四句，参见《梁惠王下》"齐宣王见孟子于雪宫"章（2.4）注。

③ 入其疆，进入诸侯国境。辟，开辟。治，治理。庆以地，朱熹集注："庆，赏也。益其地以赏之也。"掊（póu）克，赵岐注："掊克不良之人在位。"《诗·大雅·荡》"曾此掊克"，毛传："掊克，自伐而好胜人也。"犹今言捣乱分子。让，谴责，惩罚。朱熹集注："自'入其疆'至'则有让'，言巡狩之事。"

④ 六师，即六军。《诗·大雅·棫朴》"周王于迈，六师及之"，毛传："天子六军。"郑玄笺："于，往；迈，行；及，与也。周王往行，谓出兵征伐也。"移，动也。六师移之，犹"六师及之"。谓诸侯如三次不朝天子，则出师进行征讨。朱熹集注："自'一不朝'至'六师移之'，言述职之事。"

⑤ "天子讨而不伐，诸侯伐而不讨"，朱熹集注："讨者，出命以讨其罪，而使方伯连帅，帅诸侯以伐之也。伐者，奉天子之命声其罪而伐之也。"

⑥ 搂（lōu），《尔雅·释诂下》："搂，聚也。"郭璞注："犹今言拘搂。"《说文》："搂，曳聚也。"强行曳聚之意。谓霸主强行聚合诸侯进行战争。

⑦ 葵丘之会，《春秋》僖公九年："夏，公会宰周公、齐侯、宋子、卫侯、郑伯、许男、曹伯于葵丘。"《左传》："夏，会于葵丘。""秋，桓侯盟诸侯于葵丘，曰：'凡我同盟之人，既盟之后，言归于好。'"葵丘，古籍中地名葵丘者有四处。《水经·泗水注》："黄沟自城南东迳葵丘下，《春秋》僖公九年齐桓公会诸侯于葵丘。"《元和郡县志》谓葵丘在考城县东南。《考城县志》谓葵丘东南有盟台，其地名盟台乡，在今河南兰考县东。

⑧ 束牲，赵岐注："束缚其牲。"牲，即牺牲，诸侯盟会用牛。《穀梁传》僖公九年："葵丘之盟，陈牲而不杀。"盟会牺牲，或杀或不杀。葵丘之会不杀，故只"束牲"。载书，盟誓之辞记载在盟书上。歃血，会盟时参与盟会者微吸牛血或以

牛血抹口旁，表示信誓，称为歃血。葵丘之会不杀牛，故“不歃血”。

⑨ 命，盟约条文。无易树子，朱熹集注：“树，立也。已立世子，不得擅易。”

⑩ “尊贤育才，以彰有德”，尊重贤人，培育人才，以彰显有德之人。

⑪ “敬老慈幼，无忘宾旅”，敬重老人，慈爱幼小，不要忽视宾客与行旅。朱熹集注：“皆当有以待之，不可忽忘也。”

⑫ 士无世官，朱熹集注：“士世禄而不世官，恐其未必贤也。官事无摄，当广求贤才以充之，不可以阙人废事也。取士必得，必得贤人也。无专杀大夫，有罪则请命于天子而后杀之也。”摄，代也，临时代理。临时代理，可能不负责任或者不称职，故“当广求贤才以充之”。

⑬ 无曲防，朱熹集注：“不得曲为堤防，壅泉激水，以专小利，病邻国也。”有两种情况：一是两国夹河相邻，于河水流急处修建斜堤，逼使急流冲击对岸。一是一河上下两国相交，上游筑堤蓄水，旱灾之年阻断水流，使下游无水；水灾之年放水浸淹下游。两者都危害邻国。遏（è），阻止，禁止。无遏籴，朱熹集注：“邻国凶荒，不得闭籴也。”无有封而不告，朱熹集注：“不得专封国邑而不告天子也。”——葵丘之会，《穀梁传》曰：“葵丘之盟，陈牲而不杀，读书，加于牲上，壹明天子之禁，曰：毋雍泉，毋讫籴，毋易树子，无以妾为妻，毋使妇人与国事。”所记盟辞较为简略，内容亦有所不同。

⑭ 言归于好，即归于和好。“言”字助词无义。

⑮ 长（zhǎng），滋长，此处有任其滋长之意。逢，逢迎。朱熹集注：“君有过，不能谏，又顺之者，长君之恶也。君有过未萌，而先意导之者，逢君之恶也。”（一说，长，助长也；助长君之恶也。训“助长”，于义亦通；但“助君之恶”与“逢君之恶”，意思相近。）

【12.8】

鲁欲使慎子[①]为将军。孟子曰：“不教民而用之，谓之殃民[②]。殃民者，不容于尧舜之世。一战胜齐，遂有南阳，然且不可。[③]”

慎子勃然不悦曰：“此则滑釐所不识也。[④]”

曰："吾明告子。天子之地方千里，不千里，不足以待诸侯[⑤]。诸侯之地方百里；不百里，不足以守宗庙之典籍[⑥]。周公之封于鲁，为方百里也；地非不足，而俭于百里。太公之封于齐也，亦为方百里也；地非不足也，而俭于百里[⑦]。今鲁方百里者五[⑧]，子以为有王者作，则鲁在所损乎，在所益乎[⑨]？徒取诸彼以与此，然且仁者不为，况于杀人以求之乎[⑩]？君子之事君也，务引其君以当道，志于仁而已。[⑪]"

①慎子，由下文知其名"滑釐"。滑，音骨（gǔ）。朱熹集注："慎子，鲁臣。"

②"不教民而用之，谓之殃民"，殃，害也。谓以不经教练之民用于战斗，是害民也。

③南阳，齐国地名。谓假如一战打败了齐国，取得南阳，即使如此也不行。

④勃然，盛怒貌。

⑤方千里，犹言纵横千里。"不千里"二句，不到方千里，不足以对待诸侯。

⑥宗庙之典籍，宗庙各种文书。

⑦俭，《淮南子·主术》"所守甚约"，高诱注："俭，少也。"按，谓周公封于鲁，地不足方百里；太公封于齐，地不足方百里。事实未必如此，孟子之言，不可拘泥。

⑧鲁方百里者五，谓今鲁国的土地，相当于五个"方百里"。顾栋高《春秋大事表》云："伯禽初封曲阜。《汉书·地理志》云：'成王以少皞之墟曲阜，封周公子伯禽为鲁侯。'今为山东兖州府曲阜县。后益封奄。隐二年入极，十年败宋师于菅，辛未取郜，辛巳取防。僖十七年灭项，三十三年伐邾取訾娄。文十年伐邾取须句。宣四年伐莒取向。宣九年取根牟，十年伐邾取绎。成六年取鄟。襄十三年取邿，二十一年邾庶其以漆、闾丘来奔。昭元年伐莒取郓，四年取鄫，五年莒牟夷以牟娄及防兹来奔，十年伐莒取郠，三十一年邾黑肱以滥来奔。哀二年伐邾取漷东田及沂西田，三年城启阳。哀十七年越使后庸来言邾田，二月盟于平阳；平阳在兖州邹县西南，本邾邑，为鲁所取。鲁在春秋，实兼九国之地。极、项、鄟、邿、根牟，鲁所取也。向、须句、鄫、郠，则邾、莒灭之，而鲁从而有

之矣。”可知在春秋时代，即使是鲁国，攻城掠地，也从未断过。孟子谓“今鲁方百里者五”当是事实。

⑨ 王者，圣君，仁义之君。作，兴起。损，减少。益，增多。谓如有圣君兴起，鲁国的土地是应减少，还是应增多呢？朱熹集注：“鲁地之大，皆并吞小国而得，有王者作，则必在所损矣。”

⑩ 徒取诸彼以与此，朱熹集注：“徒，空也，言不杀人而取之也。”谓即使不杀人而取之，仁者亦不为。

⑪ “务引君以当道，志于仁而已”，朱熹集注：“当道，谓事合于理；志仁，谓心在于仁。”务，犹言致力于。

★孟子提出两个问题，一是“不教民而用之，是谓殃民”，即《论语·子路》子曰“以不教民战，是谓弃之”之意。二是“一战胜齐，遂有南阳，然且不可”，即反对通过战争夺取土地。但后段着重论述后者，没有一句涉及“不教民而用之”，前后主题不一致。

【12.9】

孟子曰：“今之事君者皆曰：‘我能为君辟土地，充府库。’今之所谓良臣，古之所谓民贼也①。君不乡道，不志于仁②，而求富之，是富桀也。‘我能为君约与国③，战必克。’今之所谓良臣，古之所谓民贼也。君不乡道，不志于仁，而求为之强战，是辅桀也。由今之道，无变今之俗，虽与之天下，不能一朝居也。④”

① 事君，事奉国君。辟土地，开拓土地，实即夺取他国土地。充府库，充实府库，实即夺取他人财富以充实之。民贼，害民之贼。

② 乡，通“向”。不乡道，不向往正道，与“不志于仁”内涵一致。

③ 约与国，朱熹集注：“约，要结也。与国，和好相与之国也。”即邀约相与之国向另一国开战。

④ 由今之道，走现今的道路。俗，风气。“由今之道”四句，谓按现今的道路走下去，不会改变现在的风气；即使给他整个天下，也维持不久而必然灭亡。

【12.10】

白圭[①]曰：“吾欲二十而取一[②]，何如？”

孟子曰：“子之道，貉道也。万室之国，一人陶[③]，则可乎？”

曰：“不可，器不足用也。”

曰：“夫貉，五穀不生，惟黍生之[④]；无城郭、宫室、宗庙、祭祀之礼，无诸侯币帛饔飧[⑤]，无百官有司，故二十取一而足也。今居中国，去人伦，无君子[⑥]，如之何其可也？陶以寡，且不可以为国，况无君子乎[⑦]？欲轻之于尧舜之道者，大貉小貉也；欲重之于尧舜之道者，大桀小桀也。[⑧]”

① 白圭，其事迹散见于《韩非子·内储说下》《喻老》与《吕氏春秋·听言》《先识》《不屈》《应言》《举难》《知分》等篇，又见于《战国策·魏策四》及《史记·邹阳传》《货殖传》。

② 二十而取一，谓定税率为二十抽一。

③ 貉，通“貊”（mò），北方国名。万室，犹万户，万家。陶，制陶器。

④ 黍，一种粮食作物，耐寒，生长期短，故北方寒地可以种植。

⑤ 饔飧（yōng sūn），熟食，早餐曰饔，晚餐曰飧。币帛饔飧，并指诸侯宾客礼仪。朱熹集注：“饔飧，以饮食馈客之礼也。”

⑥“去人伦，无君子”，朱熹集注：“无君臣祭祀交际之礼，是去人伦；无百官有司，是无君子。”

⑦ “陶以寡，且不可以为国”，陶器太少，尚且不可能维持全国人民的正常生活。君子，指上文之百官有司。

⑧ 尧舜之道，赵岐注：“尧舜以来，十一而税。”朱熹集注：“什一而税，尧舜之道。”大貉小貉，各式各样的貉，谓都是落后人民。大桀小桀，各式各样的桀，谓都是暴虐之君。《公羊传》宣公十五年：“古者什一而籍。古者曷为什一而

籍？什一者，天下之中正也。多乎什一，大桀小桀；寡乎什一，大貉小貉。”孟子原文，生动自然，袭用者甚为拙劣，由此亦可证《公羊》成书必后于《孟子》。

★《论语·颜渊》哀公问于有若曰：“年饥，用不足，如之何？”有若对曰：“盍彻乎？”曰：“二，吾犹不足，如之何其彻也？”（12.9）彻，十分抽一；二，即十分抽二。白圭与孟子谈论者都是税率。哀公要求加重税率，白圭主张减轻税率。《公羊》谓“什一者，天下之中正也”，孟子大概也是这个意思，故赵岐、朱熹都认定“什一而税”是“尧舜之道”。有些统治者还以为太轻。由本文孟子所说的“城郭、宫室、宗庙、祭祀之礼”，“诸侯币帛饔飧”，“百官有司”，所有的开支，通通成为人民的负担，可知千百年来，劳动人民受的剥削何等惨重。白圭主张“二十而取一”，尽管遭到孟子的严厉驳斥，一定有他的理由。《史记·货殖列传》谓“白圭乐观时变，故人弃我取，人取我与；能薄饮食，节衣服，与用事僮仆同苦乐”，这同税率“二十取一”的主张完全一致。白圭曾为魏相，重视生产，领导治水，自身生活简朴，与僮仆同苦乐，是一位难得的勤政爱民的官员。

【12.11】

白圭曰：“丹之治水也愈于禹。[①]”

孟子曰：“子过矣。禹之治水，水之道也[②]，是故禹以四海为壑[③]。今吾子以邻国为壑。水逆行谓之洚水。洚水者，洪水也，仁人之所恶也[④]。吾子过矣。”

① 丹，白圭之名，可知“圭”是其字。愈，超过。

② 水之道也，即符合水流的特性。朱熹集注：“顺水之性也。”

③ 壑，低洼之地。

④ 恶（wù），厌恶，反对。

★《韩非子·喻老》曰：“白圭之行堤也塞其穴”，“是以白圭无水难”。这是对白圭治水的肯定。孟子曰："今吾子以邻国为壑。"这是对白圭治水的否定。禹之治水，重疏浚水道；白圭治水，似重在谨筑堤防。是疏浚还是堤防，要看地势如何，作用如何，不能一概而论。一偏之见不能说明问题。

【12.12】

孟子曰："君子不亮，恶乎执？①"

①亮，通"谅"，信也，诚信。恶（wū），何也。执，执持，操持，犹言坚定的操守。

★《论语·卫灵公》子曰："君子贞而不谅。"何晏集解引孔安国曰："贞，正；谅，信也。君子之人正其道耳，言不必小信。"邢昺疏："此章贵正道而轻小信也。"谓君子坚守正道而不拘泥小信。——"贞而不谅"，"谅"与"贞"相对而言，则为小信。当某种信约与正道即重大原则相抵触时，则必须遵守正道而不必拘泥小信，不能因小失大。在一般情况下则必须诚信，坚守信约；两者有别。

【12.13】

鲁欲使乐正子为政①。孟子曰："吾闻之，喜而不寐。"

公孙丑曰："乐正子强乎？②"

曰："否。"

"有知虑乎？③"

曰："否。"

"多闻识乎？④"

曰："否。"

"然则奚为喜而不寐？⑤"

曰："其为人也好善。⑥"

"好善足乎？"

曰："好善优于天下[⑦]，而况鲁国乎？夫苟好善，则四海之内皆将轻千里而来告之以善[⑧]；夫苟不好善，则人将曰：'訑訑，予既已知之矣。'訑訑之声音颜色距人于千里之外[⑨]。士止于千里之外，则谗谄面谀之人至矣[⑩]。与谗谄面谀之人居，国欲治，可得乎？"

① 乐正子，孟子弟子乐正克。为政，执政治国。

② 强，强有力也。

③ 知，通"智"。智虑，聪慧深思。

④ 多闻识，犹言识多见广。

⑤ 奚为，何为。

⑥ 好（hào）善，赵岐注："乐闻善言，是采用之也。"

⑦ 优于天下，朱熹集注："优，有馀裕也。言虽治天下，尚有馀力也。"

⑧ 四海之内，指四海之内的人。轻千里，朱熹集注："轻，易也。言不以千里为难也。"

⑨ 訑訑（yí），《玉篇》："訑訑，自得也。"疑为象声词，表示一种不屑的神态。既，尽也。"訑訑，予既已知之矣"，应是别人揣摩"不好善"者的话，表述不够顺畅。距，通"拒"。

⑩ 士，指正派人士。谗谄面谀，进谗言谄媚逢迎。

★（一）鲁欲使乐正子为政，没有说在什么年代。《梁惠王下》"鲁平公将出"章（2.16）记鲁平公将见孟子，为臧仓所阻，乐正子入见平公，问"君奚为不见孟轲也"。由此推知，鲁欲使乐正子为政，亦当在平公之世。但后来结果如何，不得而知。

（二）朱熹总结本章旨意，曰："此章言为政不在于用一己之长，而贵于有以来天下之善。"总结固然不错。但如果无"一己之长"，既不"强"，又无"知虑"，无"多闻识"，单"乐闻善言"，"乐闻"的就未必都是"善言"，要为政治国还是不太可能的。

〚14.25〛

浩生不害[①]问曰："乐正子何人也？[②]"

孟子曰："善人也，信人也。"

"何谓善？何谓信？"

曰："可欲之谓善[③]，有诸己之谓信[④]，充实之谓美，充实而有光辉之谓大，大而化之之谓圣，圣而不可知之之谓神[⑤]。乐正子，二之中、四之下也。[⑥]"

① 浩生不害，赵岐注："浩生，姓；不害，名。齐人也。"《告子上》赵岐注："告子者，告，姓也，名不害。"一姓"告"，一姓"浩生"，却同名"不害"。两者不是同一个人。阎若璩认为是"赵氏偶于《告子》篇误注曰'名不害'"。参见《告子上》"食色，性也"章（11.4）星评。

② 乐正子何人也。谓乐正子何如人也，与公孙丑问"乐正子强乎？""有知虑乎？""多闻识乎？"所问用意相同。由此推知，浩生不害之问，也在鲁欲使乐正子为政之时。

③ 可欲之谓善，朱熹集注："天下之理，其善者必可欲，其恶（è）者必可恶（wù）。其为人也，可欲而不可恶，则可谓善人矣。"据朱熹注，"可欲"即可爱之意，可爱之人。

④ 有诸己之谓信，朱熹集注："凡所谓善，皆实有之。"据朱熹注，所谓信，其善实际存在于其身即为"信人"，可信之人。

⑤ "充实之谓美"四句，谓善充满于其身谓之"美"，充实而放射光辉谓之"大"，大而且能融合贯通谓之"圣"，圣至于神妙莫测谓之"神"。

⑥ "二之中、四之下"，谓乐正子在"善"与"信"，亦即可爱、可信之中，而在"美、大、圣、神"之下。

★本章原属《尽心下》，因与"鲁欲使乐正子为政"章同是对乐正子的评论，故提至此一并注释。

【12.14】

陈子曰:“古之君子何如则仕?”

孟子曰:“所就三,所去三[①]。迎之致敬以有礼;言,将行其言也,则就之。礼貌未衰,言弗行之,则去之。其次,虽未行其言也,迎之致敬以有礼,则就之。礼貌衰则去之。

“其下,朝不食[②],夕不食,饥饿不能出门户。君闻之,曰[③]:‘吾大者不能行其道,又不能从其言也。使饥饿于我土地,吾耻之;周之![④]’亦可受也,免死而已矣。”

① 就,就位,即出仕。去,离去,即不仕。

② 不食,不得食。

③ “君闻之,曰”,是假定如此。

④ 周,通“赒”,救也。周之,给予救济。

★陈子问的是“何如则仕”,接受救济以免死,并非出仕,也非“去之”;故不是“所就三,所去三”,而是“所就二,所去二”。陈子所问不涉及饥饿则“周之”。文辞极不严谨。

【12.15】

孟子曰:“舜发于畎亩之中[①],傅说举于版筑之间[②],胶鬲举于鱼盐之中[③],管夷吾举于士[④],孙叔敖举于海[⑤],百里奚举于市[⑥]。故天将降大任于是人也,必先苦其心志,劳其筋骨,饿其体肤,空乏其身,行拂乱其所为;所以动心忍性,曾益其所不能[⑦]。人恒过,然后能改[⑧];困于心,衡于虑,而后作[⑨];征于色,发于声,而后喻[⑩]。入则无法家拂士,出则无敌国外患者,国恒亡[⑪]。然后知生于忧患而死于安乐也。”

① 发,出也,起也;犹今言出身。舜发于畎亩之中,见《万章上》“舜往于

田”章（9.1）注。

② 傅说（yuè）举于版筑之间：举，起用。版筑，筑墙用两块木板夹定，实土于其中，用木杵筑紧。《史记·殷本纪》：“武丁夜梦得圣人，名曰说。以梦所见，视群臣百吏皆非也，于是乃使百工营求之野，得说于傅险中，是时说为胥靡，筑于傅险，见于武丁。武丁曰‘是也’。得而与之语，果圣人，举以为相。殷国大治，故遂以傅险姓，号曰傅说。”傅险，地名，亦作“傅岩”。胥靡，刑罪名。

③ 胶鬲，见《公孙丑上》“夫子当路于齐”章（3.1）注。赵岐注：“胶鬲，殷之贤臣，遭纣之乱，隐遁为商，文王于鬻贩鱼盐之中得其人，举之以为臣也。”赵注不知所据。

④ 管夷吾，即管仲。士，赵岐注，“狱官也”。《左传》庄公九年：“夏，公伐齐，纳子纠。桓公自莒先入。秋，师及齐师战于乾时，我师败绩。”“鲍叔帅师来言曰：‘子纠，亲也，请君付之。管、召，雠也，请受而甘心焉。’乃杀子纠于生窦，召忽死之。管仲请囚，鲍叔受之，及堂阜而税之。归以告曰：‘管夷吾治于高傒，使相可也。’公从之。”《史记·齐太公世家》记述更详。齐襄公淫乱，群弟恐祸及。弟公子纠奔鲁，管仲召忽傅之。弟公子小白奔莒，鲍叔傅之。齐襄公被弑后，齐国无君。小白自莒先入，得立为君，是为齐桓公。齐鲁战于乾时，鲁军大败。“齐遗鲁书曰：‘子纠兄弟，弗忍诛，请鲁自杀之。召忽管仲雠也，请得而甘心醢之。’鲁人患之，遂杀子纠于笙渎。召忽自杀，管仲请囚。桓公之立，发兵攻鲁，心欲杀管仲。鲍叔牙曰：‘臣幸得从君，君竟得立。君之尊，臣无以增君。君将治齐，即高傒与叔牙足也。君自欲霸王，非管夷吾不可。夷吾所居国，国重，不可失也。’于是桓公从之。”桓公由此重用管仲，成为春秋第一霸主，九伐中原，一匡天下。

⑤ 孙叔敖举于海，赵岐注：“孙叔敖隐处耕于海滨，楚庄王举之以为令尹。”《史记·循吏列传》：“孙叔敖，楚之处士也。虞丘相进之于楚庄王以自代也。三月为楚相，施教导民，上下和合，世俗盛美，政缓禁止，吏无奸邪，盗贼不起。秋冬则劝民山采，春夏以水。得其所便，民皆乐其生。”赵注谓“孙叔敖隐处耕于海滨”，或另有所据。

⑥ 百里奚举于市，见《万章上》“百里奚自鬻于秦”章（9.9）注。鬻，卖也，故曰“举于市”。

⑦ 苦其心志，苦恼其心意，使其精神受到磨砺。劳其筋骨，劳累其筋骨，使其身体得到锻炼。“空乏其身，行拂乱其所为”，朱熹集注：“空，穷也。乏，绝也。拂，戾也。言其所为不遂，多背戾也。动心忍性，谓竦动其心，坚忍其性也。”曾，通“增”。增益其所不能，使其不能者得到增益，实即增益其能。

⑧ 恒，常也。人常犯错误，然后才能改正；亦即吸取教训，才少犯错误。

⑨ 困，《战国策·魏策四》“困于思虑”，鲍彪注：“困，犹不通。”衡，朱熹集注：“衡，与横同。横，不顺也。”作，奋起之意。“困于心，衡于虑，而后作”，谓使其心思困苦不通，思虑梗塞不顺，然后才能奋发兴起。

⑩ 征，验收，犹言显现。发，发生。喻，晓也。“征于色，发于声，而后喻”，谓那种困苦的心境，总显现在脸色上，发生在声音上，（经过很长时间），然后才能晓畅通达。

⑪ 拂，《诗·大雅·皇矣》“四方以无拂”，朱熹集传：“拂，戾也。”《礼记·大学》“是谓拂人之性”，朱熹章句：“拂，逆也。”《文选·王融〈三月三日曲水诗序〉》“四方无拂”，吕延济注：“拂，乱也。”拂士，扰乱之士；即前“五霸者，三王之罪人”章（12.7）“掊克在位”之“掊克”一类人物。孟子对法家是否定的，“法家”与“拂士”实同义。入，内也，国内；出，外也，国外。谓一个国家，如果内无法家扰乱之士，外无敌国外患，就会丧失警惕，忽视治理防范，国家往往会灭亡。馀详星评。

★（一）本章在《告子》篇中甚至在《孟子》全书中无论思想内容还是语言艺术都是极其精彩的一章。开头用舜、傅说、胶鬲、管夷吾、孙叔敖、百里奚，六位圣贤作为“天将降大任于是人也”的实例，然后进行论述。“天将降大任于是人也，必先苦其心志，劳其筋骨，饿其体肤，空乏其身，行拂乱其所为；所以动心忍性，曾益其所不能”；“入则无法家拂士，出则无敌国外患者，国恒亡。然后知生于忧患死于安乐也”，此等言辞很具有辩证思维，是先秦典籍中卓越的经典名言，对千秋万代处于艰难困苦甚或蒙冤负屈者都是深切的教育和鼓励。

（二）“征于色，发于声，而后喻”三句较为费解。和前三句“困于心，衡于虑，而后作”联系起来就好理解了。两者结构一样，思维一致；可知所谓“色”者危难之色，所谓“声”者困苦之声。经过这个困苦危难的过程，而后才能坦然对待，晓畅通达。

（三）“入则无法家拂士”，赵岐注作“法度大臣之家、辅拂之士”，焦循并引了大量的材料来证实赵注的正确。朱熹解作“法家，法度之世臣也；拂士，辅弼之贤士也”，并特别注明：“拂与弼同。”直至杨伯峻先生仍译作“国内没有法度的大臣和足为辅弼的士子”。自古至今，注家对这一句的理解全都错误，而且极其严重。本章孟子对人生的忧患辛劳艰难困苦作了辩证的诠释。“入则无法家拂士，出则无敌国外患”，两者平列，“入则无”“出则无”后面的“法家拂士”与“敌国外患”，都是忧患。“法家拂士”是内忧，“敌国”是外患，两者都是反面的有害的事物。正因为有这种内忧外患，才可能引起警惕，加强治理，发愤图强，因而使国家稳固，得以生存发展。反之，如果“无”这种内忧外患，丧失警惕，不加防范，甚至安于现状，醉生梦死，则非常危险，乃至“国恒亡”。如此理解，才符合原文的中心思想与逻辑结构。“法家拂士”如解作“法度大臣，辅拂之士”，则是正面事物，内外两边的忧患性质逻辑上不对称。此其一。其二，先秦“法家”就是“法家”，是政治理念与儒家对立的派别，不能解作“法度大臣之家”。在孟子概念中“法家”与“拂士”都是扰乱国家的忧患。“法家”与“法度大臣之家”，两个“家”概念不同。其三，“行拂乱其所为”之“拂”，朱熹注特别注明“拂，与辅同”，是为了迁就“拂士”为“辅弼之士”的错误解释。按，《荀子·性恶》“则兄弟相拂夺”，杨倞注：“拂，违逆也。”《庄子·人间世》“以下拂其上”，成玄英疏：“拂，逆戾也。”都是扰乱之意。前“五霸者，三王之罪人也”章（12.7）“掊克在位”，掊克，赵岐注为“不良之人”。“拂”与“掊”，两字义通，“拂士”与“掊克”，是同一类反面人物，都是扰乱之士。倘若照赵岐、朱熹的理解，则原文必须是内无“法度大臣，辅弼之士”，外“有”“敌国外患”，才成为忧患；如果是内虽无“法度大臣，辅弼之士”，但外“无”“敌国外患”，则太平无事，怎么会成为导致国“亡”的忧患呢？理解之荒谬非常明显。

（四）“所以动心忍性”之“所以”，犹以此。谓“必先苦其心志，劳其筋骨，饿其体肤，空乏其身，行拂乱其所为”，以此“动心忍性，曾益其所不能”。

【12.16】

孟子曰：“教亦多术矣。予不屑之教诲也者，是亦教诲之而已矣。[①]”

① 多术，多种方式。不屑，不愿意，认为不值得。

★老师不屑教诲，一定是学习者有错，就应该自我反省，改正错误；故不屑教诲，也是一种教诲。但孟子自己如此宣扬，却也表示出孟子本人高傲的架势。

尽心章句上

凡四十六章

【13.1】

孟子曰："尽其心者，知其性也。知其性，则知天矣[①]。存其心，养其性，所以事天也[②]。殀寿不贰，修身以俟之，所以立命也。[③]"

【13.2】

孟子曰："莫非命也，顺受其正；是故知命者不立乎岩墙之下[④]。尽其道而死者，正命也；桎梏死者，非正命也。[⑤]"

① 心，本心。性，孟子谓人之性善。命，天命。谓竭尽人之本心，就理解了人的善良本性；理解了人的善良本性，也就懂得了天命。三者其实是一致的。朱熹集注引程子曰："心也，性也，天也，一理也。自理而言谓之天，自禀受而言谓之性，自存诸人谓之天。"

② 存，保持，维护。养，培养，修养。事，事奉，奉行。谓保持其本心，培养其本性，也就是奉行天命。朱熹集注："存，谓操而不舍；养，谓顺而不害；事，则奉承而不违也。"

③ 殀，通"夭"，短命；寿，长寿。不贰，不必有二心，任其自然。赵岐注："虽见前人或妖或寿，终无贰心。"朱熹集注："殀寿，命之短长也。贰，疑也。不贰者，知天之至，修身以俟死，则事天以终身也。立命，谓全其天之所付，不以人为害之。"

④ 正，正命。岩墙，危墙。谓人生无不是天命，但需顺受其正命，所以认得正命者不站在危墙之下。

⑤ 桎梏（zhì gù），刑具之名，即脚镣手铐。谓尽力行道而死者为正命，非正道而死者非正命。

★一、二两章紧密相连，合在一起即为一章。

（一）孟子论心性之文，都贯注其性善之说。前一章谓人本性之善是客观的，但必须发挥人的主观能动性，尽力追求，“存”其心，“养”其性，“修身以俟之，所以立命也”。后一章说明，“莫非命也”，是客观如此；“顺受其正”，即为主观追求。

（二）“不立乎岩墙之下”，“桎梏死者”，都是形象的比喻。不立乎岩墙之下，谓不要无端处于危险的境地。桎梏而死者，喻非正道而死者；所有为非作歹贪婪淫乱致命者，即使并非刑罚而死，都可谓之“桎梏”而死。

（三）但孟子总要故弄玄虚，毫无必要地把“天”扯进来，无端制造出“知天”“事天”这样唯心的术语，成为《孟子》书中的累赘。

【13.3】

孟子曰：“求则得之，舍则失之；是求有益于得也，求在我者也①。求之有道，得之有命，是求无益于得也，求在外者也②。”

①求，追求。舍，放弃。追求便会得到，放弃就会失掉；这种追求有益于得，追求与否由自己决定，故曰“求在我者也”。

②道，犹言原则。追求有一定的原则，能否得到则由命运决定。因为“得之有命”，即使追求也不由自己决定，故曰“求在外者也”。

【13.4】

孟子曰：“万物皆备于我矣。反身而诚，乐莫大焉①。强恕而行，求仁莫近焉。②”

①万物，客观外物。我，泛指每一个人。反身，反躬自问之意。诚，忠诚。谓客观万物皆备于我，如果反躬自问能忠诚地对待，则是最大的快乐。

②强恕，朱熹集注：“强，勉强。恕，推己及人也。”推己及人，是求仁最好

的捷径。

【13.5】

孟子曰："行之而不著焉，习矣而不察焉，终身由之而不知其道者，众也。[①]"

① 著，明白。察，了解。朱熹集注："著者，知之明。察者，识之精。言方行之，而不明其所当然；既习矣，而犹不识其所以然。所以终身由之，而不知其道者多也。"在日常生活中，行而不明，习焉不察，指那种浑沌糊涂得过且过的情况。

【13.6】

孟子曰："人不可以无耻；无耻之耻，无耻矣。[①]"

【13.7】

孟子曰："耻之于人大矣[②]！为机变之巧者，无所用耻焉[③]。不耻不若人，何若人有？[④]"

① 耻，羞愧，自知行为不当的羞愧之心。谓人不可没有羞耻。行为不当而没有羞耻，本身就是羞耻，那就太无羞耻了。

② 大，犹言重要。羞耻之心对于人太重要了。故《公孙丑上》"人皆有不忍人之心"章（3.6）孟子曰"无羞恶之心，非人也"。

③ 机变，犹机诈。对于那种玩弄机诈之巧的人，是不感到羞愧的，因为他们没有羞耻之心；亦即"无耻之耻"。

④ 若，如也。谓不以不如别人为耻的人，那怎能如别人呢？亦即将永远不如别人。

★六、七两章内容也紧密相连。先提出“人不可以无耻；无耻之耻，无耻矣。”之后强调一句，“耻之于人大矣”。再例举两种“无耻之耻”的人：一是机诈之人，“无所用耻”，无耻之耻也；一是无用的人，不以不如人为耻，无耻之耻也。合为一章，结构实甚严密。

【13.8】

孟子曰：“古之贤王好善而忘势；古之贤士何独不然①？乐其道而忘人之势②，故王公不致敬尽礼，则不得亟见之。见且由不得亟，而况得而臣之乎？③”

① 好（hào）善，爱行善。忘势，忘掉自己的权势。待人则“好善”，律己则“忘势”。何独不然，哪能不一样呢？谓贤士的品格修养与贤王一样。

② “乐其道”之“其”，通“己”。乐己之道德修养而忘他人之权势。

③ 亟，赵岐注，“数也”；犹言经常。谓王公大人如不致敬尽礼，则不可能经常相见；经常相见都不可能，哪还能以之为臣，即决不可能。

★古之贤王好善而忘势，是孟子认为历来存在的标准。本章重在说明贤士也是如此；更重在说明“王公”待贤士必须“致敬尽礼”，要不然则不能经常相见，更不可能以之为臣。

贤王“忘势”是忘自己之“势”，贤士忘势是“忘人之势”，即不在乎王公大人之“势”。

【13.9】

孟子谓宋勾践①曰：“子好游乎②？吾语子游：人知之，亦嚣嚣；人不知，亦嚣嚣。③”

曰：“何如斯可以嚣嚣矣？”

曰：“尊德乐义，则可以嚣嚣矣。故士穷不失义，达不离道。穷不失义，故士得己焉[④]；达不离道，故民不失望焉。古之人，得志，泽加于民[⑤]；不得志，修身见于世。穷则独善其身，达则兼善天下。”

① 宋勾践，姓宋，名勾践。其人仅见于此。

② 游，遨游，谓遨游于世。

③ 知，了解，理解。嚣嚣（xiāo），赵岐注：“自得无欲之貌。”

④ 尊德，崇尚道德，乐义，乐于道义。穷，困穷之时，即道不行之时；达，通达之时，即道可行之时。“义”与“道”，互文。得己，自得于己；朱熹集注，“言不失己也”。即“人不知，亦嚣嚣”“独善其身”之意。

⑤ 泽，恩泽。

★“好游”“语子游”之游，赵岐意识到不是游戏游乐之意，故注作“言以道德游，欲行其道者”，与原意较为接近。朱熹集注曰：“游，说（shuì）也。”后人多从朱说，释为“游说”。按，朱说甚误。孟子对游说是否定的，并极力贬低游说之士。全章论述都与游说无关。游，遨游于人世之意；换言之，即在这个世界上如何做人。“尊德乐义”，“穷不失义，达不离道”；“得志，泽加于民；不得志，修身见于世”；“穷则独善其身，达则兼善天下”，即孟子所谓“游”的内涵。

【13.10】

孟子曰：“待文王而后兴者，凡民也[①]。若夫豪杰之士，虽无文王犹兴。[②]”

① 待，等待，依仗。文王，周文王，此用以喻贤王圣君。兴，愤发兴起，有所作为。朱熹集注：“兴者，感动奋发之意。”凡民，一般的人才。

② 若夫，至于那些。虽，即使。犹兴，也会愤发有为。

★本章旨意，谓不论是开明之世，还是离乱之时，都可以有所作为。这对于那种感叹生不逢时的人，既是批评，也是鼓励。

【13.11】

孟子曰："附之以韩魏之家①，如其自视欿然②，则过人远矣。"

① 附，《广雅·释诂》："附，依也。"韩魏，春秋晋六卿之二；此用以代指权贵大家。

② 欿（kǎn）然，朱熹集注："欿然，不自满之意。"按，《庄子·逍遥游》尧让天下于许由曰："吾自视缺然，请致天下。"自视欿然，即"自视缺然"，正"不自满之意"，其实也有自觉惭愧之意。

★本章并不深奥，历来解释却甚错误。赵岐训"附，益也"，并概括全章的旨意，曰："人情富盛，莫不骄矜；若能欿然，谓不如人，非但免过，卓绝乎凡也。"这是对本章误解之始。焦循更引《左传》定公十三年史鳝曰："富不骄者鲜。"又引《晏子春秋·杂下》云"富而不骄者，未尝闻也"，以佐证赵岐之说；如此"富而不骄"仿佛定格成为本章的主旨。朱熹因袭了赵岐之误，也训"附，益也"。但朱熹实有所犹豫，对全章旨意不置一词。这是朱熹惯用的手法，当他没有把握之时，自己就不说话，却引入别人的话。他引尹氏曰："言有过人之识，则不以富贵为事。"今人杨伯峻先生更进了一步，将赵岐的"章旨"用现代汉语明确地表述出来："孟子说：'用春秋时晋国六卿中的韩魏两家大臣的财富来增强他，如果并不自满，这样的人就远远超出一般的人。'"如果有谁用韩魏那样大家的财富来增强自己，不管对"并不自满"怎么解释，其人也是够贪婪的。孟子怎么会赞扬他"过人远矣"，难道说他还贪得不够？如此理解，如此翻译，都甚荒谬。

本章没有一个字涉及财富，所谓用韩魏大家的财富是注释者硬加上去的。按，附，依也，依附也。谓其人虽依附权贵大家，可能是迫不得已，但"自视欿然"。自视欿然，内涵丰富，或感到寄人篱下，自觉惭颜；或感到有负父母师长期望，无所作为；或感到虚度年华，耽误青春；如此种种，给人留下了广阔的想象空间。

这种人尽管够不上有多高的德行，毕竟有他的自尊心，同一般庸懦相比，“过人远矣”。

【13.12】

孟子曰：“以佚道使民，虽劳不怨[①]。以生道杀民[②]，虽死不怨杀者。”

① 佚，《荀子·王霸》“心欲綦佚”，杨倞注：“佚，安乐也。”佚道，使人民生活安乐之道。使，役使，此指劳役。劳，劳苦。

② 生道，使人民得以生存之道。

★以佚道使民，为了使人民生活得好而役使人民。《史记·滑稽列传》附褚少孙“西门豹治邺”：“西门豹即发民凿十二渠，引河水灌民田，田皆溉。当其时，民治渠少烦苦，不欲也。豹曰：‘民可以乐成，不可与虑始，今父老虽患苦我，然百岁后期令父老子孙思我言。’至今皆得水利，民人以给足富。”此以佚道使民的典型例证。

“以生道杀民，虽死不怨杀者”，《尚书大传》引孔子曰：“听颂虽得其指，必哀矜之，死者不可复生，绝者不可复续也。”曾子为孔子的继承者，《论语·子张》记孟氏使阳肤为士师，问于曾子，曾子曰：“上失其道，民散久矣。如得其情，则哀矜而勿喜！”（19.19）《汉书·刑法志》引孔子曰：“今之听狱者，求所以杀之；古之听狱者，求所以生之。”孔子、曾子的论述，正可与孟子所论互相发明。欧阳修《泷冈阡表》记其母述说其父治狱的事迹，曰：“汝父为吏，尝夜烛治官书，屡废而叹。吾问之，则曰：‘此死狱也，我求其生不得耳！’吾曰：‘生可求乎？’曰：‘求其生而不得，则死者与我皆恨也。’”欧阳修之父所说，正是孔孟教育得来的认识，又恰好可以作为孟子“以生道杀民”的解说。

【13.13】

孟子曰：“霸者之民驩虞如也，王者之民皞皞如也[①]。杀之而不怨[②]，利之而不庸[③]，民日迁善而不知为之者[④]。夫君子所过者化，所存者神，上下与天地同流，岂曰小补之哉？[⑤]”

①驩虞，同“欢娱”。皞皞（hào），朱熹集注：“广大自得之貌。”霸者国家强大富庶，百姓欢娱。王者行仁政，百姓雍容自在。

②杀之而不怨，即上章“以生道杀民，虽死不怨杀者”之意。

③庸，《小尔雅·广言》：“庸，偿也。”报答、酬劳之意。利之而不庸，使之受益而不用酬劳。

④民日迁善而不知为之者，百姓日益走向美好而不知谁使之如此。

⑤君子，朱熹集注：“君子，圣人之通称也。”包括在位者和不在位者。神，《尔雅·释诂下》，“治也”。谓君子所过之处即受到感化，所在之地即得到治理；所发挥的作用上下与天地一样运转，岂只是小补而已？

★霸，孟子并不赞赏，谓“五霸者，三王之罪人也”，何以却说“霸者之民驩虞如也”？霸者之国强大，人民生活相对富裕，故人民“驩虞如也”。但霸者之国，战争不断，随时可能发生变故，与孟子理想中的“王者”世界不可同日而语。故所谓“霸者之民驩虞如也”，只是作为陪衬，而且孟子之言似褒实贬。

【13.14】

孟子曰：“仁言不如仁声之入人深也[①]，善政不如善教之得民也[②]。善政民畏之，善教民爱之。善政得民财，善教得民心。”

①仁言，阐述仁政的言论；仁声，体现仁风的音乐。赵岐注：“仁言，政教法度之言也；仁声，乐声雅颂也。仁言之政虽明，不如雅颂感人心之深也。”

②善政，良善的政治；善教，良善的教育。朱熹集注：“政，谓法度政令，所以制其外也；教，谓道德齐礼，所以格其心也。”

★（一）“善政”与“善教”应该是统一的，因为“教”属于“政”的组成部分，两者不能分割。《梁惠王》《公孙丑》篇中孟子反复宣传“制民之产”，“不违农时”，“尊贤使能，俊杰在位”，“五亩之宅，树之以桑”，“百亩之田，无失其时”，“谨庠序之教，申之以孝弟之义”，无不将“政”与“教”有机地组合，作为仁政的内涵。而在本章却将两者分割，实在没有必要。

（二）本章所谓“善教民爱之”，“得民心”，当然好；“善政民畏之”，“得民财”，却很成问题。如果“民畏之”，而且目的是“得民财”，那就不仅不是“善政”，还很可能成为暴政。朱熹实感到了其中的问题，所以集注曰：“得民财者，百姓足而君无不足。”这又是朱夫子惯常采用的手法，他感到了孟子语中的缺失，但他不明说，却不声不响地加以弥补。但这不是办法，孟子的言论并不是完美无缺的，有的极其精辟，有的却甚荒谬；必须具体问题具体分析，没有必要回避或为之遮掩。

【13.15】

孟子曰：“人之所不学而能者，其良能也；所不虑而知者，其良知也①。孩提之童②无不知爱其亲者，及其长也，无不知敬其兄也。亲亲，仁也；敬长，义也；无他，达之天下也。③”

① 良能，赵岐注：“不学而能，性所自能。”朱熹集注：“良者，本然之善也。”虑，思考。良知，照赵注类推，即“不思而知，性所自知”。

② 孩提之童，朱熹集注：“孩提，二三岁之间，知孩笑可提抱者也。”

③ “达之天下”之“之”，犹“于”也。达之天下，即达于天下。谓“亲亲，仁也；敬长，义也”，天下之人莫不如此。

★“良知、良能”是孟子主观臆造的概念。不学而能，谓之“良能”；不虑而知，谓之“良知”。孟子谓舜“由仁义行，非行仁义也”（8.19），天生就仁义，是“不学而能、不虑而知”的典型。这完全是孟子凭空臆造的产物。世界上绝对没有

“不学而能、不虑而知”的神圣。本章是孟子“性善论”的表现。孩提之童“爱其亲，及其长”，属于天然情感，“仁、义”属于道德修养。天然情感可以不学就会，道德修养绝不可能不学就会：两者不能混为一谈。

【13.16】

孟子曰：“舜之居深山之中，与木石居，与鹿豕游，其所以异于深山之野人者几希。及其闻一善言，见一善行，若决江河，沛然莫之能御也。”

★本章已提至《万章上》注释，原文仍保留于此。

【13.17】

孟子曰：“无为其所不为，无欲其所不欲，如此而已矣。[①]”

① 其，己也。谓不做自己不想做的事，不要自己不想要的物，如此而已。

★本章谓不要做违心的事。由“如此而已矣”推知，一定是有人提出与此相关的问题孟子所作的回答；记录很不完整。

【13.18】

孟子曰：“人之有德慧术知者，恒存乎疢疾[①]。独孤臣孽子[②]，其操心也危，其虑患也深，故达。[③]”

① 德，道德。慧，智慧。术，技能。知，知识。恒，常。存，在也。疢（chèn）疾，朱熹集注：“犹灾患也。”指身经患难之人。

② 独，犹唯也。孤，《国语·吴语》“以心孤句践”，韦昭注：“孤，弃也。”《汉书·终军传》“孤于外官”，颜师古注：“孤，远也。”孤臣，失势甚至被放逐的臣子。孽，《说文》，“庶子也”。孽子，古籍中常指失意甚至被迫害的庶子。——

由于被目为孽子者大多非嫡妻所生，故注家多注为庶子。按，贾谊《新书·道术》:“子爱利亲谓之孝，反孝为孽。”《广韵》:“孽，谓贱子也。”由此可知，凡被认为是不孝之子，卑贱之子，皆可谓之孽子，不一定是庶子。申生肯定不是庶子，却无疑是孽子。

③ 危，《礼记·缁衣》“则言不危行，行不危言矣”，郑玄注:“危，高也。”高与远义实相通。《广雅·释诂》:“高，远也。”“操心也危”，“虑患也深”，两句并列，谓因为孤臣孽子，身处患难之中，对社会人生总想得很远，想得很深。达，通达。朱熹集注：孤臣孽子，“皆不得于君亲而常有疢疾者也。达，谓达于事理，即所谓‘德慧术知’也”。

★《告子下》孟子谓“入则无法家拂士，出则无敌国外患者，国恒亡。然后知生于忧患而死于安乐也”。本章孟子言“独孤臣孽子，其操心也危，其虑患也深，故达”。前者就国家前途而言，后者就人生命运而言，思维逻辑一致，都具有辩证精神。

【13.19】

孟子曰:“有事君人者，事是君则为容悦者也[①]；有安社稷臣者，以安社稷为悦者也[②]；有天民者，达可行于天下而后行之者也[③]；有大人者，正己而物正者也。[④]”

① 事，事奉。容悦，犹取悦，即讨其喜爱。有事君主者，对所事奉的君主阿谀逢迎以讨其喜爱为乐。

② 安，安定。社稷，即国家。参见《离娄上》“三代之得天下也以仁”章（7.3）注。有安定国家之臣，以安定国家为乐。

③ 天民，赵岐注:“知道者也。”朱熹集注:“民者，无位之称，以其全尽天理，乃天之民，故谓之天民。”达，《论语·子路》“樊迟未达”，皇侃疏:“达，晓也。”有天民，晓得其道可行于天下然后就去实行。

④ 大人，《论语·季氏》“畏大人”，何晏集解：“大人，即圣人。”刘宝楠正义引郑注：“大人，谓天子诸侯为政教者。”正，端正。物，人也，他人。正己而物正，端正自己以影响他人，他人也因而端正。

★孟子论述了四种人，一为阿谀小人，二为社稷之臣，三曰天民，四曰大人。四者似并无逻辑联系，阿谀小人与社稷之臣相对，天民与大人则很难区别。朱熹集注：“此章言人品不同，略有四等。容悦佞臣不足言。安社稷则忠矣，然犹一国之士也。天民则非一国之士矣，然犹有意也。无意无必，惟其所在，则物无不化，惟圣者能之。”这是朱熹所作的解释，仅供参考；原文未必如此，人品也不止此四等所能概括。

【13.20】

孟子曰：“君子有三乐，而王天下不与存焉[①]。父母俱存，兄弟无故[②]，一乐也；仰不愧于天，俯不怍于人[③]，二乐也；得天下英才而教育之[④]，三乐也。君子有三乐，而王天下不与存焉。”

① 王（wàng）天下，即成为天下之君。不与（yù）存焉，不在三乐其中。

② 存，健在。无故，无不幸事故。一乐谓家人平安。

③ 愧，惭。怍，亦愧也。二乐谓自身心地安宁。

④ 英才，优秀人才。三乐谓有英才可以教育。

【13.21】

孟子曰：“广土众民，君子欲之，所乐不存焉[①]。中天下而立，定四海之民，君子乐之，所性不存焉[②]。君子所性，虽大行不加焉，虽穷居不损焉，分定故也[③]。君子所性，仁义礼智根于心[④]，其生色也睟然，见于面，盎于背[⑤]，施于四体，四体不言而喻。[⑥]”

①广土众民，拥有广大土地，众多民众。君子，此实指圣人。欲，愿也。所，犹其也。《文选·班彪〈王命论〉》“吕后望云而知所处”，旧校“所，五臣本作其”。所乐，其乐。存，在也。谓拥有广大土地，众多民众，是君子所愿，但其乐不在此。

②中天下而立，即立于天下之中。定，安定。所性，即其性，本性。谓立于天下之中，安定四海之民，是君子所乐，然其本性并不在此。

③大行，谓大行其道。加，增加。损，减少。谓君子即使大行其道于天下，其本性的感觉不增加；或者穷居于山林，其本性的感觉不减少，之所以如此，是其本分决定的；亦即穷达不系于心。

④根，扎根。谓君子本性，“仁义礼智”扎根于其心中，不可动摇。

⑤生色，表现的神色。睟（suì）然，朱熹集注：“清和润泽之貌。”见（xiàn），显现。盎，朱熹集注：“丰厚盈溢之貌。”

⑥施，犹言展现，延及。四体，手足四肢，实指全身。朱熹集注：“施于四体，谓见于动作威仪之间也。”

★不言而喻，按，喻，晓也，明也。后世作为成语，为不用说就自然明白之意。而在本文中犹言自然显现出来；朱注“见于动作威仪之间”，正自然显现之意。与成语含义小有区别。

【13.22】

孟子曰：“伯夷辟纣，居北海之滨，闻文王作，兴曰：‘盍归乎来，吾闻西伯善养老者。’太公辟纣，居东海之滨，闻文王作，兴曰：‘盍归乎来，吾闻西伯善养老者。’天下有善养老，则仁人以为己归矣[①]。

“五亩之宅，树墙下以桑，匹妇蚕之，则老者足以衣帛矣。五母鸡，二母彘，无失其时，老者足以无失肉矣。百亩之田，匹夫耕之，八口之家足以无饥矣。所谓西伯善养老者，制其田里，教之树畜，导其妻子使养其老[②]。五十非帛不暖，七十非肉不饱。不暖不饱，谓之冻馁。文王之民无冻馁之老者，此之谓也。”

① 为己归，成为自己的归宿。

② 制其田里，订立田里制度。田，即耕种有“百亩之田”；里，即居有“五亩之宅”。教之树畜，树，即“树墙下以桑”；畜，即畜养鸡彘。导，带领。

★本章前段已见于《离娄上》“伯夷辟纣”章（7.13），后段基本内容已见于《梁惠王上》“寡人之于国也”章（1.3）与“齐桓晋文之事”章（1.7），文字小有差异。前后两段，用“所谓西伯善养老”勉强联系起来，很不自然。此等篇章，纯属多馀。

【13.23】

孟子曰：“易其田畴，薄其税敛[①]，民可使富也。食之以时，用之以礼，财不可胜用也[②]。民非水火不生活，昏暮叩人之门户求水火，无弗与者，至足矣。圣人治天下，使有菽粟如水火。菽粟如水火，而民焉有不仁者乎？[③]”

① 易，治也。畴（chóu），《玄应音义》“田畴”，注引《苍颉篇》：“畴，耕地也。”田畴，即田地。薄其税敛，减轻税收。

② 食之以时，即按时有节制地食用，不缺少也不浪费。礼，《礼记》“礼记”，孔颖达疏：“礼者，理也。”用之以礼，即钱财合理使用。财不可胜用也，即钱财丰赡，用之不尽。

③ 昏暮，黄昏时候，实谓无论何时。叩，敲也。菽粟，代指粮食。焉有，岂有。

【13.24】

孟子曰：“孔子登东山而小鲁，登泰山而小天下[①]；故观于海者难为水，游于圣人之门者难为言[②]。观水有术，必观其澜[③]。日月有明，容光必照焉[④]。流水之为物也，不盈科不行[⑤]；君子之志于道也，不成章不达。[⑥]”

① 东山，鲁国山名。泰山，在山东省中部，古称东岳，被称为五岳之首。小，动词，看得小了，站得高就看得远，广阔大地也感到小了。

② 难为水，大海水浩瀚无涯，相形之下，一般江湖水域微不足道，故难以为水。难为言，圣人言论高深渊博，进入圣人之门，一般人知识浅薄，故难以为言。

③ 术，犹言方法。澜，是湍急洪大的波涛。观其澜，才能感受到水的巨大力量。

④ 明，光也。容光，赵岐注：“小隙也。”即仅能容入光的小孔或缝隙。容光必照，谓日月之光明照幽微。（朱熹集注：“明者光之体，光者明之用。”按，《说文》：“明，照也。”朱熹是否弄反了，应光为体，明为用。但，体用是统一的，没有必要分开。）

⑤ 科，坎也，低洼之地。盈，满也。不盈科不进，不灌满所有低洼之地不向前流。喻积蓄充盈的实力而后前进。参见《离娄下》“徐子曰”章（8.18）“盈科而后进，放乎四海，有本者如是”注。

⑥ 志于道，言有志于道，用心于道。《荀子·正名》“章之以论”，杨倞注：“章，明也。”《吕氏春秋·大乐》“阴阳变化，一上一下，合之成章”，高诱注：“章，犹形也。”谓君子用心于道，不到明白定形的程度，则不能通达于道。

【13.25】

孟子曰：“鸡鸣而起，孳孳为善者，舜之徒也[①]；鸡鸣而起，孳孳为利者，蹠之徒也[②]。欲知舜与蹠之分，无他，利与善之间也。[③]”

① 鸡鸣而起，即清早起来。孳孳（zī），汉书《汉书·谷永传》“夙夜孳孳”，颜师古注：“孳孳，不怠也。”《资治通鉴·汉纪四十七》“孳孳求奸”，胡三省注：

“孳孳，犹汲汲也。”急切追求之意。为善，行善。舜之徒，虞舜一类之人。

② 为利，求利。蹠，一作“跖”（zhí），传为古代大盗，称为盗跖。

③ 无他，没有别的。间（jiàn），《汉书·西域传下》“间以山河”，颜师古注：“间，隔也。”《礼记·内则》“同藏无间”，孔颖达疏：“间，别也。”谓舜与蹠的不同，就在于行善与求利的区别。

★蹠，即盗跖，见于《孟子》《荀子》《庄子》等书，只是作为大盗的象征性人物。由于《庄子·盗跖》描绘盗跖的形象最为突出，谓“孔子与柳下季为友，柳下季之弟曰盗跖”，有些注家即引以为据。《盗跖》中盗跖极力侮辱孔子，所以“文革”批孔曾把盗跖作批判孔子的英雄。按，柳下季即柳下惠，始见于《左传》僖公二十六年（前634），其时即已年长。僖公二十六年下距鲁襄公二十二年（前551）孔子出生八十三年，距鲁哀公十六年（前479）孔子之死一百五十五年，可知柳下季长于孔子一百多岁，二人不可能为友。《盗跖》篇之所以要拉柳下季为盗跖之兄长，是让最善良和最恶劣两者形成鲜明的对比。需要特别说明的是，《盗跖》并非庄子的作品，是一篇极端恶作剧式的创作，并非真实历史，不能引以为据。

【13.26】

孟子曰：“杨子取为我，拔一毛而利天下不为也。墨子兼爱，摩顶放踵利天下为之。子莫执中，执中为近之。执中无权，犹执一也。所恶执一者，为其贼道也，举一而废百也。”

★本章与《滕文公下》“外人皆称夫子好辩”章（6.9）同论及杨朱和墨翟，故提到《滕文公下》注释，原文仍保留于此。

【13.27】

孟子曰：“饥者甘食，渴者甘饮，是未得饮食之正也，饥渴害之也[①]。岂惟口腹有饥渴之害，人心亦皆有害[②]。人能无以饥渴之害为心害，则不及人不为忧矣。[③]”

① 甘，甜美。饥者甘食，饥饿的时候，饥不择食，吃什么都觉得好吃，却未能体味真正的美味。渴者甘饮，也是如此。这是饥渴造成的损害。

② 岂只是口腹有饥渴造成的损害，人心也有同样的损害。谓人贪图富贵而损害了人心，损害了做人的品格。

③ 如果人不像饥饿之害那样造成人心之害，即不贪图富贵，就不会以不如别人为忧了。（不及人为不忧矣，即不以不及人为忧矣。）

【13.28】

孟子曰：“柳下惠不以三公易其介。[①]”

① 柳下惠，见《公孙丑上》“伯夷非其君不事”章（3.9）与《万章下》“伯夷目不视恶色”章（10.1）注。三公，周代以太师、太傅、太保为三公；此用以喻最高官职。易，改变。介，操守。谓柳下惠即使再大的官也不会改变他的操守。

【13.29】

孟子曰：“有为者辟若掘井，掘井九仞而不及泉，犹为弃井也。[①]”

① 有为者，做任何事情。辟，通“譬”。轫，通“仞”，量词，一仞七尺；一说，一仞八尺。不及泉，没有得到水。谓做事必须有始有终，坚持到底，才能成功；半途而废，等如不做。与孔子所说“譬如为山，未成一篑”，即造不成山，意思相近。

【13.30】

孟子曰：“尧舜，性之也；汤武，身之也；五霸，假之也[①]。久假而不归，恶知其非有也。②”

① 性之也，谓尧舜行仁义是其本性。身之也，谓汤武行仁政是修身得来。假之也，谓五霸假用仁义的名义。参见《公孙丑上》“以力假仁者霸”章（3.3）。

② 恶（wū），何也。谓五霸长期假用这种名义而不改变，人们怎能知其并非实有？

★“性之也”，“身之也”，“假之也”，以及前文之“所性”“容光”之类的词语，过于怪诞，如不联系书中前后思想内容，很难理解。

“久假而不归，恶知其非有也”，朱熹集注：“言窃其名以终身，而不自知其非真有。或曰，盖叹世人莫觉其伪者亦通。”可见朱熹也拿不准。没有哪个封建统治者不欺骗人民，他们无须考虑假用的名义实有不实有，故朱熹说的前一种情况不存在。联系“霸者之民驩虞如也”来理解，之所以“驩虞如也”，正是“莫觉其伪”，故应以朱熹说的后一种解释近是。

【13.31】

公孙丑曰：“伊尹曰：‘予不狎于不顺。①’放太甲于桐②，民大悦。太甲贤，又反之，民大悦。贤者之为人臣也，其君不贤，则固可放与？”

孟子曰：“有伊尹之志则可，无伊尹之志，则篡也。③”

① 予不狎于不顺，此句孟子未说明出处，或亦古《尚书》逸文，伪古文《尚书》采入《太甲上》，引文作“予弗狎于弗顺”。弗，不也。狎，近也。孔颖达疏：“我不得令王近于不顺之事。”不顺，朱熹集注：“言太甲所为不顺义理也。”

② 放太甲于桐，见《万章上》“万章问人有言”章（9.6）注。

③ 志，思想，心境。伊尹放太甲于桐，自行摄政，但并非要夺取王位，而是要让太甲改过。太甲悔过，伊尹即迎太甲复位。谓有伊尹这种精神境界才能如此，没有这种精神境界，妄图夺取王位，便是篡逆。朱熹集注：“伊尹之志，公天下以

为心，而无一毫之私也。”

【13.32】

公孙丑曰：“《诗》曰‘不素餐兮’①，君子之不耕而食何也？”

孟子曰：“君子居是国也，其君用之，则安富尊荣；其子弟从之，则孝悌忠信②。‘不素餐兮’，孰大于是？③”

①《诗》，引诗为《国风·魏风·伐檀》。不素餐兮，朱熹集注：“素，空也。无功而食禄，谓之素餐。”

② 安富尊荣，平安，富裕，尊严，光荣。孝悌忠信，孝顺父母，敬爱兄长；于人于事，尽忠诚，讲信用。

③ 孰大于是，即没有比君子的作用更大的。

【13.33】

王子垫①问曰：“士何事？②”

孟子曰：“尚志。③”

曰：“何谓尚志？”

曰：“仁义而已矣。杀一无罪非仁也，非其有而取之非义也。居恶在？仁是也；路恶在？义是也。居仁由义，大人之事备矣。④”

① 王子垫（diàn），赵岐注：“齐王子，名垫。”先秦典籍中未见其人，赵注不知所据。

② 士，先秦社会人的一个阶层。《礼记·王制》：“诸侯之上大夫卿，下大夫、上士、中士、下士。”《穀梁传》成公元年：“古者有四民：有士民、有商民、有农民、有工民。”可知“士”，在官员中属下层，在“四民”中属上层。士何事，朱熹集注：“上则公卿大夫，下则农工商贾，皆有所事，而士居其间，独无所事，故

王子问之也。”

③ 尚，崇尚。志，犹信念。孟子解释为“仁义而已矣”。

④ 居，处也，犹今言所处的立场。恶（wū）在，何在。路，道也，犹今言所走的道路。“居仁由义，大人之事备矣”，谓站稳仁的立场，走好义的道路，大人之事就完备了。

★彭更曾间接地批评孟子，“士无事而食，不可也”，王子垫谓“士何事”，实际也是指向孟子的。孟子说的好像只是大道理，其实也是表明自己“居仁由义，大人之事备矣”；如得行其“志”，即可创不世之功业。“当今之世，舍我其谁”，是锋芒毕露的声明；“居仁由义，大人之事备矣”，则是隐约其辞的解释。

【13.34】

孟子曰：“仲子，不义与之齐国而弗受，人皆信之，是舍箪食豆羹之义也。人莫大焉亡亲戚君臣上下。以其小者信其大者，奚可哉？”

★本章内容与《滕文公下》“匡章曰”章（6.10）正相衔接，已移入该章一并注释，原文仍保留于此。

【13.35】

桃应问曰：“舜为天子，皋陶为士，瞽瞍杀人，则如之何？”

孟子曰：“执之而已矣。”

“然则舜不禁与？”

曰：“夫舜恶得而禁之？夫有所受之也。”

“然则舜如之何？”

曰：“舜视弃天下犹弃敝蹝也。窃负而逃，遵海滨而处，终身䜣然，乐而忘天下。”

★本章已提到《万章上》“象日以杀舜为事”章（9.3）之后注释，原文仍保留于此。

【13.36】

孟子自范之齐[①]，望见齐王之子，喟然叹曰[②]：“居移气，养移体，大哉居乎！夫非尽人之子与？[③]”

孟子曰[④]：“王子宫室、车马、衣服，多与人同，而王子若彼者，其居使之然也；况居天下之广居者乎[⑤]？鲁君之宋，呼于垤泽之门。守者曰：‘此非吾君也，何其声之似我君也？’此无他，居相似也。[⑥]”

①范，赵岐注：“齐邑。”故城在今河南范县东南，是孟子由梁至齐所经之地。魏源《孟子年表考》：“梁襄嗣位之后，值齐宣新政之初，孟子闻以足用为善，故自范至齐。”

②喟（kuì）然，叹息貌。

③居，处也，此指环境，地位。气，气质，风度。养，奉养。体，体态。移，改变。朱熹集注：“言人之居处，所系甚大。王子亦人子耳，特以所居不同，故所养不同，而其气体有异也。”

④“孟子曰”，此三字衍文，赵岐由此另作一章，本帙从朱熹本与前章合为一章。

⑤广居，《滕文公下》“景春曰”章（6.2）“居天下之广居”朱熹集注：“广居，仁也。”谓王子之气体之所以异于常人，是“居使之然也”，是环境地位使其如此，何况具有仁德修养者，自然更为高尚宏伟。

⑥垤（dié）泽之门，宋都东南城门。守者，守城门者。此非吾君，指鲁君。我君，宋君。两君声音相似，“居相似也”，因为都是国君，地位环境相似。

★文章到“况居天下之广居者乎”即应该结束。本来价值就不大，拖一个“鲁君之宋”的尾巴纯属累赘。非吾君而声似我君，“居相似也”，无稽之谈。周宣王父为厉王，子为幽王，“居相似也”，“气”“体”何曾相似？

【13.37】

孟子曰：“食而弗爱，豕交之也；爱而不敬，兽畜之也[①]。恭敬者，币之未将者也[②]。恭敬而无实，君子不可虚拘。[③]”

① 食（sì），养。交，朱熹集注，“接也”，此处犹言对待。畜，畜养。谓供养而不爱，就同养猪一样。纵然爱而不恭敬，等于畜养牲畜。

② 币，币帛之类的礼物。将，《庄子·应帝王》“不将不迎”，成玄英疏：“将，送也。”谓恭敬是在礼物未送之前就应该有的。

③ 拘，朱熹集注，“留也”。按，拘，通“居”。谓如果似乎恭敬而不真实，君子不会因这种表面现象而居留。

★《论语·为政》子游问孝。子曰：“今之孝者，是谓能养。至于犬马，皆能有养，不敬，何以别乎？”孔子是说孝养父母，如果不恭敬，只是供养就如同畜养犬马。本章由孟子所说“君子不可虚拘”，知论述的是国君应如何接待贤人，同样是说如果不敬，只是“食之”就如喂养牲畜。

【13.38】

孟子曰：“形色，天性也；惟圣人然后可以践形。[①]”

① 形色，身体容貌。践，《说文》，“履也”；《玉篇》，“行也”。此处为走到、达到之意。形，即上句“形色”的简化。谓人的身体容貌是天生的，只有圣人（由于他们的修养、他们的道行）才达到同人本然的“形色”相一致的境地。

★“形色，天性也”，泛指人本然的形体，天生理想的形体容貌，只有圣人的精神境界才和人的“形色”一致，才成为完人。这是作为“人”的最高标准，一般人根本无法仰视。照此说来，世界上成兆成亿的人除圣人以外没有一个“可以践形”的真正的人；难怪公孙丑惊呼“道则高矣，美矣，宜若登天然”！孟子本人曾宣称“当今之世，舍我其谁”，在孟子心中，战国之世“可以践形”的圣人大概只有他自己。之所以要制造这种理论，也就“不言而喻”。

这是孟子主观唯心最典型的理论，所以理学家们特别赞赏。朱熹集注：“人之有形有色，无不各有自然之理，所谓天性也。盖众人有是形而不能尽其理，故无以践其形；惟圣人有是形而又能尽其理，然后可以践其形而无歉也。”又引程子曰：“此言圣人尽得其道，而能充其形也。盖人得天地之正气而生，与万物不同。既为人须尽得人道，然后称其名。众人有之而不知，贤人践之而未尽；能充其形，惟圣人也。”这种语言，只有他们自己懂得，他们自己赏识，无聊之极！

【13.39】

齐宣王欲短丧①。公孙丑曰：“为朞之丧，犹愈于已乎？②”

孟子曰：“是犹或紾其兄之臂，子谓之姑徐徐云尔，亦教之孝悌而已矣。③”

王子有其母死者，其傅为之请数月之丧④。公孙丑曰：“若此者何如也？”

曰：“是欲终之而不可得也⑤。虽加一日愈于已⑥，谓夫莫之禁而弗为者也。⑦”

① 欲短丧，即缩短守孝的年限，不守三年之丧。

② 朞，一年；即将三年改为一年。愈，胜过。已，停止，没有。公孙丑谓将守孝三年缩短为一年，总比完全不守要好。

③ 紾（zhěn），赵岐注，“戾也”，扭转。其兄，被扭臂者之兄。徐徐，犹言慢一点。谓有人扭其兄的手臂，不立即制止，却说你慢一点轻一点吧，你这就算教他孝悌了。

④ 傅，教育王子的师傅。为其母死请求守孝几个月。

⑤ 欲终之而不可得，王子欲为其母守丧，何以“欲终之而不可得”？朱熹不

得其解，便引陈氏曰："王子所生之母死，厌于嫡母而不敢终丧，其傅为其请于王，欲使得行数月之丧也。"然陈氏所谓王子之母是父亲之妾，迫于上有嫡母，因而不能守丧，不知有何根据。

⑥ 虽加一日愈于已，孟子赞赏王子的要求，说即使有一天也比没有强。"加一日"之"加"，不宜按常训解作增加。既然没有就无所谓增加。《吕氏春秋·孝行》"光耀加于百姓"，高诱注："加，施也。"加一日，犹言施予一日，有一日。

⑦ 谓夫莫之禁而弗为者也，孟子将口气转向公孙丑所说"为朞之丧犹愈已"，谓王子"欲终之而不可得"，而你说的却是没有谁禁止而不为。（加上主语，"汝谓夫欲终之而弗为者也"，意思才明白。）

★"亦教之孝悌而已矣"，赵岐注："不若教之以孝悌，勿复戾其兄之臂也。"朱熹集注："教之以孝悌之道，则彼将自知其兄之不可戾。"如此解释，不符合孟子说话的态度和语气。这是一句讽刺话，是挖苦公孙丑的。公孙丑说，"为朞之丧，犹愈于已"，也算是守孝了；孟子说看到有人扭其兄之臂，你叫他慢一点扭，也算是教之孝悌了。两者语气才配合得上。

【13.40】

孟子曰："君子之所以教者五①：有如时雨化之者②，有成德者③，有达财者④，有答问者⑤，有私淑艾者⑥。此五者，君子之所以教也。"

① 以，用也。所以教者，所用于教的方式。

② 时雨，及时雨。此用作比喻及时之雨，不用人工而自然润泽。比喻对那些资质高者，不用耳提面命而自然感化。朱熹集注："若孔子之于颜曾是也。"（颜曾，颜回与曾参。）

③ 成，促成，促进。成德，对那些智能甚强者，促进其德行。又，"德者得也"，理解为促进其成功，亦通。朱熹集注："如孔子之于冉闵。"（冉闵，冉求与闵损。）

④ 达，通达，通晓。此动词，犹今言启发，开发。财，朱熹集注：“财与材通。”达财，对于那颇有才能者，则开发其才能，朱熹集注：“如孔子之于由赐。”（由赐，仲由与端木赐。）

⑤ 答问，对那些才具一般者，则解答其提问。朱熹集注：“若孔孟之于樊迟万章也。”

⑥ 私淑艾，朱熹集注：“私，窃也。淑，善也。艾，治也。人或不能及门受业，但闻君子之道于人，而窃以善治其身，是亦君子教诲之所及；若孔孟之于陈亢夷之是也。”（陈亢，见《论语·季氏》“陈亢问于伯鱼”章；夷之，见《滕文公上》“墨者夷之”章。）

★本章孟子说他对不同资质的对象，采用不同教的方式，朱熹集注一一举例为他说明。

【13.41】

公孙丑曰：“道则高矣，美矣，宜若登天然①，似不可及也；何不使彼为可几及而日孳孳也？②”

孟子曰：“大匠不为拙工改废绳墨，羿不为拙射变其彀率③。君子引而不发，跃如也。中道而立，能者从之。④”

① 宜，犹殆也。宜若登天然，几乎像登天一样。

② 几及，犹企及。谓何不使人们（通过努力）可以企及因而孳孳不倦地去追求？（如果像登天一样难，人们就不会追求了。）

③ 绳墨，匠人标示直线的用具，彀，拉满弓。谓大匠不会因拙劣的工人改变或废弃绳墨的规则，羿不会因拙劣的射手改变开弓的标准。

④ 引，拉开弓。“君子引而不发，跃如也”，此以教射为喻，教射者拉开弓但不射出，跳跃式地站在大道中间，教敢于上去的就跟上。

★“中道而立，能者从之”，朱熹集注：“中者，无过不及之谓。中道而立言其非难非易，能者从之，言学者当自勉也。”朱熹用对“中庸”的训解来解释“中道”，脱离了君子所用教射的比喻；还言其“非难非易”，更违背了孟子的本意。孟子要求不能放低标准，怎么会用“非难非易”之道，叫“能者从之”？此处与“中庸”之道毫无关系。“中道”者，道路之中也。此用高超的射手教射为喻，射手拉开弓，小步跳跃式地站在大道中间，叫有志气有勇气的学习者就跟上来。此教育公孙丑，“道”就是如此，你是能者，你就跟上。间接表示，如果你跟不上，那是你的问题，我可不能放低标准。

【13.42】

孟子曰：“天下有道，以道殉身；天下无道，以身殉道；未闻以道殉乎人者也。[①]”

① 赵岐注：“殉，从也。天下有道，得行王政，‘道’从身施功实也。天下无道，‘道’不得行，以身从‘道’，守‘道’而隐。不闻以正道从俗人者也。”

★古今注释者对本章的训解，赵岐注最圆通活脱，三个“殉”都可以用“从也”来解释。但赵注其实并不理想，因古籍中凡涉及以人为“殉”总是殉葬从死之意，“以身从‘道’，守‘道’而隐”很难说是“殉道”。“守道”与“殉道”含义完全不同。邓光荐忠于故国，保持了自己的名节，但还是不能和慷慨就义的文天祥相比；这是“守道”与“殉道”两个典型的例证。

【13.43】

公都子曰：“滕更之在门也，若在所礼而不答，何也？[①]”

孟子曰：“挟贵而问，挟贤而问，挟长而问，挟有勋劳而问，挟故而问[②]，皆所不答也。滕更有二焉。[③]”

①滕更，赵岐注："滕君之弟，来学于孟子者也。"若在所礼，应该在以礼相待之列。

②挟，倚仗。贵，就地位言。贤，就品行言。长（zhǎng），就年龄言。勋劳，就功劳言。故，故旧。

③滕更有二，滕更有上述五条中的两条。赵岐说两条是"挟贵挟贤"。

★孟子与人交接，相与问答，都看人打发，使心计，摆架子，傲慢之极。全书此种事例，比比皆是。

【13.44】

孟子曰："于不可已而已者，无所不已。于所厚者薄，无所不薄也[①]。其进锐者，其退速。[②]"

①已，中断，放弃。厚，厚待。薄，薄待。对于不该放弃的事情轻易放弃，就没有什么事情不可以放弃；应该厚待的人却薄待，就没有什么人不会薄待。

②锐，太猛，太快。速，快速。于人于事都是如此。

【13.45】

孟子曰："君子之于物也，爱之而弗仁；于民也，仁之而弗亲[①]。亲亲而仁民，仁民而爱物。[②]"

①物，物资，特指有用之物。爱，爱惜。仁，爱护。亲，亲爱。

②亲亲，亲爱亲人。仁民，爱护百姓。爱物，爱惜物资。

★"亲亲而仁民"，于"亲"则"亲"，于"民"则"仁"；与《告子下》"公孙丑问高子曰"章（12.3）和本篇"人之所不学而能"章（13.15）所说"亲亲，仁也"，同是"亲亲"，何以内涵不同？按，"亲亲，仁也"之"仁"，亲爱之意；

“仁民”之“仁”，爱护而已。“人”有亲疏之别，“仁”也就有程度之异。

【13.46】

孟子曰：“知者无不知也，当务之为急；仁者无不爱也，急亲贤之为务①。尧舜之知而不遍物，急先务也；尧舜之仁不遍爱人，急亲贤也②。不能三年之丧，而缌、小功之察；放饭流歠，而问无齿决，是之谓不知务③。”

①“知者”之“知”同“智”。“知（智）者”二句，谓智者应知道一切事务，而以知道当前的事为急务。“仁者”二句，谓仁者对人无不爱，而以亲近贤人为急务。

②“尧舜之知”之“知”同“智”。谓尧舜之智也不可能知道所有的事，而能以知道急务为先。此与“知者无不知”二句相应。尧舜之仁也不可能去爱所有的人，而能以亲近贤人为先。此与“仁者无不爱”二句相应。

③“缌、小功”，五服之后两服。古代守孝服丧，“斩衰、齐衰、大功、小功、缌麻”，谓之五服。斩衰为父母服丧最重要，缌麻、小功，是为父母以外的人守孝服丧。（甚为烦琐，兹不详述。）《礼记·曲礼上》：“侍食于长者”，“毋放饭，毋流歠”；“濡肉齿决，干肉不齿决”。（放饭，大口大口地吃饭。流歠，大口长久地喝汤。是很不礼貌的行为。濡肉，又湿又软的肉，可以用牙齿咬，叫“齿决”。干肉不能用牙齿咬，须用手撕，可以随便一点。）“不能三年之丧”五句谓不能为父母守三年之丧，却讲究缌麻小功；在长者面前用餐，不注意大口大口吃饭喝汤的不礼貌行为，却讲究不用牙齿咬肉。这是分不清事情的轻重。

★本章前面提出处事行政，要以“当务”“亲贤”为先，并以尧舜作为典型。前后对应严谨。后面以守孝服丧与在长者面前吃饭喝汤不知轻重作为例证；狗尾续貂。

尽心章句下

凡三十八章

【14.1】

孟子曰："不仁哉，梁惠王也！仁者以其所爱及其所不爱，不仁者以其所不爱及其所爱。[①]"

公孙丑问曰："何谓也？"

"梁惠王以土地之故，糜烂其民而战之，大败；将复之，恐不能胜，故驱其所爱子弟以殉之[②]，是之谓以其所不爱及其所爱也。"

① 所爱，指自己的亲人。及，推及。不爱，指平民百姓。谓仁者将对待自己亲人之爱推及平民百姓，即"亲亲而仁民"之意；不仁者将对待平民百姓的行为推及自己的亲属，结果不仅百姓受害，自己的亲人也受害。

② 以土地之故，为争夺土地的缘故。糜烂其民，使其民尸骨糜难，引申为坑害伤害之意。殉之，犹言不惜葬送。"糜烂其民而战之，大败；将复之，恐不能胜，故驱所爱子弟以殉之"，即《梁惠王上》"晋国天下莫强焉"章（1.5）梁惠王所说"及寡人之身，东败于齐，长子死焉；西丧地于秦七百里；南辱于楚"。详该章注。

★本章是孟子离梁至齐以后同公孙丑谈话时对梁惠王的评论。

【14.2】

孟子曰："春秋无义战，彼善于此则有之矣[①]。征者，上伐下也，敌国不相征也。[②]"

① 义战，正义的战争，合理的战争。春秋时代，战争不断，都不是正义的战

争。相对而言，这一场比那一场好一点则有之。

② 敌，当也，同等。只有“上伐下”，如天子讨伐诸侯才能叫“征”，同等级的诸侯国，不能叫相互征伐。

【14.3】

孟子曰：“尽信《书》，则不如无《书》[①]。吾于《武成》，取二三策而已矣[②]。仁人无敌于天下，以至仁伐至不仁，而何其血之流杵也？[③]”

①“尽信《书》”，赵岐注：“《书》，《尚书》。经有所美，言事或过。”阮元校勘：“争，古本多作‘事’。”

②《武成》，孟子所引为古《尚书·武成》。孟子提到“何其血之流杵也”，伪古文《尚书·武成》中有“血流漂杵”句，必是采用古《尚书·武成》逸文。策，竹简，古代用竹简书写文字。

③ 至仁，谓周武王。至不仁，指商纣王。杵，舂米的木棒。武王伐纣，战于牧野。纣王军倒戈，攻于其后，战斗激烈惨酷，以至“血流漂杵”，可知死人之多。孟子认为周武王至仁之师讨伐至不仁之商纣王，战争不致血之流杵也。

★“尽信书，则不如无书”，赵岐谓“书”指《尚书》，因后举《武成》即属于《尚书》。但，泛指各种书亦无不可，甚至更具有普遍意义；孟子谓“吾于《武成》”，只是举例而已。

【14.4】

孟子曰：“有人曰：‘我善为陈，我善为战。[①]’大罪也。国君好仁，天下无敌焉。[商汤之征葛也]，南面而征北狄怨，东面而征西夷怨。曰：‘奚为后我？[②]’武王之伐殷也，革车三百两，虎贲三千人[③]。王曰[④]：‘无畏！宁尔也，非敌百姓也。[⑤]’若崩厥角稽首[⑥]。征之为言正也，各欲正己也，焉用战？”

① 陈，通“阵”，战阵。为战，作战。

② “南面而征北狄怨，东面而征西夷怨，曰：奚为后我？”此用商汤征葛事。《梁惠王下》“齐人伐燕取之”章（2.11）曰：“《书》曰：‘汤一征，自葛始。天下信之，东面而征西夷怨，南面而征北狄怨，曰：奚为后我？”朱熹集注：“此引汤之事以明之。”按文章结构推论，后有“武王之伐殷也”，则前面也应有“商汤之征葛也”，补一句以便诵读。

③ 革车，兵车。《三国志·蜀志·彭羕传》“老革荒悖”，裴松之注：“老革，犹言老兵也。”因兵卒服铠甲，甲用革制，故兵亦称革，兵车称为“革车”。虎贲（bēn），贲，通“奔”。孔安国《尚书叙》“虎贲三百人”，江声集注音疏：“虎贲，言猛怒如虎之奔赴也。”朱熹集注：“又用武王之事名之也。”

④ 王曰，此周武王告诉商之百姓。（“王曰”之前，缺乏必要的衔接。）

⑤ 畏，畏惧。宁，安宁，安定。朱熹集注：“王谓商人曰：‘无畏我也，我来伐纣，本为安宁汝，非敌商之百姓也。’”

⑥ 若崩厥角稽首，此语见于伪古文《尚书·泰誓中》，当是孟子引用古《尚书》逸文。若崩厥角，伪孔传：“言民畏纣之虐，危惧不安，若崩摧其角，无所容头。”孔颖达疏：“以畜兽为喻，民之怖惧，若似畜兽崩摧其头角然，无所容头。顾氏云：常如人之若崩其角也，言容头无地。”按孔颖达之说，此“以畜兽为喻”，“若似畜兽崩摧其头角”，亦勉可通。稽首，叩头至地。

★若崩厥角稽首，很不好理解。一、伪孔传解作“若崩摧其角”，谁“若崩摧其角”？据前后文理解，当指商之百姓，但文中没有交代。其角，谁之角？什么角？孔颖达解释，这是“以畜兽为喻”，“若似畜兽崩摧其头角”。畜兽，野牛之类，崩摧，碰坏之意。二、崩，孔传孔疏都解作“崩摧”。焦循却把“若崩”二字连在一起解释，曰：“‘若崩’二字，极状其人的众多，如山之下坠。”显与文意不符。三、厥角，厥，其也，此常训。角，通常指“畜兽”之角，也属常识。《汉书·诸侯王表》“汉诸侯王厥角稽首”，注引应劭曰：“厥，顿也。角者，额角也。”角由兽角换成人的额角。如此训解，则“厥角”即“顿首”；而下文“稽首”也是

“顿首”，如此解释，更讲不通。诸如此类的解释，越讲越离奇。词句本身过于怪僻，很难作准确而又平易的训解；注用孔颖达疏，勉为解释而已。

【14.5】

孟子曰：“梓匠轮舆能与人规矩，不能使人巧。①”

① 梓匠，木工；轮舆，车工。参见《滕文公下》“彭更问”章（6.4）注。规矩，圆规与曲尺，量圆形与方形的工具。参见《离娄上》“离娄之明”章（7.1）注。此原则、方法之意。巧，技巧，指巧妙地运用。

★规矩，方法，可以通过教授得到，但运用之妙却只能通过实践得到，他人无法传授。《庄子·天道》轮扁有精辟的表述。轮扁曰：“斫轮，徐则甘而不固，疾则苦而不入。不徐不疾，得之于手而应之于心，口不能言，有数存焉于其间。臣不能以喻臣之子，臣之子亦不能受之于臣。”凡事莫不如此。金元好问《论诗》云：“晕碧裁红点缀匀，一回拈出一回新。鸳鸯绣了从教看，莫把金针度与人。”“莫把”也者，不是不愿把，而是不能把；真工夫只能通过艰苦的实践得到，无法直接简易地教授。

但是话说回来，“能与人规矩，不能使人巧”，也不能看得过于绝对。在“与人规矩”的过程中，也会“使人巧”，两者不能截然分开。

【14.6】

孟子曰：“舜之饭糗茹草也，若将终身焉；及其为天子也，被袗衣，鼓琴，二女果，若固有之。”

★本章已提到《万章上》注释，原文仍保留于此。

【14.7】

孟子曰："吾今而后知杀人亲之重也[①]；杀人之父，人亦杀其父；杀人之兄，人亦杀其兄。然则非自杀之也，一间耳。[②]"

① 亲，亲人。重，严重。

② 间（jiàn），隔也，谓相差不远。朱熹集注："一间者，我往彼来间一人耳，其实与自害其亲无异也。"

★孟子所说的情况未必常见，历史上改朝换代则确实如此。新朝的统治者屠杀前朝统治者的子孙，若干年之后，他自己的子孙又由下一朝的统治者屠杀；历朝历代，莫不如此。为此可以说：杀人之子孙，人亦杀其子孙。然则非自杀之也，"间"若干年耳！

【14.8】

孟子曰："古之为关也，将以御暴[①]；今之为关也，将以为暴。[②]"

① 为关，交通要道设立关卡。暴，《慧琳音义》"暴恶"，注引《字书》："暴，害也。"御暴，防止歹徒为害。朱熹集注："稽察非常。"

② 为暴，为害。朱熹集注："征税出入。"

【14.9】

孟子曰："身不行道，不行于妻子；使人不以道，不能行于妻子。[①]"

① 自身的行为不合道，连在妻子那儿也行不通；使唤别人不合道，同样连妻子也难以使唤。

【14.10】

孟子曰："周于利者凶年不能杀[①]，周于德者邪世不能乱。"

① 周，朱熹集注，"足也"，饶足。利，《论语·里仁》"放于利而行"，刘宝楠正义："利，财货也。"杀，《广韵》："衰，小也，减也，杀也。"则"杀"亦小也，减也，此处为匮乏之意。邪世，乱世。乱，惑也。谓饶于财则荒年不致匮乏，饶于德则乱世不致惑乱。

【14.11】

孟子曰："好名之人能让千乘之国，苟非其人，箪食豆羹见于色。[①]"

① 千乘之国，有千部兵车的诸侯国。箪食豆羹，一筐饭一碗汤。爱好虚名的人可以将千乘之国的君位让与他人；如果不是可以使他得到虚名，哪怕要他让一筐饭一盒汤，也会露出极不高兴的脸色。

【14.12】

孟子曰："不信仁贤，则国空虚；无礼义，则上下乱；无政事，则财用不足。[①]"

① 信，信任。则国空虚，朱熹集注："空虚，言若无人然。"无礼义，朱熹集注："礼义，所以辨上下，定民心。"无政事，谓无善政。朱熹集注："生之无道，取之无度，用之无节故也。"

★"不信仁贤""无礼义""无政事"，朱熹引尹士曰："三者以仁贤为本。无仁贤，则礼义、政事，处之皆不得其道矣。"

【14.13】

孟子曰："不仁而得国者，有之矣；不仁而得天下者，未之有也。[①]"

①"得国"之"国"，诸侯国。

【14.14】

孟子曰："民为贵，社稷次之，君为轻[①]。是故得乎丘民而为天子，得乎天子为诸侯，得乎诸侯为大夫[②]。诸侯危社稷，则变置[③]。牺牲既成，粢盛既絜，祭祀以时，然而旱干水溢，则变置社稷。[④]"

① 社稷，土神与穀神。古代以土地与粮食（穀物）是国家的根本，因此每个王朝建立必建社稷坛埠。参见《离娄上》"三代之得天下也"章（7.3）注。

② 丘民，朱熹集注："田野之民。"实即人民。得，得到信任。谓得到人民信任者为天子，得到天子信任者为诸侯，得到诸侯信任者为大夫。

③ 变置，《说文》："变，更也。"《广雅》高诱注："置，立也。"谓如果诸侯之君无道，危害国家，就应废立，更立贤君。

④ 牺牲，供祭祀的牲畜。粢盛，祭祀时盛在祭器内的黍稷。絜，通"洁（潔）"，谓粢盛洁净。祭祀以时，按时进行了祭祀。旱干，旱灾。水溢，水灾。"牺牲"五句，谓对社稷按时进行了祭祀，但水旱灾荒不断地发生，则要更换社稷。

★"民为贵"，"君为轻"，这是先秦诸子中甚至是整个封建社会历史上最具民本思想甚至民主精神的命题。对于后世那些关注民生的政治思想家是最好的启迪。但封建统治者往往不能容忍。先师聂清诚夫子讲授《孟子》时曾提到朱元璋对孟子非常反感，他要删掉《孟子》书中此类具有民主色彩的章节。当时没有问是否有过一部被删节的《孟子》，如果有这样一部书存在，意义非同一般，更能反映出孟子"民为贵""君为轻"思想的光辉。

但文中“社稷”概念内涵不一致。“社稷次之”“变置社稷”指社稷其神之坛埠；“诸侯危社稷”之“社稷”代指（诸侯）国家。《孟子》书中这种词语混乱的现象颇不为少。

“牺牲既成，粢盛既絜，祭祀以时，然而旱干水溢，则变置社稷”，国家出了严重问题，却去“变置”冥冥中的土榖其神之坛埠；这一民贵君轻无比光辉的思想，在这儿却掺入了荒诞的迷信，就像珍珠和羊屎混合在一个宝盆里。

【14.15】

孟子曰：“圣人，百世之师也，伯夷、柳下惠是也。故闻伯夷之风者，顽夫廉，懦夫有立志；闻柳下惠之风者，薄夫敦，鄙夫宽。奋乎百世之上，百世之下闻者莫不兴起也。非圣人而能若是乎？而况于亲炙之者乎？”

★本章已提至《万章下》“伯夷目不视恶色”章（10.1）后注释，原文仍保留于此。

【14.16】

孟子曰：“仁也者，人也①。合而言之，道也。”

① 朱熹集注：“仁者，人之所以为人之理也。然仁，理也；人，物也。以人之理，合于人之身而言之，乃所谓道也。”

【14.17】

孟子曰：“孔子之去鲁，曰：‘迟迟吾行也，去父母国之道也。’去齐，接淅而行，去他国之道也。”

★本章内容已见《万章下》“伯夷目不视恶色”章（10.1），参见该章注。

【14.18】

孟子曰："君子之戹于陈蔡之间[①]，无上下之交也。[②]"

① 君子，指孔子。戹（è），受困。孔子戹于陈蔡之间，《论语·卫灵公》："在陈绝粮，从者病，莫能兴。子路愠见曰：'君子亦有穷乎？'子曰：'君子固穷，小人穷斯滥矣。'"《史记·孔子世家》："孔子在陈蔡之间，楚使人聘孔子，孔子将往拜礼。陈蔡大夫谋曰：'孔子贤者，所刺讥皆中诸侯之疾。今者久留陈蔡之间，诸大夫所设行皆非仲尼之意。今楚，大国也，来聘孔子。孔子用于楚，则陈蔡用事大夫危矣！'于是乃相与发徒役围孔子于野。不得行，绝粮，从者病，莫能兴，孔子讲诵弦歌不衰。"

② 无上下之交也，赵岐注："孔子之所以戹于陈蔡之间者，其君臣皆恶，上下无所交接，故戹也。"朱熹照抄赵岐注却更加简单，曰："君臣皆恶，无所与交也。"赵朱之意，似谓陈蔡君臣皆恶，孔子与他们君臣皆无交结，故遭遇厄运。

★孟子总爱打着孔子的旗号，不解本章何以不称"孔子"而泛称之为"君子"。无上下之交，谁与谁无上下之交？意思不明。赵朱注释，注语也很不顺畅。勉为解释，实不得其解。

【14.19】

貉稽曰："稽大不理于口。[①]"

孟子曰："无伤也。士憎兹多口[②]。《诗》云：'忧心悄悄，愠于群小。'孔子也。'肆不殄厥愠，亦不殒厥问。'文王也。[③]"

① 貉稽，赵岐注："貉，姓；稽，名。（貉，音 mò；作为姓，则音 hé）。其人生平不详。不理于口，赵岐注："为众口所讪。理，赖也。"焦循正义："理，赖也，利也。不利于口，犹云不利于众口也。"即许多人说他的坏话。

② 无伤也，没有关系，没什么害处。士憎兹多口，凡士都憎恶"多口"，说

明这种被讪谤现象很多。

③《诗》，引诗为《邶风·柏舟》。《柏舟》，朱熹集传谓为“妇人不得于其夫”之诗。“忧心悄悄，愠于群小”，朱熹集传：“悄悄，忧貌。愠，怒意。群小，众妾也，言见怒于众妾也。”“肆不殄厥愠，亦不殒厥问”，引诗为《大雅·緜》。朱熹集传：“肆，犹遂也，承上启下之辞。殄（tiǎn），绝。愠，怒。殒，坠地。问，闻通，谓声誉也。”谓尽管不能杜绝别人的愠怒，但并不有损自己的声誉。

★“大不理于口”“士憎兹多口”，语句都甚怪僻。《柏舟》中诗句与孔子毫无关系，《緜》中诗句也不是说文王的事，孟子引诗是为我所用，取其句意而已。如此引诗，极不严谨。

【14.20】

孟子曰：“贤者以其昭昭使人昭昭，今以其昏昏使人昭昭。①”

① 昭昭，清醒明白。昏昏，昏昧糊涂。谓贤者自己明白，故能教他人明白。现有人自己糊涂，却妄图教他人明白，自然只能更加“昏昏”。

★话极其精辟，却小有语病。“贤者以其昭昭使人昭昭，今以其昏昏使人昭昭”，两句都是肯定语气显然不对；后一句按其本意应作“今以其昏昏欲使人昭昭”，意思才较为明白。

【14.21】

高子曰：“禹之声尚文王之声。①”

孟子曰：“何以言之？”

曰：“以追蠡。②”

曰：“是奚足哉？城门之轨，两马之力与？③”

①尚，胜过。谓禹的音乐胜过周文王的声乐。

②追（duī）蠡，朱熹集注引丰氏曰："追，钟钮也；《周礼》所谓旋虫是也。蠡者，啮木虫也。言禹时钟在者，钟纽如虫啮而欲绝，盖用之者多。而文王之钟不然，是知禹之乐过于文王之乐也。"

③奚，何也。朱熹集注引丰氏曰："奚足，言此何足以知之也。轨，车辙迹也。两马，一车所驾也。城中之涂容九轨，车可散行，故其辙迹浅；城门惟容一车，车皆由之，故其辙迹深。盖日久车多所致，非一车两马之力能使之然也。言禹在文王前千馀年，故钟久而纽绝。文王之钟则未久而纽全，不可以此而议其优劣也。"

★"以追蠡"一句过于简略，很不好理解。朱熹实不得其解，故引用丰氏之说，自己不置一辞。前人多有解释，议论纷繁，丰氏之说尚算顺畅，勉从之而已。

【14.22】

孟子谓高子曰："山径之蹊间[①]，介然用之而成路[②]，为间不用，则茅塞之矣[③]。今茅塞子之心矣。[④]"

①径，王念孙《广雅疏证》："《释丘》'岭、陉，阪也'，陉之言径也。"则"径"通"陉"，阪也，即山坡。蹊，朱熹集注，"人行处也"。

②介然，朱熹集注："倏忽之顷也。"《慧琳音义》"倏焉"，注引顾野王曰："倏，往来迅速也。"介然用之而成路，谓人往来不断地走便成了路。

③为间不用，有一段时间不用。茅塞，茅草长起来就把路堵塞了。

④茅塞子之心，谓高子思路不通，如同被茅草堵塞。

★本章原在"禹之声"章之前。此高子言"禹之声尚文王之声"，孟子批评他固执不通，如茅塞其心。故将两章前后调换，便于理解。

"今茅塞子之心矣"与《告子下》公孙丑问"高子曰"章（12.3）孟子曰"固

哉高叟之为诗也”，“茅塞”“固哉”，含义一致：“固哉”是本意，“茅塞”是比喻。

【14.23】

齐饥。陈臻曰：“国人皆以夫子将复为发棠，殆不可复。[①]”

孟子曰：“是为冯妇也。晋人有冯妇者，善搏虎，卒为善士[②]。则之野，有众逐虎。虎负嵎，莫之敢撄；望见冯妇，趋而迎之[③]。冯妇攘臂下车[④]。众皆悦之，其为士者笑之。”

① 饥，饥荒。棠，齐国邑名。此言孟子曾建议齐王发棠邑粮仓赈济饥民，现齐又发生饥荒，国人期望孟子再请王放粮，陈臻自己又恐其不可。

② 冯妇，赵岐注：“冯，姓。妇，名也。”搏虎，徒手与老虎搏斗。卒为善士，后来（不打虎了）成为善士。

③ 则，犹其也。之野，到野外。嵎，山角。负嵎，背靠山角。撄，触犯。趋而迎之，众人走上前迎接。

④ 攘臂下车，捋起袖子，下车（搏虎）。

★此必孟子在齐国不受齐王信任，所以不能再向齐王建议。不要像冯妇一样，已不再“搏虎”，成为“善士”；一碰上机会，又“攘臂下车”，为士人所笑。——孟子这个比喻很不妥当。那位冯妇，已为“善士”，路上碰到众人“逐虎，虎负嵎，莫之敢撄”；冯妇“攘臂下车”相助，有何不可？那些所谓“士者”袖手旁观，怯弱无能，却自以为是，哪有资格耻笑冯妇？

【14.24】

孟子曰：“口之于味也，目之于色也，耳之于声也，鼻之于臭也，四肢之于安佚也，性也，有命焉，君子不谓性也[①]。仁之于父子也，义之于君臣也，礼之于宾主也，知之于贤者也，圣人之于天道也，命也，有性焉，君子不谓命也。[②]”

①味，美味。色，美色。声，乐音。臭（xiù），香气。安佚，安闲逸乐。各种美好的感受，是人的本性；但能不能得到由命运决定，故君子不把它当作本性而强行追求。朱熹集注引程子曰："五者之欲，性也，然有分不能皆如其愿，则是命也。不可谓我性之所有而求必得之也。"

②"仁之于父子"八句，谓父子之间的仁爱，君臣之间的道义，宾主之间的礼仪，睿智之于贤者，天道之于圣人，人们认为是命定的，其实是人的本性，君子不把它当作命定的而努力追求。

★子贡曰："夫子之言性与天道不可得而闻也"，孟子与之相反，特别喜爱言道，而且故弄玄虚。如本章就很不好理解。人的感官耳目口鼻四肢的生理感触与仁义礼智的社会作用不同类，比拟不伦。勉为解说，不敢以为是也。

【14.25】

浩生不害问曰："乐正子何人也？"

孟子曰："善人也，信人也。"

"何谓善？何谓信？"

曰："可欲之谓善，有诸己之谓信，充实之谓美，充实而有光辉之谓大，大而化之之谓圣，圣而不可知之之谓神。乐正子，二之中、四之下也。"

★本章已提到《告子下》"鲁欲使乐正子为政"章（12.13）后注释，原文仍保留于此。

【14.26】

孟子曰："逃墨必归于杨，逃杨必归于儒。归，斯受之而已矣。今之与杨墨辩者，如追放豚，既入其苙，又从而招之。"

★本章已提到《滕文公下》"外人皆称夫子好辩"章（6.9）后注释，原文仍保留于此。

【14.27】

孟子曰："有布缕之征，粟米之征，力役之征[①]。君子用其一，缓其二[②]。用其二而民有殍[③]，用其三而父子离。[④]"

①征，赵岐注，"赋也"。本章所谓"征"，包括两个方面：一是税收，布缕之征，征收布帛；粟米之征，征收粮食。二是劳役，即"力役之征"。

②"用其一，缓其二"，先征一种，另两种缓征。朱熹从时令上解释，曰："征赋之法，岁有常数然：布缕取之于夏，粟米取之于秋，力役取之于冬。当各以其时，若并取之，则民力有所不堪矣。"

③殍（piǎo），饿死的人。《梁惠王上》"寡人愿安承教"章（1.4）作"莩"。

④离，生离死别，家破人亡。（文中"用其二""用其三"，为害必然后者更惨。如果"离"只是生离，则较"有殍"为轻，故应包括死别。）

【14.28】

孟子曰："诸侯之宝三：土地、人民、政事[①]。宝珠玉者，殃必及身。[②]"

①诸侯之宝三，赵岐注："诸侯正其封疆，不侵邻国，邻国不犯，宝土地也。使民以时，民不离散，宝人民也。修其德教，布其惠政，宝政事也。"

②宝珠玉，以珠玉为宝。"珠玉"只是一例，概指珍贵财货。如果贪婪无厌，奢侈无度，灾殃必及其身。

★"诸侯之宝三"，三者不能并列："土地、人民"是客观存在，"政事"是主观作为。"土地、人民"如何，取决于"政事"如何。赵岐所说"正其封疆，不侵邻国，（使）邻国不犯"，"使民以时，（使）民不离散"，都在"修其德教，布其惠政”范围之内。又，所谓“政事”，应该是“人事”，没有人才，也就无所谓政事。此等文辞，貌似警策，实极不严谨。

【14.29】

盆成括[①]仕于齐，孟子曰：“死矣盆成括！”

盆成括见杀[②]，门人问曰：“夫子何以知其将见杀？”

曰：“其为人也小有才，未闻君子之大道也，则足以杀其躯而已矣。”

① 盆成括，赵岐注：“盆成，姓；括，名也。”

② 见杀，被杀。

★盆成括“见杀”，具体情况不得而知。谓盆成括“未闻君子之道”所以必死无疑。孟子的判断似乎绝对准确，其实完全不然。在孟子眼中，“未闻君子之大道”者比比皆是，成千成万，成万成千，并不都会“见杀”；这种空泛的话毫无意义。

【14.30】

孟子之滕，馆于上宫[①]。有业屦于牖上[②]，馆人求之弗得。或问之曰：“若是乎从者之廋也？[③]”

曰：“子以是为窃屦来与？[④]”

曰：“殆非也。夫子之设科也，往者不追，来者不拒。苟以是心至，斯受之而已矣。[⑤]”

① 馆，赵岐注，“舍也”，住宿。上宫，朱熹集注，“宫名”。

② 业屦（jù），赵岐注：“屦，扉屦也。业，织之有次业而未成也。”即尚未织成的麻鞋。牖（yǒu），窗户。谓麻鞋放在窗户上。

③ 廋（sōu），藏匿。谓好像孟子从者藏匿了麻鞋。

④ 窃，偷盗。孟子反问，你以为他们为偷麻鞋而来？

⑤ 殆非也，大概不是。夫子，指孟子。设科，开设课程。谓孟子对人只要有心来学即接受，“往者不追，来者不拒”。或人所说，表面上为孟子开脱，谓孟子对他们并不了解，因此没有责任，其实仍认为窃屦者未必不是他们。措词甚为狡黠。

★“夫子之设科也”，赵岐正义本作“夫予之设科也”，以此为孟子之言。本帙从朱熹集注本。阮元校勘认为“作‘予’是也”。赵佑《温故录》甚至认为“作孟子言，足见圣贤之大；作或人言，仍是意含隐讽矣”。按，朱熹本作“夫子”是，赵岐本作“夫予”非。上句孟子反问或人，“子以是为窃屦来与？”明系为从者辩护。如果接着又说“予设科也，往者不追，来者不拒，苟以心至，斯受之而已矣”，则是说自己对从者不了解情况，间接承认了其从者可能窃屦，与前面说的相互矛盾。赵佑所谓“作孟子言，足见圣贤之大”，大谬不然。如果孟子如此说话，则反映出孟子心虚怯弱，回避责任，决不是什么“圣贤之大”，更不符合孟子的性格。赵佑说“作或人语，仍意含隐讽”，本来如此。

【14.31】

孟子曰：“人皆有所不忍，达之于其所忍，仁也；人皆有所不为，达之于其所为，义也①。人能充无欲害人之心，而仁不可胜用也②；人能充无穿踰之心，而义不可胜用也③；人能充无受尔汝之实，无所往而不为义也④。士未可以言而言，是以言餂之也；可以言而不言，是以不言餂之也，是皆穿踰之类也。⑤”

① 达，通也，引申为扩展、推广之意。谓人皆有不忍心对待之事，扩展到（本来不合理）却忍心对待之事，便是仁。人皆有不会去做之事，扩展到（本来不应该做）却忍心去做之事，便是义。

② 充，扩充。与“达”实同义。谓人能把不想害人的心加以扩充，仁便用之

不尽。

③ 穿踰，挖洞跳墙。谓人能把不挖洞跳墙那种盗贼行为加以扩充，义便用之不尽。

④ 尔汝，两字同义，即今言“你”。使用场合不同，表示的态度也不同。杜甫诗“忘形到尔汝，痛饮真吾师”，表示亲密的关系。如面对应该尊重的人，“尔汝”相称，便是轻视态度。谓人能扩充不被他人“尔汝”呼唤，便无所往而无不合于义了。

⑤“士未可以言而言”五句，赵岐注：“餂（tiǎn），取也。人之为士者，见尊贵者未可与言而强与之言，欲以言取之也，是失言也。见可与言者而不与之言，不知贤人可与之言，而反欲以不言取之，是失人也。是皆趋利入邪无知之人，故曰穿踰之类也。”赵岐注原于《论语·卫灵公》子曰：“可与言而不与之言，失人；不可与言而与之言，失言。知者不失人，亦不失言。”孔子之言，清顺明白；孟子之语，诡谲离奇，不可相提并论。

★本章注释，参照前人所注，勉强为之。增字为解，违背了训诂的原则，还未必说清楚了问题。为免得贻误读者，特此说明。

【14.32】

孟子曰：“言近而指远者①，善言也；守约而施博②者，善道也。君子之言也，不下带而道存焉③；君子之守，修其身而天下平④。人病舍其田而芸人之田，所求于人者重，而所以自任者轻⑤。”

① 言近而指远，语言浅近而旨意深远。

② 守约而施博，所守的原则简约而所施的惠泽广博。

③ 带，腰带。不下带而道存，朱熹集注：“带之上乃目前常见至近之处也。举目前之近事而至理存焉，所以为言近而指远也。”

④ 修其身而天下平，朱熹集注：“此所谓守约而施博也。”《礼记·大学》：“身

修而后家齐，家齐而后国治，国治而后天下平。”

⑤人病，人的毛病。芸，通“耘”，锄草。舍其田而芸人之田，放弃自己的田地任其荒芜，而去锄别人田地的草。谓对别人责求很重，而对自己应负的责任却看得很轻。

★不下带而道存焉，引朱熹注勉为解释，实很不好理解，不知亦有别解否。

【14.33】

孟子曰：“尧舜，性者也①；汤武，反之也②。动容周旋中礼者，盛德之至也。哭死而哀，非为生者也。经德不回，非以干禄也。言语必信，非以正行也③。君子行法，以俟命而已矣。④”

①性者也，出于其本性。与《尽心上》“尧舜性之也”意同。

②反之也，犹言反求诸己，即努力修身。与《尽心上》“汤武身之也”意近。朱熹集注：“反之者，修为以复其性而至于圣人也。”

③动容周旋，指所有行动。动容，重在自己行动；周旋，重在与他人交往。谓一切行动皆合于礼。“哭死而哀，非为生者”谓哀哭死者，出于至情，并非表现自己。经德，犹言常德。回，《诗·大雅·大明》“厥德不回”，毛传：“回，违也。”经德不回，与“厥德不回”含义正同。谓保持常德不违，并非为干求利禄。信，诚信。谓言语诚信，并非要表示自己行为端正。朱熹集注：“三者亦皆自然而然，非有意而为之也；皆圣人之事，性之至德也。”

④行法，遵依法度行事。俟命而已，等候天命，任其自然之意。

★（一）“尧舜，性者也；汤武，反之也。”朱熹集注引程子曰：“性之，反之，古未有此语，盖自孟子发之。”程颐的话，似乎没有明确表示褒贬，其实贬义是明显的。所谓“性者也，反之也；性之也，身之也”，是古籍中最拙劣的词句，如果不联系孟子思想的整体，大致捉摸到其中的含义，单独出现任何注释家都会不知所云。

（二）“动容周旋”二句，赵岐注：“人动作容仪周旋中礼者，盛德之至。”释“容”为容仪非是，“动作”可以周旋，“容仪”何可周旋？按，《说文·宀部》朱骏声通训定声：“容，假借为动。”《广雅·释训》：“容，举动也。”《诸子评议·淮南内篇一》“性之害也”，俞樾按：“害乃容字之误。容，亦动也。”“动容周旋”之“容”正应训“动也”。《楚辞·九歌·湘君》“水周兮堂下”，王逸注：“周，旋也。”《广雅·释言》：“周，旋也。”动容，容，亦动也；周旋，旋，亦周也。“动容周旋”为两个平列词组组成的联合结构，四个字都是动词；“动容周旋皆中礼”，谓所有的行动皆合于礼。如果训“容”为容貌或容仪，四个字中掺一个名词，则语言夹杂不通。本句“动容周旋”中之“动容”与常语“愀然动容”“为之动容”之“动容”，形态相同，词义有别。

【14.34】

孟子曰：“说大人则藐之，勿视其巍巍然[①]。堂高数仞，榱题数尺[②]，我得志，弗为也。食前方丈[③]，侍妾数百人，我得志，弗为也。般乐饮酒[④]，驱骋田猎，后车千乘，我得志，弗为也。在彼者，皆我所不为也；在我者，皆古之制也[⑤]，吾何畏彼哉？”

① 说（shuì）大人，同尊贵大人说话。朱熹集注：“赵氏曰：‘大人，当时尊贵者也。’藐（miǎo），轻之也。巍巍，富贵高显之貌。藐然而不畏之，则志意舒展，言语得尽也。”

② 堂，堂屋。榱题，屋檐椽子前头。

③ 食前方丈，指餐桌上盛菜碗盏极多，形容餚馔丰盛。

④ 般乐饮酒，赵岐注：“般（pán），大也。般乐（yuè），大作乐而饮酒。”

⑤ 在我者，我所遵守者。古之制，古代圣贤之法则。

★道德修养，自然体现，用不着自我标榜。本章孟子如此表白自己，实在有失身份。"后车千乘，我得志，弗为也"，未必；尚未得志，已是"后车数十乘，从者数百人"；而且公然主张"君子平其政，行辟人可也"；如果真"得志"，岂能"弗为也"？

【14.35】

孟子曰："养心莫善于寡欲①。其为人也寡欲，虽有不存焉者，寡矣；其为人也多欲，虽有存焉者，寡矣。②"

① 养心，涵养其善良心性。少欲，少有欲望。

② 存，指保存其善良心性。

★"寡欲"，正常的欲望不可能没有，故孟子说的是"寡欲"，是少有。欲，包括物质的欲望与精神的欲望，都应少有。

孟子语言中有一些特殊的现象。如本章之"存"，上句"养心"指涵养其善良心性，后面"存"即谓保存其善良心性；如此"存"就成了一个特有的概念，或者叫术语。这是孟子用语的特点，也是缺点。

【14.36】

曾皙嗜羊枣①，而曾子不忍食羊枣。

公孙丑问曰："脍炙与羊枣孰美？②"

孟子曰："脍炙哉。"

公孙丑曰："然则曾子何为食脍炙而不食羊枣？"

曰："脍炙所同也，羊枣所独也③。讳名不讳姓，姓所同也，名所独也。④"

① 曾皙（xī），曾参之父。羊枣，一种水果，何焯《义门读书记》："羊枣，非枣也，乃柿之小者，初生色黄，熟则黑，似羊矢。"

② 脍（kuài）炙，细切的烤肉。

③ 脍炙所同，烤肉人人都爱吃。羊枣所独，羊枣是曾皙个人的嗜好。

④ 讳名不讳姓，古人在言谈或书写中要回避君父之名（实际包括师长以及其尊敬人士之名），叫“避讳”。对姓不避讳。韩愈《讳辩》论之甚详。

★“脍炙所同也，羊枣所独也”，说的是食物。“讳名不讳姓”，是一种礼仪。两者没有任何可比性。如此比喻，莫名其妙。

【14.37】

万章问曰：“孔子在陈，曰：‘盍归乎来！吾党之小子狂简[①]，进取不忘其初。’孔子在陈，何思鲁之狂士？”

孟子曰：“孔子‘不得中道而与之，必也狂猬乎！狂者进取，猬者有所不为也’[②]。孔子岂不欲中道哉？不可必得，故思其次也。”

“敢问何如斯可谓狂矣？”

曰：“如琴张、曾皙、牧皮者[③]，孔子之所谓狂矣。”

“何以谓之狂也？[④]”

曰：“其志嘐嘐然，曰：‘古之人，古之人。’夷考其行，而不掩焉者也[⑤]。狂者又不可得，欲得不屑不絜之士而与之，是獧也，是又其次也[⑥]。孔子曰：‘过我门而不入我室，我不憾焉者，其惟乡原乎！乡原，德之贼也。’[⑦]”

曰：“何如斯可谓之乡原矣？[⑧]”

曰：“‘何以是嘐嘐也？言不顾行，行不顾言，则曰，古之人，古之人。’‘行何为踽踽凉凉？生斯世也，为斯世也善斯可矣。[⑨]’阉然媚于世也者，是乡原也。[⑩]”

万子曰：“一乡皆称原人焉，无所往而不为原人，孔子以为德之贼，何哉？[⑪]”

曰：“非之无举也，刺之无刺也[⑫]，同乎流俗，合乎污世，居之似忠信，行之似廉絜，众皆悦之，自以为是，而不可与入尧舜之道，故曰‘德之贼’也。孔子曰：‘恶似而非者：恶莠，恐其乱苗也；恶佞，恐其乱义也；恶利口，恐其乱信也；恶郑声，恐其乱乐也；恶紫，恐其乱朱也；恶乡原，恐其乱德也。[13]’君子反经而已矣。经正，则庶民兴；庶民兴，斯无邪慝矣。[14]”

① 盍（hé），何不。万章引语见《论语·公冶长》“子在陈”章，文字稍异。朱熹集注：“吾党小子，指门人之在鲁者。狂简，志大而略于事也。”鲁定公十四年（前496）孔子“去鲁适卫”，只有几位高足从行，还有许多弟子留在鲁国。

② 孟子引语见《论语·子路》“不得中道而与之”章。“不得中道”《论语》作“不得中行”。中道，中正之道。与，刘宝楠正义：“犹示也，教也。”谓不得中正之道而教之。

③ 琴张，《左传》昭公二十年“琴张闻宗鲁死，将往吊之，仲尼曰：‘齐豹之盗而孟縶之贼，女何吊焉？’”其人当亦孔子弟子，然《仲尼弟子列传》未见其名。（《庄子·大宗师》“子桑户、孟之反、子琴张，三人相与友”，《庄子》寓言，子琴张不知是否即琴张。）曾皙，曾参之父，父子为孔子前后弟子。牧皮，当亦孔子弟子，其人名仅见于此。

④ 何以谓之狂也，前文万章问“敢问何如斯可谓狂矣”，孟子回答仅举琴张等人为狂，故万章又问。

⑤ “其志嘐嘐（xiāo）然”五句，朱熹集注：“嘐嘐，志大言大也。重言‘古之人’，见其动辄称之，不一称而已也。夷，平也。掩，覆也。言平考其行，不能覆其言也。”按，“平考”不好理解。夷，发语词，有加重语气的作用。不能覆其言，谓其行与其言不相符。

⑥ 不屑，不值得。不絜，赵岐注：“污秽也。”欲得不屑不絜之士而与之，谓欲得不屑于污秽之士交友。（用语过于迂曲，不屑于污秽之士，实即不污秽之士。）獧，同“狷”。朱熹集注：“狂，有志者也；獧，有守者也。有志者能进于道，有守者不失其身。”

⑦ 不憾，不恨，不遗憾。贼，害也。谓如果过我门而不入，我不感到遗憾，

那就只有乡原了，因乡原于德是有害的。按，原，通“愿”。《说文》：“愿，谨也。”乡愿，犹今言老好人；指那种表面上谨慎善良，实际很庸俗的人。朱熹集注：“孔子以其似德而非德，故以为‘德之贼’；过门不入而不恨之，以其不见亲就为幸，深恶而痛绝之也。”

⑧ 曰，此万章又问，“何如斯可谓之乡原矣？”

⑨ 曰：此孟子回答。朱熹集注：“踽踽（jǔ），独行不进之貌。凉凉，（凉）薄也，不见亲厚于人也。乡原讥狂者曰：‘何为如此嘐嘐然，行不掩其言，而徒每事必称古人耶？’又讥狷者曰：‘何必如此踽踽凉凉无所亲厚哉！人既生于此世，则但当为此世之人，使当世之人皆以为善则可矣。’此乡原之志也。”（孟子这段话很不好理解，赵岐注不知所云。朱熹认为是孟子托为乡原疵议狂者狷者之语，集注加上“乡原讥狂者曰”“又讥狷者曰”，文章乃可讲通，是较为合理的解读。）

⑩ 阉然媚于世也，朱熹集注：“阉，如奄人之奄，闭藏之意也。媚，求悦于人也。孟子言此深自闭藏，以求亲媚于世，是乡原之行也。”闭藏，掩盖之意。

⑪ 万子，即万章。全书万章之名凡二十二出，不解此处何以独称万子。无所往而不为原人，即指乡原。朱熹集注：“原，亦谨原之称，而孔子以为‘德之贼’，故万章疑之。”

⑫ 非之无举也，要否定他，举不出事实。刺之无刺也，要指责他，也无可指责。

⑬ 恶（wù），厌恶。朱熹集注：“孟子又引孔子之言以明之。莠（yǒu），似苗之草。佞，才智之称，其言似义而非义也。利口，多言而不实者也。郑声，淫乐也。乐，正乐也。紫，间色。朱，正色也。乡原不狂不狷，人皆以为善，有似乎中道而实非也。故恐其乱德。”按《论语·阳货》：“子曰：‘恶紫之夺朱也，恶郑声之乱雅乐也，恶利口之覆邦家者。”又，子曰：‘有恶：恶称人之恶者，恶居下而讪上者，恶勇而无礼者，恶果敢而窒者。’”

⑭ 反经，赵岐注：“经，常也。反，归也。君子治国家，归其常道。”朱熹集注：“反，复也。经，常也，万世不易之常道。”邪慝，犹邪恶。谓君子治理国家，归于正常之道。道正常则庶民兴起而无邪恶。

【14.38】

孟子曰："由尧舜至于汤，五百有馀岁；若禹、皋陶，则见而知之；若汤，则闻而知之[①]。由汤至于文王，五百有馀岁，若伊尹、莱朱[②]，则见而知之；若文王，则闻而知之。由文王至于孔子，五百有馀岁。若太公望、散宜生[③]，则见而知之；若孔子，则闻而知之。由孔子而来至于今，百有馀岁，去圣人之世若此其未远也，近圣人之居若此其甚也[④]，然而无有乎尔！则亦无有乎尔！[⑤]"

① 禹、皋陶则见而知之，谓禹、皋陶见而知尧舜之道，（因禹、皋陶与尧、舜同时而略后），商汤则闻而知尧舜之道，（因已相隔五百多年）。下两节"由汤至于文王""由文王至于孔子"，与前一节结构含义皆相同，可以类推。

② 莱朱，赵岐注，"亦汤贤臣也"。

③ 太公望，即姜尚。散宜生，朱熹集注："散，氏；宜生，名。文王贤臣也。"

④ 由孔子而来至于今，即由孔子至孟子之时。未远，即时间很近；相距百有馀岁，与五百馀岁相比"未远"。近圣人之居若此其甚也，孟子邹人，与鲁地方相距很近。

⑤ 无有，谓无有承继孔子的圣人。则，乃也，竟也。

★本章置于全书最后，实别有深意。此必孟子暮年归鲁后的声音。"去圣人之世若此其未远也，近圣人之居若此其甚也，然而无有乎尔，则亦无有乎尔"，几声长叹，感慨良深；其中实隐含着无比沉重的潜台词："当今之世，舍我其谁？然而无有用我乎尔！则亦无有用我乎尔！"

由尧舜至于夏禹，至于商汤，至于周文王武王周公，至于孔子，这是孟子排列的第一个儒家道统。千年之后韩愈《原道》曰："吾所谓道也"，"尧以是传之舜，舜以是传之禹，禹以是传之汤，汤以是传之文武周公，文武周公传之孔子，孔子传之孟轲，轲之死不得其传焉！"韩文公排的圣人系列便是孟子道统的继承；韩氏之隐然自命也与孟子相同。